맨얼굴의 맹자

Mencius and Early Chinese Thought

맨얼굴의 맹자

초판 1쇄 인쇄 2017년 4월 20일
초판 1쇄 발행 2017년 4월 27일

지은이 / 쿼로이 슌
옮긴이 / 이장희

펴낸곳 / 도서출판 동과서
서울시 영등포구 국회대로 53길 23, 태성빌딩 4층
등록번호 / 제22-405호

D.K.S. Publishing Co.
23, Gukhoe-daero 53-gil, Yeongdeungpo-gu,
Seoul, 07229 Rep. of KOREA

전화 / (02)333-7533
팩스 / (02)6280-2353

값 27,000원

ISBN 978-89-6525-113-2 (03100)

맨얼굴의 맹자

Mencius and Early Chinese Thought

쿼로이 슌 씀 / 이장희 옮김

To Wai-kuen

동과서

국립중앙도서관 출판예정도서목록(CIP)

(맨 얼굴의) 맹자 / 쿵로이 슌 지음 ; 이장희 옮김. -- 서울
: 동과서, 2017
p. ; cm

한자표제: 孟子
원표제: Mencius and early Chinese thought
원저자명: Kwong-loi Shun
참고문헌과 색인수록
영어 원작을 한국어로 번역
ISBN 978-89-6525-113-2 03100 : ₩27000

맹자
중국 철학[中國哲學]

152.216-KDC6
181.11-DDC23 CIP2017004947

이 책은 맹자적 유가의[1] 윤리 사상의 성격을 검토하기로 기획된 세 권 가운데 첫 번째이다. 첫 두 권은 맹자의 사유와 후대 유가 사상가들에 의한 맹자 사유의 발달에 대한 문헌적 연구로, 맹자와 그의 사상에 영향을 받은 유가 사상가들의 시각을 이해하는 데 초점을 맞추고 있다. 셋째 권은 맹자 윤리 사상에 대해 좀 더 철학적 논의를 제공할 것이다. 앞의 두 권을 토대로 하겠지만 맹자와 후대 유가 사상가들의 관점에 대한 충실한 재현보다는 현대의 실천적이고 철학적인 관심사와 관련하여 이들의 사상으로부터 가져올 수 있는 함의를 끌어내는 데 더 주력할 것이다. 나는 문헌적 연구와 좀 더 철학적인 연구를 신중히 구분하였는데, 각각이 목표로 하는 지점이 서로 다른 접근 방법을 요청하기 때문이다. 예를 들어 이들 사상가들의 생각을 현대의 연구자들에게 철학적으로 호소력 있게 전개하는 것은 현대의 특정한 실천적이고 철학적인 문제들을 다루는 데 도움을 줄 수 있지만, 이들 사상가들의 관점 그 자체를 이해하는 데 도움이 되지는 않을 수 있다. 왜냐하면 이 사상가들이 이런 현대적 방식으로 자신들의 사유를 발전시키지 않았을 것이기 때문이다.

더 철학적인 논의로부터 문헌적 연구를 분리하고 있기 때문에 이 책은

* 퀑로이 슌은 'Confucian-Mencian'이라는 표현을 사용하였는데, 그 의도에 대해 "순자의 공자 해석에 크게 영향 받았다고 생각되는 한대 유가와 대조되게 주희나 왕양명에서와 같이 맹자의 공자 해석에 기초하여 전개된 사상들을 수식하는 표현으로 사용하였다"고 전해왔다.

논의를 서양의 철학적 사상과 연결시키고자 시도하지 않았으며 맹자의 사유에서 보이는 생각들을 발전시키거나 평가하고자 시도하지도 않았다. 이러한 과제는 세 번째 저작으로 미뤄질 것이다. 이런 이유 때문에 좀 더 철학적 관심사를 가진 독자에게 이 책은 그 성격에 있어서 비교철학적으로 볼 때 비철학적이라고 여겨질 수 있다. 다른 한편 이 책은 맹자적 유가 사상의 정신에 대한 철학적인 논의로 이끌 좀 더 큰 기획의 한 부분이기 때문에, 이 기획의 목적에 따라 이 책의 내용을 정하였던 것이다. 예를 들어 이 책은 세 번째 책에서 그 철학적 의미가 탐구될 개념들에 대한 분석에 좀 더 초점이 맞추어져 있으며 이러한 철학적 탐구와 상관이 없는 문헌학적 세부 내용들을 고려하지는 않는다. 그 결과 문헌적인 문제에 좀 더 관심이 있는 독자들은 이 책이 그들이 기대한 만큼 문헌학적 세부 내용에 주의를 기울이지 않았다고 여길 수 있다.

이 책에 대한 작업은 여러 해가 걸렸고 그 과정에서 많은 빚을 졌다. 나는 니비슨(David Nivison)으로부터 방법론적 측면, 그리고 묵자의 사유에 대한 해석과 맹자가 같은 시대의 고자告子 및 이지夷之와 의견불일치를 보인 부분에 대한 해석과 같이 초기 중국사상에서의 다양한 측면을 해석하는 방식에서 영향을 받았다. 그와 나누었던 수많은 논의로부터 혜택을 받았고, 이 주제에 대한 그의 글들은 끊임없는 영감의 원천이었다. 나는 또 『유학의 갈림길』(The Ways of Confucianism: Investigations in Chinese Philosophy, La Salle, Ill.:

Open Court Press)에서 개정된 형태로 곧 출간될 예정인 미발표 원고들을 참조하고 사용하도록 허락해준 데에 대해서도 감사를 표한다.

니비슨 이외에도 여러 학자들의 글이 내 연구에 도움을 주었다. 나는 그레이엄(A. C. Graham)의 방법론으로부터 배웠고 당군의唐君毅의 연구는 맹자에 대한 전반적인 견해를 형성하는 데 도움을 주었다. 나는 또 맹자의 사유가 지니고 있는 여러 측면에 대한 해석에서 진대제陳大齊와 서복관徐復觀, 모종삼牟宗三의 글로부터 도움을 받았고, 종종 경우에 따라서는 수정된 형태로 따른 라우(D. C. Lau)의 『맹자』에 대한 번역을 지속적으로 참조하였다. 비록 때때로 이들 학자들과 다른 의견을 표명하였지만 이들의 연구를 깊이 생각해보지 않고서는 내가 도달한 결론에 이를 수 없었을 것이다.

나는 에임스(Roger Ames), 블룸(Irene Bloom), 챈신이(Chan Sin-yee), 성중영成中英(Cheng Chung-ying), 장금장莊錦章(Chong Kim-chong), 쿠아(Antonio Cua), 핸슨(Chad Hansen), 황준걸黃俊傑(Huang Chün-chieh), 이하라(Craig Ihara), 노블록(John Knoblock), 쿠퍼만(Joel Kupperman), 라이(Whalen Lai), 이명휘李明輝, 유술선劉述先, 메츠거(Thomas Metzger), 리겔(Jeffrey Riegel), 노르덴(Bryan Van Norden), 웡(David Wong) 등과의 교신과 논의로부터 혜택을 입었다. 이들 중 몇 명은 초고의 일부분과 이 책과 관련되는 논문들에 대해 읽고 논평해주었고, 특히 Chong Kim-chong, 이하라 그리고 쿠퍼만이 시간을 내어 대부분의 원고를 읽고 이에 대해 논평을 해준 데 대해 감사를 표한다. 임의정林義正(Lin Yih-jing), 먼로

(Donal Munro), 뚜 웨이밍, 양유빈楊儒賓(Yang Rur-bin), 이얼리(Lee Yearley) 등과는 자주 접촉하지는 못하였지만 그들의 작품으로부터 도움을 받았다.

나는 대학원 연구조교들과 이 책과 관련된 문건을 다룬 대학원 세미나에 참여한 이들로부터 도움을 받았다. 이들은 헤르트포스(Derek Hertforth), 지앙 신얜(Jiang Xinyan), 밀너(Michael Millner), 상재란桑梓蘭(Sang Tzu-lan), 스위츠게벨(Eric Schwitzgebel), 슬링거랜드(Ted Slingerland)이다. 이 연구 프로젝트에 기여한 학부 연구조교들은 안젤리나 친(Angelina Chin), 제스민 츄(Jasmin Chiu), 판 웨이 츈(Fan Wei-chun), 챨스 황(Charles Huang), 에스터 린(Esther Lin), 미미 몽(Mimi Mong), 아만다 쉬에(Amanda Shieh) 등이다.

이 책을 작업하는 동안 나는 스탠포드 인문학센터와 캘리포니아 버클리 대학의 다음 프로그램으로부터 지원을 받았다. 중국학 연구센터로부터 교수 연구지원금, 연구위원회로부터 연구지원금, 인문학연구 펠로우쉽, 그리고 몇 개의 인문학연구 지원책 등이다. 4장의 일부분은 이전에 발표된 논문에 기초한 것이며, 이전에 출간된 원고를 사용하게 허락해준 Philosophy East and West의 편집장에게 감사드린다. 꼼꼼하게 교열하고 능숙하게 원고를 다룬 지메르(John Ziemer)와 색인 작업에 도움을 준 갈람보스(Imre Galambos)에게 빚지고 있다.

퀑로이 슌

『맨얼굴의 맹자(Mencius and Early Chinese Thought)』는 『맹자』라는 문헌에 대한 상세한 분석적 연구를 주된 목적으로 쓰였다. 이 책의 초점은 맹자의 윤리적 사유에서의 핵심 개념과 관념들 및 텍스트의 핵심 단락들에 대한 분석이다. 그와 동시에 나는 맹자의 윤리적 사유를 그보다 앞선 시대의 사상적 풍토와 동시대의 사상적 풍토의 맥락 속에서 이해하고자 했으며, 따라서 공자나 묵자, 양주, 고자와 같은 다른 사상가들의 논의뿐 아니라 『장자』와 『관자』 같은 문헌에 대해서도 언급하였다. 나의 목적은 상세한 텍스트 분석을 통하여 맹자의 시각에 최대한 가까이 가는 것이며, 맹자의 사유에 영향을 받은 후대 유학 사상가에 대한 후속 연구와 유학의 윤리 사상 전체에 대한 철학적 연구를 예비하고자 한 것이다.

이 책은 유학 사상에 대한 철학적 탐구로부터 문헌 연구를 분리시키려는 의식적인 결정에 기초하여 구상된 더 큰 프로젝트의 일환이다. 문헌 연구가 유학 사상가들의 사상과 시각에 최대한 가까이 가고자 한다면, 철학적 탐구는 유학 사상가들의 사상을 오늘날의 우리에게 철학적으로 이해될 수 있고 호소력이 있는 방식으로 의미화하는 것을 추구한다. 이 두 목적은 다른 방향성을 가지며 – 유학자들의 사상을 현대 철학적으로 의미 있게 하는 작업이 유학자들 자신의 시각으로부터 다소 멀어지게 되는 결과를 가져오는 것은 피하기 어려울 것이다 – 그렇기 때문에 한 권의 책에서 이 두 목표를 결합하는 것은 우리의 현대적 생각을 유학자들에게 부과하게끔 오도할 수 있을 것이다. 맹자에 대한 이 책과 주희,

왕양명, 대진에 대한 다음 책은 각각 초기와 후기 유학 사상에 대한 문헌 연구이며 이들 사상가들의 관점에 최대한 가까이 다가서려 노력한 것이다. 이 책에 대한 한국어 번역이 막 출판을 기다리고 있은 차제에, 주희, 양명, 대진에 대한 다음 권도 거의 완료되어 몇 년 내로 영어로 출간될 것이다. 이 두 권은 유학 사상, 특히 유학적 도덕 심리학에 담긴 사유에 대한 철학적 연구로 완결될 후속작의 기초를 제공할 것이다.

문헌 연구와 철학적 연구에 대한 의식적인 분리 때문에 『맨얼굴의 맹자』는 주로 문헌 연구에 한정되며, 맹자의 윤리적 사유에 함축된 철학적 의미를 논의하지는 않았다. 이 책에서는 현대적인 철학적 용어의 사용을 피하였으며, 원 텍스트의 증거에 전적으로 기대어 논의의 결론을 도출하였다. 전통적인 주요 주석들과 영어 번역 및 현대 중국어 번역을 상당히 광범위하게 참조하였으며, 이 책이 출간될 당시 이용 가능했던 현대의 이차문헌들도 참조하였다. 그렇지만 이 책은 이차문헌의 논의에 대한 조사로 의도된 것은 아니며, 이 책의 결론들은 원 문헌의 증거에 전적으로 근거하여 내린 것이다. 이러한 이유로 이 책이 출판된 지 벌써 20여 년이 가까워졌지만 이 책에서 논의된 주요 내용은 그 동안 출판된 이차문헌들에 의해 영향을 받지는 않는다.

나는 한국어 번역에 세심한 노력을 기울인 이장희 교수에게 매우 감사하게 생각한다. 번역 과정에 이 교수가 나에게 제기한 질문들은 그가 이 책에 매우 조심스럽고 세심한 주의를 기울였다는 사실을 증명한다. 한국어로 이 책이 번역되고 출판되는 것을 보게 되어 기쁘게 생각한다.

쿼로이 슌

이 책의 저자 쿽로이 슌(Kwong-loi Shun)의 이름을 한자로 표기하면 신광래(信廣來)이며 홍콩 출신 철학자이다. 홍콩대학교에서 철학과 수학을 전공하고, 옥스퍼드 대학에서 마이클 더밋(Michael Dummet)의 지도로 비트겐스타인에 대한 글로 석사에 해당하는 B. Phil을 취득하였고 홍콩의 신아연구소新亞研究所에서는 모종삼牟宗三의 강의를 듣기도 했다. 박사학위는 스탠포드 대학에서 데이비드 니비슨(David Nivison)의 지도로 맹자에 대한 글로 취득하였다. 다채로운 학문적 이력만큼 경력도 화려한데 버클리 대학교 철학과 교수를 시작으로 토론토 대학 철학과 동아시아학과 교수인 동시에 부총장직을 맡았고, 홍콩으로 돌아와서는 홍콩중문대학의 철학과 학과장과 신아서원新亞書院(New Asia College)의 학장을 역임하다 지금은 다시 버클리 대학교로 돌아와 연구와 저작에 몰두하고 있다.

『맨얼굴의 맹자』는 감히 단언컨대 『맹자』란 텍스트에 대한 가장 정교하고 치밀한 분석을 제공한 연구서라고 평가하고 싶다. 쿽로이 슌은 전통적인 주요 주석들을 적극 참조하면서 동시에 현대에 이룩된 학적 성과도 양의 동서를 막론하고 적극적으로 활용하면서 자신의 연구를 진행하고 있다. 이처럼 전통적인 주석사를 존중하는 동시에 현대의 연구 성과를 중국어권뿐 아니라 영어권에서 산출된 것까지를 적극 참조하고 활용하면서 중국철학의 텍스트가 연구된 적은 역자의 과문인진 몰라도 들어본 적이 없다. 여기에 더해 쿽로이 슌의 텍스트의 분석은 철저히 선진적 문맥을 우선시함으로써 맹자를 후대 유학사적 맥락을 통해 이해하는 일종의 '시대착오적' 접근법을 의식적으로 거부하고 있는 점도 흥미로운 지점이다. 저자 스스로가 밝히고 있듯이 사상을 사상가 자신의 의도에 가장 충실하게 이해하고자 하는 시도와 그 사상을 현대적인 관점에서 의미 있게 재해석해내는 시도는 구별될 필요가 있음에도 불구하고 우리 학계에서는 소홀히 다루어진 문제의식이 아닌가 생각된다. 이 책의 한국어 번역 출간이 『맹자』에 드러난 맹자 사상 연구에 있어 의미 있는 공헌으로서만 아니라 한국에서 동아시아 전통의 철학적 자산을 어떻게 연구할지와 같은 고민을 심화시킬 신선한 자극으로 다가가길 번역자의 입장에서 기원해본다.

단순히 의례적인 말이 아니라 이 책의 번역이 그나마 이 정도의 가독성을 가지고 오역을 피할 수 있게 된 데는 번역자를 도와준 여러 선후배 동료 학자들의 도움이 절대적이었는데, 강경현, 김명석, 나종석, 오세진, 전현희, 정재현, 정현정 등이 그들이며 이들 중에서 특히 강경현, 오세진, 전현희, 성현성은 교정 작업의 많은 부분을 함께해준 고마운 동료 학자들이다. 그리고 이런 후배 학자들과 인연을 만들어주고 오래 지체된 번역 작업에 인내심을 가지고 기다려준 황병기 박사에게 고마움을 표하고 싶다. 이런 많은 도움에도 불구하고 남아있는 어색한 번역어투와 미진한 번역의 문제가 전적으로 번역자의 몫임은 굳이 재론할 필요도 없을 것이다.

목차 •••

4장 의義와 심心 • 171

5장 수양 • 261

6장 성性 • 337

* 미주의 옮긴이 주는 원래 쿼로이 슌이 간단한 약어에 따라 본문에 표시한 것을 한국학계의 일반적인 인용 방식과 쿼로이 슌의 방식으로 병기한 것이다.

Introduction

1장

서론

1. 다룰 내용

앞으로 나는 맹자의 윤리 사상을 논의하고, 맹자의 윤리 사상과 초기 중국에 나타난 다른 사상가들의 사상 관계도 어느 정도 함께 논의할 것이다. "초기 중국(early China)"[1]이란 기원전 3세기 및 그 이전의 중국을 가리킨다. 우리가 맹자 사상에 접근하는 주요 통로는 『맹자孟子』인데, 이것은 아마도 맹자의 제자들 또는 제자의 제자들에 의해서 수집되었을 것이다. 그 후 서기 2세기에 조기趙岐에 의해 줄여서 편집된다. 더 정확히 말해서 나의 연구 주제는 맹자 사상 그 자체라기보다는 편찬자와 편집자들이 전해온 『맹자』라는 텍스트에서 재구성될 수 있는 맹자의 사상이라고 해야 할 것이다.2) 이렇게 한정 짓는 것은 다른 초기 중국 사상가들에 대해 언급할 때도 적용된다. 각각의 경우에서 나는 편의상 어느 특정한 사상가의 견해라는 방식으로 언급하겠지만, 이는 편찬자 또는 편집자들이 전한 그 사상가와 유관한 문헌들로부터 재구성된 사상을 지칭하는 것이다.3)

2) 내가 아는 한 『맹자』 텍스트의 신빙성에 대해서 어떤 심각한 의문도 제기된 적이 없다.(예를 들어 라우(D. C. Lau)의 *Mencius*, app. 3을 보라) 따라서 나는 텍스트 전체를 맹자의 사유를 재구성하는 작업에 이용하였다. 다만 성誠(wholeness, being real)을 언급하는 「이루상」 12장과 「진심상」 4장은 예외로 하였다. '성' 개념에 대한 논의의 중요성에도 불구하고 다른 기회로 미룬 건 맹자의 '성'에 대한 견해를 재구성하기에는 텍스트가 제공하는 근거가 충분치 않고, 「이루상」 12장은 『중용』의 일부분과 매우 유사하기 때문이다.

3) 이같이 한정 짓는다고 미리 말함으로써 나는 관련 텍스트(들)로부터 재구성한 것이 그 사상가의 사상을 과연 온전히 드러낼 수 있는지, 편찬자 또는 편집자들이 삽입한 요소들이 텍스트(들)에 포함되었을 수도 있는지와 같은 질문에 대해서는 의도적으로 답하지 않고 그대로 두었다. 질문에 답하기 위해서는 텍스트의 전승사를 다루어야 하는데, 이 연구에서는 다루지

맹자와 그 외 초기 중국 사상가들의 윤리 사상을 논의함에 있어서 나는 몇 가지를 가정한다. 그 중 하나는 '윤리 사상'(ethical thinking)이라 할 수 있는 형태의 사유가 초기 중국에 존재했다는 것이다. 여기서 '윤리 사상'이란 인간은 어떻게 살아야 하는가라는 문제에 대한 사유를 말하며, 나는 이 문제에 대한 답변을 윤리적 삶(ethical life) 또는 윤리적 이상(ethical ideal)이란 개념으로 표현할 것이다. 여기서 '인간'의 범위는 어디까지인가 하는 문제는 그런 질문을 던지는 사상가의 문제의식을 상당히 넘어서는 것으로 생각되는데, 얼마나 넘어서느냐는 사상가에 따라 차이가 날 것이다. '인간의 범위'는 예를 들어 당시 중국의 어느 특정 계층만을 의미할 수 있다. 나는 윤리적 삶에 대한 여러 생각들이 개진되었고 그 생각들은 다음과 같은 실천적 관심에 뿌리를 두고 있다고 생각한다. 곧 사회적 질서를 복원할 수 있는 최선의 방법은 무엇인가, 혼란스럽고 여러 가지로 문제가 많은 현실에 비추어 어떻게 처신하는 것이 최선인가와 같은 실천적인 관심이 이들 사상의 뿌리라는 것이다.[4)]더 구체적으로 말해서 나는 후대에 유가儒家, 묵가墨家, 도가道家, 양주楊朱 학파라 불리게 되는 이 시대의 사상가들이 이런 실천적인 의미의 윤리적 관심을 공유했다고 생각한다. 비록 이들이 윤리적 삶에 대해서 다른 개념을 가졌다 하더라도 말이다.[5)]

않을 것이다. 핸슨(Chad Hansen)은 나에게 이와 같이 한정지음으로써 사상가와 문헌과의 관계를 분명히 열어두어야 할 필요성을 일깨워 주었다.

4) 근저에 깔려 있는 실천적 관심에 대한 이런 주장이 어떤 이들은 전혀 논란거리가 아니라고 여기는 것 같으나, 내가 이를 가정이라고 말하는 이유는 역사적 증거를 통해 증명되어야 하는 주장이기 때문이다. 나에게 이 점을 명확히 할 필요가 있음을 상기시킨 이는 메츠거(Thomas Metzger)이다.

5) '윤리적'이라는 개념의 내용을 정하지 않고 – 예를 들어 '타인을 고려하는 관심'이나 '사회적 의무들에 대한 관심' 등으로 특정할 필요 없이– 열어놓는 방식으로 소개하였기 때문에 이들

당시의 사상가들이 윤리적 삶에 대해 서로 다른 개념을 가졌다고 해서, 그들의 개념들이 서로 경쟁적인 관계에 있었다고 추론할 수는 없다. 왜냐하면 윤리적 삶에 대한 그들의 상이한 개념이 서로 다른 개인들(individuals)을 위한 것이었을 수도 있기 때문이다. 그런데 나의 또 다른 가정은 이들의 윤리적 삶의 개념이 적용되는 개인들의 범위가 상당 부분 겹치며, 따라서 이들 개념들은 서로 경쟁하는 개념이라는 것이다. 나는 유가 사상가들이 관심을 가지는 삶의 방식을 영위하는 개인들을 지칭하는 표현으로 이른바 '인간'(human beings)이라는 말을 사용할 것이다. 유가가 관심을 가진 개인들과 유가와 다른 윤리적 삶의 개념이 적용되는 개인들이 얼마나 겹치는가에 따라 유가와 다른 그 개념들도 다소 혹은 모두 '인간'과 관련이 있게 된다. '인간'이라는 말을 이렇게 사용함으로써 이 용어가 생물학적 종으로서의 모든 인간에 적용되는지의 여부는 결정하지 않은 채로 남겨두겠다. 왜냐하면 이 단계에서의 나의 논의는 유가 사상가들이 그들의 윤리적 삶에 대한 개념을 생물학적인 의미의 모든 인간에 적용하였는지 판단하기 어려울 뿐 아니라, 생물학적 종으로서의 인간이란 개념 자체를 유가들이 가졌는지조차도 결정하기 어렵기 때문이다. 6장 1절 2)를 보라.

윤리적 삶의 개념을 가진다는 것에는 이미 일정 정도의 반성적 성찰(reflectivity)을 요구하지만 윤리 사상은 그러한 개념을 가진다는 것 이상의 방식으로 반성적일 수도 있다. 예를 들어 어떤 특정한 윤리적 삶의 개념을 옹호한다든지 또 그 옹호의 한 방편으로 인간이란 존재가 형성된 모습을 그려본다든지 하는 면에서 그러하다. 여기서 나의 또 다른 가정은 맹자뿐

사상가들이 윤리적 관심을 공유한다고 말할 수 있는 것이다.

아니라 묵자와 순자와 같은 맹자 전후의 많은 초기 중국 사상가들이 이처럼 한층 더 반성적이었다는 것이다.

나는 지금까지 'Confucian'[2]이란 말에 조건을 달아 써 왔다. 비록 이 용어는 차후의 논의에서는 조건 없이 쓰겠지만, 내가 이 용어를 쓰는 방식과 나의 이러한 용법의 배후에 있는 생각 모두를 명확히 하고 싶다. 기원전 6세기에 이르면 장례식, 조상에 대한 제사, 혼례 등과 같은 의례적 맥락에서 예를 수행하는 예 전문가로 구성된 사회적 집단이 중국에 존재했다는 것은 일반적으로 받아들여지고 있다. 거기에 덧붙여 이들은 단순히 의례에 대한 전문 교사일 뿐 아니라 종종 음악과 같은 다른 분야에서도 전문 교사이기도 했다. 많은 학자들은 이미 당대에 이 그룹의 멤버를 '유儒'라고 지칭했었다고 믿는다. 비록 이 문제와 그룹의 기원에 대해서 이견 - 이들이 노예화된 상商 나라 사람의 자손들인지 아니면 세습되던 관직을 잃어버린 주周 나라 귀족의 후손들인지에 대한 - 이 있긴 하지만 말이다.[6)]

한 견해에 따르면, 의례전문가이자 교사인 까닭에 그룹의 일원이 되었던 특정한 몇몇 - 공자, 맹자, 순자를 포함하여 - 은 의례나 자신들의 경제적인 생계유지에만 국한되지 않는 그 이상의 관심을 키우기에 이르렀다. 이들은 당시의 혼란스런 사회정치적 상황에 대한 처방을 찾고 혼란스런 상황에 처한 인간을 위한 이상적인 삶의 방식을 확립하는 데 관심을 기울였다. 이들은 그 처방을 - 의례는 물론 의례를 넘어서는 것도 포함한 - 특정한 전통적 규범과 가치를

6) 이노는 그 당시에 이 그룹을 '유儒'라고 지칭하였는지에 대해 의문을 제기하고,(app. B) 호적과 풍우란은 이 그룹의 기원에 대해 의견을 달리한다.(胡適, pp. 6-44. 馮友蘭, 『中國哲學史補篇』, pp. 4-30) 호칭이나 기원에 대한 의견이 불일치함에도 불구하고 초기 중국에 이러한 그룹이 존재했었다는 것에 대해서는 대체로 의견을 일치하고 있다. 다음을 또한 참조하라. Eno, app. B; 馮友蘭, 『補篇』; 勞思光, pp. 30-32.

유지하고 복원하는 데서 찾을 수 있다고 믿었다. 이들은 이상적으로는 사람들이 그러한 규범과 가치를 구현하는 삶의 길을 따라야만 한다고 제안했고, 원하는 변화를 이끌어내기 위해 정치적인 영향력을 얻고자 했으며, 윤리적 이상에 대한 그들의 개념을 널리 퍼뜨리고자 했다. 이들이 반성적이었다는 것은 단순히 윤리적 이상에 대한 개념을 가졌기 때문만이 아니라 예 및 다른 전통 규범을 준수하는 배후에 자리한 적절한 정신에 대해 관심을 기울였기 때문이며, 최소한 맹자와 순자의 경우에는 이러한 규범과 가치를 지켜야 하는 근거에 대해서도 주의를 기울였기 때문이다. 공통의 윤리적 이상과 이런 더 넓고 반성적인 관심을 공유하는 것에 더해서, 그들은 사유를 다듬을 때도 특정한 주요 용어들을 공유했다. 그들의 반성적 성찰은 우리가 그들을 사상가로 묘사할 수 있는 근거를 제공하고, 그들의 견해에서의 폭 넓은 유사성은 중국학자들이 전통적으로 '유가儒家'라고 지칭된 학파의 일원으로 이들을 간주할 수 있게 한다.[7]

영어에서는 이 학파의 사상을 지칭하는 데 애매하지 않은 표준적인 영어 표현이 없다. 가장 가까운 영어 표현은 'Confucianism'인데, 여러 저자들이 지적했듯이, 이 용어는 '유儒'와 관련된 여러 현상들을 지칭하는 데 사용될 수도 있다.[8] 예를 들어 '컨퓨션식 삶의 방식'이란 표현은 사회집단으로서의 '유'가 사는 삶의 방식을 가리킬 수도 있고 방금 묘사한 사상가들이 주창한 삶의 방식을 가리키는 것일 수도 있다. 'Confucian'이란 용어는 '유'처럼 사는 사람을 가리킬 수도, '유' 사상가들이 옹호하는 삶의 방식을 열망하는 이를

7) 다음을 보라. 馮友蘭, 『中國哲學史』, pp. 70-78, 89-92; 『補篇』, pp. 5, 30, 41; 勞思光, pp. 31-32, 37.

8) 예로는 다음을 보라. Eno, pp. 6-7; Knoblock, *Xunzi*, p. 52.

가리킬 수도 있다. 지금 논의 중인 학파의 사상을 지칭하기 위해 사용하는 경우에조차 'Confucianism'은 독자를 오도하는 함의를 지닐 수 있는데, 이들 사상가들이 주창하는 규범과 가치가 공자(Confucius)에서 기원한다는 암시와 같은 것이다. 이런 점에서 현대중국어의 '유가(儒家)'라는 표현은 장점이 있다. 이는 고려 대상인 학파를 애매함 없이 지칭하기 때문이다. '유가' 또는 그와 비슷한 표현들을 이후의 논의에 사용하는 것도 가능하겠지만, 그렇게 하는 것은 현실적으로 어렵다. 이런 이유로 나는 'Confucianism'을 전통적으로 유가로 지칭된 사상의 학파와 그 학파와 연관된 현상을 구체적으로 지칭하는 데 사용할 것이다.[3]

나는 나의 가정들을 밝혔지만 명시적으로 이 가정들을 옹호하려 하지는 않을 것이다. 그러한 시도는 초기 중국 사상에 대한 전면적인 연구를 필요로 할 것이기 때문이다. 초기 중국에서 윤리적인 삶에 대한 대립 개념들이 존재했었다는 것, 이러한 개념의 옹호자들이 단순히 이러한 개념을 개진하는 것을 넘어선 방식으로 반성적 사유를 하였다는 가정 등은 큰 논쟁거리는 아니다. 이후의 나의 논의가 맹자 및 다른 초기 중국 사상가들을 반성적인 윤리적 관심을 가진 사상가들로 설득력 있게 제시하는 데 성공한다면, 내가 제시한 가정들에 대한 부분적인 옹호가 될 것이다. 초기 중국 사상에 대해 방금 서술한 묘사는 널리 받아들여지고 있으며, 맹자를 (다소 약한 정도로 공자, 그리고 순자에 대해서도) 반성적인 윤리적 관심을 가졌던 사상가로 제시하는 데 성공한다면 나는 이후의 논의를 이러한 묘사에 대한 일정 부분의 옹호로 또한 여길 것이다.[9]

9) 초기 중국 사상의 윤리적 삶에 대한 묘사는 근자에 이노에게 도전받았는데, 그의 입장을

맹자(기원전 4세기)는 자신을 공자(기원전 6~5세기)의 추종자로 선언했고, 묵자(기원전 5세기)와 양주(기원전 5~4세기)의 가르침을 자신이 상대하는 가장 주요한 지적 도전으로 제시했다. 2장에서 나는 공자의 가르침과 유가에 맞서는 묵자와 양주 학파의 가르침 중에서 맹자의 논의와 상관성을 지닌 측면들을 논의할 것이다. 3장에서는 맹자의 윤리적 이상을 제시할 것이다. 이 논의의 일정 부분들은 공자의 논의에 기반을 둔다. 4장에서 나는 맹자의 개념 중 의義(propriety)와 심心(heart/mind)의 관계를 그와 동시대인인 고자告子 및 이지夷之와 의견이 불일치하는 맥락을 중심으로 다룰 것이다. 이 논의의 일부분은 맹자가 묵가의 도전에 대응한 것과 관련이 있다. 5장에선 맹자의 수양 개념과 정치적 질서의 복원, 그리고 윤리적 실패의 근원들에 대해 다룰 것이다. 마지막으로 6장에서는 맹자의 성性(nature, characteristic tendencies)에 대한 견해와 성이 선善하다는 그의 주장을 다룰 것이다. 이 논의는 부분적으로 양주학파의 도전에 대한 맹자의 응답 및 맹자와 순자(기원전 3세기)의 성에 대한 견해 차이와 관련될 것이다.

2. 몇 가지 방법론적 이슈들

비록 방금 서술한 더 큰 가정들을 옹호하지는 못하더라도 관련 문헌 속에서 논의되던 가정들과 관련하여 구체적으로 고려할 사항들을 논의하고자

나는 "Review of Eno"에서 기술하였다. 초기 유가 사상을 기술하는 데 있어서의 의견 차이에도 불구하고, 나는 이노의 책이 중요한 방법론적 이슈들을 부각시키고 "Review of Eno"에서는 다루지 않았던 특정한 주제에 대해 논의하는 데 중요한 공헌을 했다고 생각한다.

한다. 고려할 사항에는 이 연구의 정당성과 방법론에 관련되는 것들로 두 가지 종류가 있다. 첫째는 초기 유가 사상을 구성하는 관념들을 지적 연구의 대상으로 삼음으로써 초기 유가 사상에 접근하는 것이 합당하냐는 문제와 관련된다. 두 번째는 첫 번째에서 언급한 접근의 정당성을 인정하는 대신, 이러한 연구를 수행하는 적절한 방법에 대한 문제와 관련된다.

1) 연구 대상으로서 초기 유가 사상

첫 번째 고려할 사항은 초기 유가 사상가들이 현저하게 관심 가진 실천적인 측면에 대한 관찰에서부터 출발한다. 유가의 우선적인 관심사는 유가적 삶의 전망을 체화하고 유가적 삶이 요구하는 인격을 함양함으로써, 그리고 교육과 정치적 참여를 통해 다른 사람들도 유가적 삶의 방식으로 인도함으로써, 자신들이 주창하는 삶의 방식대로 사는 것이었다. 이들의 주된 관심은 유가적 삶의 방식을 세세한 분석을 통해 이해하거나 촘촘한 논증을 통해 정당화하는 것과 같은 지적인 탐구의 대상으로 유가적 삶의 방식을 다루는 데 있지 않았다. 이들의 현저한 실천적 관심에서 볼 때, 이들의 관심은 자신들의 생각을 체계적이고 명료하게 제시하는 데 있지 않았다. 사람들과 대화를 나눌 때 이들의 주된 목적은 그들이 주창하는 삶의 방식에 대해 사람들이 좋게 생각하도록 유도하고, 그들이 그렇게 살고 싶게끔 동기를 부여하는 것이었다. 유가들은 그 목적을 성취하는 데 도움이 된다면 상대방에 따라 어떤 말이라도 하였다. 윤리적 삶의 여러 측면들은 종종 말로써 적절하게 전달될 수 없기 때문에, 유가들은 때때로 역설적인 표현에 기대어 상대방이 적절한 전망을 가지도록 자극을 주었다.[10)]

비록 유가의 주된 관심을 다루는 일반적인 서술이 어떤 방식 – 예를 들어 맹자의 논의 방식과 순자의 논의 방식의 차이를 고려해야 한다는 것과 같은 – 으로 제한될 필요가 있을 수도 있겠지만, 초기 유가 사상의 특징에 대한 대체적인 묘사로 유효하다고 할 수 있을 것이다.[11] 초기 유가들이 현저한 실천적 관심에 의해 움직였다는 점은 이들의 정치적 노력, 그들 자신과 제자들의 수양에 대한 헌신, 현존하는 이들의 가르침의 기록들이 종종 명료하고 체계적인 성격을 결여하고 있다는 사실 등에서 알 수 있다. 하지만 여러 저자들이 지적했듯이, 초기 유가가 현저한 실천적 관심을 가졌다는 점과 유가들이 펼친 일련의 사유들이 정합성과 연결성을 지니고 있어서 그들의 사유와 그 사유들 사이의 상호연결성을 연구의 대상으로 삼을 수 있다는 점은 양립 가능하다.[12] 실천적 관심에 의해 움직이는 사람도 자신의 담론을 통해 전달하고자 하는 것과 유관한 주제들에 대해 반성적인 견해를 가질 수 있으며, 비록 이들의 실천적 관심 때문에 사상의 전달은 비체계적인 수준에 머물게 되었다 할지

10) 초기 유가 사상에 대한 이러한 묘사는 다양한 글에서 발견되는데, 어떤 때는 서양의 철학전통과 중국 사상을 비교하는 맥락에서 발견된다. 다음의 예를 보라. 牟宗三, 『中國哲學的特質』, 1, 2, 12장(특히 pp. 4-6, 9-11); 『中國哲學十九講』, 3장(특히 pp. 46-49); 『中西哲學之會通十四講』, 1, 2장(특히 pp. 9, 18, 21). 다음을 또한 참조하라. 馮友蘭, 『中國哲學史』, pp. 8-9; 唐君毅, 『中西哲學思想之比較論文集』, pp. 52-56; 韋政通, 「我對中國思想史的幾點認識」, pp. 213-15.

11) 이러한 일반화를 한정시키는 점들에 대해서는 다음을 보라. 鄔昆如, 「先秦儒家哲學的方法演變」, pp. 55-60.

12) 예를 들어, 풍우란은 초기 중국사상가들의 것으로 여겨지는 사유들은 흥미로운 상호연결성과 다양한 정도의 중심성(centrality)을 보여준다고 논평한다.(『中國哲學史』, pp. 4-6, 8-14, 25-26) 마찬가지로 서복관도 이들 사상가들이 정합적이고 연결성을 갖춘 일련의 사유들을 모색한 반성적인 인물들이었다고 논하면서, 초기 중국사상에 대한 연구의 주요 과제는 문헌들로부터 이러한 사유들을 끄집어내고 이들의 상호연결성을 보여주는 것이라고 말한다.(『中國人性論史』, 「2판 서론」, pp. 3-4) 다음을 또한 참조하라. 徐復觀, 『中國思想史論集』, pp. 2-3, 114, 133-34, 『中國思想史論集續篇』, pp. 441-42. 또 다음을 보라. 勞思光, pp. 7-8쪽. 劉述先, 「研究中國史學與哲學的方法與態度」, p. 223. 牟宗三, 『中國哲學的特質』, p. 3.

라도 이것이 이 사유들 사이의 흥미로운 상호연결성의 가능성을 배제하는 것은 아니다. 따라서 초기 유가 사상가들의 현저한 실천적 관심 그 자체가 이들의 사유 및 이 사유들 사이의 상호연결성에 초점을 맞춘 연구를 부적절하게 만드는 것은 아닌 것이다.

적어도 세 가지 관점에 의해서 실천적 관심에 대한 관찰은 지적인 연구가 정당하지 않다는 결론으로 이끌 수도 있을 것이다. 실천적 관심 때문에 지적인 연구가 정당하지 않다는 결론을 내릴 때에는 적어도 세 가지 관점을 들 수 있을 것이다. 첫 번째 관점은 유가 사상가들은 기본적으로 실천적 관심에 의해 움직였기 때문에, 정합성과 흥미로운 상호연결성을 지닌 일련의 사유를 발전시키는 데 아무런 관심이 없었거나, 어쩌면 그러한 작업에 대해 참을 수 없어 하기조차 했으리라는 것이다. 유가들은 자신들이 표현하는 사유의 정합성을 유지하거나 이 사유들 사이의 논리성을 확보하는 데 관심이 아예 없었거나 또는 적대적이기까지 했을 것이라는 것이다. 만일 그렇다면, 이들이 상당한 수준의 정합성과 논리성을 갖춘 사유를 가졌다고 하는 것은 정당하지 않으며, 이들의 사유와 그 사유들 사이의 상호연결성에 초점을 맞춘 어떤 연구도 오도된 것이 될 것이다.[13)]

하지만 이런 주장이 실질적으로 어떻게 증명될 수 있는지는 불투명하다. 내가 아는 한, 이런 주장을 위해 동원된 관련 문헌 이외에서는 이 주장을 위한 어떤 증거도 발견할 수 없다. 또 관련 문헌들에서도 이런 주장으로부터

13) 이와 유사한 관점을 이노에게서 발견할 수 있는데, 그는 유가들이 (또는 그에 따르면 '儒') "지식을 추구하는 데 있어서 논리와 이성이 지닌 지고의 가치"(p. 7)를 부인하고 "체계적 정합성이란 목표"(pp. 10-11)를 무시하였으며, "논쟁에 있어서의 분석적 엄격성에 대해 이론적으로 적대적"(p. 172)이었다고 한다.

예상할 수 있는 모순과 불연속성을 곳곳에 뚜렷하게 노정하고 있는 것처럼 보이지 않는다. 적어도 정합성과 연결성에 대한 관심의 결여에 대한 증거가 그러한 관심을 증명하는 증거보다 더 많은지 명백하지 않다고 할 수 있다.[14)]이런 질문에 대한 해결은 마땅히 관련 문헌으로부터 사유들과 이들 사이의 상호연결성을 추출하고자 하는 시도의 결과에 달려 있을 것이다. 정합성과 연결성이 정말로 없다는 것을 드러내거나, 있다고 하더라도 최소한의 형태로 존재하는 것이어서 그다지 흥미롭다고 여길 수준이 아니라고 밝힐 수도 있을 것이다. 하지만 이런 연구가 시도되기도 전에 정말 그렇다고 여길 어떤 명확한 증거도 없으며, 이러한 연구에 대한 시도가 처음부터 실패가 예정된 것이라고 간주할 이유도 없다.

유가 사상가들의 사유를 연구의 대상으로 삼는 것의 정당성에 의문을 제기하는 두 번째 관점은 관련 문헌들이 어느 정도 적절한 수준의 정합성과 연결성을 지닌 일련의 사유들을 포함하고 있을 가능성을 부인하지 않는다. 하지만 이런 사유들은 당대의 사회 역사적 맥락에 뿌리를 둔 실천적 관심의 산물이므로 이들의 내용과 그 상호연결성에 초점을 맞추는 것은 잘못된 연구방향이라는 것이다. 적절한 접근방식은 그 보다는 이 사유들의 근원에 초점을 맞추는 것이어야 하며, 이는 이들 사유가 지닌 실천적 관심의 뿌리가 되는 사회적이고 정치적인 맥락에 대한 세밀한 검토를 요구한다.[15)]

14) 이노조차도 관련 문헌들이 명백한 일관성의 결여를 해결하고자 하는 시도를 담고 있으며, 특정한 입장을 방어하기 위한 논변을 담고 있음을 지적한다. 예를 들어 그는 『맹자』와 『순자』 같은 문헌들이 "유교적 교리를 방어하기 위한" "정교한 논증"(pp. 3, 10)을 담고 있음을 언급하고 있으며, 『맹자』는 "…… 논리적 일관성을 위한 논변"(p. 115)을 담고 있으며, "(맹자의) 이론이나 행동에 있어서의 겉으로 드러나는 모순을 합리화시키고자"(p. 109) 시도했음을 언급한다.

하지만 이 사유들이 특정한 사회정치적 맥락에 뿌리를 둔 실천적 관심의 산물이라고 하더라도, 이로부터 사유의 내용에 관심을 두는 것은 오도된 연구방식이라는 결론이 도출되지는 않는다.[16] 사유의 내용에 관심을 두어야 하느냐 또는 사유의 근원에 관심을 두어야 하느냐 하는 문제는 그보다도 연구에 관여하는 사람들의 관심의 방향에 따른 것으로 보인다. 사유의 출현을 설명하는 데 사회학적이고 역사적인 설명에 좀 더 관심이 많은 이들은 이 사유와 관련한 실천적 고려와 그 사회 역사적 맥락에 좀 더 면밀한 관심을 기울인다. 사유가 어떻게 개진되고 있는지를 이해하고자 하고 이 사유에 반영된 윤리적 경험의 성격과 자기 자신의 윤리적 경험에 비추어 이러한 사유가 지닌 적절성이 무엇인지에 더 관심이 많은 이들은 사유의 내용에 더 많은 관심을 기울인다. 두 번째 종류의 연구관심은 적절한 역사적, 사회적 연구로부터 도움을 받을 수 있는데, 역사적이고 사회학적인 연구는 이들 사상가들이 몰두했던 문제들이 무엇인지 드러내줌으로써 이러한 문제들에 대응하는 사상가들의 사유를 더 잘 이해할 수 있도록 도움을 주기 때문이다.[17] 하지만 역사적이고 사회학적인 연구의 유용한 적절성이 사유의 내용에 대한 면밀한 연구를 오도된 연구로 만드는 것은 아니며, 각각의 연구로만은 이룩하기 힘든 연구 대상에 대한 좀 더 포괄적인 이해를 이 둘이 함께 도달할 수 있다는 점에서 이 둘의 연구 방식을 상호보완적으로 보는 것이 더 적절할 것이다.

세 번째 관점은 유가 사상가들 자신이 기본적으로 윤리적 이상을 지적

15) 이런 종류의 관점은 이노에게서 발견할 수 있다. 나의 "Review of Eno"를 보라.
16) 다음을 참조하라. 勞思光, pp. 360-61; 劉述先, 「方法與態度」, p. 226; Schwartz, pp. 4-7.
17) 다음을 참조하라. Isenberg, pp. 235-41; 劉述先, 「方法與態度」, p. 222.

탐구의 대상으로 삼지 않았기 때문에 이들의 윤리적 이상을 지적 탐구의 대상으로 취급하는 것이 정당하지 않다는 것이다. 대신에 필요한 것은 유가 사상가들이 보여준 유가적 이상에 대한 헌신이며, 청중들로 하여금 유가적 이상을 동경하게끔 자극을 주는 역설적 화법과 같은 비표준적인 언어 용법을 사용하는 데 주저하지 않는 적극성이다. 명료성이나 문헌적 증거 등을 강조하면서 유가적 이상을 지적 탐구의 대상으로 삼는 것은 유가적 이상에 대한 왜곡된 이해로 이끄는 '객관화'(objectivize)이다.[18]

이러한 관점은 초기 유가 사상을 지적 탐구의 대상으로 삼는 것이 초기 유가 사상가들이 몰두했던 활동과는 다른 종류임을 강조한다. 방금 기술했던 종류의 실천적 관심에 의해 인도되었던 유가 사상가들과는 달리, 지적 탐구의 대상으로 유가 사상을 다루는 연구는 유가 사상가들의 윤리적 삶에 대한 견해, 이러한 삶에 대한 옹호, 그리고 이러한 옹호의 근거가 되는 인간이란 존재의 모습 등에 대한 이해를 대신 지향하고 있다. 목표에 대한 이런 차이는 강조점의 차이로 이끈다. 예를 들어 유가 사상을 지적 탐구의 대상으로 다루는 연구는 유가 사상가들 자신은 강조하지 않았을 방식으로 명료성과 문헌적 증거를 강조한다. 그리고 유가적 이상에 헌신하는 사람의 관점에서는 이런 종류의 연구는 중요성과 긴급성이 떨어지는 것으로 보일 가능성이 높다. 개인적으로 유가적 이상에 걸맞게 사는 것이 훨씬 큰 중요성을 지니며, 또 다른 사람들을 이러한 방향으로 이끄는 것이 이 이상과 그 옹호의 내용에 대한 명료한 이해에 도달하는 것보다 훨씬 중요할 것이다.

비록 이런 종류의 견해가 지금 우리가 수행하는 연구의 입지를 더 잘

18) 풍요명은 이와 같은 생각을 담은 문헌을 추적하였다.(「哲學」)

이해하게 도움을 주지만, 유가적 이상의 내용을 연구하는 것이 잘못되었음을 보여주는 것은 아니다. 윤리적 삶에 대한 유가적 관점을 이해하고자 하는 연구의 목적이 추구될 만한 가치를 지니고 있지 않거나, 그런 연구로 성취될 수 없다는 것을 보일 때만 우리의 연구가 잘못되었다는 결론이 내려질 수 있다. 하지만 이런 목적의 성취가 가능하다면 그 가능한 정도만큼은 이런 연구가 가치를 지닌다고 할 수 있을 것이다. 비록 더 직접적인 실천적 관련성을 지닌 다른 목적에 비해 덜 중요하다고 할지라도 말이다. 유가적 이상에 헌신하건 아니건, 윤리적 삶에 대한 유가적 관점을 이해하고자 하는 목표를 달성하는 것은 한 문화 전체의 발달을 형성한 윤리적 이상과 이러한 윤리적 이상에 의해 형성된 문화의 여러 측면들을 이해하는 데 도움을 줄 것이다. 또 유가적 이상에 헌신하는 이들에게는 이러한 이해가 그들이 승인하는 삶의 방식과 그 근거를 좀 더 잘 이해할 수 있도록 도움을 줄 것이다. 유가적 이상에 헌신하는 이들도 이러한 이해로부터 이득을 볼 수 있는 것은 이러한 이해가 그들의 헌신을 강화하는 데 도움을 주기 때문이며, 또 다른 이들을 개종시키거나 반대편의 영향력과 맞서 싸우는 데 더 유리한 위치에서 할 수 있게 해주기 때문이다. 자신이 헌신하는 삶의 방식을 비판적으로 평가할 준비가 되어 있다면, 그 준비된 정도만큼 이러한 이해는 비판적 평가를 수행하는 것을 도울 뿐 아니라 삶을 거기에 따라 형성하는 데에도 도움을 줄 것이다.

그렇다면 이런 종류의 연구가 가지는 정당성은 연구의 목적을 달성하는 것이 가능한지의 여부, 이러한 연구가 윤리적 삶에 대한 유가적 관점에 대한 이해를 증진시키는지의 여부에 달려 있다. 현재로는 아마도 이러한 연구만으로는 그러한 이해에 도달할 수 없을 것이다. 왜냐하면 그러한 이해는 유가적 삶의 방식을 구성하는 윤리적 경험을 어느 정도 공유하고 있는지에 달려 있을 수 있고, 또 아마도 유가적 이상에 대해 다소의 공감을 지니고 있는지에 달려 있을 수 있기 때문이다.[19] 하지만 이는 이러한 연구가 적절한 윤리적 경험과 상상력 그리고 공감할 수 있는 능력에 의해 보충될 필요가 있다는 것을 보여주는 것일 뿐이다. 이렇게 적절히 보충되기만 한다면, 이러한 연구가 유가적 관점에 대한 이해를 증진시키고자 하는 목적에 기여하지 못할 어떤 명백한 이유도 없다.

2) 초기 유가 사상 연구하기

초기 유가 사상을 구성하는 사유들에 초점을 맞춘 연구가 정당성이 있음을 인정하더라도, 이런 연구를 수행하는 데 적합한 방식이 무엇이냐는 질문은 남는다. 방법론적 논의에서 종종 언급되는 주된 어려움은 우리의 사고방식에 익숙하기 때문에 자연스럽게 보이지만 실제로는 초기 중국사상에서 찾기 어려운 낯선 전제와 틀을 초기 중국사상에 덧씌우는 것을 어떻게 피할 것인가 하는 문제이다.[20] 이미 지적되었듯이 이는 서구 학자들에게 어려운 만큼 현대 중국학자들에게도 어려운 과제이다. 현대 중국어 또한 초기 중국사상에는 낯선 전제와 틀을 함유하고 있기 때문에 현대 중국인조차 초기 중국 사상가들과는 지적으로 매우 멀리 떨어져 있다고 할 수 있다.[21] 다음에

19) 다음을 참조하라. 劉述先, 「方法與態度」, pp. 224-27; 牟宗三, 『特質』, p. 6; 唐君毅, 「新方向」, pp. 134-35; 韋政通, 「幾點認識」, p. 206.

20) 다음의 예를 보라. 徐復觀, 『論集』, p. 3; 勞思光, pp. 19-21, 360-62.

21) 다음을 보라. Richards, pp. 9-10. 또한 리차드는 이러한 어려움을 다루는 몇 가지 전략을

서 내가 이러한 어려움을 다루는 몇 가지 단계를 설명하도록 하겠다.

초기 중국 사상가의 견해에 대한 설명이 관련 문헌의 내용을 넘어선다는 단순한 사실만으로 그 설명이 문제가 되는 것은 아니다. 설명이 단순히 텍스트의 재배열을 넘어서는 만큼, 그 설명은 이미 초기 사상가에겐 낯선 개념적 장치를 내포한 현대적인 언어로 사상가의 관점을 논하고 있는 것이다. 게다가 사상가의 견해를 이해할 수 있도록 우리를 도와주는 설명은 사상가의 견해를 원 텍스트보다 더 명료하게 제시하는 것일 것이며, 그 자체로는 명백히 드러나지 않는 사상들 사이의 연관관계를 보여주는 것일 것이다. 이것 자체가 그 설명을 문제적이게 하는 것이 아니다. 그보다 설명의 설득력은 텍스트에 내재적이거나 외부적인 여러 고려 사항에 달렸음을 말해준다. 텍스트 내부적인 고려 사항들로는 그 설명이 텍스트의 다른 부분들과 어긋나지 않고 얼마나 뜻이 통하게 했느냐는 정도, 설명의 단순성의 정도, 특수하고 예외적인 요소를 얼마나 배제하였는지의 정도, 그리고 아마도 그 설명을 통해 표현된 사상가의 견해가 지닌 설득력 등이 될 것이다.[22] 텍스트 외부적인 고려 사항들로는 당대 문헌들에 근거한 당대 언어에 대한 이해력, 역사적 기록을 통해 알 수 있는 사상가를 아마도 움직였을 실천적 고려들, 고려 대상인 사상가가 알고 있었을 것으로 추정되며 다른 문헌에서 기록된 사유들을 통해 알 수 있는 동시대의 사상가들이 공유했던 지적 관심과 지적 접근 방법들 등이 포함될 것이다.

제안했다. 예를 들어 복수의 정의 사용하기, 초기 중국 문헌의 주요 용어를 연구할 때 가능한 의미의 범위에 주의 기울이기, 다른 목적들 및 다른 목적을 위한 다양한 사고 구조의 가능성에 대해 주의 기울이기 등이다.(pp. 86-93)

22) 다음을 참조하라. Hansen, pp. 2-7.

따라서 설명이 이질적인 전제와 틀을 사상가의 견해에 덧씌웠는지의 여부는 그 설명을 개진함에 있어서 관련 문헌의 범위를 넘어섰는지의 여부만을 근거로 결정될 수 없다. 이것과 연관하여 종종 제기되는 일반적인 우려는 이질적인 전제와 틀을 구현하고 있는 전문용어의 사용이다. 이런 우려는 특히 현대 서구 언어로 수행되는 연구의 경우에 제기되기 쉬운데, 핵심적인 중국의 용어가 번역되는 방식에 대해 제기되거나, 서양 용어를 번역으로서가 아니라 사상가의 견해를 진술하는 데 사용하는 경우에 제기된다. 이는 정당한 우려이며 나는 다음과 같은 단계를 통해 이러한 어려움에 대처하고자 한다.

이질적인 전제를 끌어들인 번역에서 생기는 위험은 그러한 번역이 독자뿐만 아니라 연구를 수행하는 연구자도 오도할 수 있다는 데 있다. 특정한 번역을 채용함으로써 그 번역에 의해 도입되는 외래적인 요소가 번역어에 실제로 내포되어 있는 상태로 연구를 수행할 수 있는 것이다. 주요 용어의 어떤 번역도 그 용어의 의미와 정확하게 일치하기는 어려울 것이므로 가능한 하나의 전략은 모든 주요 용어들을 번역하지 않고 내버려 두는 것이다. 하지만 이 전략은 너무 빈번하게 한자 용어를 로마자화하여 가독성을 현저히 떨어뜨린다. 또 다른 전략은 주요 용어들에 대한 번역어를 계속 사용하면서도 한편으로는 그 용어가 사용되고 있는 관용구의 구조와 이들 용어 사용의 배경을 제공하는 사유의 틀을 포함하는 그 용어의 실제적 용례를 세심하게 살핌으로써 오해의 가능성을 사전에 제거하는 것이다.[23] 이런 전략을

23) 나는 이 점과 관련해서 니비슨의 도움을 받았다. Nivison, "On Translating Mencius," pp. 111-12.

통해 정확성을 희생하지 않으면서도 논의의 가독성을 높일 수도 있겠지만, 내가 폭넓게 그 용법을 논의할 용어들 중에는 번역하지 않고 내버려두는 편이 더 나은 용어들도 있다.

나는 이 두 선택 사이에서 균형을 찾으려 노력했다. 어떻게 해석하느냐에 따라 내 논의의 실질적 내용에 현저한 차이를 낳을 수 있는 몇몇 주요 용어의 경우 기본적으로 번역을 하지 않고 내버려두었지만, 때로는 괄호 안에 그 용어들을 확인할 수 있는 잠정적인 번역어들을 한 개 또는 그 이상 제공하였다. 여기에는 'hsing 성性'(nature본성, characteristic tendencies특징적 성향)과 'ch'ing 정情'(fact사실, what is genuine진짜인 것) 등이 포함된다. 번역은 잠정적인 것이며 오로지 용어를 확인하기 위해 제공된 것으로 어떤 실질적인 중요성도 지니지 못한다. 나의 논의에 빈번하게 등장하지만 이들에 대한 해석이 나의 목적에 덜 중요한 주요 용어들의 경우 나는 용어를 소개한 후 번역을 사용할 것이고, 때때로는 로마자화된 형태로 돌아가 사용할 것이다. 경우에 따라 나는 두 가지 가능한 번역어를 제공할 것인데, 두 번역어 모두 그 용어의 다른 함의를 포착하고 있으며 번역의 잠정적 성격을 상기시켜줄 수 있는 경우이다. 한 예로 'hsin 심心'을 'heart 마음 / mind 정신'이라 번역한 경우를 들 수 있다.

초기 중국 사상의 중요한 용어들 가운데, 다른 목적과 강조점을 지닌 프로젝트에서라면 광범위한 논의가 요구되겠지만, 나의 논의에서는 부수적으로만 언급되는 용어들도 있다. 예를 들어, 내가 다른 용어나 주제를 논의하기 위해 번역하는 구절에 등장하는 그런 용어가 있다. 과도한 로마자화를 피하기 위해 나는 그런 용어를 설명한 후 번역어를 제공하고 그 용어가 논의에서 다시 나올 때마다 번역어를 사용하였다. 한 예는 'min 민民'을 'common people 일반백성'으로 번역한 것이다.

현대 서구 용어를 번역이 아니라 논의의 일부로 사용하는 것과 관련해서 이질적인 함의를 끌어들인다는 우려를 불러일으키는 용어들의 예로 다음을 들 수 있다. 서양의 철학적 논의에 고유한 용어들, 한편으로는 비철학적 용법도 가지고 있으면서 철학적 논의에서는 전문적인 용법을 획득한 용어들, 아니면 전문적인 용법을 가지고 있지 않은 용어들 등이다. 첫 번째 경우의 용어로는 '의무론'(deontology), '결과주의'(consequentialism), '실천적 추론'(practical reasoning) 등일 것이다. 다른 목적을 지닌 프로젝트, 예를 들어 중국과 서양의 전통을 비교하거나 서양의 철학적 범주를 사용하여 유가 사상을 재구성하고자 하는 등의 목적을 지닌 프로젝트는 그러한 용어를 정당하게 사용할 수 있겠지만, 유가 사상가들의 관점을 그 자체로 이해하고자 하는 시도에서는 이런 용어의 사용을 피하는 것이 좋을 것으로 보인다. 이에 따라 나는 논의에서 이러한 용어의 사용을 피했다.

두 번째 경우의 용어로는 '도덕'(morality), '이성'(reason), '자율성'(autonomy) 등이 있다. 비록 이들 용어는 일상적이며 비철학적 용법을 가지고 있긴 하지만, 철학적 논의에서도 또한 사용되며, 때로는 초기 중국의 사유에 이질적인 전제들을 연상시킨다. 이질적인 전제들을 피할 수 있게 상세히 설명한 연후에 이 용어들을 사용하는 것도 가능하겠지만, 나는 오해의 소지를 피하기 위해 이런 용어의 사용을 최소화했다. 예를 들어 나는 'reason'이라는 용어의 사용을 철저히 피하고 철학적 전제가 덜 깔린 '근거들'(grounds), '~을 지지하는'(in support of), '옹호'(defense) 등과 같은 연관된 용어들을 사용하였다. 하지만 내 논의의 목적에 맞춤한 새로운 용어를 창안하지 않는 이상, 철학적 담론에 빈번히 등장하는 용어를 전혀 사용하지 않으면서 내가 말하고 싶은 것을 표현하는 것이 언제나 가능한 것은 아니다. 이런 경우 나는 두 번째 경우의 용어들을 계속 사용할 것인데, 이는 내가 어떻게 그런 용어를 사용하는지 반드시 설명한 후이다.(예를 들어 1장 1절에서의 '윤리적'(ethical)에 대한 설명을 보라)

세 번째 경우의 용어로는 '인간'(human beings), '자연적인'(natural) 등이 있다. 비록 이런 용어들은 일반적으로 철학적 함의를 전제하고 있지 않지만, 그럼에도 불구하고 이런 용어의 사용은 중국적 사유에 이질적인 함의를 끌어들일 수 있다. 이런 용어의 사용을 최소화하고자 노력했지만 독자를 불편하게 만들 새로운 용어를 만들지 않는 한 이런 용어의 사용을 완전히 피하는 것이 어렵다는 것을 발견했다. 한 예가 생물학적 종이라는 함의를 지닌 '인간'(human beings)이란 용어이다. 지금 단계의 논의에서 초기 중국인들이 인간에 대해서 생물학적인 종의 개념을 가지고 있었는지 또는 유가에서 자신들이 주창하는 삶의 방식이 생물학적 종으로서의 모든 인간에게 적용되는 것으로 간주하였는지 명확하지 않기 때문에, 이 용어를 피하는 것이 좋아 보인다. 하지만 나로선 유가가 주창하는 삶의 방식이 적용되는 개인들을 지칭할 용어가 필요하며, 'human beings'가 그나마 이러한 목적에 가장 근접한 영어 표현이다. 내 전략은 이 용어의 범위가 생물학적 종으로서의 인간 전체를 반드시 포괄할 필요가 없다는 것을 명확히 한 뒤에 사용하는 것이다.(1장 1절을 보라)

초기 중국사상에 그와 이질적인 전제들을 부과하는 것의 위험성은 특정한 선입관을 통해 관련 문헌의 주요 부분과 용어에 대한 해석을 형성하는 데서 발생할 수도 있다. 이러한 문제점에 대처하기 위해 나는 다음과 같은 전략을 가지고 『맹자』의 주요 용어와 구절들을 다루었다. 나는 종종 『맹자』에서의 용법을 살피기 전에 초기 중국의 다양한 문헌에서 주요 용어의 용법을 살펴보았다. 어떤 용어에 대한 맹자의 용법은 다른 초기 문헌에서 벗어났을 수 있다. 아니면 더 나아가 맹자가 의도적으로 독자들을 그 용어의 새로운 용법으로 인도하고자 노력했을 수도 있다. 초기 중국어의 용법은 유동적이어서 종종 사상가로 하여금 그들의 입장에 맞게 다소 새로운 방식으로 용어를 전유할 수 있게끔 허용하였다.[24] 하지만 이런 경우라도 용어에 대한 새로운 용법은 대개 기존의 용법으로부터 완전히 자유롭지 않았다. 따라서 초기의 다른 문헌에서 용어의 쓰임새를 검토하는 것은 『맹자』에 등장하는 용어의 함의를 점검하는 준비 단계로 용어가 지닌 가능한 함의의 범위를 결정하는 데 도움을 준다. 『맹자』와 다른 초기 문헌의 주요 용어의 쓰임을 모두 자세히 검토함으로써 우리는 기존의 선입관을 통해 이러한 용어들을 해석하는 위험을 줄일 수 있을 것이다.

주요 용어들을 논의할 때, 그 용어를 사용한 사상가들이 특정한 구분을 명확히 의식했는지가 불분명할 경우에도 때때로 그러한 구분을 사용할 것이다. 예를 들어, '명命'(decree법령, destiny운명)의 용법을 논의함에 있어서 초기 문헌에서 나타나는 이 용어의 용법상의 차이점에 대해 말하기 위한 한 방편으로 규범적인(normative) 차원과 기술적인(descriptive) 차원의 용법을 구별하였다. 하지만 초기 사상가들 자신은 그러한 구분을 한 적이 없었을 가능성이 크며, 어떤 차원의 용법이 강조되었는지에 대한 명확한 답변을 기대하는 것 자체가 부적절한 경우도 많을 것이다. 이럴 경우에 나는 소개된 구분이 단지 우리 논의에 도움을 주기 위한 장치로서의 목적을 가질 뿐, 초기 사상가들이 동일한 구분을 했다는 것이 아님을 명확히 하였다.

24) 다음을 참조하라. 唐君毅, 「新方向」, pp. 132-33.

『맹자』의 구절들을 논의할 때 그 구절들에 드러난 사유와 또 그러한 사유에 대한 이해와 관련된 문법적인 문제들과 관련해서 종종 주석과 번역들을 거론할 것이다. 맹자의 모든 구절을 이렇게 하는 것은 엄청난 작업이 될 것이므로, 나는 나의 논의에서 특별히 중요한 역할을 하는 구절 또는 구절의 일부분에서만 그렇게 할 것이다. 주석과 번역들을 참조하는 것은 한 구절에 대한 여러 가능한 해석들을 보여주거나 특정 해석에 대한 선호를 가능하게 하는 고려 사항들을 보여주는 데 도움이 되는데, 독립적으로 혼자 작업을 할 경우에는 잘 떠오르지 않을 수도 있는 것이다. 가능한 해석들을 선명하게 부각시켜 놓고, 종종 이런 해석들에 대한 비교 검토를 바탕으로 특정한 해석을 옹호하였다. 모든 가능한 해석들을 다 검토하는 것이 실질적으로 힘들 때에는 좀 더 일반적이거나 영향력이 있는 해석들에 집중했다. 주요 대안적 해석들을 비교하고 심사함으로써 내가 선호하는 해석을 단순히 제시하기보다는 그 해석을 받아들이는 이유들을 제공하고자 애썼다. 비록 내가 제시한 해석에 동의하지 않더라도, 최소한 거기에 응대할 수 있게끔 내가 제시한 해석에 유리한 고려 사항들이 무엇인지를 분명히 드러내려 하였고, 그렇게 함으로써 의견불일치를 해소할 수 있는 대화의 시발점을 제공하였기를 희망한다.

특정한 구절이나 그 구절의 일부에 있어서 한 해석을 다른 해석보다 선호할 뚜렷한 문헌적 증거가 때로는 부재할 수 있다. 사실 여러 가능한 해석들을 구분하는 것도 고려대상인 사상가는 명확히 구분하지 않았을 것을 우리가 또다시 구분하고 있는 것인지 모른다. 만일 그렇다면 한 해석을 다른 해석보다 선호할 수 있는 증거를 기대할 이유도 없게 된다. 이럴 경우, 그 구절을 검토한 결과 나로서는 어떤 특정 해석을 선호하게 하는 명확한 증거를 찾지 못했음을 분명히 할 것이다. 이런 이유로 나의 논의는 간혹 결론 없이 열려 있는 채 끝나기도 한다.

옮긴이 주

1 선진시기에 해당되는 서기전 3세기와 그 이전의 중국에 대한 명칭을 '초기 중국(early China)'이라고 쿵로이 슌이 지칭하는 것은 '고대 중국(ancient China)'이라는 표현이 고대, 중세, 근대로의 시대구분이 전제하는 이데올로기적 성격과 관련되는 것을 피하기 위함으로 보인다. 저자의 의도에 맞추어 우리에게 익숙한 선진先秦이나 고대란 표현 대신 가능한 한 '초기'란 표현을 쓰도록 하겠다.

2 'Confucian'은 영어로 공자를 지칭하는 'Confucius'로부터 파생된 말로 우리말에서는 '유가의' 또는 '유가'를 지칭한다.

3 우리는 공자와 유가를 구분하여 쓰기 때문에, 'Confucian'이나 'Confucianism'이란 말이 가져오는 혼란이 없다. 따라서 저자가 'Confucianism'이라 지칭하는 모든 표현은 한국어로는 당연히 '유가' 또는 '유학'이란 용어로 번역할 것이다.

Background

2장

배경

1. 공자 이전 사상에서 공자로

공자 이전과 공자가 살았던 당대, 그리고 그 직후의 중국 사상 중 특정한 발전 양상에 대한 논의는 『시경詩經』, 『상서尙書』, 『좌전左傳』, 『국어國語』, 『논어論語』에 바탕을 둔다. 학자들은 대부분의 『시경』 자료가 공자 이전인 기원전 6,7세기경의 것이라는 데 동의하고 있다. 다른 한편 『상서』에는 아마도 공자 이후에 삽입된 것들이 포함되어 있을 것이다. 비록 「주서周書」 부분은 정말로 공자 이전의 기록을 담고 있는 듯하지만, 그 중에서도 어떤 부분이 그러한지에 대해서는 학자들 사이에서 의견이 일치하지 않는다.[1] 나의 논의에서는 『시경』 전체와 『상서』 중 대체로 학자들 사이에 공자 이전 시기의 것으로 동의되는 부분들을 특정 용어들에 대한 공자 이전의 용례를 이해하는 자료로 사용할 것이다. 『좌전』과 『국어』는 늦게는 기원전 3세기에 편집된 것으로 보이며, 공자 이전에서 이후에 걸치는 상이한 시기의 관념들을 포함하고 있다. 나는 이러한 텍스트들을 공자 이전과 공자 직후의 특정한 주요 개념들의 진화를 추적하는 자료로 사용할 것이다.[2]

『논어』는 비록 공자와 그의 제자들의 기록이라고 전해지지만 아마도 다른 시기에 만들어지고 삽입된 요소들이 있는 것 같다.[3] 따라서 텍스트에는

1) 예를 들어 부사년의 견해(pp. 204-5)와 하워드(Paul Harwood)가 이 분야에 관한 크릴(H. G. Creel)과 돕슨(W. A. Dobson)의 연구를 요약한 부분(pp. 137, 184)을 참조하라.

2) 이 네 책에 대한 논의는 린위성(Lin Yü-sheng, pp. 201-3)과 슈워츠(Benjamin Schwartz, pp. 40-1)를 보라.

정합성이 결여된 부분이 있을 수 있다. 비록 학자들 중에는 이 텍스트에서 표현된 생각들이 대체적으로 동질적이라고 보는 이들도 있지만 말이다.[4] 작자의 불확실성과 텍스트 각 부분의 연대를 확정짓기가 어렵다는 점을 고려하여, 『논어』가 공자와 공자 제자들의 가르침을 일관성 있게 기록한 믿을 수 있는 자료라는 주장에 대해서는 잠시 유보해 두겠다. 대신 나는 『논어』를 공자 시대로부터 공자 사후 몇 세대가 지난 후까지 공자가 중심이 된 사상운동과 결부된 특정한 생각들을 이해하는 데 필요한 자료로서 활용할 것이다.

1) 천天과 명命에 대한 태도의 변천

주周 초기에는 천天을 다양한 자연현상의 원인이며, 인간사를 제어할 수 있고, 감정을 지니고 있으며, 행위를 할 수 있는 능력을 보유하고 있다고 여겼었다. 『상서』의 「소고召誥」와 『시경』의 일부분은 천을 정의롭고, 사랑을 베푸는 존재로 묘사하였다.[1] 천은 또한 정치적 권위의 근원이었다. 왕은 천명天命을 보유하는 한에 있어서 권위를 유지하며, 왕이 천명을 계속 보유하느냐 마느냐는 자신의 덕德에 달려 있었다. 가장 초기 용법에서 '덕'의 함의는 아마도 주로 종교적이었던 듯한데, 왕이 천天과의 영적인 교섭을 이끄는 태도라는 의미가 함축되어 있었던 것으로 보인다.[5] 그러나 덕이라는 개념은 거기에 더하여 관대함, 자기희생, 겸손, 가르침을 잘 받아들임 등과 같은

3) 다음을 보라. Eno, pp. 80-81; Lau, *The Analects*, app. 3.

4) 예를 들어 Graham, *Disputers*, p. 10; Schwartz, p. 62.

5) 다음을 보라. Munro, p. 185.

자질 및 이러한 자질과 관련된 특정한 힘들, 즉 관대한 행위와 자기희생적 행위의 수혜자가 그에 대해 반드시 반응하게끔 만드는 힘과 감화와 매혹의 비강제적인 힘을 포함하는 것이 되었다.[6] 왕은 자신의 덕을 길러 좀 더 선명히 드러나게끔 할 수 있고, 천과 신령들은 이것을 감지하고 여기에 반응한다. 천명을 보존하는 것이 덕에 달려 있다는 것은 천명이 항상 일정하지도 않고 쉽게 보존되는 것도 아니라는 말이며,[2] 왕은 천명을 보지하기 위해서 조심스럽게 덕을 돌보고 길러야 한다는 것을 의미한다.[3] 이와 같은 정치적 권위의 개념은 천이 사랑을 베풀며 정의로운 것이라고 보는 견해와 잘 들어맞는다. 천은 왕이 백성을 보살피고 그의 책임을 적절히 수행할 때만 계속적으로 그에게 명命을 부여한다.

주周 중기에는 사회정치적 혼란이 점증하고 그로 인해 비참함이 야기되자 점차 이러한 비참한 상황이 지속되도록 허용한 천에 대한 불만이 나타났다. 천에 대한 비판적인 어조는 『시경』에서도 찾을 수 있는데, 「대아大雅」보다 후에 지어진 것으로 보이는 「소아小雅」에서[7] 더 두드러지게 나타난다. 「대아」에서는 몇몇의 시가들이 비참한 상황을 천에 돌리고, 개입하지 못한 천의 실패를 묘사하고 있다.[4][8] 「소아」에서는 불만이 천의 정의롭지 못함,[5] 천의 불친절함과 정의롭지 못함[6]에 대한 명백한 불평의 형태를 취한다.

『좌전』과 『국어』에서는 천에 대한 태도가 더 변화되었음을 감지할 수

6) Nivison, "Investigations," 강의 1을 보라.

7) 예를 들어 하워드의 글에서 기록된 돕슨의 견해와 서복관의 견해를 보라. Harwood, p. 143; 徐復觀, 『中國人性論史』, pp. 37-39.

8) 하지만 여기서 주의해야 할 점은 이 시들의 몇몇은 '천'을 사용하여 간접적으로 왕을 가리킨 것일 수도 있다는 점이다.

있다. 정치적인 맥락에서 천은 주 왕실의 통치권에만 관여하는 것이 아니라 제후국들의 유지와 파괴에도 관여하는 것으로 여겨졌다.7[9] 선을 보상하고 악을 징벌하며 덕에 기초하여 지배할 권위를 부여하는 것으로서의 천에 대한 이해는 여전히 유지되고 있었으며,[8] 천은 정치적 권위를 부여하는 데 있어 백성의 복지를 우선적으로 고려한다고 여전히 믿어졌다.[9] 하지만 천의 의지는 곧 백성의 의지와 동일한 것이라는 견해가 등장하였다. 이는 천으로부터 지배의 권위를 확보하기 위해서 군주는 백성을 돌보고 백성의 지지를 얻어야만 한다는 것이다.[10] 이에 더하여 천은 행위규범의 원천으로도 여겨지게 되는데, 이는 천과 도를 합친 '천도天道'가 예禮의 준수나[11] 또는 군주와 신하 사이의 마땅한 관계를 가리키는 말로 사용되는 데 반영되었다.[12]

비록 이 문헌들의 일부분에서는 여전히 천이 덕에 기초하여 정치적 권위를 부여한다고 계속 묘사하고 있지만, 더 많이 발견되는 견해는 천이 정치적 권위를 통치자의 자질과는 무관한 방식으로 부여한다는 것이다. 천이 통치자의 덕과는 상관없이 한 국가가 망하거나 계속 번영하게끔 허용하는 것으로 묘사되는 예는 많이 찾아 볼 수 있다.[10] 특히 흥미로운 점은 천이 군주로부터 정상적인 지각능력을 박탈하여[13] 그로 하여금 덕을 상실하게 한다거나,[14] 천이 주周의 통치가 얼마나 오랫동안 지속되어야만 하는지를 미리 정해 놓아서 이에 따라 주왕들의 덕이 쇠퇴함에도 불구하고 주周가 지속될 수 있도록 허용한다고 묘사하고 있는 예들이다.[15] 공적과 상관없이 천이 정치적 권위를 부여한다는 이와 같은 관념은 정치적 권위의 보유가 통치자의 공적

9) 다음을 보라. 李杜, pp. 37-39.
10) 예를 들어, 李杜, pp. 37-42.

과는 아무 상관이 없다는 당대의 인식을 반영한다. 행위규범이 아니라 정치적 운세의 변화에 대한 냉혹한 사실들을 묘사하는 '천도天道'의 용법은 이런 천 개념과 연관된다.[16]

명命의 용법도 『좌전』과 『국어』에서 여러 가지 방식으로 전개되었다. 천명은 여전히 정치적 권위와 덕에 연결되어 있지만,[17] 나쁜 것을 좋은 것으로 대체하는 것을 천명이라고 하는 경우도 보인다.[18] 명이란 개념은 또 의무나 행위규범과의 연관선상에서 사용되고 있다. 예를 들어 어떤 군주가 명은 수명壽命과 관계하는 것이 아니라 백성을 양육하는 것과 관계하며, 이것이 천이 군주의 지위를 세우는 목적이라고 말하는 데에서 발견할 수 있다.[19] 이러한 용법에 더하여 명은 인간의 노력과 무관하게 발생하는 냉혹한 현실을 지칭하는 데 사용되기에 이르렀다. 정치적 맥락에서의 예로는 주周가 왕들의 덕德이 쇠퇴했음에도 불구하고 7세기 동안 지속되어야만 한다는 사실[20]과 한 국가가 다른 국가에 종속되는 것[21]을 묘사하는 데 '명'이 사용된다는 점을 들 수 있다. 정치적 맥락의 바깥에 있는 예로는 한 인간의 수명이 다하는 것과 연관된 용법[22]을 들 수 있다. 인간의 통제력 바깥의 경우들을 지칭하는 명의 용례는 아주 광범위하게 발견할 수 있어서, 이 용법이 『좌전』에서 좀 더 우세하다고 몇몇의 학자는 제안하기도 했다.11) 명의 이러한 용법은 이미 『시경』에서도 찾을 수 있는데, 반드시 바람직하지만은 않은 어떤 일을 천天이 발생시켰을 때 천의 명이라고 표현하고 있다.[23]12) 하지만 『시경』에

11) 예를 들어, 徐復觀의 『人性論史』, p. 52. 하지만 서복관은 또한 '명'이 방금 인용된 『좌전』 263/1-7(미주 19)의 예에서처럼 의무와 연결되어 때때로 쓰이고 있다는 점을 인정하고 있다(p. 56).

12) 『시경』 21/1-2(미주 23)에서의 '명'은 해석하기에 애매한 점이 있지만, 부사년(p. 227)과 노사광(p. 26)은 모두 여기서의 명을 인간의 통제가 미치지 않는 경우를 지칭하는 것으로 본다.

서는 덕에 기초하여 정치적 권위를 부여하는 것과 연관된 '천명'의 용례보다 훨씬 찾기 어렵다.

이상의 고찰을 통해 우리는 '천'과 '명'의 용례에서 두 가지 차원으로 나누어 보는 것이 유용하고 계발적인 방안일 수 있음을 알 수 있다. 어떤 일이 행해져야만 하고 일어나야만 하는지에 대한 함의를 지니는 **규범적인**(normative) 차원과 특정한 것들은 인간의 노력에 달려 있지 않거나 또는 인간의 통제력이 완전히 미치지 못한다는 함의를 내포하는 **기술적인**(descriptive) 차원이 그것이다. 이 두 차원은 하나는 규범적인 차원에서, 또 하나는 인과적인 차원에서의 인간 행위에 대한 제약과 관련되어 있다. 이러한 구별은 우리로 하여금 특정한 경우에서는 한 차원이 다른 차원보다 좀 더 강조되고 있다고 말할 수 있게끔 한다. 예를 들어, '천'을 행위규범의 원천으로 묘사하거나, '명'이 어떤 이의 의무를 지칭하는 개념으로 쓰이는 맥락에서는 규범적 차원이 강조된다. 다른 한편으로, '천'을 특정한 사태가 바람직한지 아닌지에 대한 고려 없이 그 사태들을 미리 결정하는 것으로 묘사하거나, '명'을 수명이 다함을 지시하는 개념으로 사용하는 경우에 있어서는 기술적인 차원이 강조된다.

내가 이러한 구분을 소개하는 것은 텍스트의 저자나 편집자들이 명백하게 구분 짓기를 했다고 제시하려는 것이 아니다. 오히려 이 두 차원은 특정한 경우에서는 명확하게 구분되지 않은 채 함께 제시되었을 것이며, 사실 한 차원이 강조된 많은 경우에 있어서도 다른 차원이 어느 정도 개입하였을 것이다. 예를 들어 어떤 특정한 정치적 사태의 원인을 냉혹한 현실로서의 천에서 찾는 것은 기술적인 차원의 '천天'의 성격을 강조하는 것이지만, 그러한 사태를 더욱 진전시켜야 하거나 최소한 거스르지는 말아야 하며 그렇게 하지 못할 경우 불행이 닥칠 것이라는 암시가 있다면 규범적 차원도 제시되었다고 보아야 할 것이다.[24] 그리고 '천'이나 '명'이 어떤 이의 의무와 관련되어 사용되었을 경우, 곧 규범적 차원이 강조된 경우에도, 이러한 의무가 주어진 것이며 인간의 통제를 넘어서는 것이라고 여겨진다는 면에서 기술적인 차원도 있다고 할 수 있는 것이다. 이 구분은 두 차원의 긴밀한 연관성에도 불구하고 유용하고 계발적인 도구인데, 글자들의 용법적 차이를 확연히 드러내고 그 용법의 역사적 전개에 대한 전반적인 고찰을 할 수 있게 한다는 측면에서 그렇다. 예를 들어 이러한 구분은 바람직하지 않은 삶의 조건에 대해 인간은 거의 통제력을 가지지 못한다는 인식이 고조된 결과, 『시경』에서보다 『좌전』과 『국어』에서 기술적인 차원이 더 현저히 드러난다는 일반적인 관찰을 가능하게 한다. 편의상 나는 기술적이거나 규범적인 차원 중 어느 것이 강조되었느냐에 따라, 그 글자의 용법이 주로 기술적이라거나 주로 규범적이라고 말할 것이다.

『논어論語』에서는 두 가지 차원의 '천天'을 모두 식별할 수 있다. 규범적인 차원은 부당한 행위를 천에 거스르는 행위라고 한다든지(『논어』, 「팔일」 13장), 부당한 행위를 한 이를 천이 거부한다고 한다든지(「옹야」 28장), 천은 덕을 가진 이를 보호한다고 하는 경우(「술이」 23장)의 예에서처럼 사랑을 베풀며 정의로운 성격의 천을 상소하는 대목에서 부각된다. 기술적인 차원은 부와 명예(「안연」 5장), 죽음(「선진」 9장), 심지어 문화의 보존과 파괴(「자한」 5장)와 같이 인간이 그다지 통제력을 가지지 못하는 영역들을 천에 귀속시키는 대목에서 강조된다.

『시경詩經』의 「소아小雅」 부분과는 달리, 『논어』에서는 공자의 명백한 개인적 불운을 언급하면서 천에 대한 불만을 표현하지는 않았다. 예를 들어 비록 공자가 정치적 임무에선 성공하지 못했지만 이것은 천이 그를 위해 다른 계획, 즉 도의 전파자가 되는 계획을 마련하였기 때문이라는 요지를 국경 관리의 입을 빌어 말하고 있다.(『논어』, 「팔일」 24장) 공자도 비슷한 뜻을 피력하는데, 비록 사람들에게 인정받고 고용되진 않았지만 천에 대해 불평하는 대신 자신은 천에게 인정받고 고용되었다고 간주한다.(「헌문」 35장)[13] 따라서 텍스트는 사랑을 베풀고 정의로운 천의 개념을 보존하고 있으며, 명백한 개인적 불운을 다룰 때에는 그 불운이 천의 더 큰 계획의 일부라는 믿음을 표현하고 있다.[14] 동시에 텍스트는 공자가 인간의 영역을 벗어나는 일들에 대한 추측을 피하려는 경향성이 있음을 보여주면서(예를 들어 「선진」 12장), 공자를 천天이 작용하는 방식을 논하지 않는 사람(「공야장」 13장)으로 그리고 있다.

『논어』에서의 천의 용례에 대해서는 두 가지 논쟁이 있었다. 천天이 인격신을 가리키는지의 문제와 내재적 또는 내적 영역과 반하는 초월적 영역을 내포하고 있는지의 문제이다. 비슷한 논쟁이 『맹자』에서의 천의 용법과 관련해서도 있으므로, 이 문제에 대한 논의는 6장 2절 3)까지 일단 보류하겠다. 지금은 명命의 용법에 대해서만 논의하기로 하자. 명이란 글자는 『논어』에서 여러 번 나오는데, '천명天命'이라는 결합어로 나오는 것은 2번이다. 이 명의 용법에 대해서 학자들 사이의 견해는 상당한 차이를 보인다. 첫 번째 견해는 대부분의 경우가 주로 기술적인 용법이며, 인간의 통제력이 완전히 미치지 못하는 것을 가리킨다는 것이다.[15] 몇몇은 심지어 명의 용법이 일반

13) 『논어』, 「안연」 22장에서의 설명에 비추어 나는 「헌문」 35장에서의 '지知'가 한 사람의 성격과 능력을 인정하고 그것에 기초하여 그 사람을 부리는 것을 의미한다고 간주한다. 이 문제는 2장 1절 2)에서 다루겠다.

14) 이노의 4장을 보라.

적인 운명론적 태도를 반영하고 있다고까지 하는데, 이는 공자가 혁명적인 경제적 조치를 도입하려는 시도를 단념시키고자 옹호한 입장이라는 것이다.[16] 두 번째 견해는 '천명'의 형태로 쓰인 명의 용법은 주로 규범적인 것으로, 그 이외의 문맥에서 쓰인 명의 용례는 주로 기술적인 것으로 본다.[17] 이 견해로 보면, '천명'은 의무를 가리키고, '명'만 따로 쓰인 경우는 인간의 통제력 안에 완전히 들어오지 않는 것을 가리킨다. 세 번째 견해는 '명'으로 쓰인 가운데서 몇몇의 경우만 인간의 통제력이 완전히 미치지 못하는 것을 가리키는 것으로 보고(예를 들어 『논어』, 「옹야」 10장; 「안연」 5장), 대부분의 경우는 주로 규범적인 의義나 행위의 합당함을 가리키는 것이라고 본다.[18] '명'이 의義를 가리킬 수도 있다고 하는 것은 다음의 이유로 설명된다. 즉, 특정한 방식으로 행동하는 것이 의임을 깨닫는 경우, 그렇게 행동하는 것의 합당함이 개개인과는 독립적인 원천으로부터 유래하며 따라서 천의 명에서 기인한다는 것도 느끼게 된다는 것이다.[19]

이런 견해들 사이의 옳고 그름을 판단하는 문제는 잠시 제쳐두고, 몇몇

15) 예를 들어, 傅斯年, pp. 236-37, 331-32; 勞思光, pp. 67-72; 蔡尙思, pp. 84-86, 94-95. 아마노 그레이엄의 경우도 여기에 속할 것이다. *Disputers*, pp. 17-18.

16) 예를 들어, 蔡尙思, pp. 84-86.

17) 예를 들어, 徐復觀, 『人性論史』, pp. 83-90; D. C. Lau, *Analects,* pp. 27-29. 하지만 서복관은 다음에서는 비록 『논어』에서 명의 몇몇 용법은 인간이 완전히 통제할 수 있는 영역에 들어오지 않는 것에 관계하지만 대부분의 경우는 개개인의 의무와 관련되는 것이라고 이전과 다른 견해를 내놓았다. 『中國思想史論集續篇』, p. 385.

18) 예를 들어, 당군의는 '명'을 '의'로 해석하는 단서를 『맹자』, 「만장상」 8장에서 '명'과 '의'가 같이 쓰이는 데서 찾았다.(『中國哲學原論 : 導論篇』, pp. 512-18)

19) 다음을 보라. 唐君毅, 『原道篇』, pp. 110-19. 서복관도 '명'의 용법으로 어떻게 어떤 이의 의무의 기원이 그 사람으로부터 독립적이라는 의미를 포착하는지 서술하고 있다.(『論集續篇』, p. 385)

또는 대부분의 경우에서 '명'이 기술적이라 하더라도 이것이 인간이 저항하거나 파악할 수 없는 미리 예정된 힘에 대한 운명론적인 믿음을 『논어』라는 텍스트가 전달하고 있다고 볼 근거를 제공하는 건 아니라는 점을 적시할 필요가 있다. 그 이유가 단순히 공자가 인품을 닦고 능력을 계발하는 것처럼 삶의 특정한 영역에서 노력을 기울일 것을 촉구하는 것으로 그려지고 있다는 데 있지는 않다. 왜냐하면 이러한 사실은 삶의 모든 영역은 아니지만 일부분의 영역에서는 공자가 운명론적인 견해를 가졌다는 것과 양립할 수 있기 때문이다.[20] 특정한 일들에서는 인간의 통제력이 완전히 미치지 못한다는 생각을 표현하는 주로 기술적인 의미로 '명'이 쓰일 때조차, 명의 용법이 특정한 것들은 미리 예정되었다는 믿음을 반영한다고 할 이유는 없다. 그 용법은 오히려 개개인의 소망과는 어긋나지만 그들이 중요하게 생각하는 경우들에 대하여 개개인이 취할 태도를 잘 표현하고 있다고 할 수도 있다. 여기서의 경우는 개개인의 노력이나 상황에도 불구하고 도道가 널리 행해지는 일이 일어나지 않는(『논어』, 「헌문」 36장) 결과가 초래되거나, 바람직하지도 않고 그렇게 되지 않을 수도 있었던 사태 곧 중병을 앓거나(「옹야」 10장) 죽음을 맞이하는 것(「안연」 5장) 같은 결과가 초래된 것에 관한 것이다. 또한 여기서 표현된 태도는 일종의 받아들임의 태도, 곧 더 이상 결과를 걱정하지 않고 천이나 다른 사람의 탓으로도 돌리지 않는 태도라고 할 수 있다.(「헌문」 35장) 더 나아가 이러한 태도는 공자가 자신의 정치적 임무의 수행이 실패로 돌아간 것을 받아들이고 교육에 그의 주의를 돌렸던 것처럼, 사태를 변화시

20) 부사년은 공자가 일반적인 운명론적 관점을 주장하지는 않았다고 쓰고 있지만(pp. 331-32), 특정한 삶의 영역과 관련해서는 공자는 여전히 운명론자이며 그의 이런 운명론적 태도를 후대에 묵가들이 반대했다고 생각한다(p. 237).

키기 위해 부적절한 행위에 개입하지 않고 다른 일에 대한 추구로 관심을 재조정하는 것을 포함하는 듯이 보인다.21)

언급할 만한 가치가 있는 또 다른 점은 종종 명이 한 차원에서 다른 차원으로 이행 가능하다는 것이다. 개개인의 의무를 강조하는 규범적 차원에서 이해되는 경우의 '명'도 기술적 차원 또한 지닌다고 말할 수 있는데, 이는 명의 용법으로 개인의 의무를 지칭할 때 그 의무는 인간의 노력으로 회피될 성질의 것이 아니라는 사실이 강조된다는 의미이다. 반대로, 기술적 차원을 지닌다고 해석되는 명의 용법도 규범적인 차원을 지니고 있다고 이해될 수 있는데, 이는 개개인의 통제력 바깥에 생존의 조건이 놓여 있을 경우 그러한 조건을 상대하는 데 있어 일정한 규범적 굴레에 종속되기 쉽다는 점에서 그렇다. 예를 들어, 부당한 수단으로 자신의 목적을 달성하려고 노력하지 말아야 하거나 부당한 수단으로 얻어진 결과는 피해야 하며, 천天에 대해 불평을 하지 말아야 한다.22)

이와 같은 이행가능성은 두 차원이 초기 텍스트에서 분명하게 구분되지 않았던 것 같다는 앞서의 논점을 강화시켜 준다. 이런 이유 때문에 『논어』에서의 명의 용법을 두고 경합하는 여러 해석들 사이에 어느 하나의 손을 들어주기가 어렵다. 하지만 대체적인 견해를 내놓는 것은 가능하다. 예를 들어,

21) 다음을 참조. 徐復觀, 『論集續篇』, pp. 384-85. 여기서의 설명에 따르면 '명'에 대한 기술적인 용법이 『묵자』에서 반대하는 운명론적인 믿음을 표현하는 것일 필요가 없다.

22) 이것이 당군의가 도가 시행되느냐 마느냐는 명에 달려 있다고 한 『논어』, 「헌문」 36장을 해석한 방식이다.(『도론편』, pp. 512-18) 기술적인 차원에서 규범적인 차원으로의 전이는 예를 들어 다음에서도 보인다. 정역위(pp. 126-136)와 홀(Hall)과 에임스(Ames, pp. 214-15)는 『논어』에서의 명의 쓰임은 자기 존재를 결정짓는 조건에 어떻게 관여할 것인지에 대한 것이라고 지적하고 있다. 비록 결정적인 조건들로 간주하는 것이 성인聖人 됨에 가까이 간 정도에 따른다는, 나와는 다른 주장을 하고 있지만 말이다.

'천명'과 '명'이 '지천명知天命'(「위정」 4장, 「계씨」 8장)과 '지명知命'(「요왈」 3장)에서는 동일한 구성방식으로 쓰였다는 사실에 비추어볼 때, '천명'이라는 결합어 형태의 용례가 주로 규범적이고 '명' 한 글자로 쓰이는 용례가 주로 기술적이라는 식으로 명확히 구분하는 것은 힘들 수 있다. 그리고 만일 어느 한 차원이 좀 더 직접적으로 명의 쓰임에 연결될 경우, 즉 명의 쓰임이 어느 한 차원을 함축하지만 다른 한 차원은 굳이 소개하지 않아도 되고 그 반대는 안 되는 경우, 우리는 특정한 차원이 강조되었다고 말할 수 있을 것이다. 이를 근거로 우리는 삶과 죽음에는 명이 있다든지(「안연」 5장), 제자의 병은 명이라고 하는 경우(「옹야」 10장)에서와 같은 예에서 명의 용법은 기술적인 차원이 더 강조되었다고 할 수 있다. 더 나아가서 그러한 상황에 처한 경우 일정한 방식으로 대처해야 한다는 것은 그 상황이 인간의 통제력 안에 완전히 들어오지 않는다는 인식을 전제로 한다고 말할 수 있다. 하지만 여전히 규범적인 차원이 강조되었는지 기술적인 차원이 강조되었는지 확정할 수 없는 경우들도 있다. 초기 문헌에서 명확한 구별이 이루어지지 않았을 것이라는 점을 고려하면, 이 경우에 있어서 확정적 대답을 기대해야 할 이유는 없다. 지금의 논의는 대체적으로 『맹자』에 대해 논의하기 위한 예비적인 성격의 것이므로 『논어』에서의 명의 용법을 하나하나 들어 검토하지 않을 것이다. 여기서는 『맹자』보다 앞선 문헌에서 규범적인 차원과 기술적인 차원이 혼재해 있다는 점을 기억해두는 것으로 족하다.

2) 윤리적 관심의 등장: 덕德, 인仁, 예禮, 의義

또 다른 용어들, 덕·인·예·의의 전개는 공자 시대에 이르러 좀 더 폭넓은 윤리적 관심이 나타났음을 반영한다. 나는 이미 천명사상과 연관하여 정치적인 맥락에서의 '덕'의 용법을 고찰하였다. 『시경』에서조차 '덕'은 왕뿐 아니라 훌륭한 관리나[25] 선량한 일반사람을[26] 언급할 때에도 거론되었다. 덕은 부모로부터 받은 재물[27]과 같이 호의나 재물을 제공한다는 의미[28]에서도 사용되었다. 『좌전』과 『국어』에서 덕은 평민까지도 보유할 수 있는 것으로 그려진다.[29] 덕은 여전히 친절이나 호의라는 의미를 함축하고 있으나, '혜惠'[30]와 한 짝을 이룰 때 보이듯이 종종 사회적으로 좀 더 낮은 지위의 사람에게 베풀어지는 것으로 묘사되었다. 덕은 효孝·공恭·충忠·신信·양讓[31] 등과 같이 다양한 바람직한 특성들과 결부되었다.

『논어』는 덕의 감화적인 힘이 이상적으로는 통치의 기본이어야 한다고 진술하고 있을 때처럼 여전히 덕을 정치적인 맥락에서 강조하고 있다.(「위정」 1장; 「위정」 3장; 「안연」 19장) 하지만 덕이 일반적인 보통사람의 특성으로도 간주되었는데, 예를 들어 공자의 덕(「술이」 23장), 군자와 소인(「안연」 19장), 평민(「학이」 9장)의 경우에 사용되었다. 공자는 자기 자신의 덕(「술이」 3장) 및 다른 사람의 덕의 수양(「자한」 18장; 「위령공」 13장. 「헌문」 5장 참조)을 강조하였으며, 이는 초기 유가들의 주안점인 개인의 수양에 대한 관심을 보여준다.

일인칭 대명사인 '아我'(나, 나를)를 제외하고 고전 중국어에는 '자기 자신'을 의미하는 글자가 둘 있다. '자自'는 재귀적으로 다른 한 글자와 합쳐서 쓰이는데 자기 자신과 관련된 일을 하는 것을 지칭한다. 예를 들어 자기 자신을 반성하거나(『논어』, 「이인」 17장), 스스로에게 치욕을 가져오거나(「안연」 23장), 스스로를 특정한 방식으로 이름 붙일 때(「계씨」 14장)이다. '기己'는 스스로 자기 자신과 관련된 무언가를 할 때, 예를 들어 특정한 방식으로 스스로 행동할 때(「공야당」 16장; 「자로」 20장), 다른 사람이 자기를 평가하는 것처럼 자신과 관련된 특정한 행위를 할 때(「학이」 16장; 「이인」 14장; 「헌문」 30 · 39장; 「위령공」 19장), 다른 사람이 그들을 확립하는 데 도움을 주는 것처럼 타인들과 관련하여 특정한 행동을 할 때(「옹야」 30장) 등에 쓰인다. 이 두 글자의 차이는 '자'가 재귀성(reflexivity)을 강조한다면 '기'는 타인(人)과 대조하여 자신을 강조한다는 것이다.[23] 이 외에도 또 다른 글자인 '신身'–사람이나 몸을 가리키는–은 적절한 소유대명사와 결합하여 자기 자신 또는 자신(예를 들어 「자로」 6장, 13장)을 지칭하는 데 쓰인다.

이런 언어적 고찰이 보여주는 것은 사람들이 자기 자신과 관계하는 방식에 대한 개념을 초기 중국인들이 가지고 있었다는 점이다. 초기 유가문헌에서 방금 언급한 글자들은 자기 자신을 점검하고자 돌아보거나(예를 들어 『논어』, 「학이」 4장; 「이인」 17장. 「공야장」 27장; 「안연」 4장 참조) 자기 자신을 수양하는 것(예를 들어 「자로」 13장, 「헌문」 42장)에 대해 말할 때 종종 쓰인다. 이는 초기 유가가 자기 자신과 관계하는 것에 대한 개념을 가졌음을 보여줄 뿐 아니라, 스스로에 대해 반성적인 방식으로 자기 자신과 관계하는 사람에 대한 개념, 스스로에 대해 반성하고 점검하며 자신에게서 변화를 끌어낼 수 있는 능력을 지닌 사람에 대한 개념도 가지고 있었음을 보여준다. 내가 자아 개념을 공자 및 다른 초기 유가들에 귀속시키는 것은 이들이 인간을 이처럼 자기 반성적인 종류의 능력을 가진 존재로 인식했다는 점에 근거한다.[24]

23) 관련된 또 다른 차이점은 '기' 말고 '자'가 가족이나 국가를 가리킬 때 재귀대명사로 쓰일 수 있다는 것이다.(예로 『맹자』, 「이루상」 8장)

24) "Problem of the Self"에서 핑가레트(Fingarette)은 공자의 가르침을 논의하는 데 있어서 자아라는 개념과 자기 수양이라는 개념에 반대하는 논변을 펼쳤다. 하지만 "Response to Roger T. Ames"에서 정교화된 그의 입장은 그가 반대하는 것은 '내적 존재'이거나 '사적인 자아나 의지'와 같은 종류의 어떤 '신비스러운 내부적인 자아'라는 관념과 결부된 자아 개념

『논어』에 따르면 물질적인 안락이 사람들이 원하는 것이더라도 자기 수양에 대한 관심은 물질적인 관심과는 독립적이어야 한다.(「이인」 5장) 이는 걱정하고 근심(憂)해야 할 것이 무엇이어야 하는가라는 형태로 표현된다. 근심과 걱정의 적절한 대상은 도道이지 가난이 아니며(「위령공」 32장. 「술이」 3장 참조), 물질적으로 곤궁하더라도 도에서 즐거움(樂)을 찾을 수 있다(「옹야」 11장; 「술이」 16장). 이와 유사하게 사람이라면 타인으로부터 인정받기를 바라지만, 자기 수양은 자기 자신을 위한(爲己) 것이지 타인을 위한(爲人) 것이 아니다. (「헌문」 24장) 걱정이나 근심(患)의 적절한 대상은 타인으로부터의 인정이 아니라 자기 자신의 성품과 능력이며 타인을 제대로 알아주는 것이다.(「학이」 16장; 「이인」 14장; 「헌문」 30장. 「위령공」 19장 참조) 물질적 안락과 타인의 인정에 대해 걱정하지 않는다는 생각은 '명命'의 용법에 표현된 받아들임의 태도와 관련이 있다. 좋지 않은 결과를 받아들이는 것은 결과에 대해 더 이상 걱정하지 않는 것을 포함하기 때문이다.[25] 근심의 적절한 대상은 도道이기 때문에 도와 합치됨을 깨달은 사람은 걱정(憂)이 없다.(「안연」 4장. 「자한」 29장; 「헌문」 28장 참조)

자기 수양을 인도하는 이상에 대해서 『논어』는 인仁으로 성격 짓는다. '인仁'이란 글자는 아마도 '인人'과 어원이 같을 것이다. 후자는 원래 생물학적인 인간 그 자체를 가리키는 것이 아니라 특정 부족 또는 귀족의 일원을

임을 보여준다. 자아 개념에 대한 나의 사용은 그러한 관념과 결부된 것이 아니며, 맹자에게서 자아를 수양하는 것이 어떻게 물질적인 신체를 포함한 전인적 인간을 수양하는 것과 관련되는지는 5장 2절 3)에서 보여줄 것이다.

25) 1993년에 내가 가르친 대학원 세미나에서 썼던 한 페이퍼에서 테드 슬링거랜드(Ted Slingerland)는 좋지 않은 결과를 받아들이는 것과 그 결과를 걱정하지 않는 것 사이의 관계에 대한 나의 주의를 환기시켰다.

가리키는 말이었다.[26] '인仁'의 초기 용법에 대해서는 학자들 사이에 두 가지 주요한 견해가 있다. 한 견해는 이 글자가 원래 특정 부족이나 귀족의 뛰어난 일원이 지닌 바람직한 특성들을 가리켰다는 것이다. 『시경』의 두 군데**32** 가 이 견해를 지지하는 데 인용된다.[27] 다른 이들은 이 글자가 원래 사랑이나 인간 감정의 부드러운 부분을 가리키는 것으로 특히 백성을 향한 군주의 친절함과 같은 것을 지칭한다고 주장한다.[28] 이 같은 견해들과 더불어 학자들은 또한 한 의미가 다른 의미를 이끌었을 수 있는 방식들도 제시한다.[29]

공자의 윤리적 이상의 내용을 설명하기 위해 이 견해들 중 어느 하나의 손을 반드시 들어줘야 하는 것은 아니다. 『논어』에서 '인'은 인간에게 있어서 용기와 같은 바람직한 특성을 포함하여 모든 것을 포괄한 이상이라는 더 넓은 의미(「헌문」 4장)에서부터, 지혜나 용기와 같이 여러 바람직한 특성들 중의 하나라는 더 좁은 의미(「자한」 29장. 「헌문」 28장 참조)까지를 모두 포함한 용법으로 쓰였음을 지적하는 것으로 충분하다. 좀 더 넓은 의미에서 인은 지혜, 용기, 효, 양심, 신뢰성, 공경하거나 진지한 태도, 또는 언행에서의 조심스러움과 역경을 견디는 능력까지도 포함한다. 좀 더 좁은 의미로는 아마

26) 다음을 보라. Boodberg, p. 328.

27) 이 견해의 지지자는 다음과 같다. Dobson, p. xv. Graham, *Disputers*, p. 19; 徐復觀, 『論集續篇』, pp. 358-65; Lin Yü-sheng, pp. 172-83; Waley, *Analects*, p. 27. 서복관과 린위성 『시경』에서의 두 군데의 '인仁'을 근거로 인용한다.

28) 이 견해의 지지자는 다음과 같다. Wing-tsit Chan, "Evolution," p. 2; 唐君毅, 『原道篇』, p. 7; Tu Wei-ming, Confucian Thought, pp. 84-85. 뚜웨이밍은 p. 92n23에서 방영한方穎嫺을 인용하고 있다. 진영첩은 '인'의 초기 용법이 군주의 백성에 대한 친절함을 기본적으로 지칭하는 것이라고 여긴다.

29) 당군의는 원래는 사랑을 지칭하던 '인仁'이 어떻게 모든 것을 포괄하는 인간의 이상을 지칭하게 되었는지를 서술하고 있다.(『原道篇』, 1-2장) 서복관은 특정한 귀족 부족의 일원의 고유한 특징을 지칭하던 글자가 어떻게 사랑을 의미하게 되었는지 서술하고 있다.(『論集續篇』, pp. 367-77. 다음을 참조. 『人性論史』, pp. 90-100)

도 윤리적 이상의 일부로서 타인에 대한 정서적인 관심과 관련된 것을 강조하는 용어일 것이다. 어떤 경우에서 인은 동료 인간에 대한 사랑(愛人)으로 설명된다.(「안연」 22장) 초기 문헌의 정치적인 맥락에서 쓰였을 때에는 종종 자기보다 낮은 위치의 사람들에 대한 친절을 가리킨다. 예를 들어 인은 백성을 보호하거나[33] 약소국을 보호할 때[34]와 연결된다. 『논어』는 자신보다 낮은 지위의 사람에 대한 친절도 강조하지만(예를 들어, 「팔일」 26장; 「공야장」 16장; 「양화」 6장), 인에 수반된 사랑이 아마도 낮은 지위의 사람으로만 한정되지는 않았을 것이다. 이는 '애인愛人'(동료 인간을 사랑함)과 '사민使民'(일반평민을 부림) 사이의 대조(「학이」 5장)를 통해 알 수 있다. 후자의 태도가 직접적으로 아래 방향의 평민에 대한 것이라면 전자는 아마도 좀 더 일반적으로 동료 인간을 향한 것일 것이다.[30] 게다가 『논어』에서의 인은 관직에 있는 이들에게만 국한되지 않는다. 예를 들어 관직을 회피한 것으로 알려진 안회는 인으로부터 삼 개월 동안 벗어나지 않았다고 공자는 묘사하고 있다.[31]

'인'은 모든 것을 포괄하는 이상이라는 더 넓은 의미로 더욱 자주 쓰였다. 여기서 인의 중요한 한 부분은 예의 준수이다.(예를 들어 『논어』 「안연」 1 · 2장)[32] '예禮'라는 글자는 원래 희생제례를 가리키는 것이었지만 점차 다양한 사회적 맥락에서 의례적인 행위를 관장하는 행동규칙을 의미하는 것으로 쓰였다. 이런 넓은 용법의 예는 이미 『시경』에서 식별할 수 있다. 어떤 경우에는

30) 다음을 보라. Lau, *Analects*, pp. 16-19.

31) 다음을 보라. Roetz, pp. 124-25.

32) 핑가레트와 이노 같은 학자들은 인의 내용이 기본적으로 예에 의해 구성되었다고 주장했다. 나는 이러한 주장에 대한 설득력 있는 논증을 알지 못한다. 이 문제와 관련해서 나는 슈워츠의 견해에 동의하는 편이다. Schwartz, pp. 80-81.

희생제의와 관련해서 '예'가 쓰이지만[35], 한편으로는 '의儀'(good form)와 관련되기도 하며[36] 희생제의와는 다른 맥락에서 쓰이기도 한다[37]. 예가 적용되는 범위는 계속해서 넓어져 의례적인 행위만이 아니라 사회적 지위에 알맞은 행위를 포함하기에 이르렀다. 때로 예는 의儀와 구분되었다. 예를 들어 『좌전』에서는 선물을 증여하는 방식처럼 공손한 행위의 규칙들은 의의 문제로 서술되지 예의 문제로 서술되지 않았다.[38] 그리고 『좌전』과 『국어』 모두에서 '예'는 사회적으로 다른 지위에 있는 사람들의 행동을 관장하는 규칙들[39]과 국가를 다스리는 합당한 방식[40] 그리고 군주와 신하, 아버지와 아들, 나이 많고 적은 형제들, 남편과 아내, 시어머니와 며느리 사이의 적절한 관계[41]와 연결되어 쓰였다. 거기에 더하여 예는 그 근원이 천天에 있는 것으로 묘사되며[42], 예를 적절히 준수하는 것은 질서 있는 사회의 기초이며 통치의 이상적인 기초로 제시되었다[43]. 하지만 예는 비록 폭넓은 적용 대상을 가지게 되었다 하더라도, 계속 의례적인 행위를 관장하는 행동규칙들로 빈번하게 지칭되었다. 예를 들어 '예의'가 종종 일반적인 사회적 구분과 규범을 가리키는 말로 사용되는[44] 『순자』에서는 예가 예의禮義와 서로 바꿔 쓸 수 있는 용례로 간혹 사용되었지만,[45] 이런 『순자』에서도 '예'는 대부분의 경우 의례적인 행위와 연관되어 계속 사용되었다.

『논어』에서는 경敬과 같은 합당한 정신으로 예를 준수하는 것이 강조되기도 하였다.(「팔일」 26장. 「팔일」 8장; 「양화」 11장; 「자장」 1장 참조) 많은 학자들은 『논어』에서 '예'가 모든 종류의 사회정치적 맥락에서의 행위를 관리하는 규칙을 일반적으로 지칭하는 데 사용되고 있다고 생각한다.33) 이 점이 완전히

33) 예를 들어 勞思光, p. 40; Schwartz, pp. 67-68; 蔡尙思, pp. 238, 240. 그레이엄이 예외인데,

명백하지 않은 것은 문헌 속의 '예'의 사례들이 대개 의례적 행위와 연관되어 있기 때문이다.(「팔일」 4 · 15 · 17장; 「자한」 3장, 「양화」 11장) 특정한 경우에서는 좀 더 넓은 범위에서 다루어진다고 볼 수 있다. 예를 들어 예가 통치의 이상적 기초라고 할 때나(「위정」 3장; 「이인」 13장), 자신의 입장을 명확히 하기 위해 배워야만 하는 어떤 것일 때(「태백」 8장; 「계씨」 13장; 「요왈」 3장), 또 한 개인의 행위를 형성하는 데 사용해야만 하는 어떤 것이면서(「옹야」 27장) 모든 행위에서 따라야 할 그 어떤 것(「안연」 1장)이라고 할 때 그렇다. '예'를 폭넓게 해석하는 것이 이런 경우들을 좀 더 그럴듯하게 이해할 수 있게 해줄지라도, 여기서의 '예'가 의례적인 것의 범위를 넘어선다는 분명한 문헌적 증거는 어디에도 없다.[34]

의견일치를 보지 못하는 또 다른 이슈는 『논어』에서 보이는 예에 대한 태도가 얼마나 보수적인가 하는 점이다. 인과 예의 밀접한 관계를 서술하고 있는 「안연」 1장과 같은 구절을 근거로 어떤 학자들은 『논어』가 기존의 예의 규칙으로부터 어떠한 수정이나 이탈도 반대하는 지극히 보수적인 태도를 주장하고 있다고 한다.[35] 공자가 전통적인 주례周禮의 옹호자로서(「팔일」 14장) 그리고 고대 문화를 사랑하고 전승한 사람으로서 자신을 말하는 데서 보이듯이(「술이」 1장 및 20장), 사실 『논어』는 전반적으로 보수적인 태도를 보여주는 것처럼 보인다. 하지만 다른 학자들은 공자가 기존의 예에서 떠나 다수를 따르겠다는 「자한」 3장과 같은 구절을 증거로 제시하면서 『논어』가

그는 『논어』에서의 '예'가 훌륭한 매너와 관련된다고 생각한다. Graham, *Disputers*, p. 11.

34) 이 점은 핸슨이 나에게 유의시켰다.

35) 예를 들어 趙紀彬, 2: pp. 288-325; 蔡尙思, pp. 106-7, 238-40, 82-85.

기존의 예로부터 벗어날 수 있는 여지를 허용하고 있다고 주장한다.[36] 그리고 『논어』가 예를 무조건적으로 준수할 것을 주장하지는 않았다는 점을 학자들은 종종 의義 개념과 연관시켜 말한다.

몇몇 학자들에 따르면 '의義'라는 글자가 '아我'로부터 파생되지는 않았다고 하더라도 아마도 '아'와 가까운 관계였을 것이라고 한다.[37] 내가 3장 2절 2)에서 보여주겠지만, 의의 초기 용법은 종종 욕辱과 연관된다. 이는 아마도 모욕을 참지 않는 것 같은 행위와 관련되는 각 개인이 받아야 하는 합당한 존중이나 또는 명예심의 의미가 의에 담겨 있음을 암시한다. 공자의 시기에 이르러서 의는 자신을 위한 것들을 얻는 적절한 방법과 같이 합당한 행위와 관련하여 좀 더 일반적으로 사용되기에 이르렀다.(예를 들어 『논어』, 「술이」 16장; 「헌문」 13장) 의는 개개인이 언제나 거기에 일치해야 하는 그 어떤 것이며(「이인」 10장), 종종 이利 또는 이익과 대비되었다(예를 들어 「이인」 16장; 「헌문」 12장). 어떤 학자들은 『논어』에서의 '의'는 주로 행동에 적용되며 오직 파생적으로만 사람에 적용된다고 제안했다.[38] 아마도 의義라는 글자는 『논어』에서 행위의 특성과 인물의 특성을 함께 지칭하는 것으로 사용되었던 것으로 보인다. 예를 들어 사람들이 분별하여 시행해야 할 그 어떤 것으로 의를 묘사하는 「위정」 24장에서 '의'는 아마도 행위의 특성을 가리킬 것이다. 한편 사람의 특성으로서의 용기(勇)와 의를 한 짝으로 묘사하는 「양화」 23장에서 '의'

36) 예를 들어 Lin Yü-Sheng, pp. 193-96; 徐復觀, 『人性論史』, pp. 69, 90. 『논어』 「자한」 3장은 공자가 예에 의해 요구되는 희생양 없이 제례를 지내는 것을 반대하는 「팔일」 17장과 대비된다. 이 점은 도날도 먼로가 대화중에 지적해 주었다.

37) 다음을 보라. Boodberg, p. 330.

38) 예를 들어, Lau, *Analects,* pp. 26-27; 唐君毅, 『原道篇』, pp. 158-59.

는 아마도 사람의 특성을 가리킬 것이다. 다른 많은 경우에서 '의'는 양쪽으로 다 해석될 수 있다. 이 때문에 의가 주로 행동에 적용된다는 주장은 그런 식으로 사용된 사용빈도를 근거로 옹호될 수 없다. 하지만 사람의 특성으로서의 의에 대한 분석에 근거한 주장이라 할 경우는 옹호 가능하다. 의의 특성을 정당한 행위에 대한 헌신으로 본다면, 사람의 특성으로서의 의는 행동의 속성으로서의 의 개념을 전제하고 있기 때문이다. 『논어』의 경우에는 이러한 분석에 대한 문헌적 증거가 충분치 않은 것처럼 보인다. 하지만 3장 2절 2)에서 보여주겠지만, 『맹자』에서는 이러한 분석이 어느 정도 설득력을 지닌다.

『논어』에서 좀 더 창조적인 차원을 강조하는 해석에서는 의가 예를 평가하고 예로부터 벗어날 가능성의 기초를 제공한다고 간주한다. 예가 반드시 지켜져야만 할 경우에조차, 의는 예를 준수하는 것의 적절함의 기초를 제공한다. 이러한 입장은 의를 예의 준수를 통해 실천되는 실체로 제시하는 「위령공」 18장에 대해 그럴듯한 해석을 제공한다. 여러 저자들이 『논어』에서 의와 예의 관계를 이런 식으로 제시했다.[39] 하지만 다시 『논어』에서의 의 개념이 상대적으로 덜 두드러진다는 사실은 이런 식의 의와 예의 관계 설정을 완전히 공고화시키기 어렵게 한다. 비록 이러한 관계 설정이 『논어』에서 이미 나타나기 시작했고 『맹자』에서 더 분명해졌지만 말이다.[40]

『논어』에서 몇몇 핵심적인 개념들을 살펴보았으므로, 이제 『논어』의 정

39) 예를 들어 Chung Chung-ying, chap. 6; Cua, "Confucian Vision," p. 230; Hall and Ames, pp. 84, 100, 108-10; 勞思光, pp. 45-47; Lau, *Analects,* pp. 37-39; Schwartz, p. 80.

40) "*Jen* and *Li* in the *Analects*"에서 나는 『논어』에서 예에 대한 태도와 예와 의의 관계를 논하였다.

치 개념을 다루기로 하자. 「안연」 17장의 구절은 정치(政)를 바르게 하는 것(正)으로 설명하고, 「자로」 13장은 정치를 자기 스스로를 바르게 함으로써 사람들을 바르게 하는 것과 연결시킨다. 이러한 설명은 정치의 목표가 도덕적 모범을 통해 사람들의 성격을 교화하는 것이라고 한다든지 아니면 합법적인 권력의 행사를 통해 사람들이 특정한 규범에 순종하게 하는 것이라고 한다든지, 모두 가능하다. 몇몇은 후자가 '정政'의 초기 의미를 잡아내고 있다고 제안했다.[41] 후자가 전자보다 초기 의미이건 아니건 간에, 가능한 '정'의 의미 중 하나라 할 수 있으며, 『논어』에서 여전히 발견되는 용법이기도 하다(「위정」 3장). 하지만 『논어』에는 정치형태를 이상화시켜 도덕적 모범을 통해 사람들을 교화시키는 것을 강조하는 정치를 주장하는 증거도 있다. 이는 법령과 처벌을 통한 통치보다는 덕과 예를 통한 통치를 주장하는 「위정」 3장에서 명확하게 제시되고 있다. 「위정」 21장의 구절은 관직을 얻는 것을 넘어서 훌륭한 아들로서, 우애 있는 형제로서 영향력을 행사하는 데까지 정政의 개념을 확장시킨다.[42] 다른 구절들은 덕(「위정」 1장; 「안연」 19장)과 예(「이인」 13장) 또한 정치의 이상적인 기초라고 주장하며, 훌륭한 성품의 교화적인 힘을 강조한다(「태백」 2장. 「안연」 18장; 「자로」 4장 참조). 하나의 사례(「위령공」 5장)에서는 순舜의 통치를 무위無爲로 지칭하기조차 한다.

이러한 정치관에 대해 쉽게 예상되는 질문은 텍스트 내의 실제 정책들에 대한 논의들과 이러한 정치관이 어떻게 화해될 수 있는가 하는 점이다.[43]

41) 부드버그는 두 가지 가능성을 말하고 있고(p. 323), 슈워츠는 합법적인 힘의 행사를 '정政'(government)의 초기 의미로 본다(pp. 103-4).

42) 『논어』, 「위정」 21장의 함의는 다음에서 다뤄지고 있다. 陳大齊, 『孔子學說』, p. 301.

43) 이 문제에 대한 논의로는 다음을 보라. 陳大齊, 『孔子學說』, pp. 301-23; 劉述先, 『유가사상』,

부분적인 대답으로는 훌륭한 성품이 정치의 주된 기본이지만 능력 있는 관리들에 의해 수행되는 실제적인 정책들로 보충되어야 한다는 것이다. 크릴(Herrlee G. Creel)은 하안(何晏)의 주석을 인용하여 훌륭한 성품의 군주가 무위로 다스릴 수 있는 이유는 일단 능력 있는 현자를 관리에 임용하게 되면 군주가 해야 할 일이라고는 도덕적인 모범을 확립하고 정부의 기능은 관리들에게 일임하면 되기 때문이라는 견해를 제시했다.[44] 이러한 제안은 현능한 관리를 존중하여 임용하는 것으로 설명되는 지인知人(사람을 제대로 알고 평가하는 것)에 대한 강조와 일치한다.(「안연」 22장)[45] 여기에 덧붙여 『논어』는 적당한 수준의 세금부과(「안연」 9장), 언제나 국가나 가족 안에서 위치에 맞게 행동하는 것(「안연」 11장; 「자로」 3장), 일반백성들을 교육시키고 먹이고 이롭게 하는 것(「공야장」 16장; 「옹야」 30장; 「안연」 7장; 「자로」 9장; 「요왈」 2장)과 같이 세부적인 것들을 언급하고 있다. 정책의 필요성에도 불구하고 적어도 두 가지 의미에서 훌륭한 인품이 여전히 정치의 주요 토대가 된다. 훌륭한 성품의 군주는 백성들에게 관심을 쏟으며, 이러한 목적에 봉사하는 적절한 정책들은 그것들 자체가 훌륭한 성품의 구체적인 발현이다. 게다가 통치는 백성을 위해 물질적인 것만을 제공하는 것이 아니라 백성들을 교화하는 것이며, 후자의 기능은 권력을 가진 이들의 도덕적 모범을 통해서만 작동할 수 있다.

훌륭한 성품에 대한 강조가 실제적인 정책의 필요성과 조화될 수 있는

pp. 1-16; Schwartz, pp. 103-9; 蔡世驥, "論孔子的無爲思想".

44) Creel, *What is Taoism?*, pp. 58-60.

45) 메츠거는 타인을 제대로 인정한다는 생각은 자기 스스로를 점검한다는 생각에 대응하는데, 이는 이 둘이 각각 타인과 자신에 대한 평가에 관여한다는 점에서 그렇다는 흥미로운 관찰을 하였다.("Some Ancient Roots," p. 74)

또 다른 방식은 정치가 백성을 교화시키는 목표를 이루는 데에는 많은 시간이 소요되기 때문에 임시적인 방편이 필요하다는 것에 있다. 비록 그러한 방편이 점차 불필요하게 되겠지만 말이다. 예를 들어 『논어』는 처벌(「위정」 3장)과 소송(「안연」 13장)이 없는 정치를 이상화하지만, 합당한 처벌은 의례와 음악을 먼저 확립시키는 데 달려 있다고 말하기도 한다(「자로」 3장). 비록 군사적인 일의 중요성을 중시하진 않지만(「위령공」 1장) 군사적 준비상태의 필요성을 말하기도 하고(「안연」 7장. 「자로」 29~30장 참조), 군사 원정은 반드시 왕에 의해 비롯되어야 한다고 주장한다(「계씨」 2장). 『논어』에서의 이처럼 상이한 측면들을 종합해보면, 이상적인 형태의 정치를 확립하는 데는 시간이 걸리므로(「자로」 10~12장), 백성들이 교화되고 왕이 완전히 이들의 충성을 획득할 때까지는 처벌과 군사적 원정이 임시적인 방편으로 필요할 수 있다는 것이다.

이곳과 이전 절들의 논의는 이상적인 인간의 삶에 대한 확대된 관심이 공자 시대에 이르러서 출현하기 시작했음을 보여준다. 이러한 진전을 인본주의(humanism)의 발달로 묘사하는 학자도 있는데, 인본주의라는 말이 지니는 의도치 않은 함의를 피하기 위해서 나는 윤리적 관심의 확대라고만 간단히 말하고자 한다.[46] 이렇게 확대된 윤리적 관심은 일반인도 덕을 소유하고 여러 바람직한 특성들과 관련되는 존재로 여겨지는 과정에서도 반영되고 있으며, '예'의 범위가 종교적인 희생제의를 넘어서 사회정치적 맥락에서의 인간행동을 지배하는 규칙으로 넓어지는 과정에서도 반영되고 있다. 『논어』에서 이렇게 확대된 윤리적 관심은 인仁을 모든 종류의 바람직한 특성을

46) 진영첩은 이 발전을 '인본주의의 성장'으로 묘사하고(*Source Book*, chap.1), 서복관은 인본주의적 정신의 등장으로 언급한다(『人性論史』, chaps. 2-3).

포괄하는 이상으로 강조하는 데 반영할 뿐 아니라, 천天과 명命을 향한 태도에도 반영하고 있다. 우리는 공자가 구체적인 인간사를 넘어서는 문제에 대해서는 억측을 피하려는 경향이 있으며, 천에 귀속되고 명으로 표현되는 인간 통제 바깥의 삶의 외부적인 조건에 대한 인식이 증대되고 있음을 보았다. 대조적으로 인은 충분한 헌신을 통해 획득할 수 있는 어떤 것이며, 윤리적인 추구는 외부적인 것이 아니라 자신에 대한 관심에 따라 인도되어야 한다. 그 함의는 자신의 통제 안에 있는 윤리적인 추구에 자신을 완전히 헌신해야 하고 자신의 통제 안에 있지 않은 외부적인 것의 획득에 대해서는 걱정하지 않아야 한다는 것이다. 나는 이러한 생각을 맹자와 관련해서 3장 5절에서 다시 다룰 것이다.

윤리적 관심의 확대가 이 시기에 이르러 등장하긴 했지만, 초기 중국의 사유에서는 '종교적'이란 말로 묘사될 수 있는 특정한 차원들이 또한 존속한 채 변화를 겪었다. 예를 들어 『좌전』과 『국어』는 천이 정치적 권위의 근원이라는 개념을 계속 사용하였으며, 예禮를 천에 기인하는 것으로 간주했다. 『논어』는 천이 존숭의 대상이라는 개념을 계속 보존하며 천이 윤리적 삶의 근원이라고 여기고 있다. 제사의 준수에는 경敬의 태도가 동반되고 귀신으로부터 특정한 반응이 있을 것으로 기대하는 것처럼, 이제 그 범위를 타인과의 교류로 확대 적용시킨 예의 준수는 다른 이들을 향해서도 경의 태도를 동반하며 이들로부터 특정한 반응이 있을 것으로 기대하게 만들었다. 마찬가지로 왕의 덕德이 천과 귀신들로부터 특정한 반응을 이끌어낼 것이라 생각되는 것처럼, 평범한 사람의 덕도 다른 이들에게 비강제적인 교화적 영향이 있을 것으로 생각되었다. 그렇게 확대된 윤리적 관심은 인간 영역으로의 관심의 변화를 반영할 뿐 아니라 넓은 의미로 종교적이라 할 수 있는 태도가 인간의

영역으로 스며드는 결과도 가져왔다.[47]

2. 묵가의 도전

유가의 이상에 대한 묵가의 도전을 논의함에 있어서 나는 묵자墨子의 의義와 이利의 관계, 묵자의 언言에 대한 견해, 그리고 인간 심리에 대한 그의 암묵적인 이해 등을 다룰 것이다. 이 논의는 대부분 묵자의 것으로 간주할 수 있는 사상들이 담긴 『묵자』의 8~37장에 주로 근거할 것이다. 비록 여기서 각기 다른 장들이 서로 다른 버전의 교리를 제시하고 있을지 몰라도, 나는 이런 차이들을 다루지는 않을 것이다. 왜냐하면 그것은 대부분의 경우 묵자 사상의 정치적 영역에의 적용과 관련되며 내가 집중하는 주제와는 관련이 적기 때문이다.[48] 나는 또한 다른 장들에서 발견되는 생각들도 때때로 끌어들일 텐데, 이는 이들 사상이 묵자의 가르침과 다소간의 친연성이 있거나 후대의 발전으로 보인다는 가정에서이다.

1) 의義와 이利

『논어』는 비록 예의 의미와 다른 의 개념을 포함하고 있긴 하지만, 여전

47) 이 점은 예와 관련하여 핑가레트가 강조한 것으로(*Confucius*), 진영첩은 초기 중국에 등장한 인본주의는 지고의 힘(supreme power)이란 생각을 가볍게 여겼다고 한다(*Source Book*, p. 3). 서복관은 종교적인 종류의 인본주의화(humanization)를 말한다.(『人性論史』, pp. 51-56)

48) 묵가 내의 파당들과 8장에서 37장까지를 파당의 분류에 따라 나누는 것 사이의 차이에 대한 논의로는 다음을 보라. Graham, *Disputers*, pp. 35-36, 51-53.

히 합당한 행위의 상당 부분을 예에 의해 결정되는 것으로 간주한다. 묵자는 의와 관습(俗)을 구분하였다. 그는 여러 다른 땅에서 죽은 사람을 처리하는 서로 다른 풍속을 기술하면서, 사람들은 반드시 의義이기 때문에서가 아니라 단순히 풍습이기 때문에 정교하게 준비된 장례와 오랜 기간 동안 상례를 치르는 관행을 계속한다고 관찰하였다.[46] 정교하게 준비된 장례와 오랜 기간의 상례는 예와 관련이 있다. 비록 『묵자』가 명시적으로 예를 관습과 연결시키지는 않지만, 이러한 연결은 다른 문헌에서 찾을 수 있다.[47] 따라서 관습적인 것이 반드시 의는 아니라는 묵자의 언급은 아마도 예를 주장하는 유가의 입장을 겨냥했을 것이다.

묵자에게 어떤 관행이 의義인 것은 그것이 이利를 가져올 때이다. 이 이利라는 글자는 더 이른 의미로는 아마도 '매끄러운' 또는 '방해받지 않는'이라는 뜻을 가졌었던 것으로 보이며, 이 시기에 이르러서 이익 또는 이득이라는 의미를 얻게 되었다.49) 종종 묵자는 의를 인간에게 이득을 주는 것(利人)이거나 일반백성에게 이익을 주는 것(利民)으로 간주했다.[48] 유가를 비판하고 자신의 대안을 옹호할 때, 묵자는 종종 공공에게 이익을 주는 것에 호소하였다. 그렇게 이익을 주는 것에는 가난한 사람들을 부유하게 만들고, 인구를 증가시키며, 질서를 가져오는 것들이 포함되었다.[49] 또 묵자에 따르면 무질서는 차별(別)에서 발생하는데, 이는 자기 자신, 자기 가족, 자기 나라에 이득을 주기 위해 다른 사람에게 해를 끼치게끔 이끈다. 치료책은 차별을 겸애兼愛(indiscriminate concern for each)로 바꾸는 것이다.[50] 이러한 논법에서 인용되는

49) 이 글자의 더 초기 의미에 대한 논의로는 다음을 보라. Graham, *Later Mohist Logic*, p. 188.

이익의 종류들은 아마도 그 당시의 사람들에게 광범위한 호소력을 지녔을 것이다. 비록 유가라도 이러한 종류의 이익들을 고려했을 것이라는 점을 묵자는 도외시하고 있긴 하지만 말이다. 그는 음식이나 따뜻함 그리고 휴식 같은 것은 포함하지만 감각적인 쾌락은 포함시키지 않으면서, 평민에게 이득이 되는 것이 무엇인지를 주로 강조하였다.[51] 건물, 의복, 음식, 교통 등과 같은 것들은 기초적인 필요를 위해 제공될 수 있지만, 이것들이 제공하는 미적인 감상이나 감각적인 쾌락과 같은 다른 목적들은 부적절한 것으로 간주하였다.[52] 이러한 기본적인 물질적 필요에 대한 강조는 아마도 묵자의 비천한 출신으로 설명될 수 있을 것이며, 이는 또한 묵자는 다른 의미 있고 중요한 고려들을 무시했다는 후대의 순자의 비판을 낳았다.[53]

공공이익에 대한 호소 이외에도 묵자는 겸애의 실천이 자기 자신 및 부모와 같이 특별한 관계를 맺고 있는 사람들에게 이익을 준다는 근거에서 모두에 대한 각자의 차별 없는 관심인 겸애를 옹호했다. 또 한 관점에서는 천에 호소한다. 천은 각자 모두에 대한 차별 없는 관심을 기울이고, 사람들도 무차별적 배려를 실천하기를 원하며 그에 따라 행과 불행을 가져다준다. 따라서 겸애를 실천하는 것이 자신의 이익이다.[54] 또 다른 관점은 남이 나와 나의 부모를 대하는 것처럼 나도 남과 남의 부모를 대해야함을 주장한다. 만일 남이 나에게 이익이 되길 원하거나[55] 나의 부모에게 이익을 주거나 신경 쓰기를 원한다면,[56] 나도 남에게 이익을 주고 남의 부모에게 이익을 주거나 신경을 써야 한다.

차별은 무질서를 가져온다는 것을 근거로 겸애를 옹호하는 것과 겸애의 실천이 자기 자신 및 자신과 특별한 관계를 가진 사람들에게 이익을 줄 것이라는 주장으로 겸애를 옹호하는 것 사이에는 긴장이 있을 수 있다.

전자의 논의는 '자신' 및 '자신과 특별한 관계에 있는 사람'에 대한 관심을 문제가 있는 것으로 여기는 것 같은데, 그러한 관심이 후자의 논증을 위한 출발점이 되고 있다. 하지만 사실 진정한 갈등은 여기에 있지 않다. 「겸애」의 맨 처음에는 무질서는 자기 자신이나 자신의 가족과 국가에 대한 관심으로부터만 초래되는 것이 아니라고 제시되고 있다. 오히려 무질서는 그러한 관심이 타인에 대한 경시와 결합한 결과이다. 사실 타인에 대한 태도는 그들을 미워한다거나 그들에게 도둑질한다고 할 만큼 강한 용어로 묘사되고 있다. 그러한 태도는 타인의 희생을 대가로 자기 자신과 자신의 가족 및 국가에게 이익을 주는 것으로 이끌며, 그로 인해서 무질서를 낳게 된다. 치료책은 자기 자신에게 관심을 가지는 것만큼 타인에게 관심을 가지는 것이다. 따라서 자기 자신과 자신의 가족 및 국가에 대한 관심 그 자체가 문제인 것이 아니다. 세 번째 「상동尙同」은 자기의 가족과 국가에 대한 관심은 다른 이의 가족이나 국가에 대한 경시와 결합되지 않는 한 바람직한 것이라는 논점을 펴고 있다.[57]

아마도 자기 자신 및 자신과 특별한 관계에 있는 사람들에게 이익이 되는 것에 대한 호소는 자신에게 이익이 되는 것과 타인에게 이익이 되는 것 사이의 잠재적 갈등에서 야기되는 어려움을 처리하는 하나의 방식일 것이다. 두 종류의 이익이 갈등할 때, 보통 사람은 후자보다는 전자를 선택할 가능성이 높다. 그리고 그러한 갈등이 자주 나타나면 겸애를 실천하는 것은 불가능하지는 않을지라도 현실적으로 어렵게 된다. 이 같은 도전에 대해 응답하는 맥락에서 묵자는 자신에게 이익이 되는 것에 호소하거나[58], 자신의 부모에게 이익이 되는 것에 호소하였다[59]. 묵자가 제안하는 것은 겸애의 실천이 자기 자신이나 자신과 특별한 관계에 있는 이들에게 이익을 주는 것과 양립 가능할 뿐 아니라 실제로 겸애의 실천은 그렇게 이익을 준다는 것이다. 자기 자신의 이익 및 자신과 특별한 관계에 있는 사람들의 이익이 타인의 이익과 갈등하기보다는 일치함을 보여주는 것은 겸애를 실천하는 데 장애가 되는 것을 제거하도록 도움을 준다.

실천불가능성을 근거로 한 겸애에 대한 반대는 또 내가 다음 섹션에서 논의할 묵자의 암묵적인 인간 심리에 대한 이해와 관련이 있다. 지금은 '겸애'에 대한 나의 번역에 대해 짤막하게 논의하겠다. 그레이엄(A. C. Graham)은 겸애를 'universal love'(보편적인 사랑) 대신에 'concern for everyone'(모든 이를 위한 관심)으로 번역할 것을 제안했다.[50] 그는 '겸兼'이 'for all'(모두 다)의 의미이기보다는 'each'(각자)의 의미이며, '애愛'는 묵가에서 사람들에게 이익은 주고, 해를 주는 것은 피하고자 하는 비감정적인 의지를 가리킨다고 주장했다. 겸애에서의 애는 무차별적인 방향성을 지니므로 나도 그레이엄을 따라서 애를 '사랑' 대신에 '관심'(concern)으로 번역하였다. '사랑'은 종종 특별한 관계에 있는 대상으로 한정된 태도를 함축하기 때문이다. 겸애가 감정을 끌어들일 수 없다고 하는 것은 그다지 명백하지 않다. 예를 들어 겸애는 관심의 대상의 부정적인 조건에 대해 감정적으로 반응하는 것을 포함할 수 있다. '겸'에 대해 그레이엄이 'for each'(각자)를 의미한다고 한 것은 받아들일 수 있다. 하지만 '겸'도 또한 무차별적이라는 함의를 가지고 있기 때문에, 그리고 묵자가 관심은 개인에게 향하든 가족과 국가에게 향하든 무차별적이어야 한다고 주장했기 때문에, '모든 이에 대한 관심'(concern for everyone)보다는 '각자에 대한 무차별적인 관심'(indiscriminate concern for each)라는 번역을 선택했

50) Graham, *Disputers*, p. 41.

다. 여기서의 '각자'(each)는 개인들뿐 아니라 가족과 국가도 가리킨다.51)

2) 교설(言) 그리고 묵자의 인간 심리에 대한 이해

유가의 이상에 도전하고 대안적 삶의 방식을 옹호하고자 하는 과업을 고려하여 교설(doctrince)에 대한 좀 더 반성적인 관심이 『묵자』에 나타났다. 『논어』에는 가르침이나 교설을 지칭하는 것으로 해석되는 '언言'이란 글자가 몇 번 등장하는데, 덕을 가진 이는 또한 언을 가질 것이라든가(「헌문」 4장), 서恕는 일생을 통해 따라야 할 언이라고 하는 곳(「위려공」 24장) 등에서이다. 『묵자』에서는 장례와 제례에 관한 가르침이나,[60] 명命을 믿는 이의 가르침,[61] 겸애를 주장하거나 분별을 주장하는 사람들의 가르침[62] 등에서처럼 자주 '언'을 사용해서 가르침이나 교설을 지칭했다. 또 '의義'는 종종 『묵자』에서 무엇이 합당한가 하는 개념을 가리키는 것으로 사용되었다. 예를 들어 「상동」의 여러 장은 다른 사람들의 다른 의를 말하고서, 모든 사람이 같은 의를 공유할 것을 주장한다. 묵자는 다른 사람을 해쳐서 자신에게 이익을 준다는 무마자巫馬子의 견해를 의라고 했고, 이어서 무마자가 이런 견해를 표현하는 것을

51) 묵자의 겸애설과 유가에서 차등을 두는 사랑 사이의 차이가 정확하게 완전히 분명한 것은 아니다. 「겸애」 시작 부분에서 묵자가 비판하는 형태의 차별은 유가가 주장하려는 것은 아닌 것처럼 보인다. 유가들은 타인을 해쳐서 자신이나 자신과 특별한 관계에 있는 이들에게 이익이 되게 하는 것을 주장하지 않기 때문이다. 『묵자』에서 주장하는 겸애가 유가의 이상과 반대되는지 또는 된다면 어떻게 반대되는지에 대해서 나는 이 문제에 답하기에 충분한 문헌적 증거가 없다고 생각한다. 나에게 이 문제에 대해 논의할 필요성을 환기시킨 이는 이하라(Craig Ihara)이다. 이 문제를 다르게 다루고 있는 것들로는 다음을 보라. Metzger, "Some Ancient Roots," p. 80; Wong, "Universalism Versus Love with Distinction". 메츠거는 묵자의 겸애설이 공자의 차등적 의무에 반대된다고 생각한다. 웡은 묵가와 유가의 차이에 초점을 둔다.

언이라고 하였다.[63] 다른 사람을 죽이지 않는 것을 자신의 의라고 지칭한 곳도 있으며,[64] 언 때문에 다른 사람을 죽이는 것은 의를 사람보다 더 가치 있게 여기는 것임을 언급한 곳도 있다.[65] 이런 예들에서 보면 '의'는 무엇이 합당한가 하는 개념을 가리키고, 그것이 말로 표현된 것이 언이다.[52)]

교설에 관한 묵자의 좀 더 반성적인 관심은 여러 교설을 방어하려는 그의 시도에서만 찾을 수 있는 것이 아니라 언言을 평가하는 세 가지 방식에 대해서 그가 명백하게 논의하는 곳[66]에서도 찾을 수 있다. 세 가지 중에서 가장 자주 사용되며 아마도 가장 기본적인 것은 언의 실행이 백성에게 이익을 가져다주는지 여부로 언을 평가하는 것이다.[53)] 하지만 때때로 언을 평가하는 초점이 그 언을 승인하거나 실천한 결과에 있는 것이 아니라 그 언을 널리 공표한 결과에 있기도 했다. 예를 들어 말로 겸애를 반대하는 사람에 대한 묵자의 반박 중 하나는 그들 자신이 군주를 선택하거나 자신의 부모를 위탁할 사람을 선택할 때 겸애를 실천하는 사람을 선호할 것이며, 따라서 그들의 행동은 말과 부합하지 않는다는 것이다.[67] 이러한 반박의 직접적 함의는 사람들이 겸애를 승인해야만 한다거나 실천해야만 한다는 것에 있지 않다. 단지 사람들은 겸애를 널리 공표해야만 한다는 것에 있다. 아니면 최소한 겸애를 반대하지는 말아야 한다는 것이다. 무마자의 언이 알려지면 무마자에게 재앙이 될 것이라는 근거로 묵자가 무마자의 언에 반대하는 논변을 펼치는 것을 『묵자』의 뒤쪽 장에서 발견할 수 있다.[68] 다시, 이것은 특정한 언을 널리 알리는 것에 대한 반대이지 그 언을 승인하거나 실천하는 것에

52) '의義'와 '언言'을 비슷하게 사용하는 예들은 묵자의 견해를 하나의 의로 그리고 그 후에 하나의 언으로 지칭하는 『여씨춘추』와 같은 다른 문헌에서 발견된다.

53) 다음을 보라. Graham, *Disputers*, pp. 37-39.

대한 직접적인 반대가 아니다. 언에 대한 평가의 일부분이 그것을 널리 공표한 결과를 고려한다는 사실은 윤리적 삶에 대한 설득력 있는 개념은 그것을 널리 공표하는 것도 유익하다는 가정을 아마도 반영하고 있는 것 같다.[54)]

교설과 그것을 평가하는 것에 대한 묵자의 관심에 대해 그럴듯한 하나의 설명은 라이벌 교설들을 논박할 필요성 때문이라는 것이다. 단지 유가의 가르침뿐 아니라 사람은 친구를 자신처럼 대하지 못한다는 가르침이나[69] 다른 사람을 죽여서 자기에게 이롭게는 하겠지만 그 반대로는 하지 않을 것이라는 무마자의 견해도[70] 논박할 필요성이 있었던 것이다.[55)] 설득력 있는 또 다른 설명은 묵자가 그의 시대의 문제가 부분적으로 교설들로부터 기인한다고 봤다는 것이다. 예를 들어 「상동」의 앞부분에서 묵자는 자연 상태에서의 혼란을 묘사하기를 각자가 합당한 것(義)이 무엇인지에 대해 다른 견해를 가지고 자신의 견해만 인정하고 다른 이들의 견해는 인정하지 않는 데서 투쟁이 생겼다는 것이다.[56)]

어떤 이들은 무질서한 자연 상태에 대한 묵자의 이러한 묘사를 근거로 묵자가 인간을 기본적으로 자기의 이익을 추구하는 존재로 보았다고 제안했다.[57)] 만일 각 개인이 자신의 이익을 추구하는 것을 합당하다고 간주했다면 이러한 관찰이 입증될 수 있을 것이다. 비록 뒤따르는 투쟁이 『순자』에서 묘사되고 있는 것처럼 자신의 이기적인 욕구를 무반성적으로 추구하는 데서

54) 다음을 보라. 唐君毅, 『原道篇』, pp. 171-72.

55) 여기서 나는 『묵자』 46/54-55에서의 관련된 구절에 대한 손이양의 주석에 기록된 교정된 형태를 따른다.

56) 우리가 4장 4절 3)에서 보게 될 것이지만, 맹자도 교설이 심각한 결과를 가져온다고 여겼다.

57) 예를 들어, Schwartz, pp. 142, 262.

발생하는 것이 아니라, 무엇이 합당한지에 대한 반성적인 견해를 각자가 가짐으로 인해서 발생한다는 점을 지적하게 되는 것이 흥미롭다고 하더라도 말이다. 하지만 무질서의 상태가 모두가 자신의 이익을 추구하는 데서 발생하는지는 명백하지 않다. 각자가 무엇이 합당한지에 대해 다른 견해를 가졌다는 것은 합당한 것에 대한 각 개인의 견해가 그 개인을 언급하는 것일 가능성이 높지만, 이로부터 개인들이 오직 자신의 이익에만 관심을 기울였다는 것이 추론되는 것은 아니다. 이 개인들은 무마자와 같이 관심의 대상이 자신과 멀어질수록 그에 대한 관심이 감소하는 태도를 타인에게 가졌을 수도 있기 때문이다.

니비슨(David S. Nivison)은 묵자가 인간에게는 어떤 고정된 도덕적 본성도 없다고 보았다고 제안했다.[58] 나는 '본성'이란 말을 사용하는 것은 피하겠다. 왜냐하면 다음 섹션에서 논의할 '성性'의 번역어로 본성이란 말이 종종 쓰이기 때문이다. 다음과 같이 니비슨의 말을 바꿔 말할 수 있을 것이다. 묵자는 그가 주장하는 삶의 방식, 특히 겸애를 인간이 본래 가지고 있는 특정한 경향성의 실현으로 간주하지는 않았다고. 이렇게 말하면 이 견해는 텍스트의 여러 곳에서 지지를 얻을 수 있다.

만일 묵자가 인간이 겸애의 실천을 통해 실현되는 경향성을 공유한다고 믿었다면 우리는 그가 일정한 맥락에서 그러한 경향성에 호소할 것을 기대하게 되지만, 실제로 묵자는 그렇게 하지 않았다. 예를 들어 겸애를 옹호할 때 그는 겸애를 일정한 공유된 경향성으로 성격 지우지 않는다. 관직에 있는

58) 니비슨은 「소염」, 「겸애」, 「상동」과 묵자가 수양하는 것을 벽을 쌓는 것에 비유하는 것(묵자47/29-30)을 들고 있다.("Philosophical Voluntarism", p. 19) 이 섹션 나머지 부분에서의 논의는 니비슨의 논문에 많이 빚지고 있다.

이가 백성을 움직여 겸애를 실천하게 하기 위해 채택할 방책을 논할 때도 묵자는 인간의 이기적인 동기에 호소하는 보상과 처벌만을 언급할 뿐이다.[71] 겸애를 실천하는 것은 어렵다는 도전에 대응하면서 묵자는 겸애를 실천하게 하는 어떤 선천적인 기질에도 호소하지 않는다.[72] 무마자와 논쟁하면서 무마자가 자기 자신의 고통만을 느끼지 자신과 관련 없는 타인의 고통을 느끼지 않는다는 주장을 논박하지 않는다.[73]

선천적인 경향성에 대한 호소가 부재된 것 이외에도 묵자가 인간이 겸애를 향한 경향성을 공유하고 있다고 믿지 않았다는 관찰을 지지하는 증거가 있다. 인간이 어떠한지를 묘사할 때, 그는 생명[74]이나 부와 명예[75]와 같은 이기적인 욕구를 수시로 언급한다. 천天이 탄생시킨 후 인간이 어떤지를 묘사할 때 묵자는 타인에 대한 애정이, 자신의 육친에 대해서조차 결여된 존재로 인간을 그리고 있다.[76] 그리고 누군가가 적절한 삶의 방식으로 이행하는 것을 묘사할 때에도 묵자는 비단을 염색하는 과정[77], 벽을 쌓는 과정[78]과 비교한다. 이런 비유는 묵자가 합당한 인간적 삶의 방식으로의 이행을, 애초부터 지니고 있던 경향성을 실현하는 것이라기보다 타고난 성향에 그 무언가를 부과하는 것으로 간주했음을 시사한다.

인간은 합당한 삶의 방식으로 실현될 수 있는 성향을 타고나지 않았다는 견해가 가지는 하나의 함의는 합당한 삶의 방식이 자신의 타고난 성향에 주의를 기울여서 배우는 것이 아니라 다른 방책, 예를 들어 보조적인 고려를 바탕으로 교설(言)을 승인하는 것과 같은 방식으로 배우게 된다는 것이다.[59] 하지만 합당한 삶의 방식이 타고난 성향의 실현이 아니라면, 어떻게 그러한

59) 당군의가 다음에서 지적한 바이다. 『原道篇』, p. 222; 『導論篇』, pp. 90-93.

삶의 방식으로 이행하는 것이 가능한지에 대한 의문이 제기된다. 이 문제는 묵자의 논적들에 의해 제기되었다. 예를 들어, 무마자[79]와 다른 이들은[80] 겸애를 실천하는 것의 어려움을 강조했다. 묵자의 대답은 기본적으로 겸애를 실천하는 것이 쉬우며 겸애의 실천이 자신에게 이익이 된다는 점을 보게 될 때 명확해질 것이라고 주장한다. 거기에 더하여 묵자는 겸애가 과거에도 실천되었고 사람들은 더 어려운 일들도 할 능력이 있다는 것을 주장하며 대응했다.[81] 아마도 묵자는 겸애의 실천을 어렵게 보는 것은 그 실천이 자신의 이익과 갈등한다고 간주하는 것에서 비롯된다고 생각했던 것 같다. 일단 겸애를 자신의 이익과 연결해서 제대로 보게 되면, 비록 겸애로 향한 경향성이 결여되어 있다 할지라도 겸애를 실천하게끔 마음이 움직일 것이다. 하지만 이러한 응답은 우려를 완전히 불식시키는 것이 아니다. 비록 겸애의 실천을 자신의 이익으로 여길지라도, 인간은 겸애를 향한 경향성을 공유하고 있지 않다는 묵자의 암묵적인 전제를 감안할 때 겸애의 실천은 여전히 심리적 동기의 재구성을 요구하게 된다. 그리고 이러한 동기의 재구성은 결코 쉽게 성취되지 않는데, 이 점을 무마자는 자신은 사람들이 자기와 멀어질수록 그 사람들에 대한 관심이 줄어들기 때문에 겸애를 실천할 능력(能)을 결여하고 있다고 말하고, 차별을 주장하는 이들은 그들이 자신의 친구들을 자기들처럼 볼 수 있는 능력(能)이 결여되어 있다고 말한다. 니비슨이 관찰한 바처럼 동기의 재구성을 위해서는 묵자가 논의하지 않은 정교한 수양의 과정이 요구된다.[60] 나는 이 이슈를 맹자와 묵가인 이지夷之와의 논쟁과 관련해서 4장

60) Nivison, "Philosophical Voluntarism," pp. 19-21; "Weakness of Will," pp. 6-8. 니비슨은 묵자가 아마도 인간은 자유자재로 감정적 변화를 일으킬 수 있는 능력이 있다고 믿었던 것 같다고 제안했다.

5절에서 다룰 것이고, 윤리적 맥락에서의 '능能'의 용법과 관련해서는 6장 3절 2)에서 다룰 것이다.

3. 성性과 양주학파의 사상

맹자는 묵자와 양주가 관련된 사상운동을 그의 시대에 영향력이 있는 것으로 서술하였으며 자신의 입장을 이들의 도전에 대한 응답으로 제시했다.(『맹자』, 「등문공하」 9장; 「진심상」 26장) 그레이엄(A. C. Graham)을 따라서 나는 양주를 대표적인 사상가로 하는 사상운동을 '양주주의'(Yangism)라고 부르겠다. 양주의 가르침이 맹자 시대에 영향력이 있었다는 증거는 별로 없다. 몇몇 학자들은 맹자가 양주의 영향력을 과장하였고, 당대 지성계의 판도를 재구성해서 유교의 가르침이 묵가와 양주의 가르침 사이에 있는 것처럼 제시했다고 제안했다.[61] 예를 들어 묵가와 양주의 가르침이 각기 아버지와 군주를 부정하고 있는 것으로 묘사하면서,(「등문공하」 9장) 맹자는 이 둘이 함께 유가가 인간 사회의 근간으로 간주하는 가족과 국가를 훼손하였음을 부각시켰다. 이런 설은 이들 사상운동에 대한 응답으로 자신의 입장을 제시하고자 하는 맹자의 동기의 일부를 설명하는 듯하다. 하지만 맹자가 양주와 묵가의 가르침을 통해 사유하였고 진정으로 자신이 이들의 도전에 대응하고 있다고 보았을 가능성 또한 높다.

양주의 사상이 맹자 사상의 발전에 역할을 했다는 것은 『회남자淮南子』

61) 예를 들어, Schwartz, pp. 259-60.

에서 양주의 가르침에서 주요 용어로 제시하는 성性[82]에 대한 맹자의 관심에서 부분적으로 볼 수 있다. 우리가 그레이엄도 따랐던 풍우란을 따라 『여씨춘추呂氏春秋』의 1/2, 1/3, 2/2, 2/3과 21/4 장을 양주 사상을 재구성하는 자료로 사용한다면, 여기서의 생각들과 『맹자』에서의 생각들 사이에 매우 닮은 점들을 발견할 수 있다.[62] 예를 들어, 양주의 사상이 들어 있는 장들-[옮긴이] 이들을 앞으로는 '양주 장들'이라고 표기하도록 하겠다-은 성을 기르는 것(養)을 주장하며,[83] 『맹자』도 마찬가지로 성(「진심상」 1장)과 심心(「진심하」 35장. 「고자상」 14장도 참조)을 기르는 것을 주장한다. 양주 장들은 위해의 개념을 '해害'[84], '상傷'[85], '벌伐'[86] 등의 글자로 표현하면서 사람들이 성을 해치지 말도록 주의를 주고 있다. 『맹자』도 '해'(「고자상」 14장; 「진심상」 27장)나 '벌'(「고자상」 8장)과 같이 비슷한 용어로 심心에 해를 끼치는 것을 묘사하고 있다. 양주 장들이 감각적 추구와 외적인 소유가 성을 기르는 데 종속되어야 한다고 주장하는 것처럼, 그리고 그와 다르게 사는 것은 합당한 균형을 잃어버리는 것이라고 하는 것처럼, 종속과 균형 상실에 대한 비슷한 생각을 『맹자』에서 발견할 수 있다(「고자상」 10~15장). 맹자의 사후에 편집된 『여씨춘추』의 양주 장들은 양주의 후기 사상운동만을 대변하는 것일 가능성이 있다. 그렇지만 이 후기의 발전이 맹자 당대에 있었던 사상운동과 유사성을 지니고 있을 거라는 가정을 전제로 한다면, 방금 서술한 유사점들은 맹자가 아마도 양주의 사상을 충분히 사유하고 여기에 대응하고자 시도했을 것이라는 점을 암시하고 있다고 할 수 있을 것이다. 맹자의 성에 대한 추후의 논의를 준비하기 위해서 나는 먼저 초기

62) 馮友蘭, 『中國哲學史』, pp. 173-79; Graham, "Dialogue," p. 294; "Right to Selfishness," p. 74; *Disputers*, p. 55.

중국 문헌들에서의 '성'의 용법을 살피고, 그 다음으로 양주의 성 개념을 검토하기로 하겠다.

1) 초기 중국 문헌에서의 '성性'의 용법

나의 논의에서 학자들 사이에 대체적인 의견 일치를 보고 있는 두 가지 점은 더 이상 논의할 필요가 없는 당연한 것으로 간주할 것이다. '성'은 '생生'에서 유래한다는 것과, 부사년傅斯年의 제안과는 다르지만 한대漢代 이전 문헌, 더 상세하게는 맹자의 시대 이전에 '성'과 '생'은 이미 구분되었다는 것이다.[63] 초기 '성'의 용법은 '생'의 용법과 밀접한 관련이 있으며 '성'은 아마도 사물의 '생'의 방향 곧, 한 사물의 성장 과정에서 나아가는 방향을 가리켰을 것이라는 점 등도 학자들 사이에 받아들여진다.[64] 그렇지만 초기 문헌에서 '성'의 용법은 진화하여 살아 있는 사물이 가지는 경향성이나 욕망 등과 같이 사물의 삶과 관련 있는 다른 것을 가리키게 되었을 가능성도 있다.

『상서尙書』의 「소고召誥」는 성을 규제하다(節)라는 언급을 담고 있다.[87] 『시경』은 성을 실현하다(彌)라는 언급을 담고 있다.[88] 어떤 이들은 이런 경우의 '성'을 삶의 과정에서 일어나는 욕망을 가리킨다고 보았다.[65] 하지만 이런 경우의 '성'을 생의 과정 전체의 방향을 가리키는 것으로 보는 것도 여전

63) 첫 번째 언급과 관련해서는 다음을 보라. Graham, "Background," pp. 7-8; 徐復觀, 『人性論史』, pp. 5-6; Schwartz, p. 175; 唐君毅, 『原性篇』, pp. 9-10. 두 번째 언급과 관련해서는 다음을 보라. Graham, "Background," pp. 9-10; 徐復觀, 『人性論史』, pp. 4-11.

64) 예를 들어 Graham, "Background," pp. 7-11; Schwartz, p. 175; 唐君毅, 『原性篇』, pp. 9-10.

65) 예를 들어 徐復觀, 『人性論史』, pp. 9-10, 30-31; 牟宗三, 『心體與性體』 1, pp. 197-99.

히 가능하다. 예를 들어 그레이엄은 '절성節性'을 '규칙적인 삶을 살다'로, '미성彌性'을 '자기 몫의 삶을 채우다'로 번역한다.[66] 이 두 문헌으로는 '성'이 생의 과정의 방향 이외의 다른 것을 가리킨다는 증거가 충분치 않다.

『좌전』과 『국어』에서는 '성'이 때때로 앞에서와는 다른 의미를 지닌다는 증거가 있다. 예를 들어 『국어』에서는 '성'이 일반백성(民)의 성을 넉넉하게 한다(厚)는 것과 관련해서 두 번 등장한다. 한 구절에서는 초기 왕들이 덕을 올바르게 하고 일반백성의 성을 넉넉하게 했으며, 그들의 부를 증가시키고 그들의 무기와 농기구를 날카롭게 했다고 적고 있다.[89] 또 다른 곳에서는 일반백성들의 성을 풍부하게 하기 위해서는 충분한 부와 날카로운 무기 그리고 밝게 빛나는 덕이 있어야 함을 말한다.[90][67] 『국어』에서의 이러한 '성'의 사용은 일반백성의 생을 넉넉하게 하는 것(厚)을 가리키는 『좌전』의 여러 구절에서의 '생'의 용법과 유사하다. 예외적인 한 경우[91]를 빼고 이 구절들은 또 생을 넉넉하게 하는 것을 덕德을 바르게 하고 농기구를 날카롭게 하는 것과 관련시키고 있다.[92] 이 유사성이 보여주는 것은 『국어』의 두 구절에서의 '성'과 『좌전』에서의 '생'이 아마도 같은 것을 지칭하리라는 점이다. 이 구절들의 몇몇[93]은 일반백성의 물질적 복지를 살필 것에 대해 명시적으로 말하고 있고, 또 일반백성의 생을 넉넉하게 하는 방법이 일반백성이 살 수 있게 하는 방법으로 기술되고 있기 때문에,[94] 일반백성의 성이나 생은 그들의 생계와 관련이 있을 가능성이 높다.

『좌전』의 또 다른 곳에서 추가 증거를 찾을 수 있다. 한 구절[95]에서 성은

66) Graham, "Background," p. 9.

67) 여기서 나는 '무기'와 '농기구'라는 번역어를 차용함에 있어서 위소(吳, 204-273)의 주석을 따른다.

다시 덕과 연결되며, 성에 있어서의 일반백성의 기쁨이 물질적으로 결핍된 상황과 대조되고 있다. 또 다른 구절**96**에서는, 물질적 결핍이 일반백성의 성을 보존 또는 보호하는 데(保) 실패한 경우로 제시되고 있다. 그레이엄은 '성'의 용법이 생계를 가리킨다고 인정하며, 서복관, 모종삼, 당군의 같은 학자들은 한 걸음 더 나아가 일반백성의 기초적인 필요와 욕구로 성을 설명한다.68) 이 마지막 해석은 설득력이 있어 보이는데, 일반백성의 물질적 복지에 대한 언급은 일반백성의 성이 단지 이들의 수명을 채우는 것뿐 아니라 이들의 기초적인 필요와 욕구와도 관련이 있다는 것을 보여주기 때문이다.

기초적인 필요와 욕구라는 의미로 삶을 유지하는 것을 지칭하는 것 이외에도, '성'은 아마도 한 사물의 특징적인 일정한 경향성들을 가리켰을 것이다. 『좌전』의 한 구절**97**에서는 공격적인 성향을 '소인의 성'(小人之性)이라고 언급하고 있다. 『국어』의 한 구절**98**은 살진 고기와 기장을 즐기는 사람의 성을 말하고 있고, 또 다른 구절**99**은 좀 더 높은 지위로 올라가려는 욕망을 사람들의 성이라고 지칭한다. 이런 구절들에서 '성'은 살아 있기 때문에 가지는 생물학적 욕구 그 이상이며, 고려 대상인 사물의 특징적인 성향을 포함하고 있다. '성'의 이런 용법의 또 다른 흥미로운 점은 이런 성향들을 성이라고 지칭한다고 해서 이런 성향들을 반드시 승인할 필요는 없다는 것이다. 이 점은 다른 문헌에서의 '성'의 용법에서도 볼 수 있는데, 일반백성에게 결핍되었거나 잘못된 성에 대한 『관자管子』에서의 언급**100**처럼 바람직하지 않은 성향을 가리키는 곳에서 찾을 수 있다.69) 이런 '성'의 용례가 지니는 특징은

68) Graham, "Background," p. 11; 徐復觀, 『人性論史』, pp. 56-61; 牟宗三, 『心體與性體』 1, pp. 205-7; 唐君毅, 『原性篇』, pp. 11-13.

69) 이 점은 그레이엄이 '성'의 용법이 규범적이라는 언급과 갈등을 일으킨다고 볼 필요는 없

인간의 성이 따라야 할 어떤 것인지 아니면 행위의 외부적인 규범에 의해 주조되어야 할 어떤 것인지에 대한 논쟁들이 뒤따를 여지를 남긴다.

『좌전』에 등장하는 '성'의 몇몇 경우는 특정한 '내재적인 도덕적 성향들'이거나 '타고난 도덕적 경향성들'을 가리킨다는 견해가 제시된 적이 있다.[70] 한 구절은 천天이 군주로 하여금 천이 낳은 백성들을 인도하도록 하게 함으로써 백성들이 그들의 성을 잃지 않게 한다고 말한다. 또 천은 백성을 사랑하고 군주가 호색에 빠져 천지天地의 성을 경감시키는 것을 용납하지 않기 때문에 군주는 신하로부터 간언을 받아야 한다고 말한다.[101] 다른 구절에서는 예禮가 호색을 방지하는 것으로 묘사되고 있는데, 그렇게 하지 않으면 사람들이 자신의 성을 잃어버리게 되는 결과가 초래될 것이라고 되어 있다. 예는 또한 감정을 규제하여 천지의 성에 합치되게끔 하는 기능도 하는 것으로 묘사된다.[102] 이런 구절들에서 성은 군주의 적절한 인도와 예에 의한 규제 같은 윤리적인 수단을 통해 보존되는 어떤 것으로 제시된다. 윤리적인 수단을 통해 보존된다고 가정되고 있는 것이 백성의 생계일 가능성도 충분히 있기 때문에, 여전히 성 그 자체가 윤리적 경향성을 포함하는지의 여부는 완전히 명확해졌다고 할 수 없다. 또 이런 구절에서의 '성'은 그레이엄이 해

다.("Background," pp. 14-15) 부분적으로는 그레이엄의 언급이 성을 인간의 마땅한 발달 경로로 보는 양주의 운동과 더 관련이 있기 때문이며, 또 부분적으로는 성의 규범성이 성의 바람직하지 않음과 양립 가능한 그런 의미의 '규범적'이라는 것이기 때문이다. 즉 성은 특정한 경향성을 성으로 보는 사람이 그런 경향성을 거스르는 것을 자신에게 해를 가하는 것으로 간주하여 그 결과 그렇게 행동하는 것을 내켜하지 않을 수 있다는 의미에서 규범적일 수 있는 것이다. 비록 외부에서 그런 경향성을 바라보는 사람은 그런 경향성을 바람직하지 않다고 여길 수도 있겠지만 말이다. 블룸(Irene Bloom)과 노르덴(Bryan Van Norden)이 이 문제에 관해 나의 생각을 명료히 다듬는 데 도움을 주었다.

70) Schwartz, p. 176.

석한 것처럼 육기六氣의 적절한 균형을 가리킨다고 해석하는 것도 가능하다.71) 따라서 비록 한 가지 가능한 해석이기는 하지만, 이 두 구절에서의 '성'이 윤리적 함의를 가지고 있다고 분명하게 말할 수는 없다.

이 논의가 보여주는 것은 『좌전』과 『국어』에서 '성'의 용법이, 한 사물이 전 생애를 통해 성장하는 방향을 지칭할 뿐만 아니라 한 사물이 살아 있음으로 해서 지니게 되는 필요나 욕구 또는 윤리적으로 바람직할 수도, 바람직하지 않을 수도 있는 그 사물의 특징적인 경향성까지를 가리키는 것으로 진화했다는 것이다. 이 모든 용법들에서 '성'은 늘 역동적인 함의를 보존하고 있는데, 고정된 성질을 가리키는 것이 아니라 성장의 방향, 욕구 또는 그 외의 경향성들을 지칭한다. 한 가지 가능한 예외는 '정淨'을 깨끗함의 성질을 가리키는 것으로 취할 경우, 『여씨춘추』에서 '정'을 물(水)의 성으로 언급하였음을 들 수 있다.103 하지만 물의 성으로서의 정에 대한 언급 뒤에 바로 다음의 언급이 뒤따른다. 곧 물은 어지럽혀질 때는 정을 얻기 어렵다고 하여 정이 물의 주어진 속성이 아니라 물이 안정되었을 때 깨끗해지는 경향성, 즉 방해받을 수 있는 경향성임을 말하고 있다. 이렇게 경향성으로 성을 이해하는 독법은 인간의 성을 오래 사는 것-이것은 다시 방해받을 수 있는 경향성으로 제시된다-으로 성격 지우는 뒤이은 논의104로부터 지지를 얻는다. 다른 텍스트들도 물이 흘러가는 경향과 같이 성의 고정된 성질로서보다는 경향성으로 성을 언급한다.(예를 들어 『맹자』, 「고자상」 2장)105

당시 사상계의 주요 용어로서 '성'의 용법에 대해서, 그레이엄은 양주학파에 의해 처음으로 성이 철학적인 용어로 쓰였을 것이라고 제안했다. 그

71) Graham, "Background," pp. 11-12.

이전에는 건강과 장수에 관련된 문제를 언급하는 데 사용되었다고 보았다.[72] '성'은 『논어』에서 두 구절에 등장한다. 한 군데(「공야장」 13장)에서는 공자가 성에 대해 논의하지 않았다고 말하고 있고, 또 한 군데(「양화」 2장)에서는 사람들이 성은 가까운데 습관의 결과 서로 갈라진다고 언급하고 있다. 여기에 더하여 다른 구절들(예를 들어 「옹야」 21장; 「계씨」 9장; 「양화」 3장)은 사람들의 다른 등급을 묘사하고 있는 듯하다. 다 함께 고려한다 해도, 여전히 이들 구절들은 성에 대한 정교한 설명을 제공한다 할 수 없으며, 이들 구절 중 일부(예를 들어 「계씨」 9장, 「양화」 2~3장)는 배움과 실천을 통해 변화될 수 있는 사람들의 능력을 다른 무엇보다도 더 강조하는 것일 가능성이 크다. 따라서 『논어』에서는 '성'이 주요한 철학적 용어로 간주되지 않았다고 보는 것이 정당하다 할 수 있다.

슈워츠(Benjamin I. Schwartz)는 그레이엄과 의견을 달리하는데, 『좌전』의 몇몇 경우에서 '성'은 윤리적 함의를 지니고 있다고 본다. 또 그는 묵자가 인간의 성은 기본적으로 자기 이익을 추구한다는 견해를 가졌다고 주장한다. 비록 묵자는 천에게 그러한 성을 부여한 책임을 면해주고자 '성'의 사용을 피하고 있지만 말이다.[73] 앞서 언급한 이유들 때문에 『좌전』에 등장하는 '성'이 윤리적 함의를 지니는지는 명백하지 않다. 만일 윤리적 함의를 지니고 있다 하더라도, 그것이 양주학파 등장 이전에 주목할 만한 사상운동에서 주요 용어로 벌써부터 '성'이 사용되고 있었음을 보여주는 것은 아니다. 우리는 묵자가 인간 심리에 대해 명확히 드러내지는 않았지만 특정한 이해를 아마

72) 위의 글, p. 13.

73) Schwartz, pp. 175-79.

도 가졌을 것임을 살펴보았다. 그렇다 하더라도 '성'이 묵자 당대의 사상운동에서 이미 주요 용어였다는 것을 보여주는 증거는 거의 없으며, 묵자가 의도적으로 사용을 회피했다는 증거도 거의 없다. 가능한 증거를 통해 살펴보면, '성'이 양주학파 이전의 사상운동에서 주요 용어였다고 생각할 근거는 충분하지 않은 것 같다.

2) 성과 생에 대한 양주학파의 개념

『맹자』를 제외하고도 초기의 다른 텍스트에서 양주의 가르침이나 양주학파의 사상운동에 속하는 것으로 보이는 사유에 대한 언급들을 종종 찾을 수 있다. 예를 들면 『회남자』**106**와 『여씨춘추』**107** 모두 양주와 그의 가르침에 대해 짧은 언급을 담고 있으며, 『한비자』**108**는 양주를 언급하지는 않지만 양주학파의 사상운동에 특징적인 사유들을 묘사하고 있다. 『열자』**109**는 양주와 아마도 묵가의 반대자일 가능성이 높은 인물의 대화를 담고 있다. 그레이엄(A. C. Graham)은 이 대화가 아마도 묵가에 기원을 두고 있을 것이라고 주장했다.[74] 여기에 더해 그레이엄은 『여씨춘추』의 1/2, 1/3, 2/2, 2/3, 21/4장을 양주학파의 가르침을 대변한다고 간주한 풍우란을 좇아서 그리고 관봉關鋒이 양주학파의 것이라고 간주한 『장자』의 28, 29, 31장에 30장을 더해서, 이 장들이 아마도 그 사상운동의 후기에 속하는 양주학파의 문헌을 대변한다고 보았다.[75]

74) Graham, "Dialogue."

75) Graham, *Disputers*, pp. 54-55; "Right to Selfishness," p. 74.

맹자의 시대에 존재했던 양주학파의 운동을 재구성하는 데에 후대에 편집된 문헌의 장들을 어느 정도까지 믿을 수 있을지는 말하기 어렵다. 성에 대한 하나의 일관성 있는 견해가 이 장들로부터 구성될 수 있을지조차 분명하지 않다. 이 장들을 양주로 간주하는 근거가 이들이 담고 있는 생각들과 다른 문헌에서 발견되는 양주의 사상에 대한 짧은 언급 사이의 유사성에 있다 할지라도, 이 장들이 다른 사상적 흐름을 담고 있을 가능성은 충분히 있다. 예를 들어, 후외려侯外廬, 조기빈趙紀彬, 두국상杜國庠은 이 장들에서 초기와 후기의 양주학파 사상을 구분하고 있는데, 전자는 감각적 욕구에 대해 좀 더 긍정적인 태도를 견지하고 있는 것으로 본다.[76] 『여씨춘추』의 양주 장들과 앞서 언급한 『맹자』와의 유사성을 전제한다면, 이 장들은 맹자의 시기에도 존재했던 사상운동 중에서 후대로 전개된 생각들을 전달하고 있을 가능성이 높다. 이에 따라 이 장들을 양주학파의 사상운동에 대한 대강의 개요를 재구성하는 근거로 사용하기로 하겠다.

이들 양주 장들에서 '성'과 '생'의 용법 사이에는 밀접한 유사성이 있다. 성[110]과 생[111]을 완전히 한다(全)는 언급, 성[112]과 생[113]을 기른다(養)는 언급, 성[114]과 생[115]을 해친다(害)는 언급, 성[116]과 생[117]을 상하게 한다(傷)는 언급 등이 있다. 또 텍스트는 감관의 욕구를 만족시키는 것을 성에 종속시켜 성을 해치지 못하게 할 것을 주장한다.[118] 외적인 소유를 성보다 우선시하는 것을 합당한 균형을 결여한 것으로 간주하고,[119] 생과 감각들 사이의 관계[120] 및 생과 외적인 소유의 관계[121]에 대해서 비슷한 언급을 하고 있다. '생'과 '성' 사이의 이런 유사성은 특정한 문맥에서는 아마도 이 둘이 서로 교체하여

76) 侯外廬 외, pp. 337-48. 저자들은 후자의 경향이 도가에 더 가깝다고 생각한다.

사용될 수 있었을 것임을 암시한다. 이런 교체 사용은 후에 문자의 생김새가 표준화될 때의 불규칙성에 기인하는 것으로 보인다. 『여씨춘추』의 양주 장들 중 앞의 두 장에서는 '성'과 '생'이 둘 다 나타나지만 마지막 세 장에서는 '생'만 등장한다는 사실이 앞서의 관찰을 지지해준다. 하지만 어떤 맥락에서 두 글자가 교체 사용된다는 사실이, 부사년傅斯年이 주장하듯, 전한前漢 시기의 문헌에서는 이들이 구분되지 않았다는 것을 보여주는 건 아니다. 물이 깨끗하게 되는 경향성으로서의 성에 대한 언급122에서처럼 이 둘이 서로 교체될 수 없는 맥락이 실제로 있다. 이로부터 추론할 수 있는 것은 다음의 사실이 전부이다. 즉 인간의 경우 성은 최소한 부분적으로 생에 의해 구성되었다고 간주되었으며, 따라서 인간의 생에 대해 말해지는 것들을 성에 대한 관찰로도 간주할 수 있다.

한 경우123에 있어서 성은 오래 사는 것과 관련되는데, 장수하는 것은 다른 곳124에서도 강조되고 있다. 이는 양주학파의 성 개념이 장수하는 것을 포함하고 있음을 보여준다. 감각적 충족을 성/생에 종속시켜야 한다는 구절들125과 제국의 소유를 포함한 외적인 소유를 성/생에 종속시켜야 한다는 구절들126, 그렇게 행위 하지 않을 때 적절한 균형을 잃게 된다는 언급127 등은 성/생을 주로 한 개인이 자기 몫의 삶을 살아내는 문제와 관련되는 방향으로 읽게 한다. 양주학파의 성/생 개념은 종종 이렇게 생물학적 생의 측면에서 해석된다.77)

하지만 양주학파 사상이 후대에 전개되는 과정에서 최소한 하나의 특정

77) 예를 들어, Graham, "Right to Selfishness," p. 75; "Background," p. 10; *Disputers*, p. 56; 徐復觀, 『人性論史』, pp. 8, 441-44.

한 흐름에서는 성/생이 자기 몫의 삶을 살아내는 것 이상을 포함한다는 증거가 있다. 단지 자기에게 주어진 몫의 기간을 살아내는 것보다 더 높은 가치를 부여하기도 한다는 것은 감각기관의 만족에 대한 강조에서 볼 수 있다. 감각적 만족 없이 사는 것은 죽은 것과 다를 바가 없다고 묘사되고 있다.[128][78] 그리고 텍스트의 한 부분[129]에서는 자화자子華子가 비록 몸에 대해 관심을 기울이는 것으로 제시하고 있지만, 또 다른 부분[130]에서는 치욕을 피하는 것뿐 아니라 감각적 만족을 주장하고 있다. 자화자에 대한 두 번째 언급은 중요한 의미를 가지고 있으므로 좀 더 자세히 살펴보기로 하자.

자화자는 네 가지 종류의 존재를 구분한다. 전생全生과 휴생虧生, 죽음, 박생迫生. 첫 번째이자 최고의 생은 모든 여섯 욕구가 적절한 것을 얻는 것으로 특징 지워진다. 두 번째는 여섯 가지 욕구가 적절한 것을 부분적으로 얻는 것으로 성격 지워진다. 네 번째이자 가장 낮은 종류의 생은 여섯 욕구가 적절한 것을 얻지 못하고 자신들이 가장 싫어하는 것을 얻는데, 이는 노예와 치욕(辱)의 상태이며 죽음보다 못한 상태이다.

그레이엄은 '전생全生', '휴생虧生', '박생迫生'을 각각 '완전한 삶', '고갈된 삶', '억압된 삶'이라고 번역하는데, '전', '휴', '박'을 형용사로 취하고 있음을 보여준다.[79] 하지만 이 셋이 동사로 사용되었음을 보여주는 증거가 있다. 전, 휴, 박은 생의 속성이기보다는 생에 무언가를 한 것들이다. 첫째, 양주

78) 같은 내용을 그레이엄이 양주학파의 것으로 여기는 『장자』의 장들에서 볼 수 있다. 비록 장수에 대한 강조(장자28/58)와 몸을 배양하는 것에 대한 강조(장자28/13-14)가 있지만, 마음의 만족과 몸의 안락에 대한 언급(장자29/77-82) 및 감각적 만족에 대한 언급(장자29/48-49)도 있다. 그레이엄은 양주학파의 성에 대한 개념이 감각적 만족도 포함한다는 것을 인정한다. Graham, "Background," p. 13.

79) Graham, *Disputers*, pp. 63-64.

장들에서 '생'과 '성'과 결부되어 사용된 '전全'은 일반적으로 동사이다. 예를 들어 "정부의 기관이 설립되었다는 것은 '전생'하기 위해서이다"[131]라고 말하며, 감각적 추구를 제어하는 것이 "'전생'하는 방법이다"[132]라고 말한다. 또 『회남자』에서 양주를 언급하는 곳[133]인 "전성보진全性保眞"(성을 완전히 하고 진실한 것을 보존한다)에서의 '전'은 동사로 사용된 '보'와 짝을 이루는 데서 볼 수 있듯이 동사로 사용되고 있다. 그리고 자화자 구절에서의 전생全生 또한 존생尊生으로 특징 지워지고 있는데, 여기서 '존尊'은 어떤 이의 "존생할 능력이 있음"에 대한 언급[134]에서 볼 수 있듯이 동사로 사용되고 있다.[80)] 둘째로, '휴虧'는 자화자 구절에서 휴생虧生을 설명하는 데서 동사로 사용되고 있다. "만일 휴생하면, ~하는데", "그 휴한 바가 너무 많은 것과 그 존尊한 바가 너무 적은 것"이라는 구절을 찾을 수 있다. 두 번째 예에서 '휴'는 '존'과 나란히 사용되고, '존'은 우리가 이미 보았듯이 동사로 사용된다. 셋째로, '박迫'도 또한 박생迫生을 설명하는 다른 곳에서 동사로 사용되고 있다. 예를 들어 "불의박생不義迫生"에 대한 언급이 있다. 이 구절은 불의한 것이 생에 무언가(즉, 박迫)를 행하고 있다고 읽는 것이 좀 더 자연스럽다. 만일 '박'이 형용사로 사용되었다면, "불의지생박생야不義之生迫生也"와 같이 표현되었을 것이다.

'선', '휴', '박'의 동사적 용법은 중요한 의미를 지닌다. 형용사로 읽을 경우에는 '생'이 여전히 주로 생물학적 삶으로 지칭되고, 전, 휴, 박을 생물학적 삶의 세 가지 가능한 성질로 해석할 수 있게 된다. 하지만 동사로 읽을 경우엔, 이들은 생에 행해질 수 있는 세 가지 것이 된다. 이 세 가지는 감각과

80) 그레이엄 자신은 '존尊'을 동사적으로 취급하여 '존생'을 '삶을 존중하다'로 번역하였다.

치욕에 관계하기 때문에 생이 단지 생물학적으로만 여겨지지 않고 감각적 만족을 수반하고 치욕이 부재하는 특정한 종류의 삶으로 고려되었음을 보여주는 것이 된다. 최고 삶의 형태는 이런 종류의 삶을 완전히 하는(全) 것이고, 그 다음의 형태는 이런 삶을 고갈시키는(虧) 것이며, 가장 낮은 형태의 삶은 죽음보다도 열악하다 할 수 있는 이런 삶을 억압하는(迫) 것이다.

그렇다면 생의 내용은 무엇인가? 생을 완전히 하기 위해서 여섯 가지의 모든 욕구는 그들에게 적절한 것을 얻어야 한다. 비록 자화자 구절이 눈과 귀가 혐오하는 것을 예로서 언급하고 있지만, 여섯 욕구가 무엇인지는 자세히 말하지 않았다. 『여씨춘추』의 다른 부분에서 우리는 눈, 귀, 코, 입에 대한 언급[135]과 이것들의 욕구에 대한 언급[136] 그리고 인간의 장수, 안전, 명예, 휴식에 대한 욕구 및 때 이른 죽음, 위험, 치욕, 힘든 일에 대한 반감에 대한 언급[137]을 찾을 수 있다. 자화자 구절이 눈과 귀의 혐오와 치욕에 대한 혐오를 언급하고 있기 때문에, 여섯 욕구는 최소한 네 가지 감각(귀, 눈, 코, 입)의 욕구와 혐오 및 명예에 대한 욕구와 치욕에 대한 혐오를 포함한다고 추정할 수 있다. 따라서 이상적으로 완전해져야 되는 생은 단지 생물학적 삶만이 아니고, 치욕으로부터 자유롭고 감각이 혐오하는 것으로부터도 자유로운 삶이다.

앞서 말한 이유 때문에 양주 장들에서 제시된 사상의 경향성들이 맹자 시대에 실제로 존재했는지 또는 후대에 발전한 것들인지 말하기는 어렵다. 이 장들에서 드러나는 최소한 부분적으로는 생물학적 삶에 의해 구성되는 성/생 개념의 편재성을 고려하면, 생물학적 삶으로서의 성/생 개념이 양주학파 사상의 초기 형태를 성격 지우는 것일 가능성이 있다. 하지만 성/생을 감각적 만족과 치욕의 회피라는 관점으로 성격 지우는 것과 관련해서는 상황이 덜 명확하다. 그렇긴 하지만 생물학적인 삶을 넘어서는 방식으로 성/생을 이해하는 (아마도 후기의) 경향성이 양주학파의 사상운동에 존재한다는 것은 맹자와 생물학적인 방식으로 성을 설명한 고자 간의 의견불일치(『맹자』, 「고자상」 4장)가 아마도 더 큰 사상적 흐름의 일부일 수 있음을 보여준다.

3) 자신에 대한 관심과 타인에 대한 관심

양주학파의 성/생에 대한 견해를 논의하는 것을 끝맺기 위해서, 우리는 성/생을 기르는 것에 대한 강조가 타인을 무시하고 자기 자신에 대해서만 관심을 가지는 것을 증명하고 있는지 고려해볼 필요가 있다. 성이 감각적 만족과 치욕을 피하는 것을 포함한다고 간주했던 양주학파들조차도 자기 자신에게만 관심을 가졌을 수 있다. 『여씨춘추』의 양주 장들이 타인을 희생시키면서 성/생을 기르는 것을 주장하지 않았다는 것은 사실이며, 이는 양주학파가 타인의 복지에 대해 최소한의 관심은 있었음을 보여주는 것처럼 보인다. 하지만 양주학파의 적극적인 관심이 오직 그 자신에게만 있었으며, 특히 자신에게 해가 되는 것을 감수하면서까지 타인에게 이익을 주는 것을 적극적으로 추구하지는 않았을 가능성은 여전히 상존한다.

이런 견해는 다음의 양주 장의 부분들을 통해 강화된다. 제국을 얻는 것을 포함한 외적인 소유보다 자기 자신을 강조하는 구절,[138] 자기 자신에 대해 해가 끼쳐질 것을 피하고자 정치적인 참여를 거부하는, 심지어 왕관의 소유조차 거부하는 사람들을 이상적으로 다루는 구절[139]이 있다. 제국에 도움이 되더라도 한 가닥의 머리카락도 포기하지 않는 사람으로 양주를 그린 맹자의 묘사(『맹자』, 「진심상」 26장)는 이제 양주 가르침의 기본적인 주장을 대변하지 않다는 데에 학자들은 동의한다.[81] 양주의 가르침에 대한 『한비자』에서의 언급과 『여씨춘추』에서의 양주의 가르침에 대한 묘사를 근거로 보면, 양주가 거부한 것은 제국을 얻기 위해 머리카락 한 가닥을 포기하는 것일 가능성이 높다. 이런 관찰은 양주 장들에서 기본적으로 대조시키는 것이 자기 자신과 타인들 사이가 아니라 자신의 성/생과 외적인 소유 사이라는 사실과 부합한다.[82]

그럼에도 불구하고 맹자가 양주학파의 견해라고 한 것은 이들의 가르침에서 암시되는 것들이라고 주장되어 왔다. 제국을 얻는 것이 제국에게 이익을 주는 하나의 방법이라는 가정 하에, 양주학파는 제국에게 이익을 주기 위해 머리카락 하나도 포기하지 않을 것이라는 것이다. 라우(D. C. Lau)는 맹자의 묘사를 양주학파의 가르침에서 추론된 것이라는 점을 명확히 하였다.[83] 그레이엄(A. C. Graham)은 어떤 때는 맹자 자신이 양주학파 사상에 함축된 이기적인 성격이라고 간주한 것을 밝히고 있다고 지적한다.[84] 하지만 그레이엄은 어떤 때는 양주학파의 가르침이 사람들은 자신에게 최소한의 해를 끼치는 대가를 치른다면 제국의 훌륭한 통치라 하더라도 기여해서는 안 된다는 의미의 견해를 받아들이는 것처럼 보인다.[85] 사실 그레이엄에게 있어서 양주학파는 정치적 권력의 부담과 위험보다는 사적인 삶의 안락을

81) 예를 들어 다음을 보라. 馮友蘭, 『中國哲學史』, p. 170; Graham, "Dialogue," p. 295 및 "Right to Selfishness," p. 76; Lau, "Introduction," *Mencius*, p. 30.

82) 『한비자』(한비자50.4.4)에 나오는 양주학파의 학설에 대한 다른 독법은 양주학파는 천하의 최대한의 이익을 위해서 한 톨의 머리카락이라도 바꾸지 않을 것이라고 읽는 것이다.

83) Lau, "Introduction," *Mencius*, p. 30.

84) Graham, "Right to Selfishness," pp. 76-77; "Dialogue," p. 296; *Disputers*, p. 61.

85) Graham, "Dialogue," p. 299.

선호하는 사람들이며, 양주학파의 사상은 기본적으로 지배 계층의 구성원들에게 관직을 얻어야 한다는 도덕적 압력에 저항할 권리를 주는 철학이다.[86] 비록 양주학파가 타인을 그 자체로 도와주는 것에 반대하지는 않을지라도, 그들의 기본적인 관심은 자기 자신이며, 최소한의 피해라도 자신에게 돌아온다면 타인을 돕지 않을 것이다. 또한 비록 정치적 참여가 타인들에게 이익을 준다 할지라도, 양주학파는 그렇게 하는 것이 자신을 위태롭게 할 수 있기 때문에 정치적 참여를 거부할 것이다.

정치에서 물러나는 현상은 『논어』에서 묘사되어 있으므로,(예를 들어, 「옹야」 9장; 「헌문」 37장; 「미자」 7장) 추정컨대 공자 시대에 그러한 현상이 존재했을 것이다. 그렇지만 정치에서의 퇴거는 종종 타인에 대한 무관심의 문제라기보다는 정치적 참여가 부질없고(「미자」 6장. 「공야장」 7장; 「태백」 13장도 참조) 불필요한 위험을 초래하기(「미자」 5장) 때문으로 본다. 그리고 정치적 퇴거에 대한 양주학파의 주장에도 불구하고 양주학파 사상에서 최소한 하나의 경향성은 타인의 성/생에 대해 관심을 가지고 있었을 가능성이 충분히 있다. 성/생을 기르는 것을 일반적인 사람들의 삶의 방식이라고 주장한다는 사실 그 자체가 타인에 대해 관심을 가지고 있었음을 보여주는 것이다. 그리고 『여씨춘추』의 양주 장들에서는 사람들로 하여금 생을 완전히 하게끔 허용하는 것이 정부의 목적으로 제시되고 있다.[140] 타인에 대한 이러한 관심은 기르기 위한 수단이 기르고자 하는 것을 해치게끔 내버려두지 않았기 때문에 자신의 나라를 떠났던 위대한 왕인 단보亶父의 이야기에 반영되어 있다.(『맹자』 「양혜왕하」 15장. 「양혜왕하」 3장 및 5장도 참조)[141] 단보가 생을 존중할 줄 아는 인물로

86) Graham, *Disputers*, pp. 53-54, 56.

그려지고 그의 신하들이 죽임을 당하는 것을 참을 수 없어 그의 나라를 떠났다고 말해지는 것은 길러져야 되는 것이 그의 신하의 생임을 보여준다. 그의 통치의 목적은 백성들의 생을 기르는 것이었으며, 그의 통치가 이러한 목적과 어긋나게 되자 통치하기를 거부한 것이다.87) 하지만 만일 양주학파가 일반적인 사람들의 성/생을 기르는데 관심을 기울였고 정부 기관을 이러한 목적에 봉사하는 것이라고 여겼다면, 왜 양주 장들은 정치적인 참여를 거부하고 자신의 고유한 성/생을 기르는 것에 자신을 바치는 인물들을 이상화했을까?

당대에 관직에 있는 인물들에 대한 부정적인 평가를 담고 있는 구절들이 이에 대한 가능한 대답이 될 것이다. 비록 정치의 목적이 생을 완전히 하는 것이라도, 그 시대에 현혹된 군주들은 생을 해쳤고 그들의 나라가 파괴되는 것을 막지 못했다.[142] 당대의 군주에 대한 유사한 평가는 다른 곳에서도 발견할 수 있다.[143] 요점은 그 당시에 관직에 있던 인물들은 주로 정치적 권력을 포함한 (외적인 것의) 소유에 관심을 가졌고 그 결과 사회에 혼란을 가져왔다는 것이다. 만일 이것이 문제의 근원이라면 그 치료는 외적 소유를 신경쓰지 않는 사람이 통치하는 것일 것이다. 그리고 이러한 생각은 『여씨춘추』의 양주 장들에서 찾을 수 있다. 예를 들어, 자주지보子州支父는 왕위를 소유함으로써 그의 생을 해치게끔 하지 않을 인물로 그려지고 있지만, 이러한 사람이 바로 제국을 맡길 수 있는 인물이라고도 말해지고 있다.[144] 그리고 왕자 수搜는 군주가 되는 것을 피하고자 노력한 인물로 그려지고 있다. 하지

87) 그레이엄은 또 단보 구절과 관련하여 양주학파가 아마도 다른 사람의 성/생에 관심을 가졌을 것이라는 점을 인정했다.(*Disputers*, pp. 57-58)

만 백성들이 그를 군주로 만들고자 했던 이유는 그가 국가를 통치하는 것이 자신의 생을 해하는 것을 용인하지 않을 것이기 때문이다.[145] 마지막으로 『열자』에서 금자禽子와의 대화에서 양주는 각자가 머리카락 하나를 포기하지 않음으로써 제국을 이롭게 하여 제국의 질서가 성취될 수 있다고 말했다고 보고되고 있다.[146]

양주학파의 사상에는 자기 자신만이 아니라 타인과 사회의 질서에 대한 관심을 보여주는 경향성이 아마 존재했을 것이라는 점을 지금까지의 논의는 보여주었다. 당대의 정치적 무질서를 외적인 소유와 정치적 권력에 대한 관심의 결과로 진단하면서 양주학파는 각자가 자신의 성/생을 돌보고, 정치적 권력이나 외적인 소유를 위해 남과 경쟁하지 않는다면, 그리고 권력에 대한 관심이 없는 인물이 정치를 행한다면, 질서가 복원될 것이라고 제안했다.88) 이런 경향의 양주학파 사상에서는 자신에 대한 관심은 정치적 질서에 도구적인 것으로 보인다. 즉 이런 종류의 양주학파는 타인과 정치적 질서에 무관심한 것이 아니라 각자가 자기 자신에게 관심을 가지는 것을 질서를 획득하는 방법으로 보는 것이다. 이런 경향의 양주학파 사상은 정치권력을 획득하는 것은 제국을 이롭게 하는 수단이라는 유가와 묵가가 공유하는 전제를 거부한다. 공적인 이익과 사적 이익이 합쳐진다는 묵가의 가정을 공유하면서도, 공적인 이익을 돌봄으로써 자기 자신의 이익을 도모할 수 있다고 보았던 묵가와 달리, 양주학파는 자기 자신의 이익을 돌봄으로써 공적 이익을 도모할 수 있는 것으로 보았다. 비록 이러한 양주학파의 모습이 양주학파

88) 유가조차도 정치적 권력에 관심을 가지지 않는 이들을 이상화했으며(『논어』, 「태백」 1장), 이런 생각은 도가의 문헌들에서도 발견할 수 있다(예를 들어, 『열자』 13장).

사상 중 한 가지 경향만을 대변하는 것에 불과하다 하더라도, 최소한 성/생에 대한 양주학파의 관심이 타인에 대한 무관심과 반드시 연결되는 것은 아니라는 점을 보여준다.[89)]

89) 1991년 내가 가르친 대학원 세미나에서 이 생각들을 제시해보았으며, 그 세미나에서 이 문제로 페이퍼를 쓴 밀너(Michael Millner)와의 토론으로부터 도움을 받았다.

옮긴이 주

1 예를 들어 『시경』, 「大雅・蒸民」 1장(SC260/1); 「大雅・皇矣」 1장(SC241/1).

2 예를 들어 『시경』, 「大雅・文王」 1장 및 5-7장(SC235/1, 5-7); 「周頌・維天之命」(SC267).

3 예를 들어 『시경』, 「大雅・文王」 6장(SC235/6); 「大雅・大明」 3장(SC236/3); 「周頌・敬之」(SC288); 「魯頌・泮水」 4-5장(SC299/4-5).

4 예를 들어 『시경』, 「大雅・板」 2장 및 4-5장(SC254/2, 4-5); 「大雅・桑柔」 1장 및 3-4장, 7장(SC257/1, 3-4, 7); 「大雅・雲漢」 1장 및 3장, 5-6장(SC258/1, 3, 5-6); 「大雅・召旻」 1-2장(SC265/1-2).

5 예를 들어 『시경』, 「小雅・十月之交」 8장(SC193/8); 「小雅・小弁」 1장(SC197/1); 「小雅・巧言」 1장(SC198/1).

6 예를 들어 「大雅・節南山」 5-6장 및 9장(SC191/5-6, 9); 「大雅・正月」 4장(SC192/4); 「大雅・雨無正」 1장(SC194/1).

7 예를 들어 『좌전』, 僖公24年傳・春3月, "晉侯賞從亡者…… 況貪天之功以爲己力乎?"(TC189/1-2)

8 예를 들어 『국어』, 「周語中」 7절, "天道賞善罰淫…… 以忝天休"(KY2/10b, 1-3); 「晉語六」 8절, "范文子執戈逐之…… 其壞也無日矣."(KY12/5b, 2-9)

9 예를 들어 『좌전』, 襄公14年傳・夏4月, "正月孟春…… 必不然矣."(TC462/11-12)

10 예를 들어 『국어』, 「周語中」, "雖吾王叔…… 天必從之.'"(KY2/15a.8) 다음을 참조. 『국어』, 「周語下」, "皇天弗福…… 共工用滅."(KY3/5b.2-3)

11 예를 들어 『좌전』, 文公15年傳・冬11月, "女何故行禮…… 難以免矣."(TC270/11-12)

12 예를 들어 『좌전』, 襄公22年傳・秋, "君人執信…… 弗能久矣."(TC493/13)

13 『국어』, 「晉語二」 3절(KY8/5a, 10), "天奪之鑒而益其疾也"; 「鄭語」, "天奪之明, 欲無弊, 得乎?"(16/5a.1)

14 『국어』, 「周語下」, "自幽王而天奪之明…… 殆不可矣!"(KY3/19b.7-8)

15 『좌전』, 宣公3年傳・春, "成王定鼎于郟鄏…… 未可問也."(TC292/7)

16 예를 들어 『좌전』, 昭公9年傳・夏4月, "今火出而火陳…… 故曰五十二年"(TC624/13); 昭公11年傳・春王2月, "蔡凶…… 天之道也"(TC631/4); 哀公11年傳・夏5月, "樹吾墓檟…… 天之道也."(TC823/10)

17 『국어』, 「周語下」, "且其語說昊天有成命…… 成王不敢康."(KY3/9b.2-3)

18 『좌전』, 襄公29年傳・冬12月, "裨諶曰, 善之代不善, 天命也, 其焉辟子產?"(TC547/14)

19 『좌전』, 文公13年傳・夏12月, "邾文公卜遷于繹…… 吉莫如之!"(TC263/1-7)

20 『좌전』, 宣公3年傳・春, "成王定鼎于郟鄏…… 未可問也."(TC292/7)

21 『국어』, 「吳語」, "孤敢請成…… 孤不敢不受"(KY19/14a.4-6); 「越語 下」, "昔者上天降禍於越…… 而聽君王之命乎?"(KY21/6b.5-7)

22 『좌전』, 昭公2年傳・秋, "子產曰人誰不死…… 其助凶人乎!"(TC583/7); 昭公21年傳・夏, "司馬以吾故…… 何遠之有?"(TC686/3)

23 예를 들어 『시경』, 「小雅・十月之交」 8장(SC193/8); 「大雅・蕩」 1장(SC255/1). 다음을 참조. 『시경』, 「召南・小星」 1장-2장(SC21/1-2).

24 예를 들어 『좌전』, 僖公33年傳・春, "晉原軫曰秦衛蹇叔…… 必伐秦師!"(TC222/10); 宣公15年傳・

春, "天方授楚, 未可與爭. 雖晉之强, 能違天乎?"(TC325/6-8)

25 『시경』, 「大雅・烝民」 2장(SC260/2). 다음을 참조. 『시경』, 「大雅・思齊」 5장(SC240/5).

26 『시경』, 「大雅・民勞」 3장(SC253/3).

27 『시경』, 「小雅・蓼莪」 4장(SC202/4).

28 『시경』, 「小雅・谷風」 3장(SC201/3).

29 『국어』, 「周語 上」, "先王之於民也, 懋正其德而厚其性"(KY1/2b.4); 『좌전』, 成公16年傳・夏4月, "民生厚而德正…… 莫匪爾極."(TC391/2) 다음을 참조. 『좌전』, 文公7年傳・冬8月, "正德利用厚生…… 所由叛也."(TC247/17)

30 예를 들어 『좌전』, 成公16年傳・夏4月, "曰師其何如…… 信以守物."(TC391/1), 襄公25年・秋8月, "今陳忘周之大德…… 我是以有往年之告."(TC512/8) 다음을 참조. 『국어』, 「周語 上」, "惠和, 其德足以昭其馨香…… 故明神降之."(KY1/11a.6-7)

31 예를 들어 『국어』, 「晉語」, "孝德以出在公族…… 而去其師保"(KY15/4b.2-4); 『좌전』, 文公元年傳・冬10月, "穆伯如齊…… 德之基也."(TC228/14-15)

32 『시경』, 「鄭風・叔于田」 1장(SC77/1); 「齊風・盧令」 1장(SC103/1).

33 『국어』, 「周語 中」, "仁所以保民也."(KY2/1b.10)

34 『좌전』, 哀公7年傳・夏, "季康子欲伐邾…… 伐小國不仁."(TC812/10)

35 예를 들어 『시경』, 「周頌・豐年」(SC279); 「周頌・載芟」(SC290).

36 예를 들어 『시경』, 「小雅・楚茨」 3, 5장(SC209/3, 5). 다음을 참조. 『시경』, 「鄘風・相鼠」 1장(SC52/1).

37 예를 들어 『시경』, 「小雅・十月之交」 5장(SC193/5).

38 『좌전』, 昭公5年傳・春王正月, "公如晉…… 君子謂叔侯於是乎知禮."(TC601/8-12); 昭公25年傳・夏, "夏, 會于黃父…… 民之行也.'"(TC704/8-9).

39 예를 들어 『좌전』, 昭公25年傳・夏, "乃能協于天地之性…… 是以先王尙之"(TC704/16); 『국어』, 「楚語 上」, "敎之禮…… 而鎭其浮."(KY17/1b.4-5)

40 예를 들어 『좌전』, 襄公26年傳・秋, "古之治民者…… 有禮無敗."(TC521/10-12); 昭公5年傳・春王正月, "公如晉…… 君子謂叔侯於是乎知禮."(TC601/8-12)

41 예를 들어 『좌전』, 昭公26年傳・冬12月, "禮之可以爲國也久矣…… 是以先王上之."(TC715/12-17)

42 『좌전』, 文公15年傳・冬11月, "女何故行禮…… 難以免矣."(TC270/11-12); 昭公25年傳・夏, "周旋之禮焉…… 民失其性."(TC704/9-10) 다음을 참조. 襄公28年傳・秋8月, "子大叔曰…… 而小國之望也."(TC537/7)

43 예를 들어 『좌전』, 隱公11年傳・秋7月, "禮經國家…… 量力而行之"(TC31/13); 僖公11年傳・春, "禮, 國之幹也"(TC158/8); 襄公30年傳・秋7月, "禮, 國之幹也"(TC554/1); 昭公5年傳・春王正月, "禮, 所以守其國…… 無失其民者也"(TC601/9); 昭公26年傳・冬12月, "善哉!我不能矣…… 禮之可以爲國也久矣"(TC715/11-12); 『국어』, 「晉語」, "夫禮, 國之紀也…… 無乃不可乎!"(KY10/3b.7-10)

44 『순자』, 「榮辱」, "夫貴爲天子…… 群生皆得其命."(HT4/72-77)

45 『순자』, 「禮論」, "禮起於何也…… 是禮之三本也."(HT19/1-15)

46 『묵자』, 「節葬」, "子墨子曰, 此所謂便其習而義其俗者也…… 夫何獨無節於此乎?"(MT25/75-81) 다음을 참조. 『열자』, 「湯問」, "楚之南有炎人之國…… 而未足爲異也."(LiT5/5a.5-9)

47 예를 들어 『愼子』, 「愼子逸文」, "禮從俗, 政從上, 使從君."(ST276, no.74)

48 예를 들어 『묵자』, 「耕柱」, "所爲貴良寶者…… 義, 天下之良寶也."(MT46/30)

49 『묵자』, 「節葬」, "若苟疑惑乎之二子者言…… 不可不勸也."(MT25/11-12); 「非命上」, "子墨子言曰, 古者王公大人…… 是故何也."(MT35/1-2)

50 『묵자』에서 14-16장(「兼愛上 · 中 · 下」)을 보라.

51 『묵자』, 「非樂上」, "非以犓豢煎炙之味…… 民衣食之財將安可得乎."(MT32/5-13)

52 『묵자』의 6장(「辭過」)을 보라.

53 예를 들어 『순자』, 「解蔽」, "昔賓孟之蔽者, 亂家是也. 墨子蔽於用而不知文."(HT21/21)

54 『묵자』 4장(「法儀」), 26-28장(「天志上 · 中 · 下」).

55 『묵자』, 「兼愛中」, "凡天下禍簒怨恨…… 此何難之有"(MT15/15-19); 「兼愛中」, "則衆能爲之…… 而士不以爲行故也."(MT15/27-28)

56 『묵자』, 「兼愛下」, "然而天下之非兼者之言猶未止.…… 其故何也?"(MT16/64-72)

57 『묵자』, 「尙同下」, "然則欲同一天下之義…… 唯而以尙同一義爲政故也."(MT13/22-42)

58 『묵자』, 「兼愛中」, "凡天下禍簒怨恨…… 此何難之有"(MT15/15-19); 「兼愛中」, "則衆能爲之…… 而士不以爲行故也."(MT15/27-28)

59 『묵자』, 「兼愛下」, "然而天下之非兼者之言猶未止.…… 其故何也?"(MT16/64-72)

60 『묵자』, 「節葬下」, "人爲其所能…… 今執厚葬久喪者之言曰."(MT25/57)

61 『묵자』, 「非命上」, "子墨子言曰…… 命貧則貧", "以上說王公大人.…… 不可不明辨", "不必得…… 百姓之誶也", "此言武王所以非紂執有命也…… 下不從事", "欲天下之治而惡其亂, 執有命者之言, 不可不非, 此天下之大害也."(MT35/3, 5, 18, 42, 47)

62 『묵자』, 「兼愛下」, "不識天下之士…… 言相非而行相反與."(MT16/21-28)

63 『묵자』, 「耕柱」, "巫馬子謂子墨子曰…… 是蕩口也."(MT46/52-60)

64 『묵자』, 「公輸」, "子墨子曰…… 吾義固不殺人."(MT50/3)

65 『묵자』, 「貴義」, "何故則天下不若身之貴也.…… 萬事莫貴於義也."(MT47/3)

66 『묵자』, 「非命上」, "是非利害之辨…… 蓋嘗尙觀於聖王之事."(MT35/7-10)

67 『묵자』, 「兼愛下」, "且焉有善而不可用者…… 吾譬兼之不可爲也."(MT16/23-46)

68 『묵자』, 「耕柱」, "巫馬子謂子墨子曰…… 是蕩口也."(MT46/52 60)

69 『묵자』, 「兼愛下」, "姑嘗兩而進之…… 行亦不然."(MT16/23-25)

70 『묵자』, 「耕柱」, "巫馬子謂子墨子曰…… 意將以告人乎?"(MT46/52-55)

71 『묵자』, 8-13장(「尙賢上 · 中 · 下」, 「尙同上 · 中 · 下」).

72 『묵자』, 15-16장(「兼愛中 · 下」).

73 『묵자』, 「耕柱」, "巫馬子曰…… 是蕩口也."(MT46/55-60)

74 『묵자』, 「尙賢中」, "傾者民之死也…… 未嘗能有以此王天下."(MT9/72)

75 『묵자』, 「尙賢下」, "此言先王之治天下也…… 爲賢之道將奈何?"(MT10/32-33); 「尙賢下」, "面目美好者也…… 然女何爲而得富貴而辟貧賤哉?"(MT10/37-38)

76 『묵자』, 「尙賢上」, "子墨子言曰…… 若禽獸然"(MT11/1-4); 「尙賢中」, "子墨子曰, 方今之時…… 是以天下亂焉"(MT12/1-5); 「尙賢下」, "何以知尙同一義之可而爲政於天下也…… 是故天下之欲同一

天下之義也."(MT13/8-11)

77 『묵자』, 3장(「所染」). 다음을 참조. 『여씨춘추』 2권, 「當染」, "四曰墨子見染素絲者…… 皆所染者得當也."(LSCC2/12a-16b)

78 『묵자』, 「貴義」, "子墨子曰, 世之君子…… 是故書之竹帛."(MT47/29-30)

79 『묵자』, 「耕柱」, "巫馬子謂子墨子曰…… 是蕩口也."(MT46/52-60)

80 『묵자』, 「兼愛中」, "凡天下禍簒怨恨…… 天下之難物于故也"(MT15/15-16); 「兼愛下」, "此言行拂也…… 猶未止也"(MT16/45-46); 「兼愛下」, "卽此言愛人者必見愛也…… 其故何也?"(MT16/71-72)

81 『묵자』, 「兼愛中」, "子墨子言曰, 天下之士君子…… 不可不務爲也"(MT15/16-42); 「兼愛下」, "曰兼卽仁矣義矣…… 其故何也?"(MT16/46-63); 「兼愛下」, "意以爲難而不可爲邪…… 而萬民之大利也."(MT16/72-86)

82 『회남자』, 「氾論訓」, "全性保眞不以物累形, 楊子之所立也, 而孟子非之."(HNT13/7b.10-11)

83 『여씨춘추』 1권, 「本生」, "物也者, 所以養性也"(LSCC1/7a.3); 1권, 「重己」, "聖王之所以養性也."(LSCC1/14b.8)

84 『여씨춘추』 1권, 「本生」, "利於性則取之, 害於性則舍之."(LSCC1/8a.3)

85 『여씨춘추』 1권, 「本生」, "遁焉, 性惡得不傷?"(LSCC1/8a.5-6)

86 『여씨춘추』 1권, 「本生」, "務以自樂, 命之曰伐性之斧."(LSCC1/10a.4)

87 『서경』, 「周書 · 召誥」, "王先服殷御事…… 不可不敬德."(SS429/3)

88 『시경』, 「大雅 · 卷阿」 2-4장(SC252/2-4).

89 『국어』, 「周語 上」, "先王之於民也, 懋正其德而厚其性, 阜其財求而利其器用."(KY1/2b.4-5)

90 『국어』, 「晉語」, "懋穡勸分, 省用足財. 利器明德, 以厚民性."(KY10/13b.11-14a.1)

91 『좌전』, 文公6年傳 · 冬11月, "閏以正時…… 生民之道於是乎在矣."(TC243/17-18)

92 『좌전』, 文公7年傳 · 冬8月, "正德利用厚生, 謂之三事"(TC247/17); 成公16年傳 · 夏4月, "德刑詳義禮信戰之器也…… 各知其極"(TC391/1-2); 襄公28年傳 · 冬11月, "夫民生厚而用利. 於是乎正德以幅之."(TC539/5)

93 예를 들어 『국어』, 「晉語」, "懋穡勸分, 省用足財. 利器明德, 以厚民性."(KY10/13b.11-14a.1); 『좌전』, 襄公28年傳 · 冬11月, "子尾曰富人之所欲也…… 所謂幅也."(TC539/3-6)

94 『좌전』, 文公6年傳 · 冬11月, "閏以正時…… 生民之道於是乎在矣."(TC243/17-18)

95 『좌전』, 昭公19年傳 · 冬11月, "戍曰吾聞撫民者…… 非撫之也."(TC674/6-9)

96 『좌전』, 昭公8年傳 · 春, "作事不時…… 莫保其性."(TC620/3-4)

97 『좌전』, 襄公26年傳 · 冬10月, "楚子伐鄭…… 非國家之利也."(TC522/9-10)

98 『국어』, 「晉語 七」, "夫膏粱之性難正也."(KY13/2b.11)

99 『국어』, 「周語 中」, "夫人性, 陵上者也."(KY2/14a.10)

100 『관자』, 「五輔」, "若民有淫行邪性…… 其刑死流."(KT1/45.6-7)

101 『좌전』, 襄公14年傳 · 夏4月, "天生民而立之君…… 必不然矣."(TC462/7-12)

102 『좌전』, 昭公25年傳 · 夏, "夫禮天之經也…… 惡物哀也."(TC704/9-16)

103 『여씨춘추』 1권, 「本生」, "夫水之性淸, 土者扫之, 故不得淸."(LSCC1/6b.8)

104 『여씨춘추』 1권, 「本生」, "人之性壽…… 所以養性也."(LSCC1/7a.2-3)

105 예를 들어 『맹자』, 「고자상」 2장; 『관자』, 「度地」, “夫水之性…… 不孝則不臣矣.”(KT3/17.4-10)

106 『회남자』, 「氾論訓」, “全性保眞不以物累形, 楊子之所立也, 而孟子非之.”(HNT13/7b.10-11)

107 『여씨춘추』 17권, 「不二」, “陽生貴己.”(LSCC17/30b.8)

108 『한비자』, 「顯學」, “不以天下大利易其脛一毛.”(HFT50/4.4)

109 『열자』, 「楊朱」, “伯成子高不以一毫利物…… 孟孫陽因顧與其徒說他事.”(LiT 7/4b.8-5a.5)

110 『여씨춘추』 1권, 「本生」, “此全性之道也.”(LSCC1/8a.4)

111 『여씨춘추』 1권, 「本生」, “立官者以全生也”(LSCC1/6b.1-2); 2권, 「貴生」, “子華子曰, 全生爲上.”(LSCC2/7a.4)

112 『여씨춘추』 1권, 「本生」, “物也者, 所以養性也”(LSCC1/7a.3); 1권, 「重己」, “聖王之所以養性也.”(LSCC1/14b.8)

113 『여씨춘추』 2권, 「貴生」, “以完身養生之道也.”(LSCC2/6b.1)

114 『여씨춘추』 1권, 「本生」, “利於性則取之, 害於性則舍之.”(LSCC1/8a.3)

115 『여씨춘추』 1권, 「本生」, “萬物章章, 以害一生, 生無不傷”(LSCC1/8b.1); 2권, 「貴生」, “天下重物也…… 可以託天下.”(LSCC2/5a.5-6)

116 『여씨춘추』 1권, 「本生」, “遁焉, 性惡得不傷?”(LSCC1/8a.5-6)

117 『여씨춘추』 1권, 「本生」, “萬物章章, 以害一生, 生無不傷”(LSCC1/8b.1); 2권, 「貴生」, “若王子搜者…… 傷其生矣.”(LSCC2/5b.3-4)

118 『여씨춘추』 1권, 「本生」, “是故聖人之於聲色滋味也…… 其於聲色滋味也.”(LSCC1/8a.3-4)

119 『여씨춘추』 1권, 「本生」, “物者…… 以此爲君悖.”(LSCC1/7a.3-8)

120 『여씨춘추』 2권, 「貴生」, “二曰, 聖人深慮天下…… 害於生則止.”(LSCC2/4b.4-6)

121 『여씨춘추』 21권, 「審爲」, “且吾聞之…… 則必重失之.”(LSCC21/9a.1-10)

122 『여씨춘추』 1권, 「本生」, “夫水之性淸, 土者抇之, 故不得淸.”(LSCC1/6b.8)

123 『여씨춘추』 1권, 「本生」, “人之性壽…… 所以養性也.”(LSCC1/7a.2-3)

124 『여씨춘추』 1권, 「重己」, “世之人主貴人…… 欲也”(LSCC1/13b.3-8); 1권, 「重己」, “以此長生可得乎”(LSCC1/14a.5); 21권, 「審爲」, “重傷之人無壽類矣.”(LSCC21/10b.6)

125 『여씨춘추』 1권, 「本生」, “今有聲於此…… 性惡得不傷”(LSCC1/7a.10-8a.6); 2권, 「貴生」, “二曰, 聖人深慮天下…… 此貴生之術也”(LSCC2/4b.4-10); 2권, 「情欲」, “三曰, 天生人而使有貪有欲…… 死生存亡之本也.”(LSCC2/8a.8-8b.5)

126 『여씨춘추』 1권, 「本生」, “物者…… 以此爲君悖”(LSCC1/7a.3-8); 2권, 「貴生」, “二曰, 聖人深慮天下…… 非所以完身養生之道也”(LSCC2/4b.10-6b.1); 21권, 「審爲」, “且吾聞之…… 則必重失之.”(LSCC21/9a.1-10)

127 『여씨춘추』 2권, 「貴生」, “凡聖人之動作也…… 夫生豈特隨侯珠之重也哉?”(LSCC2/6b.10-7a.4); 21권, 「審爲」, “四曰, 身者所爲也…… 審所以爲而輕重得矣”(LSCC21/8a.3-4); 21권, 「審爲」, “子華子可謂知輕重矣…… 身在江海之上.”(LSCC21/10a.5-6)

128 『여씨춘추』 2권, 「情欲」, “以此君人…… 論早定也.”(LSCC2/10a.3-7)

129 『여씨춘추』 21권, 「審爲」, “子華子見昭釐侯…… 故論不過.”(LSCC21/9b.2-10a.6) 다음을 참조. 『장자』, 「雜篇 · 讓王」, “韓魏相與爭侵地…… 子華子可謂知輕重矣.”(CT18-23)

130 『여씨춘추』 2권, 「貴生」, “子華子曰, 全生爲上…… 非迫生之謂也.”(LSCC2/7a.4-8a.5)

131 『여씨춘추』 1권, 「本生」, “立官者以全生也.”(LSCC1/6b.1-2)

132 『여씨춘추』 1권, 「本生」, “此全性之道也.”(LSCC1/8a.4)

133 『회남자』, 「氾論訓」, “全性保眞不以物累形, 楊子之所立也, 而孟子非之.”(HNT13/7b.10-11)

134 『여씨춘추』 21권, 「審爲」, “太王亶父可謂能尊生矣.…… 雖富貴不以養傷身.”(LSCC21/9a.8-9)

135 『여씨춘추』 1권, 「本生」, “目明矣, 耳聰矣, 鼻臭矣, 口敏矣.”(LSCC1/8b.6)

136 『여씨춘추』 2권, 「貴生」, “二曰, 聖人深慮天下…… 害於生則止”(LSCC2/4b.4-6); 5권, 「適音」, “四曰, 耳之情欲聲…… 樂之弗樂者, 心也.”(LSCC5/9b.6-10a.1)

137 『여씨춘추』 5권, 「適音」, “人之情, 欲壽而惡夭…… 則心適矣.”(LSCC5/10a.7-8)

138 『여씨춘추』 1권, 「重己」, “今吾生之爲我有…… 終身不復得”(LSCC1/11a.5-11b.1); 2권, 「貴生」, “故曰, 道之眞…… 非所以完身養生之道也”(LSCC2/6a.4-6b.1); 2권, 「情欲」, “非徒萬物酌之也…… 豈不悲哉!”(LSCC2/10b.7-11a.3); 21권, 「審爲」, “四曰, 身者所爲也…… 審所以爲而輕重得矣”(21/8a.3-4); 21권, 「審爲」, “子華子曰, 甚善…… 君固愁身傷生以憂之戚不得也?”(21/9b.10-10a.2)

139 『여씨춘추』 2권, 「貴生」, “子州支父對曰…… 此固越人之所欲得而爲君也.”(LSCC2/5a.2-5b.4)

140 『여씨춘추』 1권, 「本生」, “二曰, 始生之者…… 則失所爲立之矣.”(LSCC1/6a.8-6b.3)

141 『여씨춘추』 21권, 「審爲」, “太王亶父居邠…… 太王亶父可謂能尊生矣”(LSCC21/8a.10-9a.9); 『장자』, 「雜篇·讓王」, “大王亶父居邠…… 豈不惑哉!”(CT28/9-14)

142 『여씨춘추』 1권, 「本生」, “二曰, 始生之者…… 無幸必亡.”(LSCC1/6a.8-7a.9)

143 『여씨춘추』 2권, 「情欲」, “俗主虧情…… 與死無擇.”(LSCC2/8b.5-10a.4)

144 『여씨춘추』 2권, 「貴生」, “堯以天下讓於子州支父…… 可以託天下”(LSCC2/4b.10-5a.6); 『장자』, 「雜篇·讓王」, “堯以天下讓許由…… 可以托天下也.”(CT28/1-3참조)

145 『여씨춘추』 2권, 「貴生」, “越人三世殺其君…… 此固越人之所欲得而爲君也.”(LSCC2/5a.6-5b.4). 다음을 참조. 『장자』, 「雜篇·讓王」, “越人三世弑其君…… 此固越人之所欲得爲君也.”(CT28/15-18)

146 『열자』, 「楊朱」, “禽子問楊朱曰: ‘去子體之一毛, 以濟一世, 不汝爲之乎?’ 楊子曰: ‘世因非一毛之所濟.’ 禽子曰: ‘假濟, 爲之乎?’ 楊子弗應.”(LiT7/4b.10)

The Ethical Ideal

3장

윤리적 이상

맹자는 인仁, 의義, 예禮, 지智를 윤리적 이상의 네 가지 측면으로 언급하면서, 이들을 정서적인 동시에 인지적인 활동의 장소인 심心과 연결시켰다.(「공손추상」 6장; 「고자상」 6장) 맹자는 때때로 인(예를 들어 「양혜왕상」 7장; 「공손추상」 3 · 4장)과 의(예를 들어 「진심상」 9장)를 덕德과 연관하여 말하지만, 인의예지仁義禮智를 덕으로 지칭하지는 않았다. 맹자 시대에 이르러 바람직한 개별 특성들을 상이한 덕들로 지칭하는 것을 허용하는 방향으로 '덕'의 용례가 발전되었는지는 명확하지 않다. 이런 이유로 나는 인의예지를 윤리적 특성들이라고 단순하게 지칭하겠다. '덕'의 번역어로 'viture'를 사용하는 문헌에서 이따금 사용하는 사덕四德이라는 표현보다는 말이다. 『논어』에는 용勇이 간혹 인仁과 지知와 더불어 세 가지 바람직한 특성으로 언급된다.(「자한」 29장; 「헌문」 28장) 『맹자』에도 때때로 용에 대한 언급이 있는데, 용에 대한 논의는 「공손추상」 2장에서 심心이 움직이지 않는다(不動)는 것이 무얼 의미하는지를 설명하는 맥락에서 등장한다. 부동심이란 개념은 맹자의 명命에 대한 태도와도 관계되는, 목표에 대한 확고부동함과 관련이 있다. 이 장에서 나는 방금 언급한 네 가지 특성들에 더해, 맹자의 윤리적 이상에 대한 개념을 논의하는 데 있어서 그의 부동심 개념과 명에 대한 태도에 대해서도 또한 검토할 것이다.

1. 인仁과 예禮

1) 인

2장 1절 2)에서 우리는 『논어』에서 '인'이 모든 것을 포괄하는 윤리적 이상이라는 넓은 의미와 정서적 관심(affective concern)과 관련되는 윤리적 이상의 한 측면을 지칭하는 좁은 의미 모두를 포괄하고 있음을 보았다. 맹자는 때로 '인'을 넓은 의미로 쓰기도 하지만,(예를 들어 「진심하」 16장) 더 자주 정서적 관심을 강조하는 의미로 '인'을 사용했다. 정치적인 맥락에서 군자를 진정한 왕이 되게끔 하는 특징으로 인을 언급할 때조차, 종종 일반백성에 대한 군주의 관심을 강조한다.(예를 들어 「양혜왕상」 7장)

윤리적 이상의 한 측면으로 정서적 관심을 강조하는 인은 애愛(「이루상」 4장; 「이루하」 28장; 「진심상」 46장; 「진심하」 1장)로 특징 지워진다. 이는 다른 사람에게 해를 끼치는 것을 내키지 않아하는 것으로 설명되는데(「진심하」 31장), 예를 들어 무고한 사람을 죽이지 않는다거나(「진심상」 33장), 곧 닥칠 타인의 고통 혹은 실제의 고통에 반응하는 능력인 측은惻隱(「공손추상」 6장; 「고자상」 6장)으로 설명된다. 또 인은 타인의 고통과 괴로움을 참지 못하는 불인不忍과 연결된다.(「양혜왕상」 7장; 「공손추상」 6장; 「진심하」 31장) 조기趙岐(『맹자장구』, 「공손추상」 6장)는 '불인不忍'을 타인에게 해를 끼치는 것을 참지 못하는 것이라고 설명한다. 주희(『맹자혹문』)와 허겸許謙 같은 많은 주석가들은 '불인'을 타인의 고통에 감응하는 '측은'과 같은 의미로 해석한다. 조기는 아마도 불인이 타인에게 해를 끼치는 것을 원하지 않는 것과 연결된 「진심하」 31장에서 힌트를 얻은 것 같다. 하지만 아기가 우물 쪽으로 기어가는 눈앞의 위험에 마음이 움직이는 「공손추상」 6장에서의 예로 불인이 설명되고 있기 때문에, 불인은 자기 자신에 의해 야기되었건 아니건 상관없이 아마도 타인의 고통을 참지 못하는 것을 포함하고 있을 것이다.

인간(의 고통)을 참지 못하는 마음(不忍人之心)에 대한 「공손추상」 6장(「이루상」 1장 참조)에서의 언급과 인간(의 고통)을 참지 못하는 정치(不忍人之政)에 대한 언급은 불인의 태도가 인간에게 한정되어 있음을 암시하는 것처럼 보인다. 하지만 소와 동물들과 연관된 「양혜왕상」 7장에서의 '불인'의 용법은 일반적으로 불인의 태도가 다른 동물에게도 향하는 것임을 보여준다. 「공손추상」 6장에서 불인의 대상으로 다른 동물이 아니라 인간만을 구체적으로 언급한 것은 아마도 그 구절이 인간을 주로 다루는 정치와 관련되기 때문으로 보인다.[1] 따라서 불인은 인간과 다른 모든 동물에 일반적으로 해를 끼치는 것을 꺼려하고 이들의 고통을 경감시키고자 하는 마음이 드는 것을 포함한다.[2]

이러한 태도는 사람으로 하여금 특정한 대상을 위해서 행동하게는 하지만 상황에 따라 다른 대상을 위해서 행동하지는 않게 할 수 있다. 예를 들어 특정한 대상의 고통은 그들의 고통이 생생하게 제시되고 있으므로 경감시키고자 더욱 더 노력할 수 있으며(「양혜왕상」 7장), 홀아비나 과부와 같이 좀 더 큰 도움이 필요한 처지의 사람들을 돕는 데 긴급함을 더 느낄 수도 있는

1) 진대제가 지적한 것이다. 陳大齊, 『淺見集』, pp. 161-63.
2) 이 두 가지 측면의 인忍은 왕부지(549)에 의해 지적되었다.

것이다(「양혜왕하」 5장). 이처럼 차별화된 대처는 그 대상과의 사회적인 관계에서의 차이 때문이기보다는 그 대상의 상황적 차이에서 기인한다. 그렇지만 인仁은 또한 부모와 같이 특별한 사회적 관계에 있는 대상에 대한 특별한 태도도 포함한다.

부모에 대한 특별한 태도는 '친친親親'(「진심상」 15장; 「고자상」 3장)으로 묘사되는데, 말 그대로 "자신의 부모를 부모로 간주하고 대우하는 것"을 말한다. 친친은 부분적으로 부모에 대한 관심(愛親, 「진심상」 15장 참조)을 포함하며, 여기서의 관심은 다른 대상에 대해 가지는 관심을 넘어선다. 이는 「진심상」 45장에서 등급으로 묘사되는 곳에서 볼 수 있다. "친친親親, 인민仁民, 애물愛物." '물物'의 정확한 범위는 명확하지 않다. 조기(『맹자주』)는 인간의 자양분으로 사용될 수 있는 모든 것이 물에 포함된다고 보았다. 주희(『맹자집주』)는 물을 동물과 식물을 모두 포괄하는 것으로 이해하며, 애물을 이러한 물을 아껴 쓰는 것을 포함하는 의미로 이해했다. 다른 구절들에서는 '물'이 식물을 포함한 살아 있는 것들(예를 들어 「고자상」 8 · 9장)이나, 감각과 감각의 이상적인 대상(예를 들어 「고자상」 15장)을 포함한 사물 일반(예를 들어 「등문공상」 4장)을 가리키는 데 사용되었다. '애愛'와 관련해서는 「양혜왕상」 7장에서의 '애'의 경우에서 볼 수 있듯이, '아낀다'가 한 가지 가능한 독법이다. 하지만 「진심상」 37장에 다른 가능성도 제시되어, 식용으로 기른 가축은 배제하고 애의 대상을 특정한 종류의 동물로 제한하고 있다. 이 장에 보이는 바에 따르면 아마도 '애'는 정서적인 관심의 함의를 지니며 단지 아낀다는 뜻에 그치지는 않은 것 같다.

「진심상」 37장은 애愛의 대상인 물物이 특정한 종류의 동물들을 포함하지만 살아 있는 모든 것이 해당되지 않으며, 식용으로 키우는 동물조차 포함시키지 않는다는 것도 암시한다. 하지만 소가 희생제의 용으로 끌려가면서 공포에 떠는 것을 보고 동정을 느꼈던 선왕宣王을 묘사한 「양혜왕상」 7장에서는 상반되는 증거가 제시된다. 왕의 반응은 사물을 사용하는 데 아끼는 것을 넘어선 정서적인 관심을 포괄하고 있는데, 정서적 관심의 대상에는 특별한 용도를 위해 길러지는 동물들도 포함되고 있음을 암시한다. 비슷한 점이 「양혜왕상」 7장에서 또 제시되는데, 내가 보고 들었던 살아 있는 동물의 죽음을 차마 보지 못하고 먹지 못한다는 언급에서 발견할 수 있다. 장식張栻이나 허겸과 같은 주석가들은 선왕의 반응도 '애물愛物'의 사례로 취급한다. 만일 그렇다면, 애愛의 대상으로서의 물物은 「진심상」 37장에서 제시된 것보다 더 넓은 범위를 가지게 된다. 내가 말할 수 있는 것은 물의 정확한 범위를 정할 수 있는 명확한 증거가 없다는 것이다. 비록 애가 최소한 사람을 향할 때나 특정한 동물을 향할 때는 정서적인 관심을 포함한다는 증거가 좀 있기는 하지만 말이다.[3)]

우리가 애愛를 어떻게 해석할 것인지 그리고 물物의 범위가 어디까지인지와 상관없이, 「진심상」 45장에서는 부모에 대한 태도가 보통 사람들에 대한 태도를 넘어서는 것이며 사람들에 대한 태도는 다른 생명체에 대한 태도를 넘어서는 것임을 보여준다. 이 구절은 물(살아 있는 것들)을 대상으로 하는 것은 인이 아니라 애이고, 민民(일반사람)을 대상으로 하는 것은 친이

3) 동물을 대하는 유가의 태도는 기본적으로 자연의 자원을 절제하여 사용하는 것이며, 유가는 비인간적 자연을 평가 절하했다는 뢰쯔(Roetz)의 입장과 나의 입장은 다르다.(p. 211) 나는 이 문제와 관련하여 유술선으로부터 도움을 받았다. 맹자에서 '물物'의 범위에 대한 문제는 후대 유가의 만물과 한 몸을 형성하는 인仁 개념이 어느 정도까지 맹자로부터 유래되었는지를 추적할 수 있는지의 문제와 관계가 있다. 또 다른 관련 구절은 맹자가 만물은 이미 자신에게 모두 있다고 말한 「진심상」 4장이다.

아니라 인인 데 반해, 친親(부모)을 대상으로 하는 것은 친이라고 말하고 있다. 텍스트는 또 애가 인간(人)에 대한 태도이자(「이루상」 4장; 「이루하」 28장; 「진심상」 46장, 「진심하」 1장도 참조) 부모에 대한 태도임을 말하고 있기 때문에(「진심상」 15장), 추정컨대 45장은 애가 일반사람과 부모를 향한 것임을 배제하고 있지 않은 것으로 보인다. 또 한편으로, 태도로서의 친은 부모에게만 한정되지만, 인이 향하는 대상의 범위는 덜 명확하다. 텍스트는 친친을 인으로 성격 지우고(「진심상」 15장. 「이루상」 27장도 참조), 제선왕이 (본 적이 있고 동정으로 대하게 된) 소를 (본 적이 없는) 양으로 교체하는 것을 인의 방법(術)이라고 서술하고 있기 때문에, 인이 명사로 쓰일 때는 아마도 일반사람들과의 관계뿐 아니라 부모와의 관계 그리고 동물과의 관계에 관한 것도 포함하는 것으로 보인다. 하지만 45장에서와 같이 '인'이 동사로 쓰일 때는 인의 대상이 일반사람은 포함하지만 동물은 포함하지 않는다. 나는 초기 문헌에서 '인'의 동사적 용법이 부모를 대상으로 삼는 어떤 경우도 알지 못한다. 2장 1절 2)에서 언급한 것처럼, 속성으로서의 '인'은 고위층에 있는 사람들에게만 한정되지 않지만, 정치적인 맥락에서 '인'은 종종 자기 자신보다 아래에 있는 사람에 대한 친절이나 호의의 뜻을 함축하고 있다. 아마도 동사적 용법으로서의 '인'은 이와 비슷한 함의를 가지는 듯하고 그렇다보니 부모나 동물을 대상으로 사용되지는 않았던 것이다.[4)]

4) 이 문제에 대한 나의 접근방식은 진대제의 접근방식과 다르다. 『淺見集』, pp. 167-73. 진대제는 일반적인 것과 구체적인 '친親', '인仁', '애愛'의 용법을 구분하면서, 구체적인 용법에서 친은 인과 존尊을 포함하는 반면 인은 애와 경敬을 포함한다고 주장한다. 진대제에 따르면 이것이 왜 인이 (아무런 존경도 가질 수 없는) 동물을 향하지 않으며 친이 (존중하지 않는) 일반사람을 향하지 않는지를 설명한다. 하지만 진대제의 제안은 '애'는 부모와 관련해서 동사로 사용되었는데 '인'은 왜 그렇게 사용되지 않았는지를 설명하지 않는다.

이와 같은 '인'의 동사적 용법의 특별한 특성 말고도, 「진심상」 45장은 정서적 관심을 강조하는 윤리적 속성으로서의 인과 관련해서 위계가 설정됨을 보여주고 있다. 일반사람에 대한 관심은 동물에 대한 관심과 다른 형태를 지니며(초순焦循 27/21b.1-2 참조), 부모와의 관계는 일반사람들과의 관계와 다른 형태를 지닌다(조기의 맹자주7A:45, 초순27/21b.5-6). 예를 들어, 동물에 대한 관심과 동물을 특정한 방식으로 사용하는 것은 양립 가능한 반면, 일반사람들에 대한 관심은 그렇지 않다. 또 부모와의 특별한 관계는 부모를 존중하고(尊)(「만장상」 4장), 부모를 기쁘게 하고(「이루상」 12 · 28장; 「만장상」 1장), 부모를 배려하고(「이루상」 19장), 부모가 위험에 처하지 않게 하는(「이루하」 30장) 다른 사람에게는 가지지 않는 다양한 특별한 의무를 수행하는 것을 수반한다. 부모에 대한 이러한 특별한 관계는 단순히 부모에게 이익이 되는 데 더 무게를 두는 것만은 아니다. 만일 그렇다면, 그것은 다른 사람을 희생시켜 부모에게 이로움을 주는 것과 양립 가능할 텐데, 이는 『묵자』의 「겸애」 등에서 무질서의 근원으로 묘사되는 그러한 태도이다. 오히려 부모와의 특별한 관계는 사회적 의무의 망과 관련이 있는데, 그 사회적 의무의 망은 단지 자신의 부모를 위해 어떤 특별한 것을 하는 것뿐 아니라 사회적으로 용납되지 않는 방식으로 부모의 이익을 추구하지는 않는 것과도 관련되어 있다.

2) 예

『맹자』에서 '예'는 다양한 행위규칙을 가리키는 데 사용되었다. 예를 들어, 사망한 부모를 매장하고 장례를 지내는 합당한 방식(「양혜왕하」 16장; 「등문공상」 2장), 제후를 알현하는 합당한 방식(「만장하」 7장), 현자를 만나는 합당한 방식(「등문공하」 7장), 선물을 증정하는 데 합당한 방식(「만장하」 4장), 집 주인이나 손님과 대화를 나누는 합당한 방식(「진심하」 24장), 이성과 물건을 주고받는 합당한 방식(「이루상」 17장), 결혼하는 합당한 방식(「이루상」 26장; 「만장상」 2장) 등을 들 수 있다. 이러한 행위규칙은 이 규칙들의 위반이 가져오는 심각한 결과가 보여주듯이 단순히 정중하게 행위하는 규칙이 아니다.

또 한편으로 예는 모든 행위규칙을 포함하는 것은 아니며, 반복되는 사회적 맥락에서 사람들이 상호작용하는 방식을 관장하는 규칙만을 포함한다. 예를 들어 물에 빠진 사람을 구해야 하는 의무는 예의 규칙으로 서술되고 있지 않다.(「이루상」 17장 참조) 또 예의 규칙들은 종종, 언제나는 아니지만 사람들 사이에 상호작용하는 이유가 예와 무관한 곳에서 서로 상호작용할 때 택하는 형식을 관장하는 규칙이기도 하다. 예를 들어 예禮의 규칙들은 남자와 여자 사이에 물건을 주고받는 방식 – 이런 행위의 이유는 종종 예와 무관하다 – 을 관장한다. 예의 이런 특징은 예를 일종의 꾸밈(「이루상」 27장)으로 말하는 데 반영되어 있다. 예는 예와 무관한 이유로 일어나는 사람들 사이의 상호작용을 규제하거나 아름답게 하는 방법이기도 한 것이다. 예는 종종 결혼이나 제사와 같은 의례적인 맥락에서는 특히 촘촘한 세목을 수반하기 때문에, 예를 따르는 능력은 숙달하는 데 정도의 차이가 존재하는 기술이며 어느 정도 능숙하고 우아하게 실행할 수 있는 기술이다.[5)]

예의 준수와 전형적으로 연관되는 태도는 경敬(「이루상」 4장; 「이루하」 28장; 「고자하」 14장; 「진심상」 8장)이다. 「공손추상」 6장과 「고자상」 6장에서 예를 네

5) 이노(Eno)도 강조했듯이 이하라(Craig Ihara)는 예를 숙달하는 것은 기술의 숙달과 같다는 측면에서 예에 대한 주의를 환기시켜 주었다.

가지 윤리적 속성의 하나로 기술하면서 맹자는 예를 사양辭讓(「공손추상」 6장)이나 공경恭敬(「고자상」 6장)과 관련시키고 있다. 흥미로운 질문거리는 사양과 공경의 태도는 무엇이며 이들과 예가 어떻게 연결되는지 하는 것이다.

경敬은 일반적으로 사람을 향한 것이지만 사물이나 사태에 대한 것이기도 하다. 『상서』는 경을 사람의 덕(「소고」)과 관련하여 말하고, 『시경』은 자기 자신[1], 훌륭한 외관(儀)[2], 공직의 책임[3] 등과 관련하여 말한다. 경은 시詩를 듣는 것[4]과 사람들의 덕德을 분명히 하는 것[5] 같은 일을 처리하는 방식에 제한을 가할 수 있으며, 경은 천天의 분노[6]나 귀신[7]을 향한 것일 수도 있다. 또 신愼과 함께 짝이 되어 조심스럽고 주의 깊은 태도[8]를, 계戒와 한 짝이 되어 경계하는 태도[9]를 나타내기도 한다. 예禮를 경과 연결시키는 것은 『좌전』[10]과 『논어』(「팔일」 26장) 모두에서 볼 수 있다. 경은 『좌전』에서 다시 신愼과 짝을 이루고, 『논어』에서는 귀신(「옹야」 22장), 사람을 고용하는 것(「위정」 20장), 행동거지(「위령공」 6장) 등에 대한 태도나, 빈번하게 사건들 또는 아마도 공무상의 책임을 의미하는 것으로 보이는 사事에 대한 태도로 등장한다(「학이」 5장; 「자로」 19장; 「위령공」 38장; 「계씨」 10장).

『맹자』에서는 비록 '경'을 대부분 사람에 대한 태도로 사용하지만(예를 들어 「공손추하」 2장; 「이루상」 2장; 「만장하」 3장; 「고자상」 5장; 「고자하」 7장; 「진심상」 15장), 우禹의 도道를 계승하는 것과 같은 일들에 대한 태도로 사용하기도 한다(「만장상」 6장). 후에 『예기』에서 경은 몸[11]이나 직업[12]에 대한 태도로 제시되거나 의義를 고수하는 방식[13]으로 제시되고 있다. 경은 또 완전히 자신을 헌신하는 것으로 성격 지워지기도 한다.[14] 이런 사례들은 경이 조심과 경계, 헌신과 정신적 주의력 등을 포함하는 태도임을 보여준다. 경은 사람들이 경계해야 할 어떤 것에 대한 태도일 수 있지만, 그 대상이 자신이 헌신해야 할 사람이나 (공무상의 책임과 같은) 일일 경우 또는 자신이 헌신해야 할 어떤 것을 하는 태도일 경우 경에는 진지함과 그 대상에 대한 헌신 및 주의력의 집중이 수반되기도 한다.[6]

공恭에 관해서 조기는 때때로 공경恭敬과 동일시하며(『맹자장구』, 「공손추상」 9장), 공과 경의 차이를 무시하는 듯이 보인다. 다른 한편, 주희(『맹자집주』, 「고자상」 6장)는 공을 경의 외적인 표현으로, 경을 공의 내적인 대응으로 설명한다. 주희에 반대하는 입장에서는, 『맹자』에서 어떤 구절들은 공이 외적인 표현과 다른 어떤 것을 말하고 있다고 지적한다.[7] 예를 들어 「이루상」 16장은 공을 겉으로 드러난 유쾌한 외관과 구분하고 있으며, 「진심상」 37장은 공경을 선물의 증정에 앞서 있는 것으로 말하고 있는데, 이는 겉으로 드러나는 표현의 배후에 있는 태도를 암시하는 것으로 추정된다. 주희에 대한 이러한 반대에는 나름의 근거가 있다. 비록 주희의 제안이 여전히 공과 경 사이의 중요한 차이를 잘 집어낸 것일지도 모르지만 말이다.

『논어』와 『맹자』에서 '공'이 나오는 경우를 조사해보면 외적인 모양이나 행위와 관련하여 자주 사용되었음을 알 수 있다. 예를 들어, 다른 사람을 모욕하지 않는 것(『논어』, 「양화」 6장; 『맹자』, 「이루상」 16장), 군주가 남면南面하는 바른 자세를 취하는 것(『논어』, 「위령공」 5장), 관직을 가지고 있지 않을 때 윗사람으로부터 선물을 받지 않는 것(『맹자』, 「만장하」 6장), 다양한 종류의 외관(『논어』 「공야장」 25장; 「술이」 38장) 등과 연결되어 있다. 공은 타인과 관계하는 데 적절한 태도로 제시되는데, 경과는 달리 관직의 책임이나 그 외의 일들에

6) 다음을 참조하라. 徐復觀, 『人性論史』, pp. 20-24.
7) 陳大齊, 『待解錄』, pp. 119-21.

대한 태도로 묘사되지는 않는다. 경과 대조되게 사용될 때는 공이 자기 자신의 행동거지에 관계한다면, 경은 윗사람을 섬기는 방식과 관계한다.(『논어』, 「공야장」 16장) 다른 사람을 대함에 공한 사람은 예를 따르고, 경한 사람은 실수하지 않는다.(「안연」 5장) 사람은 일상의 행동거지에서 공해야 하며, 자신의 책무를 수행하는 데 경해야 한다.(「자로」 19장) 사람은 자신의 모양새가 공한지를, 일을 함에 있어서 경한지를 생각해야 한다.(「계씨」 10장)

이러한 관찰은 경이 조심과 진중함의 태도이고 사람과 일을 향한 정신적 태도라면, 공은 아마도 차림새, 자세에 대한 주의와 다른 사람을 상대하는 매너와 관련 있는 좀 더 구체적인 태도임을 보여준다. 공하다는 것은 예에 순응한다는 것에 가깝다. 공하다는 것은 예를 따르는 데 신경 쓰는 것이기 때문이다.(『논어』, 「학이」 13장) 하지만 예의 정신은 또한 조심과 진중함 그리고 자신이 상대하는 사람과 일에 대한 주의를 수반하는 경을 요구한다. 이러한 설명을 통해서 보면, 공과 경은 사람들이 주의를 기울이는 방식과 관계하는데, 「진심상」 37장에서 공경은 외적으로 드러난 표현의 배후에 있는 태도라고 한 말과 들어맞는다. 따라서 공은 주희가 말한 바와는 달리 단순히 외관의 문제는 아니다. 그렇지만 주희의 해석에도 다소의 타당성이 있는데, 그것은 공이 외양, 자세, 타인을 대하는 방식 등과 같은 외적인 것에 주로 주의를 기울이는 태도이기 때문이다.[8)]

사양辭讓의 경우, 양讓은 종종 초기 문헌에서 예[15]와 경[16]과 관련되며, 연장자의 질문에 대답하면서 겸양하지 못한 것은 예에 어긋난다고 묘사되고

8) 나는 『맹자』, 「이루상」 1장에서의 공과 경이 대조되는 방식과 이러한 공에 대한 설명이 어떻게 부합되는지 확신하기 어렵기 때문에 여기서의 공의 설명에 대해 전적으로 확신할 수 없다.

있다.[17] 사辭는 정중하게 거절하는 것을 포함하며, 양은 다른 사람이 좋은 것이나 명예를 가지게끔 양보하는 것을 포함한다. 어떤 것을 거절하는 것(卻)이 공의 결여를 증명하는 상황임을 언급하는 『맹자』, 「만장하」 4장을 근거로, 공경과 사양은 다른 태도이며 따라서 맹자는 실제로 어떤 상황에서는 서로 갈등할 수도 있는 이 두 가지를 예와 연결시켰다는 주장이 있어 왔다.9) 하지만 「만장하」 4장이 그런 의미를 가지고 있는지는 불분명하다. 「공손추상」 6장에서 '사'는 정중하게 사양하는 함의를 가졌고, 「만장하」 4장에서 "각지각지卻之卻之"는 거절을 고집하는 함의를 가지고 있다.10) 비록 후자가 무례할 수도 있지만, 그렇다고 이로부터 전자도 무례할 수 있다고 추론되지는 않는다. 사양과 공경이 서로 다른 태도라 하더라도, 타인을 좀 더 높은 자리에 두는, 더 일반적인 태도의 두 측면일 수 있다. 『예기』는 예를 "자신을 낮추고 타인을 높이는 것"[18]과 연결시키고 있다. 그 태도는 타인과 상대함에 있어서 스스로의 자세와 매너에 주의를 기울이면서, 타인에게 주의를 기울이고 그들을 조심스럽게 그리고 진지하게 다루는 태도이며, 후의나 명예를 제공받을 때는 공손히 거절하고 그것들이 타인들에게 돌아가도록 하는 태도이다.

『맹자』에서의 몇몇 구절들은 특정한 긴급사태에서는 예를 지키지 않는 것이 적절할 수 있음을 암시한다. 한 사례가 「이루상」 17장인데 여기서 맹자는 사람은 마땅히 권權(weighing, discretion)을 행사해야 하며, 물에 빠진 형수는

9) 陳大齊, 『待解錄』, pp. 141-43. 진대제가 주장하는 것과 흥미롭게 대조되는 경우는 공이 사辭를 수반하는 경우이다. 낮은 지위의 관직을 거절한(辭) 유하혜의 문제(「고자하」 6장)는 다른 맥락에서 그런 낮은 지위를 경멸하지 않았기 때문에 공경함(恭)이 없는 것으로(「공손추상」 9장) 묘사된다.

10) 이 점에 관하여 헤르트포스(Derek Hertforth)의 도움을 받았다.

구해야만 한다는 점을 지적하고 있다. 물에 빠진 형수를 손으로 끌어내는 것은 남녀가 물건을 주고받을 때 손으로 접촉해서는 안 된다는 예의 규칙을 어기는 것이지만 말이다. 이 구절을 권이 어떻게 예를 어길 수도 있는 방향으로 이끄는지를 보여준다고 이해하는 왕부지(『독사서대전설』 2, 607~608)와는 달리, 주희는 이 구절이 예가 권에서 완성됨을 말하고 있다고 보았다.(『맹자집주』; 『맹자혹문』, 「고자하」 1장) 권과 예의 관계를 이런 저런 식으로 보는 것이 해로운 영향을 준다는 논쟁까지도 있었다. 소동파蘇東坡는 권이 예를 어기는 것을 포함한다고 보는 것은 사람들로 하여금 자의적으로 예로부터 일탈하게 끔 한다고 보는 한편, 여윤문余允文(『존맹속변』 2/4a-6b)은 손으로 형수를 구하는 것 자체를 예를 따르는 것이라고 보는 것은 주고받음을 관장하는 예의 역할을 손상시킬 것이라고 생각했다. 이 사례가 서술되는 방식을 보면 맹자가 형수를 구하는 것이 예의 위반까지는 아니라도 최소한 예의 중지 정도를 수반한다고 보았을 가능성이 높다. 이 구절은 구체적으로 주고받음에 관한 예의 규칙을 말하고 있으며, 예의 규칙은 전형적으로 사회적 지위와 관계된 행위와 관련이 있거나 혹은 되풀이되는 사회적 맥락들과 관계된 행위들과 관련이 있기 때문에, 이 구절에서 보이는 예의 규칙을 깨트리는 고려 사항 그 자체가 예의 문제로 서술되었을 가능성은 별로 없어 보인다. 게다가 '~ 예야禮也, ~ 권야權也'라는 구조는 권이 예를 완전히 하는 역할을 한다는 주희의 제안과는 반대로 예와 권의 대조를 암시하고 있다.

하지만 「이루상」 17장에서의 사례는 순舜이 아내를 얻기 전에 그의 부모에게 알리지 못하여 예와 어긋난 「이루상」 26장(「만장상」 2장 참조)의 경우와 구분되어야 한다. 비록 '예'와 '권'이 26장에 나오지는 않지만, 조기(『맹자주』)와 주희(『맹자집주』)를 비롯한 대부분의 주석가들은 부모에게 알리는 것을 예의 문제로 간주하며 순이 알리지 않은 것을 권의 행사로 여긴다. 초순焦循은 더 나아가서 부모에게 알리지 않은 것을 권과 예 모두에 해당하는 경우라고 서술하고 있다. 이는 17장에 대한 주희의 해석과 유사해보이지만, 26장에 대한 초순의 논평은 17장에는 없는 측면을 잡아낸 것이다. 순이 후계자를 가지지 못하는 것 – 가장 심각한 불효의 길이라 할 수 있는 – 을 두려워하여 부모에게 알리지 않았기 때문에, 군자로서는 부모에게 알린 것만큼 잘한 일이라고 맹자는 말하고 있다. 결혼하기 전에 부모에게 미리 알림으로써 부모에 대한 공경을 보통 표현하지만, 순은 급박한 상황으로 말미암아 후계자를 가지지 못할 불효를 피하는 유일한 방법인 부모에게 알리지 않음을 통해서 부모에 대한 공경을 가장 잘 표현하였다는 것이다. 즉 예를 위반한 것처럼 보이지만, 사실은 예의 규칙을 다른 고려 사항(「이루상」 17장에서와 같이) 때문에 어긴 것이 아니라, 어기는 것이 예의 규칙의 이면에 있는 정신을 보존하는 방법이었기 때문이다.

맹자가 다른 고려 사항들 때문에 예가 위반되는 상황을 허용하는 것은 「고자하」 1장에서도 볼 수 있는데, 여기서는 예가 보통은 비록 먹고 성관계를 맺는 등의 다른 고려 사항들보다 중요하지만, 급박한 상황에서는 후자가 전자보다 더 중요할 수 있다고 말하고 있다. 이런 논의를 기초로, 우리는 예의 윤리적 속성은 예를 따르는 일반적인 성향과 예를 손쉽게 따를 수 있도록 하는 예의 세부조목에 대한 숙달을 포함한다고 말할 수 있을 것이다. 여기에 더하여, 사람은 적절한 태도와 정신적 주의력을 – 공경과 사양을 논의할 때 서술한 것과 같은 – 가지고 예를 준수해야 한다. 동시에, 급박한 상황에서는 예의 규칙을 따르는 것을 잠시 중단하거나 예의 규칙으로부터 이탈할 준비가 되어 있어야 한다.

2. 의義

1) 의와 예

사람의 윤리적 자질로서 의義를 고려하기 전에, 의를 행위의 성질로 또 예와의 관계 측면에서 먼저 바라보도록 하자. 행위의 성질로서 '의'는 알맞고 합당한 행동을 하는 것을 가리키며, 종종 길(「이루상」 10장; 「만장하」 7장; 「고자상」 11장; 「진심상」 33장)이나 도道(「공손추상」 2; 「만장상」 7장; 「진심상」 9장)와 연결된다. 의는 통치자와 피치자의 관계(「등문공상」 4장), 군주와 신하의 관계(「진심하」 24장), 부모와 손위 형제들과의 관계(「양혜왕상」 3 · 7장)와 관련된다. 『맹자』에서 의義 행위의 몇 가지 사례는 사당祠堂에서 특정한 인물에게 먼저 술을 따르는 것(「고자상」 5장)과 같이 예를 따르는 사례들이다. 예禮처럼, 의는 경敬(「고자상」 4 · 5장)과 관련된다. '예'와 '의'는 때때로 '예의禮義'(「양혜왕상」 7장; 「이루상」 10장; 「고자상」 10장)로 결합되어 나타난다. 이는 예와 의 사이에 밀접한 관련이 있으며, '예' 행위의 많은 사례가 또한 '의' 행위임을 보여준다.

하지만 몇몇의 행위사례는 예를 따르는 문제가 아니다. 이런 행위들은 예를 어기는 것에 대응하는 방식들에 관한다는 점에서 여전히 예와 관련이 있지만, 예를 어기는 것에 대한 합당한 대응 방식 그 자체는 종종 예를 따르는 문제가 아닌 것이다. 한 가지 일반적인 사례는 예에 따라 부름 받지 않았을 때 군주를 알현하지 않는 것이다. 이런 구절들 중 어떤 것은 의 개념(예를 들어 「만장하」 7장)을 사용하고, 어떤 것들은 도道나 수羞(regard as below oneself,

예를 들어 「등문공하」 1장)와 같이 의와 관계된 개념들을 사용한다. 이런 사례들에서 예를 어기는 것이 수반된다 하더라도, 그러한 상황에서 알현하는 것을 거절하는 것이 그 자체로 예를 따르는 문제인지는 불명확하다. 예를 따르는 문제가 아닌 또 다른 의 행위의 사례들로는 심心을 쓰는 사람이 힘을 쓰는 사람을 지배하는 것(「등문공상」 4장), 무거운 세금을 부과하지 않는 것(「등문공하」 8장), 일반백성으로부터 부적절하게 취하지 않는 것(「만장하」 4장), 욕하면서 주는 음식을 거절하는 것(「고자상」 10장), 자신의 것이 아닌 것을 취하지 않는 것(「진심상」 33장) 등이 있다.

의와 예 사이의 또 다른 차이는 후자가 다른 고려 사항으로 어길 수 있는 것이라면 전자는 그렇지 않다는 것이다. 경우에 따라 음식을 얻기 위해 사소한 예를 어기는 것이 허용되는 「고자하」 1장과 달리, 「고자상」 10장에서 의는 아무런 조건 없이 언제나 생명보다 더 중요하다고 말해지는 것은 맹자가 의를 어기는 것은 어떤 상황에서도 받아들일 수 없는 것으로 여겼음을 보여준다. 이러한 점은 사람은 언제나 의를 지켜야 한다(「이루하」 11장)는 언급에서 드러나고, 또 백이와 이윤伊尹, 공자를 의에 어긋나는 일을 하면 비록 천하를 차지할 수 있다 하더라도 의에 어긋나는 일 단 한 가지도 하지 않는 인물로 형상화하는 데(「공손추상」 2장)서도 드러난다. 예는 급박한 경우에는 따르지 않는 것이 적절할 수 있는 행위의 규칙과 관련된다면, 의는 그 행위가 좀 더 일반적인 규칙의 사례이건 아니건 상관없이 그 상황에서 적절한 것과 관련되는 것으로 보인다. 따라서 비록 때때로 예와 일치하는 행위가 의 행위이긴 하지만, 예와 의가 동일한 개념은 아닌 것이다.[11] 오히려 우리

11) 이 문제에 관해서 나는 두 개념이 "많은 경우에 기능적으로 동일하다"라고 언급한 이노와는

가 『맹자』에서 발견하는 것은 2장 1절 2)에서 『논어』와 관련하여 다룬 의 개념이다. 의는 예의 준수와 예로부터의 이탈 모두의 근저에 놓여 있으며, 예가 인도하지 못하는 상황에서 인간의 행위를 인도한다.

2) 의

「공손추상」 6장과 「고자상」 6장에서 맹자는 윤리적 특성으로서 의義를 수羞, 오惡와 연관시킨다. 이 윤리적 특성을 더 잘 이해하기 위해, 나는 수와 오 그리고 이와 연관된 개념인 욕辱과 치恥(regard as below oneself)에 대한 논의에서부터 시작하고자 한다.

『묵자』[19]와 『여씨춘추』에서 묵가의 가르침을 전하고 있는 「당염當染」[20], 그리고 『여씨춘추』에서 양주학파와 관련된 '자화자' 구절[21]에서는 의가 부족한 것을 욕辱과 연결한다. 『맹자』에서는 부적절한 방식으로 자신을 부른 군주는 알현하지 않는 것(「만장하」 7장)이나 욕을 하며 주는 음식은 받지 않는 것(「고자상」 10장)과 같이 모욕적인 대우를 받지 않는 것을 수반하는 의의 사례들을 볼 수 있다. 아마도 초기의 '의'의 용법은 '욕봄이 없음'의 함의를 가지고 있는 듯하고, 이는 의와 예 사이의 한 연결고리를 제공한다. (전쟁에서의 패배와 같이) 예를 어기는 것을 수반하지 않는 욕이 있긴 하겠지만, 예에 어긋나는 대우를 받고 적절하게 대응하지 못한 사람은 일반적으로 욕을 본 것이고 따라서 의를 결여하고 있기 때문이다.

욕辱에 대한 한 가지 가능한 태도는 오惡 또는 혐오인데, 초기 사상가들

의견을 달리한다. Eno, p. 112. 다음을 참조하라. Shun, "Review of Eno."

은 아마도 명예(榮)에 대한 욕구와 치욕(辱)에 대한 혐오를 일반적인 인간의 특성으로 여겼던 듯하다. 예를 들어 『여씨춘추』에서는 명예에 대한 욕구와 치욕에 대한 혐오는 삶에 대한 욕구와 죽음에 대한 혐오[22]와 같이 인간에 관한 사실 곧 인지상정(人之情)으로, 그리고 『순자』에서는 군자와 소인[23]이 또 우禹왕과 걸桀이 모두 공유하는 것[24]으로 서술되고 있다. 하지만 오惡는 싫어하는 그 어떤 것에도 향할 수 있는데, 예들 들어 죽음이나 불쾌한 광경과 소리 또는 불안정함 등에 향할 수 있는 것이다. 비록 이 모든 것도 다 자기 자신과 관련되어 있지만-그것은 자신의 죽음이나 불안정함일 수 있고, 그리고 자기가 경험하고 자기가 싫어하는 불쾌한 광경이나 소리일 수 있다- 욕은 좀 더 나 자신과 가깝게 관계를 맺는다. 자신이 받은 욕은 단순히 자기가 싫어하는 어떤 것이 아니다. 그 욕은 자기 자신에게 해롭게 반영되며 자신의 지위가 낮추어지는 결과를 가져온다. 따라서 욕에 대한 태도는 특별한 형태를 지니게 되는데, 종종 치恥(regard as below oneself)로 지칭되며, 예상된 어떤 것에 대해서, 또 이미 벌어진 어떤 것에 대해서 특별한 형태를 지니게 된다. 비록 욕과 치는 같은 사건에 대해서 동시에 일어날 수도 있지만, 관심의 초점은 서로 다르다. 욕이 싫어하는 어떤 것의 발생에 초점을 맞춘다면, 치는 자기 자신이 낮추어지거나 자신의 지위를 낮추는 일이 발생한 일에 초점을 맞춘다. 또 치는 그 상황을 교정하고자 하는 결심을 동반한다. 예를 들어 정치적 맥락에서 군사적 패배로부터 일어나는 치는 그 사람으로 하여금 복수를 하게끔 하거나(「양혜왕상」 5장), 부패한 군주로 말미암아 일어나는 치는 그로 하여금 그 군주를 제거하게끔 한다(「양혜왕하」 3장). 욕이 종종 예에 반하여 대우받는 데서 일어나는 것처럼, 치도 종종 그런 처우와 관련된다. 예를 들어 『좌전』은 한 나라의 관리들이 다른 나라의 사절을 예에 따라 대우하지 않음으로써

그 다른 나라를 '치'하게 대우하여 그들에게 '욕'을 줄지 말지 논의하는 이야기를 담고 있다.[25]

치恥는 자기 자신에 대한 좀 더 반성적인 관심을 수반한다. 곧 어떤 일에서 자신에게 미치는 영향을 생각하게 하는 것이다. 이러한 자신에 대한 관심은 비록 두 문헌 모두에서 '오'와 '욕'이 여러 번 등장함에도, 『묵자』가 아닌 『논어』에서만 '치'가 등장한 근거가 된다. 그렇지만 두 문헌 모두 '치'와 밀접한 연관이 있는 '수羞'를 언급하고 있지는 않다. 유일한 예외는 『논어』의 한 구절에서 『역경』에서 인용한 형태로 '수'를 언급한 경우이다. 이런 점에서 『묵자』와 『논어』는 '욕', '오', '치'에 더하여 '수'가 여러 번 등장하는 『맹자』와 다르다.

『좌전』과 같은 초기 문헌에서 '치'와 '수'의 용법에 대한 조사는 이 두 용어 사이의 한 가지 흥미로운 차이점을 드러낸다. 비교해보면 직접적인 대상과 함께 쓰인 '치'의 예가 현저히 많고, 또 '수'보다 '치지恥之'라는 형태로 쓰인 사례가 더 많다는 것이다. 이는 치가 아마도 자기 자신이 매우 나쁘게 보이는 곳들에 더 집중하고, 그러한 상황으로부터 거리를 두거나 그런 상황을 개선하려는 결심을 동반한다는 것을 암시한다. 예를 들어, 사람의 주의가 집중되는 곳은 전쟁에서의 패배(「양혜왕상」 5장), 타인에게 복속되어 있음(「공손추상」 7장; 「이루상」 7장), 관직에 있지만 도를 실행에 옮기지 못하고 있음(「만장하」 5장), 나는 이들처럼 훌륭하지 못함(「진심상」 7장) 등과 같은 것이다.

다른 한편, 수羞는 수를 일으키는 것에 반영되어 있는, 또는 수를 일으키는 것에 뒤따라 나오는 것일 가능성이 높은 자기 자신의 나쁨이나 낮은 지위에 좀 더 초점을 맞추고 있다. 『맹자』에서는, 전차를 올바로 모는 규칙을 어길 때만 새를 잡을 수 있는 궁사와 한 팀이 되는 것을 '수'하게 여기는 전차 모는 전사의 사례(「등문공하」 1장)와 남편이 죽은 사람에게 제사 지내는 음식을 구걸하여 자신의 끼니를 해결했다는 것을 발견하고 '수'하게 여긴 제나라 사람의 아내와 첩의 사례(「이루하」 33장)를 발견할 수 있다. 위의 두 경우에서 자신의 과거 행위이거나, 또는 (전차를 모는 전사의 경우에서처럼) 자신이 고려해본 행위, 또는 (제나라 사람의 사례에서처럼) 자신과 밀접히 연관된 누군가에 의한 행위가 수를 발생시킨다. 왜냐하면 수가 발생된 경우란 자신이 낮추어지는 상황이기 때문이다. 초점은 수를 일으킨 사건이나 사물이기보다 사람에게 끼친 영향이다. 이것은 치恥와 다른데, 비록 치를 일으킨 것이 자신보다 아래 있다 할지라도, 치의 초점은 치를 일으킨 그것에 있다.

주희는 오惡가 타인의 나쁜 점에 대한 것이라면, 수와 치는 자기 자신의 나쁜 점에 대한 것이라고 한다.(『맹자집주』, 「공손추상」 6장; 『주자어류』 1286) 문자 그대로 해석하면, 이런 해석은 옳은 것일 수 없는데, 왜냐하면 오惡는 자신에게 일어난 자기 자신의 행동이나 사건들, 예를 들어 자신의 심心이 타인의 심에 못 미치는 것(「고자상」 12장), 자신이 원하는 것을 얻는데 도를 따르지 않는 것(「등문공하」 3장), 의에 반하는 방식으로 행동하는 것(「고자상」 10장) 등을 대상으로 하고 있기 때문이다. 차이점은 주로 반응의 성격이 무엇이고 주안점이 무엇인지와 관련되는 것 같다. 어떤 것을 오惡하는 것은 그것을 싫어하는 것이고, 상황을 바꾸어서 오의 대상이 더 이상 존재하지 않기를 바라는 것을 포함하고 있는 것 같다. 이런 태도는 싫어하는 어떤 대상에게도 향해질 수 있는데, 이 대상에는 자기 자신 및 다른 사람의 행동이나 자신이나 다른 사람에게 일어난 일들이 포함된다. 수와 치는 다른 한편, 자기 자신에게 안 좋게 영향을 미쳤다고 여기는 일들을 향한 태도이다. 주안점은 치恥의 반응을 일으킨 대상이나 또는 자신의 지위를 실질적으로 또는 잠재적으로 낮추는 것(羞)에 있다. 어떤 방식이든 반응은 자신과 특별한 방식으로 관계하는 것들에만 향할 수 있다. 비록 주희의 설명을 있는 그대로 받아들일 수는 없겠지만, 주희의 설명에는 나름의 진실이 담겨져 있다. 비록 오가 자기 자신에게 일어난 사건이나 자기 자신의 행동에 대한 것일 때에도, 이런 방향을 가졌을 때의 오에 수반하는 태도는 타인에게서 발견되는 싫어하는 점을 향한 태도와 같은 것이다. 이런 오의 태도는 수와 치로 인해 발생하는 태도-다른 사람이 자신과 특별한 관계에 있지 않는 한 다른 사람에게서 내가 싫어하는 점들을 향한 것이라 할 수 없는-와는 다른 것이다.

치와 수는 어떤 종류의 사물이나 사건을 향한 것일까? 우리는 치는 종종 욕(辱)에 대한 것이며, '욕'의 초기 용법은 아마도 전쟁에서의 패배, 공공장소에서 얻어맞음, 예에 따라 대우받지 못함 등과 같이 사람에 대해 공공연히 관찰 가능한 사실과 관련되었을 것이라는 점을 보았다. 이와 대응하여 초기의 '영(榮)'의 용법은 정부에서 고위직을 얻는 것과 같이 공적으로 관찰 가능한 사실과 연관되었다. 명예와 치욕에 관해 사람들이 일반적인 판단을 내릴 때 사용하는 공적으로 관찰 가능한 사실을 수반하는 그런 기준을 '사회적 기준'이라고 부르기로 하자. 『논어』와 『맹자』에서 우리는 이런 사회적 기준에 의해 치욕스럽다고 간주되지 않는 치의 대상에 대한 언급을 찾을 수 있다. 예를 들어 『논어』에서 치는 다음과 같은 것들에 향한다고 언급된다. 도가 행해지고 있지 않는 나라에서 관리로서 봉급을 받거나(「헌문」 1장) 그런 나라에서 명예롭고 부유한 경우(「태백」 13장)라든가, 또는 영리한 말솜씨와 진실하지 못한 겉모양(「공야장」 25장), 행동보다 말이 앞서는 경우(「이인」 27장) 등이다. 『맹자』에서 치는 실제의 자기 자신보다 명성이 더 높거나(「이루하」 18장) 도를 실행에 옮기지 못하면서 관직에 있는 것(「만장하」 5장) 등을 향하고 있다. 이 텍스트들에서는 어떤 이가 나쁘게 인식하는 것이 명예와 치욕에 대한 일반적인 사회적 기준이나 통념과 반드시 일치하지는 않는 기준과 관련을 맺고 있는 것이다. 두 가지 종류의 기준이 겹치는 것이 있다. 예를 들어 이 텍스트들은 예에 따라 대우받지 못하는 것을 여전히 치의 적절한 대상으로 간주한다. 하지만 치가 명예와 부를 향하거나 특정한 상황에서 관직을 가지고 있는 것을 대상으로 하는 경우에서처럼 두 가지 종류의 기준이 엇갈리는 경우도 있다. 비록 이런 것들은 일반적인 사회적 기준에 따르면 모두 명예로운 것들로 간주되지만 말이다.

이런 구분은 『맹자』「고자상」 16장에서 천작天爵과 인작人爵 사이의 대조에 반영되어 있는데, 이 대조는 17장에서 진정으로 존중받을 가치가 있는 것과 남들에 의해 주어진 존중 사이의 대조와 유사성을 보인다. 천작天爵과 인작人爵의 대조는 정치에서는 윤리적 특성과 관직의 서열 사이에서 나타나는데, 「공손추하」 2장에서도 발견된다. 윤리적 특성은 관직의 서열로 귀결되기 마련이지만(「고자상」 16장), 그리고 정치적 맥락에서 인仁의 결여는 일반적인 의미에서 타인에 의해 지배되는 것인 불명예(辱)로 귀결되게끔 되겠지만(예를 들어 「공손추상」 4장), 16장의 함의는 윤리적 특성이 사람들의 우선적인 관심사가 되어야만 한다는 것이다.

비슷한 대조가 『순자』에서 송견宋銒이 모욕을 불명예(辱)로 여기지 말자고 제안한 것에 반대하는 곳[26]에서 발견된다. 송견은 『장자』에서 사회적 평판에 대해 무관심한 인물[27]로, 『순자』에서는 싸움을 끝내기 위한 한 방법으로 모욕을 불명예로 여기지 않을 것을 주장하는 인물로 제시되고 있다. 순자는 싸움이 모욕을 불명예로 보기 때문에 일어나기보다는 모욕을 싫어하기 때문에 일어나는 것이며, 따라서 싸움이 끝나는 것은 모욕을 여전히 불명예라고 여기더라도 모욕에 대한 관심이 결여되었을 때라는 근거에서 송견의 견해에 반대한다. 순자는 한편으로 합당한 명예(義榮)와 합당한 불명예(義辱)를, 다른 한편으로는 사회적 명예와 사회적 불명예를 구분했다. 군자의 주요 관심은 후자이기보다는 전자이며, 전자는 한 개인의 윤리적 자질의 문제이고 후자는 일반적인 사회적 기준에 의해 측정되는 것이다.[28] 비슷하게 『순자』의 다른 부분들은 명예(榮)를 이익(利)보다 마땅함(義)을 앞세우는 것으로, 치욕(辱)을 마땅함(義) 앞에 이익을 두는 것으로 설명한다.[29] 군자는 관직의 임용과 같은 외부적인 것들이 결여된 것보다 적절한 성품과 능력이 결여된 것을 오히려 치恥하게 여긴다고 말해진다.[30] 맹자와 같이 순자도 일반적인 사회적 기준과 동일하지 않는 기준들을 합당한 관심의 대상으로 여겼다.

그런 기준들을 '윤리적 기준'이라고 부르도록 하자. 맹자에게 있어서 한 사람의 윤리적 특성으로서의 의는 윤리적 기준에 대한 확고한 헌신과 관계가 있다. 그 헌신은 윤리적 기준에 못 미치는 것을 혐오하며 이런 것으로 인해 잠재적으로 더럽혀질 수 있다고 여기는 것을 수반한다. 예를 들어 「고자상」 10장에서 욕을 먹으면서까지 주는 음식을 받는 것에 대한 거지의 의義 반응은 불설不屑(disdain)로 기술되고 있다. 비슷하게 사람들이 하려 들지 않는(不爲) 것들은 의義(예를 들어 「진심하」 31장)와 불실(「진심하」 3장) 모두와 관련된다. '불실'은 부정한 정부에서 관직을 맡는 것에 대한 백이伯夷의 태도로, 그런 행동을 함으로 인해 자신이 오염된다고 간주하는 것과 연관된 태도를 묘사하기 위해 사용된 용어이다(「공손추상」 9장, 「만장하」 1장도 참조). 이 외에도, 치恥가 '오염되다'는 의미와 연관된다는 사실은 초기 문헌에서 어떤 이의 치를 '씻어내다'라고 언급한 데서 알 수 있다.[31]12)

따라서 윤리적 특성인 의義는 윤리적 기준에 못 미치는 것을 혐오하고 그런 것이 잠재적으로 자신을 오염시킬 수도 있다고 여기는 것과 아무리 원치 않은 결과를 낳게 되더라도 그러한 것들로부터 최대한 거리를 두고자 고집하는 것을 동반한다. 아마도 의는 그런 윤리적 기준과 일치되게 판단하는 능력을 어느 정도 수반하기도 하는데, 이는 합당하다고 판단한 것을 수행하는 데에 헌신적이지만 무엇이 합당한지를 자주 잘못 판단하는 사람은 의義한 사람이라고 서술될 가능성이 별로 없기 때문이다. 여기에 관련된 윤리적 기준은 어떤 사람이 할 것인지(爲) 또는 하지 않을 것인지(不爲)를 통해 표현되는 그 사람의 행동과 관련될 것이다.(예를 들어 「이루하」 8장; 「고자상」 10장; 「진심상」 17장; 「진심하」 31 · 34장) 이 기준은 또 성격과 관련될 수도 있다. 예를 들어 다른 사람만큼 훌륭하지 않은 데 대한 오惡(「고자상」 12장)와 치恥(「진심상」 7장)에 대한 언급이 있다. 윤리적 특성으로서 의에 대한 이러한 설명은 우리로 하여금 2장 1절 2)에서 『논어』와 관련하여 '의' 개념을 행동에 적용하는 것이 사람에 적용하는 것보다 어떤 의미에서 우선한다는 제안을 납득할 수 있게 한다. 이런 설명에서 사람의 속성으로서의 의는 특정한 윤리적 기준에 대한 헌신을 수반하며, 행동의 특성으로서의 의는 그 자체가 이러한 윤리적 기준에 의해 정의된다. 따라서 한 인간의 속성으로서의 의는 윤리적 기준을 전제한다는 점에 있어서 행동의 특성으로서의 의 개념도 또한 전제한다.

3) 인과 의

맹자는 인仁은 인간의 심과 관련되고(「고자상」 11장) 사람이 거주하는 곳

12) 나는 이 점에 대해 두 예를 모두 거론한 뢰쯔에게 빚지고 있다.(Roetz, p. 177)

(「이루상」 10장; 「진심상」 33장. 「공손추상」 7장도 참조)이며, 의義는 인간의 길(「고자상」 11장; 「이루상」 10장)이고 인간이 따르는 것(「이루상」 10장; 「진심상」 33장)이라고 인과 의를 대조시켰다. 「진심상」 33장에서 맹자는 무고한 자를 죽이는 것을 인에 반하는 사례로, 자신에게 속하지 않은 것을 가지는 것을 의에 반하는 사례로 들고 있다. 「진심하」 31장 구절은 인을 '견디지 못하는'(不忍) 것과, 의를 '하지 않으려는'(不爲) 것과 관련되는 것으로 묘사하고 있다. 후자의 예로, 합당하지 않은 수단으로 아내를 얻는 것(「등문공하」 3장; 「고자하」 1장 참조)과 모욕적인 대우를 받아들이는 것(「고자상」 10장 참조)이 인용되고 있다. 「진심하」 31장에서는 견디지 못하는 것의 사례가 주어지지 않지만, 「공손추상」 6장은 갓난아기가 우물로 기어가는 광경을 견딜 수 없다고 언급하고 있다. 5장 1절 2)에서 보게 되겠지만, '인'과 '의'란 용어가 사용되지는 않지만 「진심상」 17장에서 사람들이 '하지 않는'(不爲) 것을 하지 않음과 사람들이 '욕구하지 않는'(不欲) 것을 욕구하지 않음에 대한 언급은 아마도 의와 인을 각각 가리키는 것일 것이다.

이런 대조를 근거로 우리는 인은 타인에 대한 정서적인 관심을 강조하며 타인에게 해를 끼치는 것을 원치 않는 것과 타인의 고통을 견딜 수 없어 하는 것 모두를 강조한다는 것을 추론할 수 있다. 다른 한편 의는 자신에게 엄격함을 강조하며, 부적절한 수단으로 어떤 것을 취득하지 않고 타인으로부터 부당한 대우를 수용하지 않는 것을 포함하는 일정한 윤리적 기준을 지키는 것에 대한 헌신을 강조한다. 인과 의는 또한 가족의 맥락에서도 대조된다. 인이 부모를 사랑하고(「진심상」 15장) 섬기는(「이루상」 27장) 것과 관계가 있다면, 의는 손위 형제들에 대한 존경(「진심상」 15장)과 그들에게 복종하는 것(「이루상」 27장)과 관계한다. 이 대조는 인이 정서적 고려와 좀 더 많이 관계

하고, 의가 자기 자신에 대한 엄격함과 좀 더 많이 관계한다는 점을 다시 한 번 보여준다.[13)]

이런 차이점에도 불구하고, 인과 의는 밀접히 연관되어 있다. 인과 관련되는 정서적인 관심은 의 행동으로 이끌 수 있다. 예를 들어 부모에 대한 사랑은 의의 방식으로 부모를 섬기게끔 할 수 있다. 주희(『주자어류』 1334)는 맹자가 부모를 섬기는 것을 의 행위로 묘사하지 않은 것은 부모를 섬기는 것은 사람이 자연스레 하게 되는 것이어서 자신에게 엄격한 것을 요구하지 않기 때문이라고 했다. 비록 이러한 해석이 맞을지라도 맹자는 여전히 일정한 방식으로 부모를 섬기는 것을 의 행위로 간주했을 것이라고 추정할 수 있다. 왜냐하면 맹자는 부모에게 효 하는 것과 관련하여 의를 말했기 때문이다.(「양혜왕상」 3 · 7장) 다른 한편으로 인에 수반된 정서적인 관심은 합당치 않은 행위로 이끌 수 있어 보인다. 이 점은 유가의 인仁한 정치의 관념을 비판하는 법가들의 글에서 종종 강조된다. 법가 사상가들은 공정성과 불공정성을 구분하였는데,[32] 법에 의한 정치는 공정성을 담보하지만[33] 유가 정치에서의 인, 애愛, 혜惠(favor)에 대한 강조는 불공정성으로 이끈다고 간주하였다. 어떤 이의 정서적 관심이 합당치 않은 행위로 이끈다면 그 사람은 정말로 인을 지닌 것이 아니라고 유가는 대응할 수 있을 것이다. 아마도 맹자는 '인'을 이런 방식으로 사용했을 듯하지만, 인에 수반되는 정서적인 관심이 합당치 않은 행위로 나가는 것을 방지하는 데 대한 더 많은 논의가 필요하다.

13) 이 대조에 대해 주희(『주자어류』 1333~1334)가 언급한 바 있다. 흥미로운 질문은 왜 맹자가 손위 형제들에 대한 존경과 복종을 윤리적 속성인 의義를 수양하는 출발점으로 간주했느냐 하는 점이다. 가능한 대답 중 하나는 존경과 복종이 손위 형제를 진지하고 조심스럽게 대우하며 이들을 따르는 데 엄중할 것을 포함하므로, 한 사람의 행위와 성격을 관장하는 윤리적 규범에 대해서도 유사한 태도를 기르는 출발점을 제공한다는 것이다.

「양혜왕상」 7장 제선왕과의 대화에서 맹자는 왕이 새로 만든 종에 바치는 피를 얻기 위해 도살장으로 끌려가는 소를 예기치 않게 본 사건을 상기시킨다. 왕은 동정심이 생겨 그 소를 살려두라고 명령을 내렸다. 새 종에 피를 뿌리는 의식을 그만두어야 할지 질문을 받았을 때, 왕은 아니라고 대답하면서 양을 대신 사용하라고 명령했다. 소를 양으로 바꾸는 것과 관련해서, 맹자는 이것이 인仁의 술術이라고 말한다. 그렇게 된 것은 왕이 소는 보았지만 양은 보지 못했기 때문이다. 그러면서 맹자는 군자는 동물이 살아 있는 것을 보고 그 비명소리를 들으면 그것들이 죽임을 당하는 것을 차마 보지 못하고 그 살을 먹지도 못하기 때문에 부엌에서 멀리 있는 것이라고 말한다. 이 사례가 주어진 맥락에서 볼 때, 부엌을 멀리 하는 군자의 사례도 인술의 또 다른 예로 의도된 것이라고 추정할 수 있다.

제선왕의 경우, 인仁의 술術은 소에 대한 동정과 흔종을 확실히 수행할 책임 사이의 딜레마에서 빠져나오는 것과 관련이 된다. 주석가들은 '술'에 대한 해석을 달리한다. 조기(『맹자주』, 「양혜왕상」 7장)와 초순(3/9a.2-3), 그리고 왕부지(509)는 이를 도(way)로 해석한다. 비슷한 설명을 『설문해자說文解字』에서 발견할 수 있다. 주희(『맹자집주』, 「양혜왕상」 7장; 『주자어류』 1223)는 기교(巧)로 이해하며, 허겸許謙은 일반적이지 않은 상황에서의 권權의 행사와 연결시킨다. 다른 한편, 유월兪樾(『맹자고주택종』)은 주희에 반대하고 조기를 지지하면서 초기 문헌에서의 '술'은 기교의 의미를 가지지 않았다고 주장한다. 주희는 아마도 술의 사례를 정도에서 벗어난 가르침의 방식으로 묘사하는 「고자하」 16장과 인심仁心과 기교(巧)를 비교하고 선왕의 인정을 컴퍼스와 자에 비견하는 「이루상」 1장 같은 구절들에 이끌려 그런 해석을 했을 것이다. 초기 문헌에서 '술'에 대해 조사해보면 술이 아마도 일들이 일어나는 방식이나 일을 하는 방법과 같은 도道의 일반적인 의미를 지녔을 것임을 보여준다. 예를 들어 술을 국가를 방위하는 방법[34], 부패한 군주가 멸망하는 방식[35], 물을 판단하는 방법(『맹자』, 「진심상」 24장), 정치적인 변화가 찾아오는 방식[36] 등으로 언급하는 것을 찾을 수 있다.

「양혜왕상」 7장의 인의 술에 대한 언급은 맹자가 인을 단지 정서적인 관심만이 아니라 잠재적으로 합당치 않은 행위로 이끌 수 있는 정서적인 반응이 있는 곳에서도 합당한 행위를 할 수 있는 능력을 수반한다고 여겼음을 보여준다. 군자가 고기를 먹지 않는 것이 합당치 않은 것이라고 가정한다면, 부엌의 예를 통해서도 비슷한 점이 설명된다 할 수 있다. 하지만 한 가지 차이는 제선왕의 경우는 이례적인 상황으로 말미암은 딜레마에서 빠져나오는 방법을 수반한다면, 부엌의 예는 비슷한 딜레마를 피하기 위한 일반적인 방책을 설명하고 있다(왕부지, 511-12 참조)는 것이다. 이상에서 묘사한 방식으로 자신의 행위를 조정하는 능력이 인술仁術로 간주되기 때문에, 맹자에게 인은 단지 정서적인 관심에 그치는 것이 아니라 이런 종류의 능력이기도 하다. 이 점은 인한 사람이 사람을 죽이지 않는 것이 아니라 무고한 사람을 죽이지 않는 것으로 규정된다는 사실에서도 볼 수 있다.(「진심상」 33장) 이것이 의미하는 바는 인한 사람조차 죄 있는 사람을 처형하는 명령을 내릴 수 있으며, 따라서 인한 사람은 정서적인 관심만이 아니라 무엇이 합당한지에 대해서도 민감하다는 것이다. 따라서 한 사람의 정서적인 관심이 최소한 어느 정도 의義에 의해 규제되지 않을 때에는 그 사람을 인하다고 말할 수 없다. 이 점은 『순자』에서도 발견된다. 인을 사랑으로 설명하면서, 어떤 사람이 진실로 인을 가지고 있다고 말하려면 그전에 그러한 사랑이 의에 의해 규제되어야만 한다고 지적하고 있다.[37][14)]

이 논의는 인과 의라는 윤리적 특성은 서로 관련을 맺고 있으며, 예와 의도 마찬가지라는 것을 보여준다. 예를 가진 사람은 예의 규칙에 능숙하고 그 규칙을 따르려는 성향을 지니고 있을 뿐 아니라, 적절한 경우에는 그러한 규칙에서 벗어날 준비도 되어 있다. 이런 준비성은 합당함(propriety)에 대한 헌신인 의의 작용을 수반한다. 예의 규칙이 지켜져야 할 때조차, 의는 여전히 역할을 하고 있다고 할 수 있다. 그것은 이상적으로는 주어진 상황에서 그 규칙의 적절함에 대한 자각을 가지고 규칙을 따라야 한다는 점에서 그렇고, 또 이런 의미에서 규칙의 준수는 단순히 기계적인 행동이 아니라 상황에 대한 자기 나름의 평가를 보여주는 것이어야 한다는 점에서 그렇다.[15)]

3. 지智

네 가지 윤리적 특성의 하나로 지智가 언급되는 것(예를 들어 「공손추상」 6장; 「고자상」 6장; 「진심상」 21장) 이외에, 『맹자』에서 지의 발휘는 정치적 맥락에서 논의된다(예를 들어 「양혜왕하」 3장, 「공손추하」 9장, 「만장상」 9장). 정치적인 행위와 관련하여 지를 논의하는 「만장하」 1장은 맹자가 지를 어떻게 이해했는지를 해명하는 데 도움을 준다. 이 구절에서 백이伯夷, 이윤伊尹, 유하혜柳下惠는 모두 성인聖人으로 묘사되고 있다. 이 셋은 「공손추상」 2장과 9장, 「고자하」

14) 이것이 아마도 『맹자』, 「고자상」 11장에서 인仁을 심心으로, 의를 인간의 길로 규정하고 난 후 맹자가 배움에 있어서 수반되는 모든 것은 심을 찾는 것이라고 말한 이유-마치 의는 이미 인에 포함되어 있는 것인 양-일 것이다.(주희, 『맹자집주』, 「고자상」 11장 참조)

15) 다음을 참조. Hall and Ames, pp. 83-110.

6장에서도 언급되고 있는데, 인仁으로 묘사되거나(「고자하」 6장) 의義가 아닌 것은 절대로 하지 않을 것으로 묘사되어(「공손추상」 2장), 따라서 의의 특성 또한 지닌 이들로 추정된다. 하지만 「만장하」 1장은 이들을 공자에 못 미친다고 말한다. 언제 통치에 참여할지에 대해서 고정된 원칙을 고수하는 이 셋과 달리, 공자는 때의 적절함에 따르는 성인 – 관직을 취하거나 관직에 머무르거나, 떠나는 것을 서두르거나 미루거나 등의 모든 것을 상황에 따라 하는 – 이다. 이 구절은 그러고 나서 네 명 모두 성인이지만 공자만이 지를 소유하고 있다는 암시를 내비치면서 성인됨과 지의 관계를 논의한다. 지와 성인됨의 관계는 궁술에서 기술(巧)과 힘의 관계에 비유된다. 화살이 과녁에 이르는 데는 힘으로 충분하지만, 과녁에 적중(中)하기 위해서는 충분치 않다. 이 구절은 지의 두 가지 중요한 특징을 부각시킨다.

첫째, 궁술에서 과녁에 적중하는 것이 기술과 힘을 요구하는 것처럼, 합당한 인간행동은 적절한 목표와 그 목표를 수행할 충분한 열의가 요구된다. 궁술에서 기술은 힘을 인도하지만 또 힘의 지지를 얻어야 하는 것처럼, 인간행동에서의 적절한 목표는 하고자 하는 열의를 인도하지만 또 하고자 하는 열의의 힘이 뒷받침되어야 한다.[16] 맹자가 지와 성인됨을 궁술에서의 기술과 힘의 관계에 비유하고 있기 때문에, 성인됨은 목표를 완수할 충분한 열의가 있어서 합당한 행동이 쉽게 따라올 수 있게 하는 것을 수반하는 반면, 지는 우리의 열의를 인도할 적절한 목표를 가지는 것을 포함한다고 추론할

16) 이 비유에는 지智를 가진 사람의 목표는 언제나 합당한 목표인 것과 달리 숙련된 궁사는 어떤 과녁이라도 겨냥할 수 있다는 문제점이 있지만, 이 비유의 요점은 지를 가진 사람이 어떤 상황에서도 적절한 행동을 성공적으로 수행할 수 있는 것과 같이 숙련된 궁사는 어떤 과녁도 성공적으로 겨냥할 수 있다는 것이다. 이 문제와 관련해서 나는 이하라(Craig Ihara)의 도움을 받았다.

수 있다.[17]

인간 행위에 대한 유사한 이해를 「공손추상」 2장에서 지志와 기氣의 관계로 설명하는 것을 통해 발견할 수 있는데, 몇몇 초기 문헌 역시 지를 궁술과 관련하여 설명한다.[38] '지'가 흔히 '의지'로 번역될 때는 『맹자』에서는 '심'과 관련을 맺는다. 예를 들어 심지心志를 많이 쓰다(「고자하」 15장), 심을 집중하고 지를 헌신하다(「고자상」 9장)라는 언급이 있다. 또 지를 움직이는 것을 심을 움직이는 것과 연결시키기도 한다.(「공손추상」 2장) '지志'는 도道(「진심상」 24장. 『논어』 「이인」 9장; 「술이」 6장도 참조)나 인仁(「이루상」 9장; 「고자하」 8 · 9장. 『논어』 「이인」 4장도 참조)을 목표로 삼는 것처럼 삶에서 일반적인 목표를 지칭하거나, 한 나라에서 오랫동안 거주하는 것(「공손추하」 14장)이나 아니면 한 나라로부터 떠나는 것(「공손추하」 12 · 14장)처럼 좀 더 구체적인 의도를 지칭할 수도 있다. 지志는 또 생계를 얻기 위해 이 나라 저 나라로 돌아다니는 것(「등문공하」 4장)처럼 어떤 행동의 배후에 있는 동기나 행동의 근저에 있는 목적을 가리킬 수도 있고, 가치 없는 군주를 추방하는 신하의 동기(「진심상」 31장)를 가리키기도 한다. 초기 문헌에서 지志는 사람이 확립할 수 있고(『맹자』, 「만장하」 1장; 「진심하」 15장), 준수할 수 있고(『논어』, 「학이」 11장), 그것에 대해 말할 수 있고(『논어』 「공야장」 26장; 「선진」 26장), 기를 수 있고(『맹자』, 「이루상」 19장), 추구할 수 있고(『논어』, 「계씨」 11장), 이룰 수 있고[39], 획득할 수 있는(『맹자』, 「등문공하」 2장; 「이루하」 1장; 「진심상」 9장; 「진심하」 34장) 어떤 것이다. 다른 사람이 자신의

17) 주희(『맹자집주』, 「만장하」 1장; 『주자어류』 1366)는 성인됨을 편안히 행동하면서도 자신의 목표를 달성할 수 있는 능력을 포함하는 것으로 해석했다. 조기(『맹자주』 「만장하」 1장 및 『맹자장지』 「만장하」 1장 참조)는 더 나아가 맹자가 배움을 통해 증가될 수 있는 기술을 닮은 지智와는 달리, 성인됨은 한계가 있고 더 이상 증가될 수 없다는 의미에서 성인됨을 힘과 같이 여겼다고 지적했다.

지를 도와줄 수 있고(『맹자』, 「양혜왕상」 7장), 지는 더 야심적이게 될 수 있으며[40], 밝게 비추어질 수 있고[41], 변경되거나[42], 잃어버리거나[43], 동요될 수 있다(『논어』, 「헌문」 36장).

이런 예들은 지가 심의 일정한 방향성과 관계가 있음을 보여준다. 일정한 심의 방향성에는 삶에 있어서의 일반적인 목표뿐 아니라 좀 더 구체적인 의도도 포함되는데, 이것들은 확립되고, 길러지고, 변경되고 획득될 수 있다. '지志'는 때때로 '무언가를 기록하거나' '염두에 두는 것'을 의미하기도 하는데,[44] 이는 『설문說文』에 기록된 뜻이다. 그레이엄(A. C. Graham)은 한대 이전 문헌에서 이 글자는 모양 상 '지誌'(to record, remember, or bear in mind)와 아직 구분되지 않았고, 무언가를 목표하는 것과 그것을 염두에 두는 것 사이에 선명한 구분이 없었을 것이라고 말했다.18) 아마도 '지志'라고 지칭된 일반적인 목표나 구체적인 의도 같은 것들은 어느 정도 목표나 의도의 대상을 염두에 두는 것을 포함했을 것이다. 이 때문에 '지'에 대해 조기가 염두에 두고 숙고한다고 설명한 것(『맹자장구』, 「공손추상」 2장)과 주희가 심의 방향성으로 설명한 것(『맹자집주』, 「공손추상」 2장; 『주자어류』 1238) 사이에는 그다지 큰 차이가 없는지도 모른다. 따라서 이제부터는 '지志'를 '의지'보다는 '심의 방향'으로 번역하겠다. '의지'라는 번역어는 지를 심의 기능으로 오해하게 할 가능성이 있기 때문이다.

『국어』에서 기氣는 하늘과 땅을 가득 채우는 어떤 것으로 묘사되며, 기의 적절한 균형은 자연과 인간의 영역 모두에서의 질서와 연관된다.[45]19)

18) Graham, "Relating Categories to Question Forms," pp. 406-7.

19) 다음을 보라. 黃俊傑, 『孟子』, pp. 48-55. 더 정교한 논의는 다음을 보라. 黃俊傑, 『孟學思想史論』, pp. 32-40.

『좌전』은 여섯 기가 천지에 의해 인간 안에서 생성되었으며 오미五味, 오색五色, 오성五聲, 육정六情의 원인이라고 언급하고 있다.[46] 『국어』는 입이 맛을 보고 귀가 소리를 들을 때 기가 자라며, 또 한편으로 기가 입에서 말을, 눈에서 광경을 생성해낸다고 묘사하고 있다.[47] 사람은 육체적이고 심리적인 안녕을 위해서 기의 적절한 균형이 필요하며[48], 적절한 균형이 결여되면 장차 인간의 영역에 무질서를 불러온다[49]. 따라서 인간에게 기는 몸을 가득 채우는 그 어떤 것이며 감각의 작용뿐 아니라 감정이 움직이는 원인이다. 이는 『맹자』「공손추상」 2장에서 기를 몸을 채우는 것으로 묘사한 것과 일치하는 언급들이며, 『관자管子』에서도 발견되는 생각이다[50]. 따라서 이제부터 나는 '기'를 '생명에너지'(vital energies)라고 번역하겠다.

「공손추상」 2장에서 맹자는 지志를 기氣의 사령관으로 묘사하고 있다. 군사적인 비유가 암시하는 것은 기가 지에 의해 인도되고 또 지를 지원해야 할 그 어떤 것으로 인식된다는 점이다.[20] 지와 기의 관계에 대한 이런 견해는 맹자가 같은 구절에서 지를 지至로써, 기를 차次로써 묘사하는 것과 부합한다. 지가 우선적이고 기가 이차적인 의미로 해석하든지(예를 들어, 조기의 『맹자주』, 주희의 『맹자집주』) 또는 지가 이르는 곳에는 기가 따른다는 의미로 해석하든지(예를 들어, 장식, 『주자어류』 1238 참조) 간에 말이다.[21] 지와 기의 관계에 대한 비슷한 견해는 기가 지를 견고하게 하는(實) 것으로 묘사한 『좌전』[51]과 같은 다른 초기 문헌에서도 발견된다. 지와 기의 관계에 대한 맹자의 견해는,

20) 『논어』, 「자한」 26장도 마찬가지로 한 사람의 지志를 군대의 지휘관에 비교했다. 더 나아가서 군대에서는 지휘관을 빼앗을 수 있지만 일반백성에게서 지를 빼앗을 수는 없다는 점을 지적한다.

21) 다음을 참조하라. 徐復觀, 『中國思想史論集』, p. 143. 비록 라우와 우치노는 두 번째 해석을 제시하고 있지만, 내가 참조한 대부분의 번역들은 첫 번째 해석을 채택한다.

그가 인간행동은 심의 방향성을 수반하며 그 심의 방향성은 몸을 가득 채운 생명에너지를 인도하고 또 그것으로부터 지지받는다고 간주했음을 보여준다. 맹자가 지智와 과녁을 겨냥하는 기술을 비교하는 것에 비추어보면, 지智가 심의 적절한 방향성을 형성하는 것과 주로 관련된다고 결론내릴 수 있을 것 같다.[22)]

「만장하」 1장에서의 궁술과의 비유는 지智의 두 번째 특징을 선명하게 드러낸다. 궁술에서 적절한 겨냥은 엄격하게 규칙을 따르는 문제가 아니라 바람의 방향 등과 같은 상황에 따라 겨냥을 조절하는 능력을 요구한다. 따라서 궁술에서의 기술과 지의 비교는 심의 적절한 방향을 형성하는 것이 상황에 따라 자신의 행위를 조절하는 능력을 요구한다는 것을 암시한다. 때에 적절하다고 묘사되는 공자는 이런 능력을 보유하고 있었으며, 따라서 지智와 성인됨을 동시에 지녔다. 다른 세 사람은 정치적 참여에서 자신들의 원칙을 완수할 충분한 열의를 지녔다는 점에서 성인聖人이지만, 고정된 원칙에 매여 있고 따라서 상황에 충분히 섬세하게 대처하지 못하기 때문에 지智를 결여하고 있는 것이다.[23)] 사실 이들의 원칙에 대한 묘사는 이들이 원칙을 다소 극단적으로 고수했음을 보여준다. 백이는 옳은 군주만을 섬기려 했고 질서가 있을 때만 섬기려 했다. 이윤은 질서가 있거나 무질서하거나 상관없이 아무 군주나 섬기려 했다. 백이는 항상 더렵혀질 위험에 신경을 곤두세웠다. 유하혜는 자신이 이런 위험에 쉽게 빠질 거라고 여기지 않았다.

22) 이는 『논어』에서 당혹함이 없는 것으로 지知를 규정하는 것과 부합한다.(「자한」 29장; 「헌문」 28장) 당혹함은 『논어』에서 심의 방향과 또한 연결되기도 한다.(「헌문」 36장)

23) 공자와 이들 사이의 유사한 대조는 공자의 입을 통해서 직접 표현되기도 한다.(『논어』, 「미자」 8장)

적절한 행동은 상황에 맞게 자신의 행위를 조정하는 능력을 요구한다는 것이 대인의 말과 행동에서의 유연성을 강조하는 「이루하」 11장의 요지 중의 일부이다.(『논어』, 「이인」 10장; 「자로」 20장 참조)[24] 이 점은 물건을 저울질한다는 더 초기의 의미와 여기서 파생되어서 적절한 결정에 이르기 위해 상황을 저울질한다는 의미 둘 다를 지니는 '권權'의 용법에서 또한 강조된다. 이 '권'이란 글자는 물건을 주고받을 때 손을 만지는 것을 금하는 예의 규칙에는 반하지만 권을 사용하여 남자로 하여금 물에 빠진 형수를 구하기 위해 손을 내밀게끔 한다는 「이루상」 17장에 등장한다. 이 글자는 또 양주와 묵자, 자막子莫이라고 하는 이가 권 없이 특정한 견해를 고수하는 것을 비판하는 「진심상」 26장과 맹자가 제선왕에게 사물을 저울질할 것을 촉구하는 「양혜왕상」 7장에서 발견된다. 주희(『맹자집주』 12/1a)가 적고 있듯이, 먹고 성행위를 하는 것에 비해 예가 더 중요함을 논의하면서 이런 고려 사항들의 상대적인 경중을 언급하고 있는 「고자하」 1장에서도 암묵적으로 권의 개념은 존재한다(「이루상」 17장에서의 권과 예의 관계를 논의하는 3장 1절 2)을 보라). 맹자의 권에 대한 견해를 좀 더 잘 이해하기 위해서 「진심상」 26장을 「이루하」 29장과 연관하여 살펴보도록 하자.

「진심상」 26장에서, 양주와 묵자를 비판한 후, 맹자는 자막이 중中(middle) – 짐작건대 양주학파와 묵가 두 극단의 중간 – 을 잡았다고 말하고 있다. 비록 이 중간이 도에 더 가깝지만, 권 없이 중을 고수함으로써 자막도 여전히 도를 해치고 있다고 비판한다. 맹자의 비판을 이해하는 데, 「이루하」 29장에

24) 「이루하」 11장에는 '불필不必'에 대한 다른 해석들이 있다. 조기(『맹자주』), 손석, 초순은 이를 '~할 필요가 없는'으로 해석하는 데 비해, 장식은 '목적하지 않는다'로 해석한다.

비추어 묵자와 양주에 대한 그의 비판을 고려해보는 것이 도움이 될 것이다. 29장은 우禹와 직稷이 평화로운 시대에 공적인 봉사에 헌신하고, 안회가 난세에 공적인 것에서 물러나 살았던 것을 묘사하고 있다. 우와 직과 안회가 따르는 도는 같은 것으로 서술되며, 평화로운 시대라면 안회도 우와 직과 같이 했을 것이며, 반대로 난세라면 우와 직도 안회와 같이 했을 것이라는 것이다. 주희(『맹자집주』「진심상」 26장; 『주자어류』 1447~8)와 장식(「이루하」 29장)이 말한 대로, 29장은 아마도 묵자와 양주에 대한 암묵적인 비판을 담고 있는 것 같다. 묵자는 우·직과, 양주는 안회와 각각 삶의 방식이 닮았다. 묵자는 제국에 이익이 되고자 나섰고, 양주는 정치적인 참여를 피했다. 하지만 다른 시기에 맞춰 다르게 행동했을 우, 직, 안회와 달리, 묵자와 양주는 상황에 관계없이 자신들의 삶의 방식을 고수했다. 이는 그들에게 권이 결여되었음을 보여주는 것이다. 맹자가 자막이 중을 고수하는 것을 비판한 것은 다른 맥락에서 보여주는 그의 중에 대한 호의적인 견해에 비추어볼 때 의아하게 느껴질 수 있다. 예를 들어 군자는 중도이립中道而立(「진심상」 41장)으로 묘사하고, 공자는 중도中道를 지닌 사람과 함께하고자 했다고 말하며(「진심하」 37장), 중례中禮는 덕의 가장 높은 성취의 하나이고(「진심하」 33장), 중은 궁술에서 바람직하다고 말한다.(맹자는 때때로 윤리적 이상을 서술하는 데 궁술의 비유를 사용하였다. 「공손추상」 7장; 「만장하」 1장) 맹자의 중에 대한 호의적인 논평은 과녁을 적중한다는 의미에서의 중일 것이다. 중도, 중예는 도와 예를 '적중'할 수 있음이거나 도와 예와 합치한다는 것을 말한다. 이런 의미에서의 중은 두 극단 사이의 어딘가에 고정된 무엇으로 이해되는 것이 아니라 상황에 의존하는 그 어떤 것이다. 「이루하」 29장의 사례에서는 집에 들어가지 않고 자기 집 문 앞을 세 차례나 지나는 것이 우와 직에게는 중이지만 안회에게는 중이 아니다. 반면에 각자의 상황에 비추어보면 누추한 거처에서 사는 것이 안회에게는 중이지만 우와 직에게는 아니다. 비슷한 취지가 중을 기교(巧)를 필요로 하는 것으로 묘사한 「만장하」 1장에서도 은연중에 깔려 있다. 다른 한편으로 자막은 중을 고수하는 것으로 묘사되므로, 여기서의 '중'은 아마도 양주학파와 묵가 두 극단 사이의 가운데 고정된 지점을 지칭하는 것일 것이다.(장식, 「진심상」 26장 참조) 자막은 고정된 행위의 원칙을 가졌는데, 비록 그 원칙이 양주나 묵자의 극단적인 입장처럼 반대할 만하지는 않지만, 권 없이 그런 원칙을 고수하는 것은 여전히 반대할 만한 것이다.

이 논의로부터 우리는 지(智)가 적절한 마음의 방향을 포함하며, 이러한 마음은 또 고정된 규칙에 얽매이지 않고 상황을 헤아리는 능력인 권을 필요로 한다는 것을 추론할 수 있다. 권은 「이루상」 17장의 사례에서처럼 확립된 예의 규칙으로부터 벗어나도록 인도할 수 있지만, 「만장하」 1장에서 묘사된 공자의 정치적 행위의 경우나, 「이루하」 29장에서 묘사된 우, 직, 안회의 경우에서처럼 어떤 일반적인 규칙도 적용될 수 없는 상황에서 한 개인의 행위를 인도할 수도 있다. 권을 사용하는 것이 가능한 다른 사례는 내 행위에 영향을 받는 사람과 나와의 관계에 따라 행위를 조절하는 것(예를 들어 「고자하」 3장), 한 개인이 차지하고 있는 사회적 지위 또는 관직에 맞게 행위를 조절하는 것(예를 들어 「공손추하」 5장; 「이루하」 31장) 등을 포함하며, 맹자 자신의 행동도 몇몇 경우에 포함된다(예를 들어 「양혜왕하」 16장; 「공손추하」 3장).[25] 권에 대한 강조에서 추론할 수 있는 것은 행동의 일반적인 규칙이 불필요하다는 것이 아니라, 이러한 규칙을 지나치게 엄격하게 적용해서는 안 된다는

25) 진대제는 다른 종류의 사례들에 대해 상세하게 논의하고 있다.(『名理思想』, pp. 30-39)

것이다. 정치에서 따라야 할 일관된 정책을 가진다는 것은 특히 중요하며, 이는 「이루상」 1장에서 강조되고 있다. 그렇지만 정치에는 과거로부터 전래된 정책과 더불어 인仁의 마음(「공손추상」 6장 참조)도 모두 필요하다. 이는 공예에서 자와 컴퍼스뿐 아니라 기술(巧)도 필요한 것과 마찬가지이다.(「진심하」 5장 참조)

만일 지智가 사람으로 하여금 무엇이 적절한지를 알 수 있게 하는 것이라면, 이 지는 윤리적 특성 의義와 어떻게 다른가? 지가 동기를 부여하지 못한다는 것이 다른 점일 수는 없다. 「공손추상」 6장에서 시비是非의 심은 지를 기르는 출발점으로 묘사되고 있다. 시와 비는 단지 무엇이 적절하고 부적절한지를 아는 것 이상이다. 시비는 적절한 것을 승인하고 부적절한 것을 불승인하는 것을 수반한다. 또 「이루상」 27장에서 지는 부모와 손위 형제들을 섬길 줄 아는 것과 연결될 뿐 아니라, 섬기는 것에서 벗어나지 않도록 하는 것과 연결된다. 따라서 지는 단지 무엇이 적절한지를 아는 것을 넘어서 동기부여적 요소를 포함하고 있는 것이다.

먼로(Donald J. Munro)에 따르면, 지와 의는 모두 무엇이 적절하고 무엇이 부적절한지에 대한 의식을 포함하며, 거기에 따라 행동하는 의무에 대한 긍정적인 느낌을 공유하고 있다. 하지만 의가 평가자가 포함될 수도 있는 사건이나 행위에 대한 평가를 수반한다면, 지는 평가자가 개입하지 않았을 수도 있는 경우의 평가를 수반한다.[26] 먼로의 이런 제안은 의가 자기 자신과 좀 더 밀접히 관련된다는 사실을 포착하고 있다. 3장 2절 2)에서 살핀 것처럼, 의는 자신보다 낮추어지는 것에 대한 감각과 연결되기 때문에, 종종 자신과

26) Munro, pp. 74-77.

관련되는 사건이나 행위와 관계가 있다. 하지만 지와 의 사이에는 또 다른 차이가 존재하는 것 같다. 이윤과 백이는 지가 결여되었다고 묘사되고 있지만(「만장하」 1장), 이들은 의가 아닌 것은 절대로 하지 않는 것에 헌신한다고도 말해진다(「공손추상」 2장). 따라서 이들에게서 의는 부족하지 않은 것으로 묘사되고 있는 것 같다. 이들이 지는 부족하지만 의는 부족하지 않다는 것과 이들에게 지가 부족한 것이 타인의 행위에 대한 이들의 평가가 아니라 이들 자신의 정치적인 행위가 문제라는 것을 감안한다면, 지와 의 사이에는 더 큰 차이가 있는 것처럼 보인다.

아마도 차이점은 두 개념이 무엇을 강조하느냐에 놓여 있는 것 같다. 의는 적절한 행위에 대한 확고한 헌신을 강조한다. 비록 의가 무엇이 적절한지를 아는 것에 계속 실패하는 것과 양립할 수는 없으며 따라서 무엇이 적절한지를 아는 능력을 어느 정도 수반하겠지만, 무엇이 적절한지를 아는 능력보다는 적절한 것에 대한 헌신의 확고함이 의에서는 강조된다. 반면에 지는 상황에 따라 무엇이 적절한지를 아는 능력을 강조한다. 지가 비록 적절한 것으로 간주된 행위를 실행에 옮기는 데 계속 실패하는 것과 양립하지는 않겠지만, 지에서는 적절한 행위에 대한 헌신보다는 무엇이 적절한지를 아는 능력이 강조되고 있다.

4. 부동심不動心

'부동심不動心'이란 개념은 「공손추상」 2장에서 공손추가 어떤 특정한 정치적인 맥락에서 맹자의 심이 동요하는지 또는 동요하지 않는지를 물어보는 대목에서 소개된다. 이 정치적 맥락이 그다지 분명하지는 않은데, 맹자가 관직을 얻는다는 시나리오에 대한 언급에 이어지는 "수유차패왕불이의雖由此霸王不異矣"이라는 구절이 상이하게 해석할 수 있기 때문이다.[27] 한 해석은 이 구절에 구두점을 "수유차패왕, 불이의"라고 찍어, '이異'(different, surprise)를 '놀라운'으로 해석한다. 이 해석으로는 공손추가 다음과 같이 물어보는 것이 된다. 즉 이 시나리오에서는 맹자가 패자의 업적을 성취하거나 또는 진정한 왕의 업적을 성취하는 것 – 추정컨대 제나라 왕이 패자나 심지어 진정한 왕까지도 되게끔 성공적으로 도움으로써 – 은 놀라운 일이 아니므로, 이렇게 된다면 맹자의 심이 동요하겠는지를 물어보는 것이다.(예를 들어 주희의 『맹자집주』, 라우, 레게, 양보쥔)

두 번째 해석은 구두점을 "수유차, 패왕불이의"라고 찍어, '이'를 '다른'으로 해석한다. 이 해석에 의하면 공손추는 다음과 같이 물어보는 것이 된다. 즉 이 시나리오에서 패자나 진정한 왕이 성취한 업적과 맹자가 성취한 업적 – 역시 추정컨대 제나라 왕이 패자의 업적 또는 진정한 왕의 업적을 이룰 수 있도록 도움으로써 – 이 다르지 않다면, 맹자의 심이 동요하겠는가를 물어보는 것이다.(예를 들어 조기의 주, 이를 따른 손석孫奭의 주; 『주자어류』 1231) 초순焦循은 이 두 가능한 해석을 모두 기록하고 있다. 어느 해석으로든 공손추의 질문은 맹자가 특정한 정치적 업적을 성취할 수 있으면 맹자의 심이 동요할 것인지와 관련된 것이다.

리겔(Jeffrey Riegel)이 제안한 세 번째 해석은 공손추의 질문을 맹자에 대한

27) 나는 해석의 문제가 더 야기될 수 있기 때문에 일부러 이 시나리오를 모호한 형태로 언급했다. 이 시나리오는 맹자가 제齊나라의 장관이 되거나(좀 더 일반적인 해석이다) 제나라 대신들보다 윗자리를 차지하는 것을 포함하는가? 그리고 공손추는 맹자가 과거에 제나라의 대신이 된 적이 있었던 것에 대해서 언급하고 있는가(「공손추하」 6장에서 맹자가 실제로 그런 관직을 얻었음이 언급된다), 아니면 미래의 가능성을 염두에 두고 말하고 있는가?

암묵적인 비판으로 해석하는 것이다.[28] 두 번째 해석과 마찬가지로, 이 해석도 구두점은 '차' 다음에 찍고 '이'를 '다른'으로 해석한다. 하지만 이 해석에서는 공손추가 맹자가 특정한 관직을 얻었음을 언급하고 맹자의 심이 동요하였는지를 물어보는 것으로 해석한다. 즉 맹자가 제나라 왕이 진정한 왕이 되게끔 격려했지만, 제선왕이 결국 패자와 같이 행동했다는 점에서 맹자는 패자와 진정한 왕을 구분하는 데 실패했기 때문에 그의 마음이 동요했었다는 것이다. 나는 이 해석 쪽으로 기울지만, 다음의 논의는 이 해석에 의존하지 않는다.

맹자는 부동심을 세 가지 형태의 용기(勇)를 논의하면서 설명했다. 이 중 둘은 북궁유北宮黝와 맹분孟賁을 통해 드러나고 또 하나는 공자가 주장한 (증자에 의해 보고된) 것이다. 북궁유는 언제나 반격하고 어떤 경우에도 패배나 모욕을 절대로 용납하지 않았다. 맹분은 패배를 승리라 여기고 두려움이 없었다. 증자에 따르면, 공자는 스스로 자신을 살펴 꼿꼿하지(縮) 않음을 발견하면 비천한 사람조차도 두려워하게 할 수 없으나, 만일 스스로 꼿꼿함(縮)을 발견하면 수천 명의 사람이라도 대적할 수 있다고 말했다고 한다. 맹자는 북궁유를 자하子夏와, 맹분을 증자曾子와 비교하였다. 맹분은 북궁유에 비해서는 약約(simple, what is important or essential)을 잡고 있고 또 기氣를 잡고 있는데, 이 기를 잡고 있는 것은 증자가 약을 잡은 것에 비교되지 않는다고 맹자는 묘사하고 있다.

조기는 '축'이 의義를 뜻한다고 보았다. 주희는 직直으로 보았다. 약간의 예외를 제외하고는, 대부분의 주석가와 번역가는 이 둘 중 하나의 의미를

28) Riegel, pp. 434-36.

취한다.29) 『예기』[52]에서 '축'은 '형衡'과 대조되어 '곧다'라는 의미(주희의 읽기)를 가지며, 이는 다시 비유적으로 올곧음 또는 의義의 의미(조기의 읽기)로 이끌게 된다. 공자가 주장한 최고의 용기에 대한 증자의 묘사 중에 등장하는 '축'에 대한 이런 해석은, 공자가 정말로 용기를 의에 관련시키고 있고(『논어』, 「위정」 24장; 「양화」 23장) 맹자가 뒤에 이어서 부동심-증자의 보고에 따르면 최고의 용기로 설명되어야 하는-을 의와 연결시킨다는 사실로부터 지지를 얻을 수 있다.

한 경우에는 맹분이 약을 고수한다고 하고, 다른 경우에는 약을 고수하는 증자보다 맹분이 열등하다고 묘사하는 것은 좀 이해하기 어려워 보인다. 조기(『맹자주』)는 '약'을 중요한 것 또는 근본적인 것이라는 의미의 '요要'로 설명한다. 주희(『맹자집주』; 『맹자혹문』 3/1b.5-11; 『주자어류』 1234~35)는 더 부연 설명하기를 '약'은 사람이 고수하는 어떤 구체적인 것을 가리키는 것이 아니라-왜냐하면 그렇지 않다면 맹분이 한 상황에서는 고수하고 다른 상황에서는 고수하지 않는다는 것이 이상하기 때문이다- 좀 더 중요하고 근본적인 것을 달성한다는 비교적인 관찰을 하는 데 사용되었다는 것이다. 대부분의 주석가들은 이러한 해석에 동의하는데, 몇몇의 주석가들(예를 들어, 호육환)과 번역가들(예를 들어, 양보쥔)은 '약'을 더 단순한 것이라고 해석한다. 초기 문헌에서 '약'은 '가난'(예를 들어 『논어』 「이인」 2장; 「술이」 26장)이나 '절제'(예를 들어 『논어』, 「옹야」 27장; 「자한」 11장; 「안연」 15장)를 의미하기도 했다. 여러 경우에서 약은 광범위하거나, 넓거나, 정교한 것과 대조되었다.[53] 이런 맥락에서 '약'은 단순한 것의 의미를 간직하면서도 중요하거나 근본적인 것의 의미도 같이 함축하였던 것 같다. 예를

29) 예외적인 경우들은 웨어는 '균형 / 균형 잡히게 하다'(poise)로, 리올은 '움츠리지 않다'(not shrink)로, 리겔은 '단단히 묶인'(bound tight)"(Riegel, p. 438, n18 참조)으로 번역한 예이다.

들어, 『맹자』, 「진심하」 32장에서 자신을 수양해서 천하에 안녕을 가져오는 것은 약을 지키면서도 광범위한 효과를 가져오는 것의 사례로 묘사된다. 여기서 '약'은 아마도 단지 단순한 것이라는 의미만이 아니라 중요하고 근본적인 것이라는 의미도 함축하고 있을 것이다. 한 사람의 말(言)을 가리키는 '약'의 용법도 아마 비슷한 의미를 가졌던 듯하다.[54] 이런 경우들로 말미암아 조기와 주희는 「공손추상」 2장에서의 '약'을 각기 자신의 방식으로 해석할 수 있었던 것이다.

「공손추상」 2장에서 묘사되는 세 가지 형태의 용기 사이에 어떤 차이점이 있는지 논해보기로 하자. 북궁유의 관심은 모욕과 패배를 허용하지 않음으로써 사회적인 불명예를 피하는 것에 있었다. 잠재적인 사회적 불명예에 대한 그의 반응은 상황에 관계없이 반격하는 것이었다. 이 반격에 대한 강조는 그의 추종자들이 군자도 싸운다고 주장한 것으로 『묵자』에서 묘사되는 자하와 비교하게 되는 포인트가 될 것이다.[55]30) 맹자에게 이는 낮은 단계의 용기이다. 왜냐하면 이런 형태의 용기는 자신의 내면보다 외적인 행위에 신경을 쓰기 때문이며, 의義 – 무엇이 불명예스러운가에 대해 사회적인 기준과 다를 수도 있는 – 보다도 사회적인 불명예를 고려하여 움직이기 때문이다. 맹분의 용기는 발전된 형태인데, 이는 맹분의 용기가 두려움 없음을 수반하고 따라서 외적인 행위보다 사물이나 여건에 의해 영향 받지 않는 것에 더 관심을 기울인다는 의미에서 그렇다. 황종희黃宗羲의 해석(1/14b.3)에서는, 북궁유는 다른 사람을 이기는 데 더 관심을 기울인 반면, 맹분은 자기 자신을 이기는 데 더 신경을 썼다. 더 나아가 맹분은 사회적 기준에 대한 주의가 느슨해졌음을

30) 이 점은 다음의 글에서 지적되고 있다. 徐復觀, 『論集』, p. 143; 李明輝, 「「知言養氣」章」.

보여주었다. 사회적으로 불명예의 하나인 패배를 승리로 간주한다고 묘사하고 있으니 말이다. 하지만 맹분의 용기는 어떤 상황이건 상관없이 언제나 두려움이 없었다는 점에서 여전히 주위 상황에 둔감하다. 맹자는 증자의 용기가 자신의 내면에 좀 더 신경을 쓴다는 점을 보여주면서 맹분의 용기를 증자와 비슷한 것으로 묘사하는데, 아마도 이런 점에서 맹분이 북궁유를 능가한다고 했을 것이다. 하지만 맹분의 용기는 여전히 기氣를 잡고 있다. 상황에 상관없이 두려움이 없다는 것을 확실히 하기 때문이다. 다른 한편, 증자의 용기는 의를 섬세하게 고려한다. 두려움 없음은 오직 의義와 일치할 때뿐이다. 이런 생각은 『논어』에서도 발견된다.(「안연」 4장)

맹자가 우월한 용기의 형태는 의에 의해 인도된다고 간주한 것은 「양혜왕하」 3장에서도 발견되는데, 여기서 그는 작은 용기와 문왕과 무왕의 큰 용기를 구분하였다. 전자는 북궁유의 용기와 같이 단지 다른 사람과 경쟁하고 패배를 받아들이지 않는 문제일 뿐이다. 후자는 사회적인 불명예에 관한 것이 아니다. 비록 치恥에 대한 언급이 있지만, 치의 대상은 사회적인 불명예가 아니라 합당하다고 생각하지 않는 상황과 그 상황을 바로잡는 데 필요한 용기이다.[31] 이상적인 용기에 대한 맹자의 개념은 초기 중국사상에서 이례적이지 않다. 순자에서도 높은 형태와 낮은 형태의 용기에 대한 비슷한 구분을 발견할 수 있다.[56] 낮은 형태의 용기는 합당함에 무감각하고 타인을 이기는 것과 관계가 있다. 높은 형태의 용기는 도를 따르는 데 두려움이 없음을 수반한다. 다른 문헌에서는, 이상적인 용기는 의와 관련되거나[57], 두려움이

31) 주희(『맹자집주』)와 장식 모두 이상적인 용기가 의에 의해 인도된다는 이 구절에 관해 주석을 달았다.

없음과 관련되거나[58], 불확실함이 없음과 관련된다.[59]

부동심 개념으로 돌아가서, 맹자는 아마도 심이 동요되지 않을 수 있는 이상적인 방식과 동요되지 않을 수 있는 이상적이지 않은 방식 모두를 허용했던 것 같다. 고자도 비록 이상적인 형태는 아니지만 부동심을 획득했다고 묘사되고 있기 때문이다. 이상적인 형태의 용기에 대한 논의는 이상적인 형태의 부동심도 의와 관련 있을 것이라는 암시를 준다. 추가적인 증거는 계속되는 「공손추상」 2장의 논의에서 맹자가 부동심을 호연지기를 기르는 것과 관련시켰다는 점과, 기는 바르게 길러져야 하고 의와 적절하게 관련되지 않으면 오그라들게 될 것이라고 한 말에서 찾을 수 있다.[32)] 기는 또한 행동이 심을 만족시키지 못하거나 심의 기준에 미흡하면 오그라들 것이다.[33)] 「고자상」 7장에서 심은 리理와 의에 즐거움을 느낀다고 했기 때문에, 위 언급의 요점은 아마도 의와 합치되지 않으면 기는 오그라든다는 것일 것이다.[34)] 즉, 이상적으로 말해서 심이 움직이지 않으려면, 기를 인도하는 지志가 의와 합치해야 하며, 기는 지志를 적절히 지원할 수 있게끔 길러져야만 한다는

32) '직양直養'에 대한 해석은 상대적으로 논란거리가 없다. 대부분의 주석가와 번역자들은 기가 의義(소기, 『맹사주』)로 또는 올바름(rectitude : 레게, 돕슨), 성실(integrity : 라우), 꼿꼿함(uprightness : 추 차이와 윈버그 차이)으로 길러져야만 한다고 해석하거나, 아니면 기가 합당하게 길러져야만(사일스) 하거나 또는 배양되어야(cultivated : 추 차이와 윈버그 차이) 한다는 것을 의미한다고 해석한다. 하지만 "배의여도配義與道"에 대해서는 다음과 같이 다른 해석들이 있다. 의와 도가 결합하다(라우), 의와 도의 짝이자 조수가 되다(레게. 주희의 『맹자집주』 참조), 의와 도에 수반되다(진영첩), 의와 도의 적절한 수령인이 되다(돕슨).

33) '겸慊'은 『여씨춘추』(여씨춘추1/7a.10-7b.4, 16/10a.7-8)의 몇몇 곳에서 '만족시키는'이라는 의미를 가지기도 하는데, 대부분의 주석가들과 번역가들은 그렇게 해석한다. 어떤 주석가들(예를 들어, 손석)과 번역가들(예를 들어, 라우)은 심의 기준에 부합한다는 것을 의미한다고 해석한다. 주희(『맹자집주』)는 이 두 가지 해석을 모두 제시한다.

34) 용기 그 자체는 종종 초기 문헌들(예를 들어, 여씨춘추 8/11a.2-4)에서 기와 관련되어 있으며, '용기勇氣'라는 결합어가 때때로 나타난다(예를 들어, 좌전85/8-9).

것이다. 이는 맹자가 자신의 장점 – 고자도 부동심을 얻었는데 이런 고자와 비교하여 – 이 언言을 알고 기를 기를 수 있다고 한 점을 설명해준다. 나는 4장 4절 3)에서 「공손추상」 2장에서 등장하는 '언'이 아마도 의에 대한 가르침을 지칭하는 것임을 보여줄 것이다.

심의 동요가 두려움을 수반할 수 있다는 점은 이 논의로부터 유추된다. 하지만 주희는 심의 동요가 불확실성도 가져온다고 하였다.(『맹자집주』, 『맹자혹문』 3/1a.11-12) 지志와 기氣의 관계를 논의하면서 맹자는 지가 일壹이면 지가 기를 움직이고, 거꾸로 기가 일이면 기가 지를 움직일 것이라고 말했다. '일壹'에 대한 해석은 명확하지 않다. 조기(『맹자주』)는 '막혀있음'을 의미한다고 보았고, 주희는 '집중하다'라는 의미로 보았다. 두 해석 다 번역가들 사이에서 사용됨을 볼 수 있다.[35] 하지만 우리가 '일'을 어떻게 이해하더라도, 이 대목은 기와 지志 사이의 상호적인 영향을 보여주고 있다. 기를 적절하게 기르는 데 실패하면 지를 실행할 충분한 열의를 갖지 못할 뿐 아니라 지 자체에 영향을 미치게 될 수 있다. 이렇게 보면 주희가 부동심은 불확실성과 두려움이 없어야 함을 요구한다고 본 것을 어느 정도 지지하게 된다. 주희는 흥미로운 관찰을 덧붙이는데, 맹자가 나이 사십에 부동심을 획득했다고 한 것은 아마도 공자가 같은 나이에 혹惑 또는 당혹함으로부터 자유롭다고 한 것(『논어』, 「위정」 4장)을 가리키는 것이라고 하였다. '혹惑'은 때때로 초기 문헌에서 지志와 관련이 되는데,**60** 아마도 지志의 움직임과 관련이 있는 듯하다.

35) 대부분의 번역가들은 조기를 따르는 라우를 제외하고는 주희 해석의 이런 저런 변형된 형태들을 받아들인다. 레게는 '일壹'을 "활동적인 데 있어 혼자인"(be alone in being active)이라고 번역하며, 돕슨은 "우선권이 주어진"(be given primacy)이라고 번역한다. 또 다음을 보라. Riegel, p. 454n29.

따라서 이상적인 형태의 부동심은 두려움이나 불확실함으로부터 영향받지 않고 합당함을 따르는 것을 수반한다. 부동심은 비록 같은 것은 아니지만, 윤리적 특성인 지智와 의義와 관련이 있다. 지智가 심의 적절한 방향을 강조하고 의가 합당한 행위에 대한 헌신을 강조하는 반면, 부동심 개념-비록 지와 의의 개념을 모두 수반하지만-은 기를 함양하여 두려움, 불확실함 또는 그 외의 합당한 것으로부터 이탈하게 이끄는 영향들로부터 자유로울 것을 보장함을 강조한다. 즉, 좀 더 적극적으로 심의 방향과 합당함에 대한 헌신을 강조하는 지智와 의와는 다르게, 부동심은 더 부정적으로 심의 방향에 미칠 수 있는 또는 심의 방향에 따라 실행하는 능력에 미칠 수 있는 왜곡적인 영향이 없는 상태를 강조하고 있는 것이다. 부동심과 흡사한 생각이 다른 구절들에서도 발견된다. 예를 들어, 「등문공하」 2장은 "부와 명예에 의해 과도한 데로 나아가거나, 가난과 낮은 신분에 의해 편협하게 되거나, 월등한 힘 앞에 굴복하지" 않는 것에 관한 것이다.[36] 「진심상」 9장은 "남이 알아주건 알아주지 않건" 만족하고, "역경에 처해 의를 버리지 않고 성공했을 때 도에서 떠나지 않을 것"을 요구한다. 이와 같은 목적의식의 확고부동함은 또 거지가 굶어죽더라도 모욕적으로 건넨 음식은 거절하는 것(「고자상」 10장)이나, 부당한 소환에 응하느니 죽음을 택하려는 사냥터지기(「만장하」 7장) 같은 예들을 통해 설명된다.[37] 이런 태도는 명命에 대한 적절한 태도에 관한 맹자의 견해와 관련되므로, 이제 명에 대한 논의로 넘어가도록 하자.

36) 이 구절에서 바로 앞의 지志에 대한 언급은 지가 과도하거나, 편협하게 되거나, 굴복하게끔 이끌리지 않는 것으로 상정된 것일 가능성을 높게 만든다.

37) 다음을 보라. 陳大齊, 『淺見集』, pp. 231-32.

5. 명命에 대한 태도

1) '천天'과 '명'의 용법

「만장상」, 6장에서 맹자는 다음과 같이 말했다. "행해짐이 없이 행해진 것은 천天 때문이요, 일으킴이 없이 이르는 것은 명命이다." 진대제陳大齊는 앞부분을 어떤 다른 것 또는 다른 사람의 힘을 통해 천이 일을 한다는 의미에서 천은 실제로 그 일들을 하지 않으면서 한다는 것을 말한다고 보았다.[38] 다른 몇몇 주석가들도 앞부분은 천이 적극적으로 행하지 않은 채 일하는 것을 가리킨다고 보았다. 예를 들어, 황종희(2/46a.3-6)는 비록 그 어떤 천의 활동이라는 표시도 없지만 자연의 운행은 천 때문이라는 것을 말하는 것으로 이해했고, 손석孫奭은 『노자』의 "무위무불위無爲無不爲" 구절을 인용하여 천의 활동을 묘사했다.[39] 이런 해석은 대부분의 주석가 - 주희(『맹자집주』)와 다른 이들을 포함한 - 와 번역가들 - 돕슨, 라우, 레게, 리올, 웨어, 우치노를 포함한 - 의 해석과 다르다. 대부분 앞부분을 인간이 하지 않는 (또는 할 수도 없는) 것이지만 그럼에도 불구하고 행해지는 것은 천 때문이라고 말한다고 보았다.

두 번째 해석이 첫 번째 해석보다 옳을 가능성이 더 높은데, 그것은 첫 번째 해석으로는 천에 대한 의미와 유사성을 보이는 명에 관한 뒷부분을

38) 陳大齊, 『孟子待解錄』, pp. 94-96.

39) 손석의 입장은 좀 더 애매모호하다. 주석에서 손석은 인간이 행하지 않아도 행해지는 것도 말하고 있다.

해석하기 어렵기 때문이다. 뒷부분은 대부분의 주석가와 번역가들이 보았듯이, 일어나는 것이 인간의 노력을 통해서가 아닌 것을 명이라고 말하는 것으로 해석할 경우 더 의미가 통한다. 두 번째 해석으로 기울게 하는 또 다른 고려 사항은 이 구절 바로 앞에서 맹자가 사람에 의해 행해진 것이 아니라 천 때문에 일어난 일들에 대해 말하고 있는 것을 들 수 있다. 여기서의 맥락이 인간이 하고자 원함이 없이 하는 것이라기보다는 인간이 하지 않는 것에 관한 것이라는 것도 조기(『맹자주』)의 해석 – 인간이 하고자 원함이 없이 하는 것은 인간이 천에 의해 하도록 만들어진 것을 의미하는 것이라고 초순에 의해 다듬어진 – 에 반하는 것이다. 따라서 이 구절이 보여주는 것은 맹자가 사람의 노력 때문이 아닌 일들은 천 때문이며 명의 문제로 여겼다는 것이다. '천'과 '명'의 차이점은 아마도 전자는 행하지 않아도 행해지는 일들의 근원을 강조하고, 후자는 그 결과를 강조한다는 점일 것이다.(황종희, 2/46a.3-46b.4 참조)[40]

『맹자』에서 천에게 귀속되는 일들은 자연현상만이 아니라 정치적인 노력의 성패(「양혜왕하」, 14장 · 16장), 정치권력의 이양(「만장상」, 5장), 질서(「공손추하」, 13장)나 도(「이루상」, 7장)가 천하에 득세할 것인지의 여부 등도 있다. 『논어』에서처럼, 중요하지만 자신이 거의 통제할 수 없는, 그래서 자신보다 높은 권위에 대한 의존심을 느끼는 것들은 천에 귀속시키는 경향이 있다. 천은 윤리적 삶의 근원으로 간주되기도 한다. 이상적인 삶의 방식은 천의 도道(「이루상」, 12장 및 「진심하」, 24장)로, 인仁은 천의 작위로 묘사된다(「공손추하」, 7장 및 「고자상」, 16장). 또 천은 심心의 근원(「고자상」, 15장)이고 심의 윤리적 성향의

40) 돕슨의 번역은 '명'이 정치적 권위의 근원으로서의 천명을 가리키는 것으로 해석한다. 문맥이 왕위의 계승과 관련되므로 가능한 독해로 보인다.

근원(「등문공상」, 5장 및 「고자상」, 7장)이다. 심을 완전히 발전시키고 보존하는 것은 천을 알고 천을 섬기는 것(「진심상」, 1장)이기도 하다. 따라서 '천'은 인간의 통제 안에 있지 않은 것의 근원을 지칭하는 기술적인(descriptive) 차원과 윤리적 이상의 근원을 지칭하는 규범적인 차원 모두를 지니고 있다. 『논어』에서와 마찬가지로 천이 인격신인지 여부와 초월적 차원을 가지고 있는지의 여부에 대한 논쟁은 있어 왔다. 이런 이슈는 맹자의 성性에 대한 견해와 연관이 있으므로, 나는 이에 관한 논의를 6장 2절 3)으로 미루겠다.

'명'도 인간의 통제력이 미치지 않는 경우와 합당함(義)을 모두 가리키며 아마도 두 차원을 다 지니고 있을 것이다. 명은 말하자면, 인간 행위에 대한 인과적인 강제와 규범적인 강제 모두와 관련이 있는 것이다.[41] 하지만 이 문제와 관련해 학자들 사이의 견해는 일치하지 않는다. 그레이엄(A. C. Graham)과 부사년 같은 학자들은 『맹자』에서 '명'의 용법은 두 가지 차원이 다 있다고 본다.[42] 진대제, 서복관, 노사광과 같은 이들은 기술적인 차원을 강조한다.[43] 당군의와 같은 이는 규범적인 차원을 강조한다.[44]

『논어』와 관련해서 2장 1절 1)에서 언급한 이유들로 말미암아, 어떤 특

41) 주희(『주자어류』 1360)는 「만장상」 6장에 대해 논평하면서 이 두 가지 차원의 '명'을 분명히 구분하고 있는 것으로 보인다.

42) 부사년은 '명'이 삶의 바뀌지 않는 조건들과 의를 모두 가리킨다고 해석한다.(pp. 347, 355) 그레이엄은 명이 사물들이 어떻게 그러한지와 또 마땅히 왜 그러해야만 하는지를 포함한 인간 존재의 변경할 수 없는 조건들을 모두 포함한다고 본다.("Background," p. 54)

43) 진대제는 '명'에서 인간의 통제 안에 있지 않는 경우들을 지칭하는 용법을 강조하며(『待解錄』, pp. 303-11), 서복관은 『맹자』에서 '천명'이라는 결합어가 사용되지 않으며, '명'으로만 쓰일 경우 이는 '운명'을 의미한다고 말한다(『人性論史』, p. 167). 노사광은 '명'의 대부분의 용법은 운명을 가리키지만 어떤 경우에는(「진심상」 1・2장에서와 같은 경우) 삶을 가리킨다고 생각한다(pp. 134-38).

44) 唐君毅, 『導論篇』, pp. 522-27. 2장 1절 1)에서 『논어』에서의 '명'의 용법에 대한 당군의의 견해를 논의한 것을 참조하라.

정한 경우의 '명'이 어떤 차원을 강조하고 있는지 결정하는 것은 종종 어렵다. 예를 들어 명과 의를 연결시키고 있으며, 공자가 관직을 얻거나(得) 얻지 못하는(不得) 것은 명에 달려 있다고 말하고 있는 「만장상」 8장을 보자.[45] 명에 대한 언급은 한편으로는 관직을 얻기 위해 어떤 특정한 방식으로 나아가야 할지 말지에 대한 논의의 맥락에서 소개되고 있으므로, 관직을 얻는 것은 인간의 완전한 통제범위 안에 있는 것은 아니라는 사실을 '명'이 가리킨다고 봐서 명의 기술적인 차원으로 해석하는 것이 가능하다. 「진심상」 3장에서의 무언가를 얻는 데 있어서 각자에 달린 것과 명에 달린 것 사이의 대조도 이런 독법을 더 한층 지지할 수 있다. 다른 한편으로 『맹자』는 자주 의를 무언가를 얻는 데 합당한 방식과 관련하여 언급하는데, 이는 '무의무명無義無命'(의도 없고 명도 없는 것)이란 표현이 명과 의를 연결시킨다는 사실로 보아 '명'도 무언가를 얻는 데 합당한 방식을 가리키는 것으로 볼 수 있으므로, 명이 규범적인 차원을 지니고 있다고 해석하는 것을 가능하게 한다. 더 나아가 '명'에 기술적 차원이 있다고 인정한다고 하더라도, 명이 관직을 얻는 것이 완전히 인간의 통제 안에 있지는 않다는 사실에 대응하는 합당한 방식을 가리키는 것으로 보아 규범적인 차원도 가지고 있다고 해석하는 것이 가능하다.[46]

두 차원으로의 구분이 주로 이해에 도움을 주는 편의적인 장치이고 초기 문헌에서는 명확히 구분되지 않았을 것이기 때문에, 다른 차원을 배제한 채

45) 『논어』, 「헌문」 36장에서의 '명'에 대한 해석에서도 비슷한 어려움이 있다. 여기서 공자는 다시 정치적인 맥락에서 명이 도가 널리 퍼져 있거나 통용되지 않느냐에 있다고 언급하고 있다.

46) 다음을 참조하라. 傅斯年, p. 355. 唐君毅, 『導論篇』, pp. 515-16.

한 차원만 있을 것이라고 기대할 이유는 없다. 두 차원이 다 있고 명확히 구분되지 않았을 가능성은 몇몇 주석가들이 그 구절을 해석하는 방식에도 반영되어 있다. 예를 들어 초순(19/9b.3-10)은 다음의 장이기張爾岐의 견해를 인용하고 있다. 사람이 얻을 수 있는 것에 한계가 있다는 의미의 명은 알 수 있는 것이 아니며, 군자는 의를 명으로 여기는데 이는 의가 금지하는 것을 사람이 얻을 수 있는 것의 한계로 간주한다는 의미에서 그렇다는 주장을 하는 구절이라는 것이다. 자신들의 목적을 이루기 위해서 할 수 있는 모든 것을 시도해본 후에야 명을 인식하는 사람들과는 다르게, 군자와 성인은 가능한 모든 수단을 다 시도해보지 않고 의인 것만을 행하며, 그들의 목표를 달성하기 위해 다른 수단을 사용하는 것이 의에 반할 때 그들의 목표를 달성하지 못하는 것을 명으로 여긴다. 이런 방식으로 군자와 성인은 명을 의와 동일시하며, 의에서 위안을 취하면서 자신을 명과 조화시킨다. 황종희(2/47b.6-48a.2)도 비슷하게 읽고 있으며, 장식도 마찬가지로 두 차원을 다 가져와 「만장상」 8장을 다음과 같이 해석한다. 즉, 많은 사람들은 인간 노력의 한계점이란 의미로 이해되는 명을 알지 못하며, 따라서 자신들의 목적을 성취하기 위해 쓸데없는 노력을 한다. 다른 한편 공자는 의와 명을 하나로 여기며, 예의禮義를 명이 거하는 곳으로 여긴다.

우리가 「만장상」 8장에서의 '명'의 용법을 어떻게 해석하든 간에, 이 구절은 관직을 획득하는 것과 관련해서 사람은 합당함(義)에 따라 나아가야 하며 그 이후에는 비록 결과가 좋지 않을지라도 의에 반하는 노력은 경주함이 없이 그 결과를 받아들여야 한다는 태도를 전달하고 있다. 비슷한 태도가 '명'이란 글자가 또 등장하는 「진심상」 1장에서 3장의 구절에 반영되어 있다.

2) 「진심상」 1장~3장

「진심상」 1장에는 다음과 같은 언명이 있다. "단명하거나 장수하는 것에 대해 이貳(two)하지 않고, 자신을 수양해서 그것(之)을 기다린다(俟). 이것이 명命을 세우는 방법이다." 이 글의 맥락은 자기 수양에 관한 것인데, '이貳', '지之', '명命'을 어떻게 독해하느냐에 따라 다른 해석이 가능하다.

조기(『맹자주』)는 '불이不貳'를 두 마음을 가지고 자신의 길을 바꾸지 않는다는 의미로 읽는다. 주희(『맹자집주』; 『주자어류』 1429)는 이 언명을 천을 알고 섬긴다는 바로 이전의 언급과 비교하면서 전반부는 아는 것에 대한 것이고 후반부는 수양에 대한 것이라고 한다. 따라서 주희에 따르면 '불이'는 의심하지 않는 것을 의미한다. 즉 아는 것에 대해 두 마음을 가지지 않는다는 것을 의미한다는 말이다. 대부분의 주석가와 번역가는 조기나 주희의 해석을 따르는데, 황종희(2/76a.5-76b.1)는 유종주劉宗周의 견해를 인용하면서 세 번째 해석을 제안했다. 무엇이 합당한지 분명하게 이해하여 따랐다면, 살고 죽는 것에 대해서는 더 이상 근심하지 않는다는 의미에서 단명하거나 장수하는 것을 하나로(둘이 아니라) 여긴다.[47] 강조점의 차이에도 불구하고, 세 해석은 대체로 크게 다르지 않다. 이 해석들은 모두 삶과 죽음에 대한 고려 때문에 합당한 것에서 벗어나게 되어서는 안 된다는 점을 강조하고 있다.

'지之'가 무엇을 가리키는지에 대해서도 의견이 갈리고 있다. 주희(『맹자집주』)는 죽음을 가리킨다고 보며, 레게(Legge)도 주희를 따라 '지'를 단명 또는

47) 리욜(Lyall)은 황종희와 비슷하게 읽고 있다. 웨어(Ware)는 내 생각에는 상대적으로 설득력이 떨어지는 네 번째 해석을 제시한다. 그는 '둘이 아님'이 단명이나 장수 중 하나가 아마도 이미 결정되었다는 의미에서 확실한 어떤 것을 의미한다고 해석한다.

장수를 가리키는 것으로 해석한다. 반면에 조기(『맹자주』)와 장식張栻은 '지'가 '명命'을 가리킨다고 본다. '지'가 '명'을 가리킬 확률이 높은데, 「진심하」 33장은 「진심상」 1장에서의 "사지俟之"(그것을 기다린다)와 비슷한 "사명俟命"(명을 기다린다)이란 표현을 담고 있기 때문이다. 하지만 여전히 기다려지는 것의 내용이 삶과 죽음과 관계가 있을 가능성이 열려 있는데, 삶과 죽음 자체가 명의 문제이기 때문이다.[48] 사실 조기(『맹자주』, 「진심하」 33장) 자신이 「진심하」 33장에서의 "사명"을 단명이나 장수를 기다린다는 식으로 「진심상」 1장에 비추어 설명하고 있다.

'명'은 '기술적'인 차원이 주가 되거나 또는 '규범적'인 차원이 주가 되는 방식으로 해석될 수 있다. 첫째 해석에 의하면, 기다리는 것과 명을 세우는 것은 사태를 변화시키고자 쓸데없이 노력하지 않고 인간의 통제력 안에 있지 않은 것의 발생을 기다리는 것이 된다. 주희(『맹자집주』)와 장식이 「진심하」 33장에서의 "사명俟命"을 이렇게 읽는데, 인간이 통제할 수 없는 것에는 재산이나 불운, 부와 가난 등과 같은 것들이 포함된다고 본다. 두 번째 해석에 의하면, 기다리는 것과 명을 세우는 것은 의를 따르는 데 완전히 준비되어 있어서 단명이나 장수와 같은 고려 사항들에 의해 동요되지 않는다는 것이다. 부사년과 당군의는 모두 "사명"을 이런 식으로 읽는다.[49] 비록 「진심상」 2장을 고려해보면 '명'에 대한 첫째 해석을 지지하지만, 이 단락 그 자체만을 두고 보면 두 해석 중에서 어느 하나의 손을 들어줄 수 있는 명확한 방법은 없다.

48) 노사광은 이 맥락에서의 '명'을 삶과 죽음을 가리키는 것으로 해석한다. 勞思光, p. 137.
49) 傅斯年, p. 347; 唐君毅, 『導論篇』, pp. 522-27 및 『原道篇』, pp. 245-46.

「진심상」 2장은 모든 것에는 명이 있고 사람은 정명正命을 기꺼이 받아들여야 한다는 언명으로 시작한다.[50)] 이 단락에서의 '명'의 용법은 의義를 가리키는 것으로 보아 규범적인 차원이 주가 된다고 하기 쉽지 않다. 그렇게 되면 정正한 명과 정正하지 않은 명 사이의 대조를 이해하기 어렵기 때문이다. 주희(『맹자집주』; 『주자어류』 1429, 1434~35)는 '명'이 인간의 통제 밖 영역인 운과 불운, 삶과 죽음과 같은 것들을 가리키는 것으로 해석한다. 정하지 않은 명은 합당치 않은 행위의 결과로 오는 것이고, 이에 반해 정한 명은 합당치 않은 행위의 결과로 오는 것이 아니다. 예를 들어, 관직을 얻는 것은 명(군주로부터의 임명)이며, 관직의 기간이 끝나는 것도 명(군주로부터의 임명)이다. 후자가 정正한지는 관직의 종료가 그 기간이 단순히 종료했기 때문인지, 아니면 잘못으로 인해 물러나게 된 것인지에 따라 다르다. 장식도 이 구절을 비슷하게 해석하는데 '명'의 기술적인 차원이 이 구절에서 더 강조된다는 사실은 「진심상」 1장에도 다시 반영된다. 1장과 2장 모두 삶과 죽음에 관한 것이고, 하나는 기꺼이 명을 받아들일 것을 말한다면 다른 하나는 명을 기다리는 것을 말하고 있기 때문에, 「진심상」 1장에서의 '명'도 기술적인 차원을 강조하는 것일 것이다.

따라서 「진심상」 1장은 스스로를 수양하여 자신이 목표하는 바에 흔들림 없이, 어떤 일이 닥치더라도 그것을 받아들일 것을 강조하고, 2장은 합당함에 따라 마땅히 행동해야 하며 그러고 난 후에는 일어나는 것을 기꺼이

50) 초순은 "막비명야莫非命也"에 대한 다른 독해를 제시한다. '비'가 정正의 반대인 옳지 않음을 의미한다고 보아 이 구절이 사람들로 하여금 옳지 않은 명을 피할 것을 촉구하고 있다고 해석한다. 추정컨대 합당치 않은 행동을 삼가고 그렇게 해서 합당치 않은 행동이 초래할 것을 피하는 방식을 통해서 말이다.

받아들일 것을 비슷하게 강조한다. 2장 구절은 명을 진실로 아는 것(知)이란 도를 따랐을 때 뒤따르는 결과인 정명만을 기다리고 기꺼이 받아들이는 것임을 강조한다는 점에서 아마도 1장을 넘어서고 있는 것 같다. 명에 대한 이런 태도는 부동심과 관련이 있는데, 이 둘 모두 삶에서 실제의 또는 예상되는 불리한 조건들을 향한 태도와 관련이 있다는 점에서 그렇다. 부동심 개념이 불리한 조건에서 기인하는 왜곡된 영향을 받지 않는 것을 강조한다면, 명을 받아들인다는 생각은 자신이 합당하게 행동했다는 확신만 있다면 불리한 조건도 기꺼이 받아들이는 것을 강조한다.

'명'이란 글자는 「진심상」 3장에도 등장한다. 당군의는 여기서의 '명'을 자신의 목적을 달성하기 위한 행위에 제약을 가하는 합당함에 대한 고려를 가리킨다고 보아 주로 규범적인 것이라고 해석한다.[51] 하지만 자신의 통제 안에 있는 것들과, 그것을 추구하는 데 도가 있고 그것을 획득하는 데 명이 있는 것들 사이의 대조는 여기서의 '명'의 용법을 주로 기술적인 것으로 보는 해석을 선호하게 한다. 그러한 것들을 획득하는 데 명이 있다는 언명에 이어, 추구하는 것은 획득하는 데 공헌하지 않는다는 언명이 바로 뒤따른다는 사실을 추가 증거로 제시할 수 있다. 사실 만일 우리가 "재아在我"와 "재외在外"의 대조에서 등장하는 '재在'를 '~에 있다' 또는 '~에 달려 있다'의 의미로 보면, 이 구절의 요점은 자신에게 달려 있는 것에 대한 추구와 외부적인 요인에 달려 있는 것에 대한 추구 사이의 대조에 있게 된다. 조기(『맹자주』, 『맹자장지』)와 주희(『맹자집주』)는 '명'에 대한 이런 해석을 채택하여, 3장이 자신의 통제 안에 있는 윤리적인 추구와 부와 명예와 같이 자신의 통제 바깥의

51) 唐君毅, 『導論篇』, pp. 522-27, 특히 pp. 525-26.

것들을 획득하는 것 사이의 대조로 읽는다.[52] 좀 더 자세히 말하면, 조기(『맹자주』)는-손석孫奭도 이를 따르는데- 이 대조를 천의 작위(天爵)와 사람의 작위(人爵)의 대조로 해석한다.(「고자상」, 16장 참조) 후자를 획득하는 것은 타인이 자신에게 작위를 주는 것에 달려 있으므로, 자신의 통제 안에 있는 것이 아니다.(「고자상」, 17장 참조) 3장에서 자신의 통제 안에 있지 않는 것이 가리키는 데는 최소한 일정 부분 관직과 관련이 있다. 「만장상」 8장에서는 공자가 관직과 관련하여 예와 합치하여 나아가고 의와 합치하여 물러난다고 묘사하고 있으며, 관직을 획득하고 안하고는 명에 있다고 말하고 있다. 이는 추구하는 데 도가 있고 획득하는 데 명이 있는 것에 대한 분명한 사례로 보인다.[53]

대조를 이루는 두 종류의 것들에 대해, 전자에 대해서는 추구하는 것이 얻는 데 도움이 될(益) 것이라고 말해지고, 후자에 대해서는 추구하는 것이 얻는 것에 도움이 되지 않을 것이라고 말해진다.[54] 「공손추상」 2장에서는 호연지기에 대해서 노력하는 것이 호연지기를 기르는 데 도움을 주지(益) 않는다고 간주하는 것은 잘못된 판단이라고 말한다. 노력하는 것이 도움을 준다는 것이다. 이는 「진심상」 3장에서의 두 종류의 추구 중 첫 번째가 수양

52) 라우는 맹자가 '제한된 의미의 숙명론'의 형태를 승인했을 것이라고 보아 비슷하게 해석한다. Lau, "Introduction," *Mencius*, p. 23

53) 만일 우리가 「진심상」 3장에서의 '명'을 기본적으로 기술적인 것으로 해석하면, 「만장상」 8장에서의 '명'도 비슷하게 해석할 수 있는 이유가 된다. 왜냐하면 둘 다 얻음(得)과 관련되어 있기 때문이다.

54) 비록 대부분의 주석가와 번역가들이 '익益'을 '~에 공헌하다'로 해석하지만, 돕슨(Dobson)은 '~부터 가치를 얻다'로 해석한다. 돕슨에 따르면 이 대조는 구하는 것이 발견하는 것에서 그 가치를 얻는지 여부에 관한 것이다. 후자의 경우 구해지는 것을 발견하느냐 여부는 이미 정해져 있으며, 구함은 발견하는 데서 그 가치를 끌어내는 것이 아니기 때문에 아무런 가치가 없다.

과 관련되었음을 확인해준다. 그렇지만 두 번째 종류의 추구에서 추구하는 것이 얻는 데 도움을 주지 못한다는 발언은 이해하기 쉽지 않다. 삶, 부, 명예와 같은 것들은 사람이 통제할 수 있는 것이 아니라고 하더라도, 이런 것들을 추구하는 것은 최소한 차이를 만들어내기 때문이다. 우리가 조기를 따라 「진심상」 3장을 천작과 인작의 대조에 관한 것으로 읽으면 이 언명을 이해할 수 있다. 인간의 작위爵位를 얻기 위해서는 인작人爵을 목적으로 함이 없이-추구하는 데 도가 있다- 천작天爵을 추구하여야 하고, 인작이 스스로 오게 하여야 한다. 인작을 얻고 못 얻고는 통제할 수 없고-얻는 데 명이 있다- 추구하는 것은 얻는 데 도움을 주지 못하는데, 인작을 목적으로 하는 것은 정확히 그것을 얻지 못하게 한다는 점에서 그렇다.(「고자상」, 16장 참조)

「진심상」 1장과 2장은 자기수양에 대한 것이다. 합당한 것을 따르고, 자신의 통제 밖에 있는 불리한 삶의 여건들, 또는 삶의 여건들을 바꾸는 데 합당치 않은 행동이 요구되는 그러한 불리한 여건들은 기꺼이 받아들이라고 한다. 이는 윤리적 추구에 노력을 경주해야 하고 삶의 외부적인 조건들을 걱정해서는 안 된다는 것을 함축한다. 이런 생각은 추구하는 것이 얻는 것에 도움을 주는 것들과 추구하는 것이 얻는 데 도움을 주지 않는 것들 사이를 대조하고 있는 3장에서 강조된다. 이 대조는 윤리적 추구와 관련되는 전자에 모든 노력을 경주해야만 한다는 것을 함축하고 있다.

옮긴이 주

1 『시경』, 「小雅 · 節南山之什 · 雨無正」 3장(SC194/3).

2 『시경』, 「小雅 · 節南山之什 · 小宛」 2장(SC196/2); 「大雅 · 生民之什 · 民勞」 3장(SC253/3); 「大雅 · 蕩之心 · 抑」 2장(SC256/2); 「大雅 · 蕩之心 · 抑」 5장(SC256/5); 「頌 · 魯頌 · 泮水」 4장(SC299/4).

3 『시경』, 「頌 · 臣工之什 · 臣工」(SC296).

4 『시경』, 「小雅 · 節南山之什 · 巷伯」(SC200/7).

5 『시경』, 「頌 · 魯頌 · 泮水」 4장(SC299/4).

6 『시경』, 「大雅 · 生民之什 · 板」 8장(SC254/8).

7 『시경』, 「大雅 · 蕩之心 · 雲漢」 6장(SC258/6).

8 『시경』, 「大雅 · 生民之什 · 民勞」 3장(SC253/3); 「大雅 · 蕩之心 · 抑」 2장(SC256/2); 「頌 · 魯頌 · 泮水」 4장(SC299/4).

9 『시경』, 「大雅 · 蕩之心 · 常武」 1장(SC263/1).

10 『좌전』, 僖公 11年傳 春, "禮, 國之幹也…… 則上下昏."(TC158/8-10)

11 『예기』, 권15, "君子無不敬也…… 枝從而亡."(LC15/5b.8-10)

12 『예기』, 권11, "一年視離經辨志, 三年視敬業樂群."(LC11/1b.10)

13 『예기』, 권8, "其義難知也. 知其義而敬守之."(LC8/10a.1)

14 『예기』, 권14, "王后夫人非莫蠶也…… 此祭之道也."(LC14/19b.3-4)

15 예를 들어 『좌전』, 襄公 13年傳 春, "諸侯遂睦…… 晉國以平"(TC456/7); 襄公 26年傳 春, "子産其將知政矣. 讓不失禮"(TC519/15); 昭公 2年傳 春, "忠信, 禮之器也…… 先國後己"(TC582/16); 『논어』, 「이인」 13장.

16 예를 들어 『예기』, 권17, "儉近仁…… 其不甚矣"(LC17/4a.5); 권20, "民作敬讓而不爭矣"(LC20/6b.3); 권20, "敬讓也者, 君子之所以相接也."(LC20/14b.10)

17 『예기』, 권1, "長者問, 不辭讓而對, 非禮也."(LC1/3b.9)

18 『예기』, 권1, "禮者不可不學也…… 自卑而尊人."(LC1/3a.1)

19 『묵자』, 「所染」, "擧天下不義辱人."(MT3/6)

20 『여씨춘추』 2권, 「當染」, "擧天下之不義辱人…… 必稱此四王者."(LSCC2/13b.7)

21 『여씨춘추』 2권, 「貴生」, "所謂迫生者…… 而迫生非獨不義也."(LSCC2/7b.5-9)

22 『여씨춘추』 5권, 「適音」, "人之情, 欲壽而惡夭…… 則心適矣"(LSCC5/10a.7-8); 8권, 「論威」, "人情欲生而惡死…… 則三軍之士可使一心矣."(LSCC8/4b.2-5)

23 『순자』, 「榮辱」, "榮者常通…… 是榮辱之大分也."(HT4/33)

24 『순자』, 「君道」, "欲安而惡危…… 辟此三惡."(HT12/66)

25 『좌전』, 昭公 5年傳 春, "晉韓宣子如楚送女…… 辭不敢見, 禮也."(TC601/13-602/10)

26 『순자』, 「正論」, "子宋子曰…… 而皆以己之情爲欲多, 是過也."(HT18/93-114)

27 『장자』, 「逍遙遊」, "而宋榮子猶然笑之…… 彼其於世未數數然也."(CT1/18-19)

28 『순자』, 「正論」, "而聖王之分…… 百姓以成俗."(HT18/104-11)

29 『순자』, 「榮辱」, "反之人…… 是榮辱之大分也."(HT4/22-23)

30 『순자』, 「非十二子」, "不能使人必用己…… 其冠進, 其衣逢."(HT6/40-42)

31 예를 들어 『맹자』, 「양혜왕상」 5장; 『한비자』, 「八說」, "搢笏干戚…… 非智者之備也."(HFT47.4.1-24)

32 예를 들어 『한비자』, 「五蠹」, "古者蒼頡之作書也…… 乃蒼頡固以知之矣"(HFT49.10.1-5); 『신불해』, "天道無私是以恒正, 天道恒正是以清明."(SPH358, no. 8)

33 예를 들어 『신자』, 「君人」, "君舍法而以心裁輕重…… 所以去私塞怨也"(ST268, nos. 62-63); 『신자』, "法之功…… 謂之不法"(ST276-278, nos. 75-78); 『한비자』, 「姦劫弑臣」, "世之學者說人主…… 而有罪者不幸矣"(HFT14.7.1-53); 「八說」, "爲故人行私謂之不棄…… 不可得矣"(HFT47.1.1-35); 「八說」, "故存國者…… 皆亡國者也."(HFT47.6.26-56)

34 『국어』, 「魯語下」, "有禦楚之術."(KY5/3b.8)

35 『국어』, 「魯語上」, "桀奔南巢, 紂踣於京, 厲流於彘, 幽滅於戲, 皆是術也."(KY4/12a.3)

36 『좌전』, 襄公 27年傳 春, "兵之設久矣…… 皆兵之由也."(TC531/3)

37 『순자』, 「大略」, "行之得其節…… 所以佐生也."(HT27/20-24)

38 예를 들어 『예기』, 권20, "故射者…… 然後可以言中"(LC20/9a.5-6); 권20, "射之爲言者繹也…… 則射中矣."(TC20/11a.9-11b.1)

39 『국어』, 「晉語」, "殺身以成志, 仁也."(KY8/3a.7)

40 『국어』, 「晉語」, "其志益廣."(KY8/1a.5)

41 『국어』, 「楚語上」, "耀明其志."(KY17/1b.4)

42 『국어』, 「晉語」, "變其志."(KY8/2a.6)

43 『국어』, 「晉語」, "惑以喪志."(KY14/10a.4)

44 예를 들어 『장자』, 「소요유」, "齊諧者…… 上者九萬裏"(CT1/3); 『좌전』, 僖公 24年傳 春, "遂隱而死…… 且旌善人"(TC189/5); 昭公 12年 春, "不能自克…… 克己復禮, 仁也."(TC638/16)

45 『국어』, 「周語上」, "夫天地之氣, 不失其序…… 於是有地震"(KY1/10a.3-5); 「周語下」, "靈王二十二年…… 古之聖王唯此之慎."(KY3/4b.10-5a.10)

46 『좌전』, 昭公 25年傳 春, "民之行也…… 是以先王尙之."(TC704/10-16)

47 『국어』, 「周語下」, "口內味而耳內聲…… 國其危哉."(KY3/13a.7-13b.6)

48 『좌전』, 昭公 元年傳 春, "以儀節也…… 陽物而晦時."(TC573/17-18)

49 『국어』, 「周語下」, "口內味而耳內聲…… 國其危哉."(KY3/13a.7-13b.6)

50 『관자』, 「心術下」, "氣者身之充也."(KT2/66.10)

51 『좌전』, 昭公 9年傳 春, "今君之容…… 言以出令."(TC624/18)

52 『예기』, 권2, "古者, 冠縮縫, 今也, 衡縫"(LC2/8b.9-10); 권2, "棺束縮二衡三."(LC2/22b.3)

53 예를 들어 『맹자』, 「이루하」 15장 및 「진심하」 32장; 『순자』, 「不苟」, "若使一人…… 故君子不下室堂"(HT3/38); 「王制」, "短而長…… 謂之聖人. 序官"(HT9/82); 「王霸」, "若是, 則一天下…… 事之佚而功"(HT11/55); 「彊國」, "約而詳…… 兼是數具者."(HT16/67)

54 예를 들어 『좌전』, 宣公 12年傳 春, "先君有約言焉." (TC316/15-16); 『예기』, 권11, "其言也約而達…… 可謂繼志矣"(LC11/4b.5-6); 권15, "故君子約言, 小人先言."(LC15/16a.5)

55 『묵자』, 「耕柱」, "子夏之徒問於子墨子曰…… 傷矣哉."(MT46/22-24)

56 『순자』, 「性惡」, "有上勇者…… 是下勇也."(HT23/82-86)

57 예를 들어 『논어』, 「위정」 24장 및 「양화」 23장; 『국어』, 「周語中」, "以義死用謂之勇"(KY2/14b.11-15a.1); 「周語下」, "帥義能勇."(KY3/3b.3); 『여씨춘추』 11권, 「當務」, "辨而不當論…… 必此四者也"(LSCC11/10b.7-9); 11권, 「當務」, "所貴勇者…… 爲其當務也"(LSCC11/11a.2-3); 『좌전』, 哀公 16年傳 春, "葉公曰, 周仁之謂…… 非勇也."(TC844/13)

58 예를 들어 『논어』, 「자한」 29장 및 「헌문」 28장; 『회남자』, 「繆稱訓」, "有勇者不可劫以懼."(HNT10/8b.7)

59 예를 들어 『국어』, 「吳語」, "不勇, 則不能斷疑以發大計"(KY19/11b.3-4); 『여씨춘추』 8권, 「決勝」, "勇則能決斷…… 能若崩山破潰."(LSCC8/10b.4-5)

60 예를 들어 『논어』, 「헌문」 36장; 『좌전』, 昭公 元年傳 春, "晉侯求醫於秦…… 良臣將死."(TC573/14)

Yi and Hsin

4장

의義와 심心

1. 개괄

앞 장에서 다룬 윤리적 특성들은 의義(propriety)-행위의 질의 측면에서 바라본-와 긴밀한 관련을 가진다. 윤리적 특성으로서의 의義(righteousness)는 의에 따라 사는 것에 대한 헌신이며, 윤리적 특성으로서의 지智에는 무엇이 의인지를 아는 능력이 포함되어 있다. 부동심은 심의 방향이 의와 일치되도록 하는 것, 기를 배양해서 심의 의와 일치하려는 방향성을 뒷받침하고 그리하여 왜곡된 영향에 의해 동요됨이 없이 의가 실천되도록 하는 것과 관계된다. 사람은 마땅히 의를 따라야 하며, 의를 따랐음을 안다면 기꺼이 좋지 않은 결과도 명命의 사례로서 받아들여야 한다.

윤리적 특성으로서의 인仁과 예禮는 각각 타인에 대한 정서적인 관심 및 공손한 태도와 관련된다. 정서적 관심과 공손한 태도는 의에 따라 규제되어야 하는데, 관심과 태도가 취하는 형식과 관심과 태도가 이끄는 행동 모두에 대해서 그렇다. 비록 동네의 다른 연장자가 큰 형보다 한 살 많다고 하더라도 큰 형에 대해서 더 공손한 태도를 보이는 것이 의이다. 어린 형제보다는 집안 아저씨에게 공손한 태도를 보이는 것이 일반적으로 의이지만, 조상에 대한 제사에서 어린 형제가 조상의 역할을 할 때는 그 형제에게 공손한 태도를 보이는 것이 의이다.(「고자상」, 5장) 타인에게 공손한 태도를 보이는 사람은 대체로 예를 따르게 마련이지만, 긴급한 상황에서는 예에서 벗어나는 것이 합당할 수도 있다. 비록 명확하게 이런 식으로 언급되지는 않지만, 마찬가지로 타인에 대한 정서적인 관심도 타인과의 관계가 무엇인지 또 상황이 어떤

지에 따라 결정되어야 하는 것 또한 의라고 추정해볼 수 있다. 3장 2절 3)에서 본 것처럼, 정서적인 관심에서 행동할 때에도 행동은 의에 따라 규제되어야 한다.

의義의 중요성을 감안하면, 무엇이 의인지를 어떻게 알 수 있는지 자연히 묻게 된다. 의를 결정하는 기준은 일반적인 사회적 기준과 반드시 일치하지만은 않기 때문에, 사회적 통념에서 기원하지 않는다. 자신들이 강조하는 종류의 이利에 의해 의가 결정된다는 묵가의 제안에 대해 대응하는 곳에서, 의를 어떤 의미에서 심에서 유래하는 것으로 맹자가 간주했다는 증거를 찾을 수 있다. 나는 이러한 해석을 「고자상」 1장에서 5장과 「공손추상」 2장, 「등문공상」 5장을 검토하여 옹호할 것이다. 이들 구절은 모두 맹자가 철학적 반대자들과 논쟁하거나 자신을 이들과 구분 지으려는 내용이 담겨 있다.

이 구절들은 맹자의 논적들인 이지夷之와 고자告子를 언급하고 있다. 이지는 「등문공상」 5장에서 명확히 묵가로 기술되고 묵가의 겸애설을 옹호하고 있기 때문에, 이지가 어느 학파에 속했는지는 문제가 되지 않는다. 따라서 「등문공상」 5장을 논의할 때 나는 이지가 묵가였고 묵가의 특징적인 사상을 지지하고 있다고 가정할 것이다. 고자는 「고자상」 1장에서 4장(5장은 고자가 언루되지 않는 논쟁을 담고 있지만 4장과 비슷한 주제를 다루고 있다)에서 맹자와 논쟁하고 있고 또 그의 사상이 「고자상」 6장과 「공손추상」 2장에서 드러나지만, 어느 학파에 속하는지는 명확하지 않다. 『묵자』에 같은 이름의 인물이 세 번 거론되는데[1], 『맹자』에서의 고자와 같은 인물인지는 알려지지 않았다. 고자가 어느 학파에 속하는지에 대해서도 두 텍스트 모두 언급하지 않는다. 그러므로 고자가 어느 학파인지에 대한 주장은 그와 관련된 구절들에서 제시된 그의 입장에 대한 해석에 근거할 수밖에 없다. 따라서 나는 고자의 학파 문제를 다루는 일을 이 구절들을 검토하고 난 이후로 미루고자 한다.

1장 1절에서 나는 맹자의 견해에 대한 주요 접근 통로가 『맹자』이기 때문에, "맹자의 견해"라고 내가 지칭하는 것은 텍스트 편찬자들에 의해 전달된 맹자의 견해를 줄여서 지칭한 것임을 언급한 바 있다. 비슷한 이유로, 내가 맹자의 논적들의 견해라고 지칭하는 것도 텍스트 편찬자들에 의해 전달된 논적들의 견해를 말한다. 이렇게 한정 짓는 것에 더해, 맹자의 논적이 주장한 입장과 맹자가 그 논적의 견해로 간주한 입장을 구분하는 것은 중요하다. 전자가 논적이 말했다고 보고된 것들로부터 식별할 수 있는 반면, 후자는 논적이 말한 것뿐 아니라 논적이 말했던 것에 대한 맹자의 논평에서도 알 수 있다. 맹자의 논적이 말했다고 기록된 것만을 바탕으로 재구성한 것과 맹자의 논평도 같이 근거로 하여 재구성한 것 사이의 있을 수 있는 차이를 감안한다면, 이 둘은 다를 수 있다. 그 차이가 반드시 서로 상반되는 것임을 의미할 필요는 없다. 맹자의 논평을 고려하는 것은 맹자가 이해한 논적의 입장을 좀 더 자세히 말할 수 있게끔 할지도 모른다. 그 차이가 해석상의 갈등을 일으킬 정도가 될지라도, 이로부터 맹자가 논적의 입장을 오해했다고 추론되지는 않는다. 논적의 입장에 대한 맹자의 대안적 해석은 논적이 견해를 바꾸도록 하기 위한 논쟁적 전략이었을 수도 있는 것이다. 나의 주요 목적이 맹자의 사유를 이해하는 것이기 때문에, 나의 초점은 맹자가 그의 논적들을 이해했던 방식에 있다. 하지만 고자의 견해와 맹자가 이해한 고자의 견해의 구분은 여전히 중요하여 고자의 입장에 대한 물음으로 돌아갈 때 이 구분이 나름의 역할을 할 것이다.

나의 주된 초점에 비추어 나는 맹자의 논적들이 말한 바와 이에 대한 맹자의 논평 모두를 고려할 것이다. 맹자와 논적 사이의 논쟁에서 무엇이 문제가 되는지에 대해 다른 해석에서는 하지 못했던, 나의 해석이 모든 단계의 논쟁을 다 이해할 수 있게 한다는 점에 기초를 두고 나의 해석을 옹호할 것이다. 이런 방식은 우려를 자아낼 수 있는데, 어떤 문제에 대한 맹자의 이해가 그 문제에 대한 논적의 이해와 다를 수 있기 때문에, 모든 단계의 논쟁을 다 함께 말이 되게 하는 것은 잘못된 시도라는 것이다. 하지만 맹자와 그의 논적이 문제를 이해하는 데 차이가 있다 하더라도, 무엇이 문제인지를 바라보는 데 다음과 같은 관점이 있을 수도 있는 것이다. 즉, 맹자 자신이 바라보는 방식인 동시에 맹자가 간주한 그의 논적들이 바라보는 방식 모두와 합치되는 그런 방식이 있을 수 있다. 나의 주요 목적은 맹자의 사유를 이해하는 것이기 때문에, 이처럼 맹자 자신이 바라본 방식과 맹자가 간주한 그의 논적들이 바라본 방식이 합치되는 관점을 이해하고자 시도하는 것은 나의 목표에 도움이 될 것이다. 비록 이렇게 하는 것이 맹자의 논적의 진짜 입장을 포착해내진 못할지라도 말이다. 이 둘이 합치되는 관점을 포착하기 위해서는 맹자의 논평뿐 아니라 그의 논적의 논평도 이해할 수 있게 하는 해석이 필요하다.

때때로 문법적으로 논쟁의 일부분을 다르게 독해할 수 있는데, 아마도 나의 해석은 이런 독해 중 하나를 채택할 것을 요구받을 것이다. 그렇게 해서 채택한 독법이 문법적으로 가능한 유일한 것이라거나 문법적인 근거만으로 선호하였다고 가정하지 않는다. 나는 논쟁의 각 단계에서 가능한 모든 문법적 독해를 고려하여, 무엇이 문제인지에 대해 내가 제안한 해석만이 오직 모든 단계의 논쟁을 수미일관하게 이해하는 방법이라고 주장할 뿐이다. 이런 전략은 각 단계의 논쟁에서 나의 독법이 문법적인 근거만으로 선호되는 것은 아님을 보여줄 것이다. 그 선택은 전체 논쟁에서 무엇이 문제

인지에 대해 내가 어느 것을 더 설득력 있는 해석으로 보았는지가 작용한 결과이다.[1)]

2. 「고자상」 1장에서 3장까지의 성性에 대한 고자와의 논쟁

1) 「고자상」 1장과 2장

「고자상」 1장에서 3장 구절은 의義와 심心의 관계라기보다는 주로 성性에 대한 것이다. 하지만 의에 대한 맹자와 고자의 다른 견해는 아마도 성에 대한 그들의 다른 견해와 관련될 것이다. 텍스트에는 두 주제에 대한 논쟁이 함께 있는데, 1장의 성에 대한 논쟁에서 의에 대한 언급이 있을 뿐 아니라 4장의 의에 대한 논쟁에서도 성에 대한 언급이 있다. 이런 이유로 나는 6장에서의 맹자와 고자의 성에 대한 견해-맹자는 성을 선善하다고 여기는 반면, 고자는 성에는 선도 불선不善도 없다고 믿는다-를 배경으로 삼아 1장에서 3장에 대한 논의부터 시작하고자 한다. 논의의 편의상 구절을 단락으로 나누었다.

「고자상」, 1장

a. 고자가 말했다. "성性은 기杞 버드나무와 같다. 의義는 잔과 그릇과 같다. 인간의 성으로부터 인의仁義를 만드는 것은 기 버드나무로부터

1) 나는 이런 방법론적 문제들을 고려하는 데 채드 핸슨(Chad Hansen)의 도움을 받았다.

잔과 그릇을 만드는 것과 같다."

b. 맹자가 말했다. "당신은 기 버드나무의 성을 따르면서 동시에 잔과 그릇을 기 버드나무로부터 만들 수 있는가? 아니면 당신은 기 버드나무로부터 잔과 그릇을 만들기 전에 기 버드나무에 손상을 가해야만 하는가? 만일 당신이 기 버드나무로부터 잔과 그릇을 만들기 위해 기 버드나무에 손상을 가해야만 한다면, 인간이 인의仁義를 하게끔 하기 위해 인간에게 손상을 끼칠 수도 있는가? 틀림없이, 세상 사람들로 하여금 인의에 화禍하는 것은 당신의 언言일 것이다."

「고자상」, 2장

a. 고자가 말했다. "성은 돌고 있는 물(湍水)과 같다. 동쪽으로 틔어주면 동쪽으로 흐를 것이다. 서쪽으로 틔어주면 서쪽으로 흐를 것이다. 인간의 성이 선善과 불선不善에 대한 선호를 보이지 않는 것은 마치 물이 동쪽이나 서쪽으로 어떤 선호도 보여주지 않는 것과 같다."

b. 맹자가 말했다. "물은 진실로 동쪽이나 서쪽으로 어떤 선호도 보여주지 않지만, 높고 낮음에 대한 선호는 보여주지 않는가? 인간의 성이 선하다는 것은 물의 아래로 흐르는 경향성과 같다. 이제 물의 경우, 물을 쳐서 튀어 오르게 하면 사람의 이마를 넘어가게 할 수 있고, 막았다가 흘러 보내면 언덕 위로 올려 보낼 수도 있다. 하지만 이것이 물의 성인가? 상황이 그렇게 한 것이다. 비록 인간은 나쁘게 될 수도 있지만, 인간의 성은 또한 이와 같다."

나는 지금은 '성'을 번역하지 않고 내버려 둘 것이며, 그 용법은 6장 1절 1)에서 논의할 것이다. 「고자상」 1장 b에서 '언言'은 '말' 또는 좀 더 가능성이 높은 것으로는 '가르침'을 의미할 수 있고, '화인의禍仁義'는 "인의에 재앙을 가져온다"이거나 "인의를 재앙으로 여긴다"를 의미할 수 있다. 2장 a에서 나는 조기(『맹자주』)를 따라 '단수湍水'를 '돌고 있는 물'(라우의 번역)이라고 했다. 조기가 단수를 단지 빨리 흐르는 물이 아니라(『설문해자』 참조) 원을 그리며 돌고 있다고 해석한 것은, 이렇게 하는 것이 동쪽이나 서쪽 어느 쪽으로도 선호하는 바가 없다고 하는, 다음에 이어지는 고자의 언급과 더 잘 부합하기 때문이라는 초순의 지적은 아마도 옳을 것이다. 1장과 2장 모두에서 고자의 비유에 대한 맹자의 대응을 비교하면 맹자가 비유의 조건을 고자와 다소 다르게 해석하고 있음을 알 수 있다.

우리가 이 두 비유에서 '성'이 '인성人性'을 줄인 것이라고 받아들인다면, 고자는 인간의 성으로부터 인의를 만드는 것을 기 버드나무로부터 잔과 그릇을 만드는 것에 비교하고 있으며, 인간의 성이 선과 불선에 대한 어떤 선호도 없음을 물이 동쪽과 서쪽에 대한 어떤 선호도 없음과 비교하고 있다는 것이다. 하지만 맹자의 대응이 보여주는 것은 맹자가 그 비유를 (인간의 성이기보다는) 인간과 기 버드나무 및 물과 비교하는 것으로 해석하며, 인간의 성과 (기 버드나무나 물이기보다는) 기 버드나무의 성 및 물의 성과 비교하여 해석한다는 것이다. 예를 들어 1장에서 맹자는 인간에게 손상을 끼치는 것과 기 버드나무에 손상을 끼치는 것을 비교하고, 고자가 제시한 비유에는 없는 기 버드나무의 성을 언급했다. 2장 b에서, 비록 맹자의 대응의 앞부분에서는 인간의 성性과 물을 비교하는 데 고자를 따르고 있지만, 맹자는 곧장 (인간의 성 대신에) 인간을 물에 비교했다. 즉, 아래쪽으로 흐르지 않는 물이 없듯이 선하지 않은 인간은 없다. 이어 인간의 성性과 물의 성性을 비교하는 것이 뒤따른다. 따라서 고자의 두 비유는 인간의 성과 특정한 것(기 버드나무나 돌고 있는 물)을 비교하는 반면, 맹자는 인간을 사물에 비교하고 인간의 성을 사물의 성에 비교하는 방식으로 비유의 조건을 해석하고 있다.

다른 방식으로 비유를 해석하는 것이 어떤 중요한 의미가 있는지 논의하기 전에, 우선 맹자가 이 논쟁들을 어떻게 바라봤을지 고려해보기로 하자. 맹자의 관점에서는 고자가 인간의 성에는 선도 불선도 없다고 믿기 때문에, 고자는 인간이 성을 따르면서 동시에 (a) 선의 방향으로 발전할 수 있거나, (b) 불선의 방향으로 발전하지 않을 수 있거나, (c) 불선의 방향으로 발전할 수 있거나, (d) 선의 방향으로 발전하지 않을 수 있는 가능성을 열어두고 있다. 만일 (b)일 (또는 (d)일) 가능성이 없다면, 인간은 불선하게 (또는 선하게) 되지 않고서는 성을 따를 수 없다. 그런 의미에서 불선이 (또는 선이) 성에 있는 것이다. 만일 (a)일 (또는 (c)일) 가능성이 없다면, 이는 인간이 성을 따르면서 동시에 선하게 (또는 불선하게) 될 수는 없음을 의미한다. 이런 의미에서 또다시 성에는 불선이 (또는 선이) 있게 된다. 고자가 인간의 성을 기 버드나무 성에 비교하고 있다고 보는 맹자의 관점에서는, 고자의 비유는 (a)라는 가능성의 경우를 고려하지 못하고 있다.[2] 추측컨대 맹자는

2) 라우는 「고자상」 1장 b의 첫 번째 줄을 다음과 같이 번역한다. "당신은 기 나무의 본성을 따름으로써(by) 잔과 그릇을 만들 수 있습니까?" 'by'의 사용이 암시하는 것은 맹자가 고자의 비유에 대해 인간이 단순히 성性을 따름으로써 선해질 수 있다는 견해를 반영한 것임을 요구하고 있다는 것이다. 만일 맹자가 그런 요구를 하고 있다면, 이런 요구는 고자에게 불공정하다. 왜냐하면 사실 고자의 성에 대한 견해는 (d)의 가능성을 허용하고 있는데, 맹자의 요구는 고자의 비유에서 이런 가능성을 배제하도록 하고 있기 때문이다. 하지만 문법적으로 1장 b의 첫째 줄은 기 버드나무의 성을 따르며 동시에 잔과 그릇을 그것으로부터 만들어내는 것－내가 이 줄을 번역하는 방식인－에만 관여한다.

무성한 나무로 자라나는 것이 기 버드나무의 성이라는 것과 버드나무에 손상을 가하도록 요구하여 버드나무를 잔과 그릇으로 만드는 것을 반대한 것이다. 고자의 언言이 사람들로 하여금 화인의禍仁義하게 한다는 말은 성에 대한 고자의 말이나 가르침이 사람들로 하여금 인의를 재난으로 여기게 한다는 것(예를 들어, 레게)이거나, 인의를 실천하는 것을 그들 자신에게 손상을 끼치는 것으로 여기기 때문에 인의를 실천하지 않음으로써 인의에 재난을 가져오도록 한다는 것(예를 들어, 라우)으로 해석될 수 있다.

이런 방식으로 고자의 입장을 보는 견해에서는 2장에서 물의 비유로의 전환은 기 버드나무 비유의 문제를 건너뛰는 것이다. 돌고 있는 물은 바깥으로 그리고 아래쪽으로 흐르는 경향성을 가지고 있고, 이런 경향성을 따르면서 동시에 (a) 동쪽으로 흐를 수 있거나 (b) 서쪽으로 흐르지 않을 수 있거나 (c) 서쪽으로 흐를 수 있거나 (d) 동쪽으로 흐르지 않을 수 있다. 따라서 선과 불선을 동서 두 방향과 비교하는 데 있어서 이 비유는 인간의 성에 선도 불선도 없다는 고자의 입장을 잘 보여주는 것처럼 보인다. 맹자는 고자에 대응하여 자신의 입장을 보여주기 위하여 이 비유의 조건을 변경하였다. 물은 아래쪽으로 흐르는 경향성이 있는데, 비록 쳐올리거나 막아서 위로 올라가게 만들 수 있기 하지만, 아래로 흐르려는 물의 경향성은 여전히 남아 있다. 마찬가지로 인간은 선하게 되려는 경향성이 있는데, 비록 불선하게 될 수도 있지만, 이것은 환경 때문이다. 선에 대한 내재적인 경향성은 이러한 이탈에도 불구하고 여전히 남아 있다.[3]

3) 논쟁을 이렇게 바라보면 맹자가 「고자상」 2장 b에서 말한 것은 고자의 2장 a에서의 비유에 대한 진정한 반대로 성립되지 않는다. 그레이엄Graham은 맹자가 물이 아래로 흐르는 경향이 있고 따라서 방향성을 가지고 있다는 것을 근거로 고자의 비유를 공격했다고 본다.

「고자상」 1장 b에서 맹자가 고자에게 대응하기 시작할 때, 맹자는 다음과 같은 두 가지 대안을 제시한다. 기 버드나무의 성을 따르면서 동시에 버드나무로부터 잔과 그릇을 만들어내거나 아니면 기 버드나무에서 잔과 그릇을 만들기 위해 기 버드나무에 손상을 가해야만 한다는 것이다. 이런 제안은 맹자의 가정을 드러내주는데, 만일 한 사물의 성을 따르면서 동시에 무언가를 성취할 수 없다면, 그 성취는 그 사물에 대한 폭력을 요구한다는 것이다. 이 가정은 2장 3절 1)에서 논의한, 사물의 특징적인 경향성을 가리키는 것으로서의 '성'의 용법과 부합한다. 어떤 경향성이 그 사물에서 특징적인 것이라면, 이 경향성에 반하는 쪽으로 가는 것은 그 사물을 급격하게 변화시키는 것이고 어떤 의미에서 그 사물에 폭력을 가하는 것이 된다. 어떤 경향성을 그 사물에 속하는 것으로 본다고 해서 그 경향성을 동시에 승인하고 있다고 추론할 필요는 없다. 예를 들어 『좌전』에서 소인小人의 성性으로서 공격적인 성향을 언급한 것은 이런 함의를 지니지 않는다. 하지만 그러한 성性을 가지고 있는 당사자의 입장에서는, 자신의 성에 반하고 그 자신의 급격한 변화를 수반하는 모든 것에 저항할 것이다. 맹자에 따르면 아마도

("Background," p. 44) 하지만 사람의 경우에 그 비유적 주장은 인간이 특정한 경향성을 가지고 있다는 것-이런 경향성이 선과 불선과 관련한 앞서의 네 가지 가능성을 허용하는 한에서 고자도 받아들일 수 있는 것이다-에 불과하기 때문에 고자에게 문제가 되지 않는다. 만일 모든 인간의 경향성이 선으로의 방향이거나 아니면 이것과 반대되는 방향이라고 가정한다면, 경향성을 인간에게 귀속시키는 것이 고자에게 문제가 될 수 있다. 그레이엄은 때로는 이런 가정을 시사하는 언급을 하고 있다. "(「고자상」 1장 a의) 마지막과 같은 (2장 a의) 역동적인 모델은 인간의 본성이 어떠한 방향-**그 방향은 만일 선하지 않다면 그것에 부과하려고 노력하는 어떤 선과도 갈등을 일으키는 방향이다**-으로 정향되어 있음을 암시하고 있다. 고자는 도덕적으로 중립적인 인간 본성의 개념을 위한 모델을 만드는 데 실패했다." (*Disputers*, p. 121. 강조는 첨가되었다) 하지만 우리가 왜 이런 가정을 받아들여야 하는지 불명확하다. 예를 들어 인간의 생물학적 경향성은 이들 자체에 선으로거나 선에 반대하는 쪽 어느 쪽으로도 방향 지워져 있지 않다.

이것이 사람들이 인의를 자신의 성에 반하는 것으로 보아 인의를 재앙으로 여김으로써, 또는 인의를 실천하는 것에 저항함으로써 인의에 재앙을 가져오게 되는 이유가 된다. 추측컨대 이 점을 주장하며 맹자는 고자가 인의의 실천을 지지하고 싶어 했다고 추정하는 것 같다.

맹자의 대응은 잠시 보류해 두고, 고자의 입장을 그가 제시하는 비유들을 통해서만 이해하고자 노력해보자. 맹자가 고자의 비유에 대해 해석한 것과는 상반되게, 고자는 인간의 성을 기 버드나무나 물의 특정한 특성들과 비교하기보다는 기 버드나무와 돌고 있는 물과 비교하였다. 아마도 고자는 인간의 성을 기 버드나무나 물이 모양을 갖추는 것처럼 일정한 방향으로 모양이 갖추어질 수 있는 원재료로 보았을 것이다.[4] 「고자상」 4장에서 고자는 먹는 것과 성행위를 하는 것을 성의 내용으로 들고 있으며, 이는 성을 원재료로 보는 견해와 잘 부합하는데, 이런 활동은 인의의 방향이거나 아니면 인의와 반대편 방향 어느 쪽으로도 구체화될 수 있기 때문이다. 이러한 방식으로 성을 이해한다면, 성은 인간의 삶 전체의 방향이 아니라 인간의 삶에 관련되면서 삶이 취한 방향에 따라 형성될 수 있는 경향성이다.

비록 맹자의 관점에서는 물의 비유가 아마도 버드나무 비유보다 더 정확히 고자의 입장을 대변한다고 보겠지만, 고자의 관점에서 보면 그렇지 않다. 고자는 인간의 성을 기 버드나무에 비교했지 맹자가 그리고 있는 것처럼 기 버드나무의 특징적인 경향성–그 경향성을 어기는 것이 기 버드나무에 손상을 가하는 것이기도 한–과 비교하지 않았기 때문에, 고자는 맹자의 비판에서 어떤 설득력도 느끼지 못했을 것이다. 고자는 물의 비유로의 전환을 (버드나무 비유

4) 이 점은 모종삼이 지적하였다. 『圓善論』, p. 2.

로부터의) 발전이 아니라, 자신의 버드나무 비유에 대한 맹자의 해석을 피하기 위한 시도로 여겼을 가능성이 크다. 거기에 더해 1장 a와 2장 a에서 말한 것을 기초해보면, 비록 가능하기는 하지만, 고자가 인의의 실천을 지지하고 싶어 하였는지는 분명치 않다. 비록 인의가 인간의 성에 부과된 어떤 것이라는 입장이 인의를 지지하는 것과 양립 가능하겠지만, 인의가 사람에게 이질적이라는 이유로 인의를 반대하는 것과도 역시 양립 가능하다. 1장과 2장에만 한정해서 보면, 고자가 자신의 입장을 제시하는 데서 그의 인의에 대한 태도를 말해주는 부분은 거의 없다.

2) 「고자상」 3장

「고자상」 3장에서 고자는 성을 생生으로 설명하고 있고, 맹자는 이 고자의 설명과 백白을 통한 백에 대한 설명 사이를 비유하고 있다. 이 구절을 논의하는 데 있어서, 나는 고자의 "먹고 성행위하는 것은 성이다"라는 4장의 첫 구절을 함께 고려할 것이다.

「고자상」, 3장

a. 고자가 말했다. "생지위성生之謂性."

b. 맹자가 말했다. "생지위성은 '백지위백白之謂白'과 같은가?"

(고자가) 말했다. "그렇다."

c. (맹자가 말했다.) "백우지백白羽之白은 백설지백白雪之白과 같으며, 백설지백은 백옥지백白玉之白과 같은가?"

(고자가) 말했다. "그렇다."

d. (맹자가 말했다.) "그렇다면 견지성犬之性은 우지성牛之性과 같으며, 우지성은 인지성人之性과 같은가?"

유월兪樾(『맹자평의孟子平議』)은 '성'이 '생'으로부터 유래되었다는 것을 감안하여 3장 a의 "생지위성"은 아마도 논쟁자들에게 "성지위성"으로 읽혔을 것이며 이것이 "백지위백"과의 비교를 설명한다고 했다. 하지만 이 맥락에서의 '생'과 '성'의 상호교체 가능성은 논박되어왔으며, 나는 나의 논의에서 이런 가정을 하지 않을 것이다.[5)]

생生은 이 맥락에서 여러 가지 방식으로 해석되어왔다. 돕슨(Dobson)은 이 구절을 "성으로 내가 의미하는 바는 생명을 부여하는 것을 말한다"라고 번역했다. 이런 독법을 도출하는 한 방법은 '생'을 동사적으로 봐서 삶을 부여하는 것을 지칭한다고 해석하는 것이다. 문법적으로 이렇게 읽으려면 "생지지위성生之之謂性"이 되어야 하는데, 내가 아는 한 초기 문헌에서 '~지지위之之謂~' 구조가 '~지위之謂~'로 줄여진 경우가 없기 때문에 이 독법은 설득력이 떨어진다.[6)] 하지만 우리가 '생'을 명사적으로 취해도, 생은 여전히 여러 가지 방식으로 해석될 수 있고 그 중 하나는 돕슨의 번역을 가능하게 한다. 몇몇 번역가들(예를 들어, 자일스, 레게, 라올, 웨어, 카나야)은 '생'을 '생명'으로

5) 岑溢成, 「'生之謂性'釋論」, 2-3 섹션, 특히 pp. 65-70. 잠일성은 'A之謂B' 구조는 A가 B를 위한 기준의 역할을 하기 때문에 'A'와 'B'가 이런 구조에서 같은 의미를 가질 가능성이 낮다는 점을 지적한다. 이 점은 잠일성이 백白의 기준을 만족시키는 것은 오로지 백일 뿐이라고 해석하는 "백지위백白之謂白"에서의 두 번의 '백'의 경우에서도 적용된다. 잠일성은 더 나아가 A가 필요조건인 경우와 A가 B의 충분조건인 경우를 구분한다. 'A之謂B'가 이 중 한 경우이거나 둘 다를 의미하는 경우 모두로 읽을 수 있다고 하면서 말이다.

6) '~지지위之之謂~' 구조의 예는 『맹자』, 「진심하」 25장과 장자12/7, 12/74에서 찾을 수 있다.

번역하였고, 그레이엄은 삶의 과정을 지칭한다고 해석했다.[7] 당군의는 생명을 부여하는 것으로 생을 이해한다. 이는 고자가 성의 구체적인 내용을 식색食色으로 본 것과 연관된 생각이다. 먹는 것은 한 개인으로서 삶을 지속하게 하는 것이고 성행위 하는 것은 삶을 세대에서 세대로 지속시켜주는 것이다.[8] 이 해석은 돕슨의 번역과 부합된다. 또 다른 가능성은 '생'을 살아 있기 때문에 가지는 경향성, 즉 생물학적 경향성을 가리킨다고 보는 것인데, 이 해석도 성의 내용을 먹고 성행위하는 것으로 보는 견해와 부합한다. 마지막으로, 몇몇 번역가들(예를 들어, 추 차이와 윈버그 차이, 라우, 우치노 쿠마이치로, 양백준)은 '생'을 타고난 성질을 가리킨다고 보는데, 몇몇 주석가들(예를 들어, 초순, 호육환胡毓寰)은 명백하게 이 구절이 순자가 성性을 태어나면서부터 주어진 것으로 설명할 때와 같은 주장을 한다고 해석하고 있다.[9]

3장 a에서의 "생지위성"과 3장 b에서의 "백지위백"의 구조적 유사성을 감안하면, 이 두 구절에 대한 해석도 유사해야 할 것이다. 'N'은 명사를 가리키는데 3장 c장의 '백N지백' 구조는 최소한 세 가지 읽기가 가능하다. 이 읽기에서 두 번째 '백'은 모든 경우에 명사로 취급한다. 첫 번째는 처음의 '백'을 형용사로 읽어서 'N'을 한정하는 것이다. 이럴 경우 이 문장 전체가 표현하는 것은 "하얀 N의 흼"이 된다. 두 번째는 처음의 '백'을 동사로 읽고 'N'을 그것의 목적어로 취급하는 것이다. 이럴 경우 이 문장의 표현이 가리키

7) Graham, "Background," pp. 45-46.

8) 唐君毅, 『原性篇』, pp. 17-18.

9) 이런 해석은 다음에서 발견된다. 陳大齊, 『待解錄』, pp. 5-7; 徐復觀, 『人性論史』, p. 187; 勞思光, p. 99; 岑溢成, 「'生之謂性'釋論」, pp. 69-70. 주희(『맹자집주』; 『주자어류』 1376)도 이 구절을 유사하게 읽고 있는 것으로 보인다.

는 것은 "N을 희게 하는 흼"이다. 세 번째는 처음의 '백'을 동사로 읽고 'N지백'을 그 목적어로 간주하는 것이다. 이럴 경우 이 문장은 "N의 흼을 하얗다고 취급함"이거나 "N들 사이의 하얀 것들만 희다고 취급함"이 된다. 3장 c와 3장 d의 유사성을 감안하면, 우리는 'N지성'을 '생N지성'의 줄임으로 볼 수 있으며, 이 표현을 '백N지백'과 유사하게 해석할 수 있을 것이다.

'백N지백'의 세 가지 가능한 해석 중에서, 세 번째는 가능성이 낮다. 왜냐하면 이런 방식으로는 이와 유사한 구조인 'N지성'을 그럴듯하게 읽을 수 있는 길이 없기 때문이다. 'N지성'이 '생N지성'을 줄인 표현이라고 간주한다하더라도 말이다.[10] 따라서 "생지위성"을 읽는 방식과 "백지위백"을 읽는 방식은 '백N지백'의 독해와 밀접한 관계가 있다. 만일 우리가 '생'을 생명의 과정으로, 살아 있기 때문에 가지는 경향성으로, 또는 타고난 성질로 본다면, '백N지백'에 대한 첫 번째 독법이 좀 더 그럴듯하게 된다. 이러한 방식의 읽기에서는 'N지성'을 '생N지성' - '생N'이 '살아 있는 N'을 지칭하는 - 의 줄임으로 간주할 수 있다. 다른 한편, 우리가 '생'을 생명을 부여하는 것을 가리키는 것으로 해석하면, '백N지백'에 대한 두 번째 독법이 더 가능성이 커지게 된다. 이 읽기에서는 'N지성'을 '생N지성' - '생N'이 '생명을 N에게 부여하는 것'을 가리키는 - 의 줄임으로 간주할 수 있다.[11]

나는 '생'을 타고난 혹은 태어나면서부터 가지고 있는 성질이라고 보는

10) 4장 3절 1)에서 나는 다음의 문제점을 다룰 것이다. 즉, 유사한 구조인 「고자상」 4장에서의 '長N之長'에 대한 좀 더 설득력 있는 해석은 첫 번째 '장'을 동사로, 그리고 'N지장'을 이 '장'의 목적어로 간주하는 것이다.

11) '생生'이 생명을 부여하는 것을 지칭하고 "백지위백"의 첫 번째 '백'이 하얗게 하는 것을 지칭한다고 해석하는 돕슨은 어떤 이유에서인가 '백N지백'을 'N을 하얗게 만드는 흼'이 아니라 '하얀 N의 흼'으로 해석한다.

견해에 대해서는 덜 동조적이다. 이 당시에 '성'이 '타고난'이란 뜻을 가졌는지 명확치 않고, 이 해석을 택할 경우 왜 맹자가 고자의 성에 대한 설명으로부터 개, 소, 인간의 성이 같은 것이라는 결론이 나온다고 믿었는지 불분명하다. 한 가지 가능한 방안은 맹자가 고자의 생으로 성을 설명하는 것에 반대하는 것이 아니라 "생지위성"과 "백지위백"의 비교를 받아들이기를 거부하는 것으로 보는 것이다.12) 이 제안을 따르면, 소의 성이 개나 인간의 성과 같다는 것은 "생지위성"이란 진술의 직접적인 결과가 아니라 "생지위성"을 "백지위백"과 유사하게 본 결과가 된다. 비록 이 제안은 맹자가 어떻게 고자의 입장으로부터 그런 결론을 도출했는지를 설명해주지만, 이럴 경우 맹자가 고자의 성에 대한 설명에 반대하지 않은 셈이 되고 그에 따라 3장에서 고자와 논쟁한 맹자의 목적이 무엇인지 불분명하게 된다.

'생'을 생명의 과정이나 살아 있기 때문에 가지는 생물학적 경향성을 가리키는 것으로 보는 해석에 대해서는, 이 두 해석 모두 우리로 하여금 왜 고자의 성에 대한 설명으로부터 개, 소, 인간의 성이 같다-생물학적 생명의 과정, 생명을 지속시키는 생물학적 경향성들, 살아 있기 때문에 가지는 특성 등은 소, 개, 인간 모두 비슷하다-는 결론이 도출되는지 알 수 있게 한다. 두 해석에는 부가적인 장점이 있는데, 고자가 「고자상」 4장에서 성의 내용을 식색으로 구체화한

12) '생'을 타고난 것을 지칭한다고 보는 라우Lau는 이런 제안을 했다.("Introduction," *Mencius*, p. 36; "Method of Analogy," pp. 242-43) 라우에 따르면 N의 '성性'의 내용은 N이 무엇이냐에 달려 있다는 점-N의 '백'의 내용은 N이 무엇인지에 의존하지 않는다는 점에서 백은 형식적인 용어가 아닌 것과 달리-에서 성이 형식적인 용어이기 때문에 비교가 적절치 않다고 한다. 모종삼도 비슷하게 비교가 부적절하다고 지적하였다. 맹자가 이 둘의 비교를 제시했을 때 고자를 아마도 오해했던 것으로 보이며, 고자는 그 비교를 거부하여 맹자가 그로부터 이끌어내는 결론을 제지했어야 했다고 말한다.(『圓善論』, pp. 7-12) 다음의 문헌도 보라. 楊祖漢, p. 24.

것과 더 잘 부합한다. 다만 내가 말할 수 있는 것은 두 가지 해석 중에 하나의 손을 들어줄 텍스트적인 증거가 불충분하다는 것이다. 이 두 해석은 왜 맹자가 고자의 설명에 반대했는지도 알 수 있게 한다. 우리가 2장 3절 1)에서부터 2)까지에서 본 것처럼, 양주학파의 성이나 생 개념은 생물학적 생명을 강조하며, 『국어』나 『좌전』에서 일반백성의 성이나 생을 향상시키는 것에 대한 언급은 사람들의 생물학적 욕구와 필요에 관계된다. 아마도 맹자는 '생'이 '성'과 함께 쓰이면 흔히 생물학적 용어로 이해된다는 것을 알고 있었을 것이다. 고자 자신도 성의 내용으로 식색과 같은 생물학적 경향성을 언급했다.[13] 그 반면 맹자는 생물학적인 것을 강조하지 않으면서 성을 이해하는 방식으로 주의를 돌리고 싶었다. 논쟁을 끝마치는 물음에서 볼 수 있듯이, 맹자는 인간의 성을 모든 동물에 공통적인 생물학적 경향성으로서보다는 대신에 다른 동물과 구분되는 그 어떤 것으로 보았다.[14]

3. 「고자상」 4장과 5장에서 의義에 대한 고자와의 논쟁

1) 텍스트

『맹자』의 「고자상」 4장과 5장 구절은 의義가 내적(內)인지 외적(外)인지

13) 모종삼은 "생지위성"이 생물학적 경향성을 강조하고 있다고 지적했다.(『圓善論』, pp. 7-12)

14) 라우와 달리 그레이엄과 니비슨은 모두 맹자가 「고자상」 3장에서 고자의 "생지위성" 진술에 반대하며, 인간의 성이 인간의 특징적인 면임을 강조한다고 본다.(Graham, "Background," pp. 45-46; Nivison, "Problems: Part I," p. 8) 하지만 또 다른 문맥에서는 라우도 맹자가 성을 인간에게 고유한 것과 연관시키고 싶어 한다는 점을 언급하고 있다.("Introduction," *Mencius*, pp. 15-16)

에 대한 논쟁을 담고 있다. 이 논쟁은 맹자와 고자 사이(4장), 공도자公都子와 맹계자孟季子 사이(5장)의 논쟁이다. 맹자와 공도자는 의가 내적이라는 입장을 옹호하고, 고자와 맹계자는 의가 외적이라는 입장을 옹호한다. 맹자의 도움을 구했던 공도자는 아마도 맹자의 입장을 옹호하는 제자였을 것이다. 다음에서 나는 맹자가 의견이 불일치한 핵심을 어떻게 보는지에 주로 초점을 맞출 것이며, 맹자의 관점에서 의를 내적인 것으로 간주하는 것은 의가 심의 특정한 성질로부터 도출될 수 있다는 견해를 주장하는 것임을 논증할 것이다. 이 구절을 큰 단락(a, b, …)과 세분된 단락(1, 2, …)으로 나누어 4장과 5장을 번역하는 것으로 논의를 시작한다. 원문이 다른 방식으로 읽힐 수 있는 곳과 두 가지 이상으로 읽기 가능한 선택 사이에서 여러 경쟁적인 해석들을 평가하는 것과 관련된 곳에서는, 다른 독법을 포착하기 위해 대안적인 번역(로마 숫자로 표기하였다)을 제시할 것이다.

「고자상」, 4장

a1. 고자는 말했다. "먹고 성행위하는 것이 성性이다.

a2. 인仁은 내적이고, 외적이지 않다. 의義는 외적이고, 내적이지 않다."

a3. 맹자가 말했다. "왜 당신은 인은 내적이고 의는 외적이라고 말하는가?"

b1. (고자가) 말했다. "그 분이 나이가 많고, 나는 그 분을 나이가 많게 대접한다.

(i) 나에게 나이가 많음이 있는 것이 아니다.

(ii) 그 분이 나로부터 그 분의 나이 많음을 얻는 것은 아니다.

b2. 이것은 다음과 같다. 그것이 희고, 나는 그것을 희게 취급한다.

(i) 이는 외부에서 그것의 흼을 따르는 문제이다.

(ii) 이는 외부적인 요인들에 의해 그것이 희게 만들어졌다는 사실을 따르는 문제이다.

b3. 그래서 나는 그것을 외적이라고 부른다."

c1. (맹자가) 말했다.

(i) "말의 흼을 희게 취급하는 것은 사람의 흼을 희게 취급하는 것과 다르지 않다.

(ii) "말들 사이에서 흰 말을 희게 취급하는 것은 사람들 사이에서 흰 사람을 희게 취급하는 것과 다르지 않다.

(iii) "흰 말의 흼은 흰 사람의 흼과 다르지 않다.

(iv) "말을 희게 만드는 흼은 사람을 희게 만드는 흼과 다르지 않다.

c2. 나는 알지 못하겠으나

(i) 말의 나이 많음을 나이 많은 것으로 취급하는 것은 사람의 나이 많음을 나이 많은 것으로 취급하는 것과 다르지 않은 것인가?

(ii) 말들 사이에 나이 많은 말들을 나이 많게 취급하는 것이 사람 사이에 나이 많은 사람을 나이 많게 취급하는 것과 다르지 않은 것인가?

(iii) 나이 많은 말의 나이 많음은 나이 많은 사람의 나이 많음과 다르지 않은 것인가?

(iv) 말을 나이 많게 만드는 나이 많음은 사람을 나이 많게 만드는 나이 많음과 다르지 않은 것인가?

c3. 거기에 더해, 당신은

(i) 나이 많은 사람이 의義하다고 말하는 것인가, 아니면 그를 나이 많은 사람으로 대우하는 사람이 의하다고 하는 것인가?"

(ii) 나이 많음이 의하다고 말하는 것인가 아니면 나이 많게 대우하는 것이 의한 것이라고 말하는 것인가?"

d1. (고자가) 말했다. "만일 나의 아우라면, 나는 그를 사랑한다. 만일 진나라 사람의 아우라면 나는 그를 사랑하지 않는다.

d2. (i) 이런 경우, 내가 기뻐하는 사람이다.

(ii) 이것은 내 안에서 즐거움을 얻는 것이다.

(iii) 이런 경우, 동기를 부여하는 요인은 나에게 있다.

(iv) 이런 경우, 그 설명은 나에게 있다.

이것이 내가 내적이라고 말하는 이유이다.

d3. 나는 초나라의 나이 많은 사람을 나이 많은 사람으로 대우한다. 나는 또 내 (가족의) 나이 많은 사람도 나이 많은 사람으로 대우한다.

d4. (i) 이런 경우, 나이 많은 사람이 기뻐하는 사람이다.

(ii) 이것은 나이 많음(또는 나이 많은 사람)에서 즐거움을 얻는 것이다.

(iii) 이런 경우, 동기를 부여하는 요인은 나이 많음(또는 나이 많은 사람)에 있다.

(iv) 이런 경우, 그 설명은 나이 많음(또는 나이 많은 사람)에 있다.

이것이 내가 외적이라고 말하는 이유이다."

e1. (맹자는) 말했다. "내가 진나라 사람의 불고기를 좋아함은 내가 내 자신의 불고기를 좋아함과 다르지 않다.

e2. 단순한 사물조차 이런 경우가 있다. 그렇다면 불고기를 좋아함에 있어서도 외적인 것이 또한 있다는 것인가?"

「고자상」, 5장

a1. 맹계자가 공도자에게 물었다. "왜 당신은 의가 내적內的이라고 말하는가?"

a2. (공도자가) 말했다. "나는 나의 존경을 행한다. 그것이 내가 내적이라고 하는 이유이다."

b1. (맹계자가 말했다.) "만일 당신 마을의 사람이 당신의 가장 나이 많은 형보다 한 살 많으면, 당신은 누구를 존경하는가?"

(공도자가) 말했다. "나는 나의 가장 나이 많은 형을 존경한다."

b2. (맹계자가 말했다.) "술을 잔에 채울 때, 누구에게 먼저 따를 것인가?"

(공도자가) 말했다. "나는 먼저 내 마을 사람의 잔을 채운다."

b3. (맹계자가 말했다.) "당신이 존경하는 사람은 이 사람이고, 나이 많게 취급하는 사람은 저 사람이다.

b4. 그러니, 결국, 이것은 외부에 있지, 내부로부터 있는 것이 아니다."

b5. 공도자는 대답을 못하고 맹자에게 이에 대해 말했다.

c1. 맹자가 말했다. "(그에게 물어보게.) '당신은 당신의 아저씨를 존경하는가 또는 당신의 어린 아우를 존경하는가?' 그는 말할 것이다. '나는 나의 아저씨를 존경한다.'

c2. 말하게. '만일 당신의 어린 아우가 제사에서 죽은 조상의 역할을 하면, 당신은 누구를 존경할 것인가?' 그는 말할 것이다. '나는 나의 어린 아우를 존경한다.'

c3. 당신이 말한다. '그러면 당신의 당신 아저씨에 대한 존경은 어디에 있는가?' 그는 말할 것이다. '그것은 내 아우가 차지하고 있는 자리

때문이다.'

c4. 당신도 마찬가지로 말한다. '(내 마을 사람의 경우에는) 그가 차지하고 있는 자리 때문이다. 보통은 나의 존경은 나의 가장 나이 많은 형제에게 가지만, 때때로 존경은 잠시 동안 내 마을 사람에게 간다.'"

d1. (맹)계자가 이를 듣고, 말했다. "당신이 당신의 아저씨를 존경할 때, 그것은 존경이다. 당신이 당신의 아우를 존경할 때, 그것(도) 존경이다.

d2. 그러니 결국 이것은 외부에 있지, 내부로부터 있는 것이 아니다."

e1. 공도자가 말했다. "겨울에는 뜨거운 물을 마시고, 여름에는 차가운 물을 마신다.

e2. 이것이 물을 마시고 먹는 것조차 외부에 있는 것임을 보여주는가?"

대안적인 번역이 「고자상」 4장 b1, b2, c1, c2, c3, d2, d4에 대해 주어졌다. b1에서 논의의 여지가 있는 구절은 다음이다.

非	有	長	於	我
아니다	가지다	장	어	나

나는 '장長'을 '나이 많음'을 의미하는 명사로 취했다. 우리가 '有N於N'(여기서 'N'과 'N'은 명사이다) 구조를 'N에는 N이 있다'의 의미로 해석하면, 우리는 번역 (i)을 얻게 된다.[15] 우리가 그 구조를 'N에서 N을 얻다'의 의미로 해석하면, 우리는 번역 (ii)를 얻게 된다.[16]

b2에서 문제가 되는 구절은 다음이다.

從	其	白	於	外
따르다	그것의	백	어	외부

만일 우리가 '백'을 명사적 의미인 '흼'으로 해석하면, '어외於外'는 "외부에 있다"는 의미가 되고, 'V於N'(여기서 'V'는 동사적 표현이고 'N'은 명사이다)의 구조는 'N에서 V함'이라는 의미가 되어, 우리는 번역 (i)을 얻게 된다.[17] 만일 우리가 '백'을 동사로 봐서 '희게 하다'로 해석하고, 'V於N'을 'N에 의해 V되다'로 해석하면, 우리는 번역 (ii)를 얻게 된다.[18]

c1에서 문제가 되는 구절은 다음이다.

異於白馬之白也無以異於白人之白也

15) 이러한 독법은 조기(『맹자주』), 초순, 손석, 웨어에 의해 채용되었다. 하지만 고자는 내가 나이 많은 대상을 나이 많게 대우하는 것에 대해 말하고 있기 때문에, 나에게서 나이 많음이 있다는 것에 대한 부인은 그다지 의미가 없어 보인다. 이는 '有N於N'의 구조가 N에 N이 있음을 의미하는 것으로 해석하면서도 많은 번역가들이 '장長'을 '나이 많음'으로 번역하기를 피하는 이유로 설명된다. 추 차이와 윈버그 차이는 장長을 "나이에 대한 존중"으로, 돕슨은 "경의를 표함"으로, 자일스와 리올은 "나이를 알아봄"으로, 레게는 "나이에 대한 존경을 표하는 원칙"으로, 양백준은 "존경의 마음"으로 번역한다. 하지만 어떻게 '장'이 이런 방식으로 읽힐 수 있는지 알기 어렵다.

16) 이런 읽기는 라우가 채택하고 있으며 니비슨도 고려한 것이다. Nivison, "Problems: Part I," pp. 10-11.

17) 조기(『맹자주』)와 초순이 채택하고 추 차이와 윈버그 차이, 돕슨, 라우, 레게, 웨어 등을 포함한 대부분의 번역가들이 채택한 독법이다. 리올은 '종從'을 '~로부터 오다'로 해석하여 "나의 바깥에 있는 흼으로부터 온다"로 번역하였다.

18) 니비슨이 채택한 읽기이다.("Problems: Part I," pp. 11-12)

이 구절은 최소한 네 가지 방식으로 방점을 찍을 수 있다.

(a) 異. 於白馬之白也, 無以異於白人之白也.

(b) 異於. 白馬之白也, 無以異於白人之白也.

(c) 異於白. 馬之白也, 無以異於白人之白也.

(d) 異於白馬之白也, 無以異於白人之白也.

어느 것도 완전히 만족스럽지 않다. (a)에서는 '어於'가 불필요하게 쓰였다. (b)에서는 '이어異於'를 납득하기 어렵다. (c)에서는 '백마지백白馬之白'과 '백인지백白人之白' 사이에서 예상되는 대칭구조를 잃게 된다. (d)는 '백마지백'과는 다르지만 '백인지백'과는 다르지 않은 어떤 것이 있다고 말하고 있는데, 이는 이 맥락에서 이해하기 어려운 발언이다. 이 문제를 해결하기 위해서 다른 제안들이 제시되어 왔지만, 주석가들 사이에서 대체적인 합의는 이 문장을 백마지백白馬之白이 백인지백白人之白과 다르지 않다고 말하는 것으로 읽는 것이다.[19] 이 합의에 비추어보면 우리가 방점의 문제를 더 이상 고민할 필요는 없다.

c1과 관련된 다른 문제는 '백마지백'과 '백인지백'의 번역에 있다. 번역

19) 몇몇의 제안들은 다음과 같다. (a)에서와 같이 방점을 찍고 '인人'을 첫 번째 '어於' 앞의 암묵적인 주어로 간주한다.(초순에 의해 인용된 孔廣森) (b)에서와 같이 방점을 찍고 '이어異於'를 '이호異乎'와 같은 것으로 봐서 "얼마나 이상한가"의 의미로 간주한다.(호육환, 배학해, 송상봉) (c)와 같이 방점을 찍고 (c)에서 예상되는 병렬 구조가 없음을 고전 한문에서 통용되는 관행으로 취급한다.(조기[맹자주], 초순에 의해 인용된 공광삼) (d)와 같이 방점을 찍고 각각의 전후반부에 다른 주어를 배당한다.(Nivison, "Problems: Part I," p. 12) 구절에서 처음 두 글자인 '이어異於'를 빼버린 것으로 교감을 한다.(주희[맹자집주]에서 보고된 어떤 장씨, 레게, 양백준) 이것을 고전 한문에서 통용되는 관행으로 간주하여 첫 번째 '백'을 두 번 읽는다.(유월[맹자평의], Lau)

(i)과 (ii)는 각각 첫 번째 '백'의 경우 모두 동사로 읽어서 '마지백'과 '인지백'을 목적어로 삼으며, 두 번째 '백'의 경우 각각 (말과 인人 사이의) 흼과 흰 것들을 의미하는 것으로 읽는다. 번역 (iii)과 (iv)는 각각 두 번째 '백'의 경우 백마白馬와 백인白人의 흼을 가리키고, 첫 번째 '백'의 경우 (iii)은 형용사로 (iv)는 동사로 읽는다.

c2에서 문제가 되는 구절은 다음이다.

長馬之長也無以異於長人之長

문법적으로 가능한 번역들은 c1과 유사하다.[20] 병렬 구조인 4d3장의 "장초인지장長楚人之長"에서는 첫 번째 '장'의 경우 동사로 읽어야 하며, '초인지장'은 그것의 목적어가 되므로, (i)이나 (ii) 번역을 택하는 방향으로 기울게 한다.[21] 하지만 우리는 3장 c에 등장하는 병렬 구조인 '백N지백'에서 '백'을 형용사이거나 동사로 해석하는 '백N의 흼'을 가리키는 것으로 읽어야 함을 4장 2절 2)에서 이미 보았으며, 이는 (iii)이나 (iv) 번역을 선호하게 만든다. 충돌하는 증거를 감안하여, 나는 네 가지 번역을 다 포함시켜 모든 가능성을 제공하였다.

20) 돕슨, 웨어, 니비슨은 '백N지백'에서 첫 번째 백과 '장N지장'의 첫 번째 장을 모두 형용사로 읽는다.(Nivison, "Problems: Part I," pp. 12-13) 추 차이와 윈버그 차이, 라우, 레게, 리올, 하토리, 카나야, 우치노는 둘 다 동사로 읽는다. 자일스와 양백준은 명백히 백은 형용사로, 장은 동사로 읽는 것으로 보이는데, c1과 c2 사이의 유사성에 비추어보면 이렇게 읽는 것은 가능성이 높지 않다.

21) 사실 "장초인지장長楚人之長"에서의 두 번째 '장'이 초나라 사람들 중 나이 많은 사람을 가리킬 가능성이 높기 때문에 (ii) 번역을 선호하게 한다.

c3에서 문제가 되는 구절은 다음이다.

長者… 長之者…

만일 우리가 '~자'를 '~인 사람'이라고 해석하면, 우리는 첫 번째 '장'을 형용사로 해석해야 하며 번역 (i)을 얻게 된다.[22] 우리가 '~자~자~' 구조를 선택지를 제시하는 것으로 해석하면, 첫 번째 경우의 '장'은 명사로 해석해야 하며 번역 (ii)를 얻게 된다.[23]

마지막으로, d2와 d4에서 문제가 되는 구절은 다음이다.

是以我爲悅者也

是以長爲悅者也

자연스럽게 읽으면 번역 d2(i)과 d4(i)을 얻게 된다.[24] 하지만 '이N위열자야'는 'N을 즐거운 것으로 간주하다'거나 'N에서 즐거움을 얻다'를 의미할 수도 있으며, 이런 독법은 번역 d2(ii)와 d4(ii)를 낳게 된다.[25] 많은 번역자들이 '열'을 '즐거움'이나 '느낌'으로 번역했지만, 몇몇은 그런 번역으로는 d2

22) 조기(『맹자주』), 손석, 하토리, 라우, 웨어, 양백준이 택한 독법이다.

23) 주희(『맹자집주』), 장식, 추 차이와 윈버그 차이, 자일스, 카나야, 레게, 우치노, 니비슨("Problems: Part I," pp. 13-14)이 택하는 읽기이다.

24) 돕슨이 택하는 읽기이다.

25) 니비슨이 고려한 읽기이다.("Problems: Part I," pp. 13-14) 니비슨은 『맹자』, 「진심상」 19장으로부터 유사한 구조인 "이안사직위열자야以安社稷爲悅者也"를 인용한다.

와 d4를 이해하기 어렵다고 말했다.[26] 한 대안은 '열'을 마음이 움직여지거나 동기를 부여받는다는 의미로 취하는 것인데, 이런 독법은 번역 d2(iii)과 d4(iii)을 낳는다.[27] 또 다른 대안은 '열悅'을 '설說'(explanation)로 교정하는 것이다. 이럴 경우 번역 d2(iv)와 d4(iv)를 얻게 된다.[28]

2) 세 가지 주요 해석

의義가 내적內的인지에 대해 의견이 불일치하는 본질을 해석하는 것들 중에는 세 가지가 주로 통용된다. 첫 번째는 어떤 행동이 합당하기 때문만 아니라 행위자가 그렇게 행동하고자 마음이 완전히 쏠려 있는 상태에서, 그렇게 해야 그 행동이 의롭다고 하는 주장을 의의 내재성으로 해석하는 것이다. 이와 같은 해석은 주희와 니비슨(David S. Nivison)에 의해 제시되었다.[29] 두 번째는 의의 내재성을 인간에겐 네 가지 바람직한 특성의 하나로 이미 의가 있다는 의미에서, 또는 의로운 행동을 하게끔 이미 준비되어 있다는 의미에서 의가 성性의 일부라는 주장으로 해석하는 것이다. 장식, 초순, 대진,

26) 차이, 돕슨, 레게, 리올은 '열悅'을 '쾌락'이나 '기분'으로 번역한다. '열'을 이렇게 번역하는 데 생기는 어려움은 레게의 주석에서 논의되고 있으며 웨일리의 다음 글에서도 논의된다. "Notes on Mencius," p. 104.

27) 데이비드 니비슨은 『장자』(장자33/35, 43, 55, 63-64)에서 "문기풍이열지聞其風而悅之"(그들의 견해에 대해 들었고 이 견해들에 마음이 움직였다)라는 구절을 근거로 인용하면서 이러한 가능성을 대화 도중에 지적해 주었다. '열'에 대한 이러한 해석은 『맹자』, 「등문공상」 2장, 「이루상」 4장, 「고자하」 4장에서 나타난 '열'의 용법과 부합한다. 『좌전』(예를 들어, 좌전215/10, 269/10)에는 아마도 마음이 움직여짐을 의미하는 것인 '설說'–추정컨대 '열'로 수정할 수 있는–이 또한 여러 번 등장한다.

28) 라우의 "Method of Analogy," p. 250n2와 "Some Notes," pp. 78-79를 보라. 이렇게 교정하는 것을 그레이엄도 동의하였다. Graham, "Background," p. 48.

29) 주희, 어류1378; Nivison, "Two Roots or One?," p. 756.

라우(D. C. Lau)가 이런 식으로 해석하였다.[30] 세 번째는 의의 내재성을 의에 대한 지식이 심의 특정한 특성으로부터 도출된다는 주장으로 간주하는 것이다. 이 견해는 초순, 왕양명, 황종희, 모종삼, 서복관, 당군의에 의해 제시되었다.[31] 이 세 가지 해석은 의가 내적이라는 아이디어에 다른 내용을 부과하고 있다. 세 가지는 각각 의의 내재성을 행위자의 의로운 행동에 대한 동기이거나 인간이 공유한 의로운 행동으로의 성향이거나, 의에 대한 지식의 근원으로 해석한다. 비록 서로 관련이 있고 맹자가 이 세 가지 입장 모두를 찬성했을 수 있을지라도, 이 세 가지는 서로 다른 주장들이다.

세 가지 해석을 평가하기 전에 「고자상」 4장 a1과 a2에서 고자가 자신의 입장을 말한 언명을 먼저 고려해보도록 하자. 4장 a1에 나오는 고자의 성性에 대한 언급은 고자와 맹자의 의義에 관한 의견 불일치가 1~3장의 성에 대한 의견 불일치와 연관된다는 것을 암시한다. 추가적인 근거로는 성(「고자상」, 1장 a)에 대한 논쟁에서 잔과 그릇 같은 것으로 의를 지칭한다거나 또 의에 대한 논쟁이 성에 대한 논쟁 바로 다음에 위치한다는 사실에서 찾을 수 있다. 따라서 우리는 맹자와 고자의 성에 대한 견해와 의에 대한 견해 사이의 연결 고리를 추정해볼 근거를 가지고 있는 것이다. 두 번째 해석이 이 연결 고리를 납득할 수 있게 한다. 이 해석에서 고자의 의가 외재적이라는 견해는 의가 성의 한 부분이 아니라는 주장과 같은 것이며, 맹자의 의가 내재적이라는 주장은 의가 성의 일부분이고 따라서 성은 선하다는 주장과 같은 것이 된다. 세 번째 해석도 그 연결 고리를 설명할 수 있다. 1장 a에

30) 장식, 6A:4; 초순, 6A:4a1-2; 대진, no. 21; Lau, "Method of Analogy," p. 252.

31) 초순, 6A:4d; 황종희, 2/57b.1-5; 왕양명, no. 133; 徐復觀, 『人性論史』, p. 192 및 『論集』, p. 147; 牟宗三, 『圓善論』, pp. 12-19; 唐君毅, 『原道篇』, pp. 222-25 및 『原性篇』, pp. 15-20.

나오는 고자의 비유는 성이 중립적이고 의는 성에 부과된 어떤 것이라는 그의 견해를 설명해주고 있으며, 이런 견해는 의를 외부로부터 배워야 하는 것이라는 주장으로 의의 외재성을 이해하는 것과 부합한다.[32] 다른 한편으로 만일 의에 대한 지식을 도출하는 심의 성질이 있다는 의미에서 의가 내재적이라면, 그런 성질의 존재가 맹자의 입장인 성이 선하다는 의미를 제공할 것이다. 첫 번째 해석이 어떻게 이 연결고리를 설명할 수 있을지는 불분명하다. 행위자가 그렇게 행동하게끔 완전히 마음이 쏠려서 할 경우에만 그런 행동을 의롭다고 하는 것은 성이 선하다는 주장과 관련되지 않아 보인다.

「고자상」 4장 a2의 인仁의 내재성과 의義의 외재성에 대한 언급은 또 다른 두 문헌에도 나온다. 『관자』의 「계戒」에서는 다음과 같은 구절이 있다. "인은 안에서부터 (또는 안을 따라서) 나온다. 의는 밖에서 (또는 밖을 따라서) 만들어진다 / 행해진다.(仁從中出, 義從外作) 인仁하므로, 자신의 이익(利)을 위해 천하를 사용하지 않는다. 의義하므로, 자신의 명성을 위해 천하를 사용하지 않는다."[2] 『묵자』에는 다음과 같은 구절이 있다. "인은 사랑(愛)이다. 의는 이로움(利)이다. 사랑함과 이로움을 주는 것은 이것이고, 사랑받고 이로움을 받는 것은 저것이다. 사랑하고 이로움을 주는 데 있어서, 또는 사랑받고 이로움을 받는 데 있어서 내적이고 외적인 것 사이에 어떤 차이도 없다. 인은 내재적이고 의는 외재적이라고 주장하는 것은 사랑하는 것과 이로움을 받는 것을 두고 하는 말이다."[3] 인이 내재적이고 의가 외재적이라는 사상이 세 문헌에서 언급되면서 그 중 두 문헌(『묵자』와 『맹자』)에서 논쟁이 된다는 사실은 이 사상이 통용은 되고 있었으나 논쟁적이었음을 암시한다. 게다가

32) 다음을 참조하라. 황종희, 2/55a.1-56a.4.

이 사상을 어떻게 이해해야 할지에 대해서는 아마도 어떤 합의도 없었던 것으로 보인다. 『묵자』가 한 가지 읽기를 제공하며, 『관자』에서 제시된 생각은 몇 가지 다른 방식으로 읽힐 수 있다. 윤리적 속성인 인과 의의 성격 사이의 대조를 가리키는 것으로 해석될 수도 있다. 인이 타인에 대해 적절한 (내적) 정서적 관심과 주로 관계한다면, 의는 적절한 (외적) 행위에 대한 헌신과 주로 관계하는 것으로 말이다.[33] 어떤 것을 의의 반응과 반대되는 인의 반응으로 만드는 것에 관한 것으로 여길 수도 있다. 인仁한 반응이 (내적인) 정서적 관심에서 나오는 것이라면, 의義한 반응은 오로지 적절한 (외적) 행위만을 요구한다는 것이다. 또 무엇이 인仁과 상반되어 의義한 것이 되고 어떻게 이를 아는지에 대한 주장으로도 해석될 수 있다. 사람의 내적인 정서적 관심이 특정한 방식으로 반응하는 것이 인이라고 말해주는 한편, 외부적인 상황에 주의를 기울임으로써 무엇이 의義한 반응인지 알 수 있게 된다는 것이다.

인이 내재적이라는 주장은 인이 성의 일부이며 따라서 성에 대한 고자의 입장과는 대립되는 성은 선하다는 입장을 함축하는 것으로 보일지 모른다. 하지만 고자가 인을 성의 일부로 간주했는지는 불분명하다. 인이 내재적이라는 주장은 식색을 (최소한 부분적으로) 성의 내용으로 열거한 직후에 등장하며, 고자가 인 역시 성의 일부로 포함시키지 않았다는 사실은 내재적인 것과 성의 일부분인 것 사이에 차이가 있음을 암시한다. 더 나아가 인이 성의 일부라 할지라도, 성이 선하다는 것이 도출되는 것은 아니다. 이는

33) 이 해석에서는 내적인 인仁과 외적인 의義 사이의 대조가 3장 2절 3)에서 논의한 맹자의 인과 의의 대조와 같다. 맹자가 그런 대조를 반대하지는 않았을 것이므로 인이 내적이고 의가 외적이라는 주장을 반대할 때 그 주장을 이해하는 방식은 아마도 다를 것이다.

우리가 「고자상」 4장 d1에서 묘사된 종류의 사랑이 선의 방향으로 향한다고 가정할 때만 도출될 수 있는데, 이러한 가정은 그다지 자명하지 않다. 예를 들어 묵가라면 그런 사랑을 차별의 한 형태로 간주하여 겸애를 실천하기 위해서는 극복해야만 한다고 여길 것이다. 사실, 『묵자』의 「경상經上」 장들과 「경설상經說上」 장들의 '인仁'과 '체體'에 대한 정의에서는, 차별 없음에 반대하는 방식으로 자신에게 중심을 두는 것을 인으로 간주함을 보여준다. '인'은 자신을 향한 애愛[4]와 체애體愛[5]로 설명되고, 다른 한편 '체'는 겸兼(non-discrimination)[6]과 대조되는 방식으로 설명되거나 어떤 부분이 제거된 후에도 남아 있는 전체의 부분[7]으로 설명된다.[34] 더구나 어떤 유가도 고자가 묘사한 인이 선으로 향한다고 여기지 않을 것이다. 고자가 묘사한 인에는 타인의 형제에 대한 관심이 포함되어 있지 않기 때문이다. 여러 주석가들이 지적한 것처럼, 고자가 묘사하고 있는 종류의 사랑은 어떤 윤리적 내용도 없으며 의에 의해 규제되어야만 하는 어떤 것일 가능성이 있다.[35]

인은 내재적이고 의는 외재적이라는 생각은 의의 내재성 / 외재성에 대한 세 가지 해석 중 우리가 어느 것을 택하느냐에 따라 여러 다른 방식으로 해석이 가능하다. 첫 번째 해석을 택해서 이 생각을 이해하면 오직 합당한 (외적인) 행위만을 요구하는 의義 행동과 달리 인仁 행동은 마음이 완전히 그렇게 하게끔 기울어진 상태에서 그렇게 하는 것을 요구하는 주장이 된다. 두 번째 해석을 택하여 이해하면 인간은 비록 의 성향은 공유하지 않지만 인 성향은 이미 공유하고 있다는 주장이 된다. 세 번째 해석을 택해서 이해

34) 다음을 참조하라. 里西; Graham, *Later Mohist Logic*, pp. 270-71.

35) 예를 들어 다음을 보라. 황종희, 2/57a.7-b.3; 徐復觀, 『人性論史』, p. 188; 牟宗三, 『圓善論』, p. 15; Roetz, p. 206; 王邦雄 외, pp. 34-35. 다음을 참조하라. 왕부지, 668.

하면 인간에겐 의로 향하는 경향성이 없으므로 의에 대한 지식은 오직 외부로부터 얻을 수 있지만, 인으로 향하는 정서적인 성향은 이미 공유하고 있다는 주장과 동일하게 된다.[36]

「고자상」 4장 a에서의 고자의 입장에 대한 언명을 이미 고려하였으므로, 나는 이제 4장 b-e와 5장 a-e에서의 실제 논쟁을 다루겠다. 나는 세 가지 해석 중 앞의 두 해석은 모든 단계의 논쟁을 이해할 수 있게 하지 못하지만 세 번째 해석은 그렇게 할 수 있게 한다는 근거를 내세워 세 번째 해석을 옹호할 것이다.

3) 두 주요 해석을 거부하다

의의 내재성을 완전히 마음이 기울어져서 그렇게 행동할 때만 그 행동을 의롭다고 하는 것으로 이해하는 첫 번째 해석을 고려해보자. 이 해석으로는 우리가 "비유장어아非有長於我"를 (i)로 번역하건 (ii)로 번역하건 「고자상」 4장 b1을 이해할 수 없게 한다. 이 해석으로는 우리가 고자에게 기대하는 말이 어떤 사람을 나이 많은 사람으로 대접하는 전형적인 의 행위를 수행하는 데 있어서 그 사람을 나이 많은 사람으로 대접하고자 내 마음이 완전히 기울어져 있는 것은 아니라는 게 된다. 하지만 이 줄을 그렇게 읽기에는 어려움이 따른다. 이 생각을 전달하려면 고자는 "비유장지지심어아非有長之之心於我"라거나 "비유경어아非有敬於我"와 같은 말을 했어야 할 것이다. b2에

36) 당군의는 대조를 이런 방식으로 읽고 있는 것 같다.(『原性篇』, p. 18) 다음도 보라. 唐君毅, 『原道篇』, pp. 158-59.

대해서는 우리는 아마도 번역 (i)을 택하고, 이것이 어떤 것을 흰 것으로 취급하면서 그렇게 취급하고자 마음이 완전히 기울어짐이 없이 그것을 흰 것으로 취급하는 어떤 외재적인 (행위적) 기준에만 맞추는 방식으로 행동하는 것을 의미한다고 해석할 수 있을 것이다. 그렇다면 이는 다음과 같은 점을 보여줄 것이다. 어떤 사람을 나이 많은 사람으로 대우하는 전형적인 의 행동을 수행함에 있어서, 나는 유사하게 그렇게 할 마음으로 완전히 기울어짐이 없이 행위적 기준에 부합하는 방식으로 행동한다는 것이다. 이 해석으로는 b2 자체는 이해할 수 있지만, 여전히 b1이 b2 읽기에 문제를 일으킨다. 4장 b의 맥락은 b1의 '장長'을 '백白'으로 바꿀 때 b2의 "종기백어외從其白於外"가 b1의 "유장어아有長於我"와 대조되도록 설정되었음을 보여준다. 하지만 우리가 "비유장어아非有長於我"를 b1(i)로 번역하건 b1(ii)로 번역하건 상관없이, 방금 제시된 b2 읽기를 택하게 되면 그 대조는 성립하지 않게 된다.

첫 번째 해석으로는 d2와 d4를 만일 번역(i)이나 (ii)를 채택하게 되면 이해할 수 없게 된다. 이 해석에서는 d4가 나이 많은 사람을 나이 많게 대우하는 의義 행동은 그렇게 하는 사람이 완전히 마음이 기울어져서 그렇게 하는 것을 요구하지 않는다고 말하는 것을 가정할 것이기 때문에, 나이 많은 사람의 즐거움이나 '나'의 즐거움에 대한 인급이 어떻게 앞의 진술과 부합하는지 알기 쉽지 않다. 만일 우리가 번역 (iii)이나 (iv)를 채택하면, 이 해석은 d2와 d4가 인仁 행동은 행위자의 사랑에 의해 '동기부여가 되지만 / 설명이 되지만' 의義 행동은 행위자의 성향에 의해 '동기부여가 되지 않고 / 설명되지 않고' 외부적인 상황에 의해 강제됨을 말하는 것으로 이해된다. 해석적 입장이 직역에 덜 가까운 (iii)이나 (iv) – 이 번역은 원문의 교정을 전제로 한다 – 를 택할 때 d2와 d4를 이해할 수 있게 한다는 점이 다른 해석에 비해 이 해석을 상대적으로 불리한 입장에 놓이게 하지는 않는다. 왜냐하면 나머지 두 해석도 d2와 d4가 말이 되게 하기 위해서는 번역 (iii)이나 (iv)를 필요로 하기 때문이다.

첫 번째 해석은 e2를 이해하는데도 어려움을 불러일으킨다. 이 해석으로는 의가 외재적이라는 주장에 대해 맹자가 반대한 이유가 이 주장을 의義 행동이 '외재적인' 행위를 요구하는 것으로 간주했기 때문이 아니라, 의 행동이 '내재적인' 성향을 요구하지 않는 것으로 간주했기 때문인 게 된다. 맹자의 "그렇다면 불고기를 좋아함에 있어서도 외적인 것이 또한 있다는 것인가"(然則耆炙亦有外歟)라는 의문은 따라서 이해하기 어렵게 된다. 자신의 주장을 펼치기 위해 맹자는 "그렇다면 불고기를 좋아함에 있어서도 또한 어떤 내적인 것도 없다는 것인가?"(然則耆炙亦無內歟)라고 의문을 표현했어야 한다. 마지막으로 이 해석은 5장 d에서의 맹계자의 논변을 이해하기 어렵게 하며 이에 따라 5장 e에서의 공도자의 대응도 이해하기 어렵게 만든다. 이 해석에서 의가 외재적이라고 주장하는 것은 의 행동은 그렇게 행동하게끔 하는 존경이나 다른 성향들이 수반될 필요가 없다는 것을 말하는 것이 된다. 하지만 맹계자의 「고자상」 5장 d에서의 언명은 상황에 따라 누군가의 존경이 달라지는 방식에 관한 것이다. 이런 언명과 첫 번째 해석이 어떻게 부합하는지 알기 어렵다.

의의 내재성을 인간이 이미 의 속성이나 의 행동으로의 성향을 가지고 있다는 주장으로 해석하는 두 번째 해석에서도 번역(i)이나 (ii) 가운데 어떤 것을 택해든 「고자상」 4장 b1을 납득할 수 있게 하는 데 어려움을 겪는다. 이 해석에서 고자가 말했어야 하는 것은 나이 많은 사람을 나이 많은 사람으로 대우하는 데 있어서 사람이 이미 그렇게 행동할 성향을 가진 것은 아니라는 것이 된다. 하지만 "비유장어아非有長於我"가 어떻게 이런 식으로 읽혀질 수 있는지 불분명하다. 첫 번째 해석에 대해 제기한 것과 비슷한 이유로, b1을 이해하는 데 있어서의 어려움이 b2를 해석하는 데 문제를 일으킨다.

이 해석으로는 또 4장 c1과 c2를 이해하는데도 어려움이 있다. 첫 번째 해석으로 번역 (i) 혹은 (ii)를 채택하면, 맹자는 나이 많은 말을 나이 많게 대우하는 것과 나이 많은 사람을 나이 많게 대우하는 것 사이의 차이를 주장하는 것이 된다. 그 차이는 전자가 아닌 후자가 행위자 쪽의 존경을 수반한다는 것이다. 그런데 두 번째 해석으로도 c1과 c2의 요점을 파악하기가 어렵다. 나이 많은 사람을 나이 많게 대우하는 것이 나이 많은 말을 나이 많게 대우하는 것과 다르더라도, (또는 만일 우리가 번역 (iii)이나 (iv)를 채택하여, 나이 많은 사람의 나이 많음은 나이 많은 말의 나이 많음과 다르다고 하더라도,) 이것이 인간에게 이미 의 행동을 하는 성향이 있는지 아닌지를 말해주지는 않는다.

두 번째 해석은 d2와 d4를 이해하기 위해 번역 (iii)이나 (iv)를 채택할 수 있다. 이 해석으로는 고자가 인仁 행동이 내재적인 것은 행위자 안에 이미 존재하는 어떤 것에 의해 그런 행동에 동기부여가 되거나 그런 행동이 설명되기 때문인 반면, 의義 행동은 그렇지 않다고 말하고 있는 것이 된다. 하지만 이 입장으로는 e2를 이해하는 데 어려움이 있다. 이 해석은 맹자가 인간은 이미 의 속성이나 의 행동으로의 성향을 가지고 있다고 주장하는 것으로 이해하기 때문에, 맹자의 의문은 다음과 같이 표현되었어야 한다. "그렇다면 불고기를 좋아함에 있어서도 또한 어떤 내적인 것도 없다는 것인가?"(然則耆炙亦無內歟) 비슷한 문제가 5장 b4와 d2에도 있다. 여기서 두 번째 해석으로는 맹계자가 의의 외재성을 주장하면서 의는 인간에 이미 내재한 것이 아니라 외부로부터 인간에게 들어온 것이라고 말하는 것이 된다. 하지만 6장에서의 "인의예지仁義禮智, 비유외삭아야非由外鑠我也"와 비교하면 알 수 있듯이, 이 주장을 b4와 d2에서처럼 "의는 '결국 외부에 있지, 내부로부터 말미암는 것은 아니다'(果在外, 非由內)"라고 말하기보다는 "의는 '결국 외부로부터 말미암는 것이지 안에 있는 것이 아니다'(果由外, 非在內)"라고 말하는 것이 더 자연스러운 표현일 것이다. 마지막으로 이 해석은 5장 d에서의 맹계자의 논변을 이해하기 어렵게 만들고 이에 따라 5장 e에서의 공도자의 대응도 이해하기 어렵게 한다. 5장 d에서 상황에 따른 존경의 차이에 대한 맹계자의 언명이, 의가 인간에게 이미 속한 어떤 것인지 여부의 물음과 어떻게 연관되는지 알기 어려워지는 것이다.

4) 세 번째 해석을 옹호하다

의에 대한 인식은 심의 특정한 성질로부터 기인한다는 주장으로 의의 내재성을 해석하는 세 번째 해석은 「고자상」 4장과 5장에서의 모든 단계의 논쟁을 이해할 수 있게 만든다. 4장 b1과 b2를 고려해보자. 고자는 흰 어떤 것을 희게 취급하는 것과 나이 많은 어떤 것을 나이 많게 취급하는 것, 두 가지 형태의 행위를 비교하고 있다. 세 번째 해석에서, 고자는 우리로 하여금 후자의 행위를 합당한 것으로 알아챌 수 있게끔 하는 것이 전자의 행위를 합당한 것으로 알아챌 수 있게 하는 것과 유사함을 말하고 있는 것이 된다. 흰의 경우에, b2(번역 (ii)를 채택하여)는 다음의 두 가지 주장을 하게 된다.

(p1) 우리가 흰 대상을 희게 취급하는 것의 합당함을 인식하게 되는 것은 흰

대상의 흼으로 인해서이다.

(p2) 흰 대상의 흼은 우리와 독립적이다.

그리고 b1(번역 (ii)를 채택하여)은 우리가 나이 많은 대상을 나이 많게 대하는 것에 있어서도 마찬가지임을 주장한다.

(q1) 우리가 나이 많은 대상을 나이 많게 대우하는 것의 합당함을 인식하게 되는 것은 나이 많은 대상의 나이 많음으로 인해서이다.

(q2) 나이 많은 대상의 나이 많음은 우리와 독립적이다.

b1과 b2 모두에서 번역 (ii)를 채택함으로써, 우리는 "종기백어외從其白於外"가 "유장어아有長於我"와 대조되게끔 되어 있는 사실 – 후자에서 '장'을 '백'으로 교체할 때 – 을 적절하게 고려한 것이 된다. 우리가 나이 많은 대상을 나이 많게 대우하는 것의 합당함을 인식하는 것은 나이 많은 대상의 나이 많음으로 인해서이기 때문에, 그리고 나이 많은 대상의 나이 많음은 우리와 독립적이기 때문에, 우리는 우리와 독립적인 어떤 것으로 인해서 나이 많은 대상을 나이 많게 대우하는 것의 합당함을 인식하는 것이 된다. 나이 많은 대상을 나이 많게 대우하는 것은 전형적인 의 행위이기 때문에, b3은 다음과 같이 결론을 내린다. 우리는 우리와 독립적인 어떤 것에 의지하여 무엇이 합당한지를 인식한다는 의미에서 의가 외재적이라는 것이다.

맹자의 응답은 나이 많은 사람을 나이 많게 대우하는 것을 구성하는 행위와 나이 많은 말을 나이 많게 대하는 것을 구성하는 행위 사이의 차이점을 지적한 것이다. 후자가 단지 나이 많음에 대한 인정을 수반한다면, 전자는 거기에 더해 공손한 행위를 수반한다. 번역(i)이나 (ii)를 택하면, c1은 다음을 말하게 된다.

(p3) 흰 말을 희게 취급하는 방식은 흰 사람을 희게 취급하는 방식과 같다.

번역(i)이나 (ii)를 택하면, c2는 다음을 함축하게 된다.

(q3)' 나이 많은 말을 나이 많게 대우하는 방식은 나이 많은 사람을 나이 많게 대우하는 방식과 같지 않다.

하지만 우리가 어떤 것을 나이 많게 다루는 것의 합당함을 오직 그 대상에 내재한 나이 많음에 의해 인지한다면, 나이 많음이라는 동일한 성질이 나이 많은 말과 나이 많은 사람 모두에 존재한다는 것을 고려할 때 같은 종류의 행위가 두 대상 모두에 대하여 합당하게 될 것이다. 따라서 (q3)'는 (q1)이 말의 경우나 사람의 경우 둘 중 어느 하나에서는 거짓임을 함축한다. 하지만 나이 많은 사람을 나이 많게 대하는 데 수반되는 행위는 부분적으로 (나이 많음을 인정한다는 측면에서만) 나이 많은 말을 나이 많게 대하는 데 수반된 행위와 같기 때문에, 비록 (q2) 명제를 계속 존속시키더라도 사람의 경우에는 (q1) 명제를 거부해야 한다는 것이 추론된다. 즉, 사람의 나이 많음이 우리와 독립적임을("非有長於我") 받아들인다 해도, 나이 많음 때문에 우리가 나이 많은 사람을 나이 많게 대우하는 것의 합당함을 인지한다는 것은 거부해야 한다(즉, "從其長於外"를 거부한다). (번역 (ii)를 채택할 때) 맹자가 c3에서 암시하는 것처럼, 의義는 ((q2)에 따르면) 우리와 독립적인 나이 많은 사람의 나이 많음에 관한 것이 아니라, 사람을 나이 많게 대우하는 것-((q1)과 상반되게) 우리와 독립적인 사실에 의거해서 우리가 합당하다고 인식한 어떤 것으로 나타난

적이 없는-에 관한 것이다. 그렇기 때문에 지금 고려하고 있는 이런 의미에서 고자는 의가 외재적임을 보여주는 데 실패했다.

(q1)이 나이 많은 사람의 경우에는 해당하지 않는다고 인정하면서 고자는 여전히 다음과 같이 주장할 수 있다.

> (r1) 우리가 사람을 나이 많게 대우하는 것의 합당함을 인식하게 되는 것은 나이 많은 사람의 나이 많은 사람임으로(즉, 나이 많은 사람임의 성질로) 인해서이다.
> (r2) 사람의 나이 많은 사람임은 우리와 독립적이다.

나이 많은 사람임은 말(馬)이 아니라 나이 많은 사람에게서만 드러나기 때문에 (r1)을 상대로 해서는 맹자의 (q1)에 대한 반대가 성립하지 않는다. (r1)에 대한 유사한 반대를 성립시키기 위해서 맹자는 다음을 필요로 한다.

> (r3)' 나이 많은 사람을 나이 많게 대우하는 방식은 또 다른 나이 많은 사람을 나이 많게 대우하는 방식과 다르다.

하지만 d3에서 고자는 (r3)'를 거부하고 대신에 다음과 같이 주장하였다.

> (r3) 나이 많은 사람을 나이 많게 대우하는 방식은 또 다른 나이 많은 사람을 나이 많게 대우하는 방식과 같다.

(r3)의 옳음은 (r1)을 지지하는데, (r1)이 왜 (r3)이 옳은지를 설명할 수 있기 때문이다. 나이 많은 사람의 나이 많은 사람임이 다른 나이 많은 사람의 나이 많은 사람임과 같기 때문에 나이 많은 사람의 나이 많은 사람임에

의해 우리가 사람을 나이 많게 대우하는 것의 합당함을 인지한다면, (r3)은 이로부터 추론된다. 고자가 나이 많은 사람과 형제의 경우를 대조하는 것은 (r1) 명제를 지지하는 그의 논증을 강화한다. d1 섹션은 형제의 경우 우리는 자애로운 대우를 우리의 어린 형제에게로 한정한다는 것을 말한다. d3 섹션은 나이 많은 사람임의 경우 똑같이 공경스럽게 대우하는 것을 모든 나이 많은 사람에게로 넓히지 않는 것은 합당하지 않다는 것을 알게 된다고 말한다. (r1)이 옳지 않는 한, 이에 대한 어떤 다른 설명도 없어 보인다. 하지만 만일 (r1)과 (r2)가 모두 옳다면, 우리가 나이 많은 사람을 나이 많게 대우하는 것의 합당함을 인지하는 것은 우리와 독립적인 어떤 것 덕택이 된다. 지금 고려하고 있는 해석은 우리가 번역 (iii)과 (iv)를 택하는 경우에만 d2와 d4를 이해할 수 있게 한다. 이 해석은 d2와 d4가 나이 많은 사람을 나이 많게 대우하는 것의 합당함을 인지하는 데 있어서 우리를 움직이는 것 또는 그 인지함을 설명하는 것이 우리의 외부에 있는 그들의 나이 많음과 관련된다는 것을 강조하고 있는 것으로 이해한다. 우리 안의 어떤 것에 의해 설명되거나, 우리 안의 어떤 것에 의해 마음이 움직여지는 것이 수반되는 어린 동생에 대한 사랑과는 다르게 말이다.

e1과 e2에서의 맹자의 대응은 고자가 d1과 d3에서 말한 것들을 설명하는 데 (r1)이 필요하다는 것을 거부하는 것이었다. 우리는 불고기가 우리 것이건 다른 사람의 것이건 좋아하지만, 그 좋아하는 것은 우리와 독립적인 불고기 됨의 성질에 의해 불고기를 좋아하는 것이 합당하다고 인지하기 때문은 아니라는 것이다. 불고기를 좋아하는 데 어떤 외재성도 없다고 말함으로써 맹자가 표현하고 있는 이 생각은 다른 두 해석과 관련해서는 문제가 된다. 고자도 아마도 동의하겠지만, 그보다는 오히려 우리 것인지 다른 사람

의 것인지와 무관하게 우리는 불고기에 대한 입맛을 일반적으로 가지고 있다는 사실로 설명된다. 마찬가지로 나이 많은 사람을 나이 많게 대우하는 경우, 우리는 모든 나이 많은 사람들에게 똑같이 공경스럽게 대하지 않는 것은 합당치 않다는 것을 인지한다. 왜냐하면 나이 많은 사람들이 우리 가족에 속하건 아니건 간에 존경심을 가지고 그들을 대우하는 성향을 우리는 이미 가지고 있기 때문이다. 따라서 우리는 d1과 d3에서의 고자의 발언을 설명하기 위해 (r1)을 필요로 하지 않는다.

다음으로 「고자상」 5장을 다루기로 하자. 의의 내재성에 대한 세 번째 해석에서는 사람은 심의 특정한 성질 때문에 특정한 형태의 행위를 합당하다고 파악한다. 맹자가 제시하는 그런 성질의 전형적인 예는 어른에 대한 존경이며,(「진심상」, 15장) a2는 의의 내재성이란 나이 많은 사람을 공경하게 대우하는 것이 존경심에서 우러나온 자연스런 성향에서 하는 어떤 것이라는 이유로 의義롭다고 사람들이 인식한다는 사실로 설명된다. 이 주장은 다음 둘 중 하나의 관찰에 의해 반박될 수 있다

(i) 어른을 공경스럽게 대하는 모든 행위가 존경심에서 우러나온 행위인 것은 아니다. 또는
(ii) 비록 그렇다 하더라도, 어른에 대한 존경은 사람들이 이미 공유하는 어떤 것이 아니라 자신들과 독립적인 환경에 따라 가지는 것이 합당하다고 사람들이 간주하는 어떤 것이다.

맹계자는 b에서는 첫 번째와 같은 논변을, d에서는 두 번째와 같은 논변을 전개시킨다. b에서 맹계자는 자신의 가장 나이 많은 형제를 더 존경하는

경우가 있지만, 합당한 행위는 그보다 더 나이 많은 또 다른 사람의 잔을 먼저 채움으로써 더 큰 존경으로 더 나이 많은 사람을 대우하는 것임을 공도자에게 확신시키고자 노력하였다. 만일 이것이 옳다면, 더 나이 많은 사람의 잔을 먼저 채우는 행위는 그 합당함을 존경심에서 끌어낼 수 없다. 이로부터 맹계자는 합당함이 심의 성질에서 도출될 수 있는 어떤 것이 아니라는 의미에서 외부에 있다는 결론을 내린다. 맹계자는 이를 b4에서 합당함은 "외부에 있는 것이지 안으로부터 유래하는 것이 아니다"라고 말하는 것으로 표현하는데, 이 발언은 의의 내재성에 대한 두 번째 해석과 관련해서는 문제가 된다.

이런 종류의 논변으로부터 의의 내재성을 방어하기 위해서는, 더 나이 많은 사람의 잔을 먼저 채우는 데 있어서 사실은 더 나이 많은 사람에게 더 큰 존경심을 가지고 있음을 보여줘야 한다. 맹자는 c에서 이를 시도했다. 보통은 자신의 아저씨를 어린 동생보다 더 존경한다. 하지만 특정한 의식을 치르는 경우에는, 예를 들어 제사를 지내는 동안 동생이 조상의 대역을 할 때는 동생에게 더 큰 존경심을 가지게 된다. 동생이 대역을 하고 있는 조상에게 더 큰 존경심을 가지고 있기 때문이다. 마찬가지로, 동네의 더 나이 많은 사람보다 자신의 가장 나이 많은 형제를 존경한다. 하지만 특정한 의식을 행하고 있을 경우, 예를 들어 모임에서 술을 따를 경우, 이 모임 동안은 동네의 더 나이 많은 사람에게 더 큰 존경을 표하게 된다. 따라서 맹계자가 제시하는 것과 달리, 더 나이 많은 사람에게 잔을 먼저 채우는 행위의 합당함은 더 큰 존경심에서 충분히 나올 수 있는 것이다.

이 응답에서 맹자는 더 큰 존경의 대상은 상황에 따라 다를 수 있다는 사실을 활용하고 있다. 이런 상황들 자체는 존경심과 독립적인데, 이 점이 맹계자로 하여금 두 번째 종류의 논변을 전개하도록 허용하였다. d에서 맹계자는 더 큰 존경의 대상이 우리와 독립적인 상황에 따라 다르기 때문에, 누구를 더 존경하는 것 그 자체가 외부적인 환경의 역할이라는 결론이 나온다고 주장하였다. 그러면 외부적인 환경으로부터 우리가 특정한 사람을 더 큰 존경으로 대우하는 합당함이 도출되는 것이다. 따라서 합당함은 결국 외부에 있는 것처럼 보인다.

e에서 공도자의 대응은 자신이 다음과 같은 상황이라고 여기는 사례를 제시하는 것이었다. 즉 그 사례란 우리가 선호하는 대상은 외부적 상황에 따라 달라지지만 그 달라짐 자체는 우리가 달라진 외부의 상황 때문에 합당하다고 인식하는 그 어떤 것이 아닌 경우이다. 공도자에 따르면 우리는 겨울에 뜨거운 물을 마시고 여름에 차가운 물을 마시는 것을 선호한다. 외부 상황에 따라 우리가 선호하는 것은 다르지만, 그 선호는 기호의 문제이지 외부적 상황 때문에 가지게 된 우리가 합당하다고 간주하는 선호는 아니다. 주석가들이 지적해왔듯이, 이 비유는 썩 잘 작동하지 않는데, 맹자의 「고자상」 4장 e 불고기 예와는 달리 공도자의 예에서는 그 선호가 외부적 상황에 대한 대응이라고 하는 것이 더 설득력 있기 때문이다.[37] 하지만 공도자는 이 사례를 통해 비록 더 큰 존경의 대상이 외부적인 환경에 따라 달라진다 하더라도, 이로부터 우리의 더 큰 존경이 변화된 환경 때문에 가지게 된 합당하다고 간주하는 어떤 것이라는 결론이 도출되지는 않는다는 점을 설명하려고 했다. 그보다는 그 달라짐은 우리 자신이 구성된 방식의 결과일 것이고, 그렇기 때문에 맹계자의 논변은 합당함이 외부에 있다는 것을 보여주지 않는 것이다.

37) 예를 들어 다음을 보라. 초순에 의해 인용된 毛奇齡; 牟宗三, 『圓善論』, p. 19; 楊祖漢, p. 19.

따라서 현재의 해석적 입장은 우리로 하여금 「고자상」 4장과 5장에서의 모든 단계의 논변을 이해할 수 있게 한다. 더 나아가, 4장에서의 논변과 5장에서의 논변이 어떻게 흥미로운 방식으로 연관되는지를 보여준다. 4장에서 고자는 외부적인 상황의 유사성이 무엇을 합당한 것으로 간주할지에 있어서의 유사성을 요구한다는 점을 지적함으로써 의의 외재성을 옹호했다. 만일 두 사람이 모두 나이가 많으면, 합당함은 우리가 그들 모두를 존경스럽게 대할 것을 요구한다. 5장에서 맹계자는 외부적 상황의 변화가 무엇을 합당한 것으로 간주할지에 있어서의 변화를 불러온다는 점을 지적함으로써 의의 외재성을 옹호하였다. 비록 보통은 나의 아저씨를 더 존경하지만, 나의 동생이 제사에서 차지하고 있는 위치가 나로 하여금 내 동생을 더 존경하는 것을 합당하게끔 만들 수 있다. 이 두 종류의 논변은 합당한 것으로 간주되는 것이 우리와 독립적인 상황과 한데 묶여 있음을 보여주는 데 서로를 보완해 주고 있다. 이제 이 논변들은 우리가 외부적 상황으로 인해 무엇이 합당하다고 인지하는지를 보여준 것으로 간주된다.

이에 대한 응답에서 맹자와 공도자 모두 우리의 행위와 외부적인 상황 사이에 같은 종류의 연결이 작용하지만 외부적인 상황에 의해 그런 행위를 합당하다고 인지한다고 말하기에는 설득력이 적은 예를 들어 호소했다. 이 둘은 모두 그들의 주장을 설명하면서 입맛의 예를 이용했는데, 몇몇의 주석가들은 고자 자신이 「고자상」 4장 a1에서 먹는 것이 성의 일부라고 인정했기 때문에, 입맛의 예들은 특히 적절하다고 지적했다. 입맛은 성의 일부이며 단지 외부적 상황에 대한 반응에 불과한 것이 아니라는 점을 고자는 인정해야만 할 것이기 때문이다.[38] 하지만 이는 사례로 선택한 것에 대한 완전히 만족할 만한 설명은 아니다. 맹계자가 성에 대해 어떤 견해도 피력하지 않았음에도 공도자는 맹계자와의 논쟁에서 입맛을 예로 이용했다. 그리고 고자는 먹는 것이 성의 일부라고 인정했지만, 음식에 대한 기호나 구체적으로 특정한 종류를 마시는 것까지도 성의 일부라고 말한 것은 아니다.

사례의 선택에 대한 대안적인 설명은 이 예들이 맹자의 입장을 설명하는 데 도움을 준다는 것이다. 「고자상」 7장에서는 맹자 자신이 입맛의 예를 이용해서 자신의 견해를 설명했다. 우리가 가지고 있는 입맛에 의해 우리는 특정한 종류의 음식이나 음료가 맛있음을 알 수 있다. 이와 유사하게 심의 특정한 성향에 의해 우리는 특정한 종류의 행위가 합당하다는 것을 알 수 있다. 더군다나 이 사례들은 의에 대한 이런 견해가 비슷한 외부적 환경에 대하여 비슷한 반응이 요구되고(「고자상」 4장 e), 달라진 외부 상황에 대하여 변화된 반응이 요구된다는 언급(「고자상」 5장 e)과 양립할 수 있다는 점을 보여주는 데 기여한다. 우리의 입맛에 의해 우리가 특정한 종류의 음식이나 음료를 맛있다고 간주한다는 주장에는 어떠한 영향도 주지 않으면서, 위와 유사한 언급들이 입맛에 대해서 해당되는 것처럼 의가 내재적이라는 견해도 위의 언급들과 양립할 수 있다. 왜냐하면 심의 성향들로부터 나오는 반응들 자체가 외부 상황에 민감하다는 사실로 잘 설명될 수 있기 때문이다.[39]

5) 추가로 언급하나

제시한 해석을 옹호하기 위한 나의 전략은 내가 제시한 해석이 「고자상」

38) 이런 제안은 주희에 의해 어떤 임林씨가 한 것이라고 기록되어 있다.(『맹자집주』, 「고자상」 4장) 또 다음을 보라. Lau, "Method of Analogy," p. 255.

39) 다음의 글에서 지적되고 있다. 唐君毅, 『原道篇』, pp. 224-25.

4장과 5장에서 진행된 모든 단계의 논쟁을 납득할 수 있게 하는 반면 다른 해석들은 그렇게 하지 못함을 보여주는 것이다. 가능한 모든 해석을 고려한다는 것은 명백히 불가능하므로, 나는 세 가지의 일반적인 해석을 선택해 초점을 맞추었다. 내가 아는 한 관련 문헌에서 발견된 다른 어떤 해석도 모든 단계의 논쟁을 설명하지 못한다. 예를 들어 주희가 제시한 두 가지 다른 해석을 고려해보자. 주희는 때로 의를 외재적인 것(내재적인 것)으로 간주하는 것은 의에 대한 관심을 결여한 것(가진 것)이라고 한다.(『맹자집주』 2A:2, 6A:4; 『주자어류』 1264) 이것은 맹자의 방식으로 논쟁을 바라보는 것에 대한 해석으로서 옳을 가능성이 별로 없다. 왜냐하면 이런 해석이 4장과 5장에서의 논변을 어떻게 이해시킬 수 있을지 알기 어렵기 때문이다.[40] 사실 주희가 고자에게 의에 대한 관심이 결여되어 있다고 본 근거는 실제 텍스트인 4장과 5장보다 해석에 논쟁의 여지가 많은 「공손추상」 2장-나는 4장 4절에서 검토할 것이다-에서 인용된 고자의 격언이다. 그런데 주희는 다른 곳에서는 또 다른 해석을 제안한다.

> 우리가 단지 의를 적절함(宜)이라고 해석한다면, 의는 외부에 있는 것처럼 보인다. 의는 우리가 일들을 처리하는 것과 관계하며, 일들을 처리하는 것은 외부에 있기보다 심에 있다는 정자程子의 말을 따라야 한다.… 왜냐하면 일들의 적절함은 외부에 있을지라도, 일들을 처리하면서 그것들을 적절하게 하는 것은 안에 있는 것이다.(『주자어류』 1219)

여기서 주희는 '의'를 적절함으로 설명하는 전통적인 해석을 언급하고

40) 황종희는 주희의 이런 해석에 반대하고 있는 것처럼 보인다.(황종희2/57b.1-58b.6)

있다. 주희는 다음과 같이 생각한다. 의가 내재적이라는 주장은 '의'가 그런 외부적인 일들을 적절하다고 지칭하거나 또는 의로운 행위의 대상을 지칭함을 말하는 것이 아니라(『맹자집주』「고자상」 5장 5a2 참조), 심에서 기원한다는 의미에서 내재적인 합당한 행위를 지칭함을 말한다. 비슷한 해석이 조기(『맹자주』, 「고자상」 4장)와 다른 주석가들에 의해 제시되었다.41)

이 해석에 대한 약간의 문헌적 증거가 있다. 주희(『주자어류』 1378)가 의의 내재성을 설명하고 있는 결정적인 문장으로 간주하는 「고자상」 4장 c3(번역 (ii)를 택한다)에서는, 맹자가 '의'는 나이 많음과 같은 외재적인 것들보다는 나이 많은 사람을 나이 많게 대우하는 합당한 행위를 가리킨다고 주장하는 것처럼 보였다. 또 공도자는 5장 a2에서 의의 내재성을 두고 존경을 실행에 옮긴다는 의미로 설명한다. 주희(『맹자집주』「고자상」 5장 a2)는 이를 '의'가 존경의 대상을 가리키기보다는 심에 있는 존경을 실행에 옮기는 것을 가리킨다는 의미에서 의가 내재적임을 의미한다고 해석한다.

이런 해석은 「고자상」 4장과 5장을 부분적으로는 이해할 수 있게 하지만, 맹자가 이 논쟁에서 무엇을 문제라고 보았는지에 대한 해석이라기에는 세 가지 문제가 있다. 첫째, 맹자는 때때로 '의'를 행동이나 관계의 바람직한 성실을 가리킬 때 사용하는 것처럼 보인다. 예를 들어, 의를 말과 행위의 기준으로 말할 때(『맹자』, 「이루하」 11장), 통치자와 통치받는 사람의 관계와 관련된 성질로 말할 때(『맹자』, 「등문공상」 4장) 등이다. 그렇다면 맹자가 '의'가 적절함으로서의 그런 외재적인 일들을 가리키지 않는다고 주장했을 가능성은 약하다. 둘째로, 이 해석에서는 의의 내재성/외재성이 주로 '의'란 용어의

41) 예를 들어 다음을 보라. 王禮卿.

용법과 관련된다. 하지만 「공손추상」 2장에서 맹자는 의가 외재적이라는 고자의 견해는 윤리적 성장에 심각한 결과를 가져온다고 말했는데, 용어의 사용에 대한 어떤 주장을 승인하는 것이 그처럼 심각한 결과를 가져오기는 어려울 것이다. 마지막으로, 이 해석은 「고자상」 4장과 5장에서 진행된 모든 단계의 논쟁을 납득할 수 있게 하기에는 문제를 내포하고 있다. 예를 들어, 고자와 맹계자가 각각 4장 b와 5장 b에서 의의 외재성을 옹호할 때, 이 둘 모두 나이 많은 사람을 나이 많게 대우하는 전형적인 의 행위에 대한 관찰을 인용한다. 이들이 옹호하는 주장이 '의'라는 용어가 합당한 행위가 아닌 다른 어떤 것들을 지칭하는 것이라면, 이들의 언급을 이해하기는 어렵다.

요약하면 내가 제시한 해석 이외에는 모든 단계의 논쟁을 이해할 수 있게 하는 그 어떤 해석도 나는 알지 못한다. 이 점이 내가 제시한 해석을 지지하게 하며, 이에 따라 의를 인지하는 것이 심의 특정한 성질로부터 유래한다는 견해를 맹자가 주장했다고 여기는 생각도 지지한다. 이 해석에 따르면, 맹자는 「고자상」 4장에서의 고자와의 의견불일치를 의에 대한 우리의 인식이 우리와 독립적인 상황에서 유래하는지 아니면 우리의 심의 성향에서 유래하는 것인지에 대한 논변으로 간주한 것이 된다. 맹자가 고자 역시 단순히 나이 많음을 인식한 것 이상의 방식으로 나이 많은 사람을 나이 많게 대우하는 것이 적절하다고 인정한 것처럼 이야기하고 있기 때문에, 아마도 맹자는 고자가 나이 많은 사람에 대한 공경스런 대우에서 예시된 것 같은 의 행동에 관심을 가졌다고 간주했던 것 같다. 우리가 4장 2절 1)에서 본 것처럼, 「고자상」 1장에서의 고자에 대한 맹자의 대응도 고자가 인의仁義에 관심을 가지고 있다고 맹자가 믿었음을 보여준다.

흥미로운 질문은 만일 우리가 이 논변에 대한 맹자의 입장을 괄호 치고 우리의 주의를 「고자상」 4장에서 고자가 자신의 입장을 제시한 것에만 한정시킨다면, 의가 외재적이란 고자의 주장은 의에 대한 관심의 결여를 증명한다는 주희의 해석에 어떤 여지를 주지 않을까. 내가 아는 한, 그렇게 해석하는 데 어려움을 불러일으키는 유일한 고자의 언급은 다음이다. 4장 b1에서 나이 많은 사람을 나이 많게 대우하는 것에 대한 고자의 언급과, 4장 d3에서 초나라 사람 중에 나이 많은 사람이나 자신의 가족 중에서 나이 많은 사람을 똑같이 대우하는 것에 대한 고자의 언급이다. 나이 많은 사람에 대한 공경스런 대우는 의 행위의 전형적인 사례이기 때문에, 또 고자가 이런 종류의 행위를 승인하는 것처럼 말하고 있기 때문에, 이 부분의 언급들은 고자의 의에 대한 관심을 보여주는 것처럼 보인다.

이런 결론을 피하기 위해서 고자가 나이 많은 사람을 나이 많게 대우하는 것을 흰 물건을 희게 취급하는 것과 비교한 것을 근거로, 맹자가 의 반응의 일부 종류로 여겼던 공손한 행위를 수반하지 않은 채 고자는 단지 나이 많음을 인정한다는 의미에서만 나이 많은 사람을 나이 많게 대우한 것에 대해 말하였다고 제안할 수 있을지 모른다.[42] 이것이 비록 흥미로운 제안이라 할지라도, 나는 어떤 대상의 어떤 성질을 단지 인정하는 것을 의 행위로 성격 지우는 어떤 사례도 초기 문헌에서 알지 못하기 때문에 받아들이기 어렵다. 게다가 「고자상」 5장에서 의의 외재성을 옹호할 때, 맹계자는 어떤 사람을 나이 많게 대우하는 데 무엇이 수반되는지에 대한 사례로 누군가에게 술을 먼저 따르는 것을 언급하고 있다. 이는 어떤 사람을 나이 많게 대우하는 것이 단지 나이 많음을 인정하는 것 이상을 수반함을 보여주는 것이다.

42) 다음을 보라. 陳大齊, 『淺見集』, pp.286-90.

맹계자와 고자가 어떻게 연결되는지 우리는 알지 못하기 때문에, 이들에게 어떤 이를 나이 많게 대우하는 것이 무엇인지 서로 다른 개념을 가졌을 가능성은 남아 있다. 하지만 4장에서의 고자의 논의와 5장에서의 맹계자의 논의가 서로를 보완하고 있는 방식을 볼 때, 이 둘이 의 행위에 대한 이해를 공유했을 가능성이 높아 보인다. 따라서 비록 우리가 맹자의 대응을 제쳐두더라도, 고자가 실제로 의에 대해 관심을 가졌을 것이라고 생각할 이유는 있는 것이다. 이 내용은 우리가 4장 4절 4)에서 고자의 학파 문제를 논의할 때 활용될 것이다. 지금은 「공손추상」 2장에서 고자의 입장에 대한 맹자의 논평을 다루기로 하자.

4. 「공손추상」 2장에서 고자의 주장에 대한 맹자의 거부

1) 고자의 주장

「공손추상」 2장에서 맹자는 공손추에게 나이 40에 부동심不動心을 얻었다고 말한 뒤, 고자도 자신보다 이전에 또는 더 이른 나이에 부동심을 얻었다고 덧붙였다. 맹자는 그의 부동심과 고자의 부동심의 차이에 대한 질문을 받고 다음의 고자의 주장을 인용하였다.

不	得	於	言,	勿	求	於	心
아니다	득	에서	언	하지 말라	구하다	에서	심

不	得	於	心,	勿	求	於	氣
아니다	득	에서	심	하지 말라	구하다	에서	기

맹자는 두 번째 구절에 대해서는 동의를 표했지만, 첫 번째 구절에 대해서는 동의하지 않았다. 맹자는 계속해서 지志와 기氣의 관계와 자기 수양의 방법에 대해 말했다. 이러는 와중에 맹자는 자신은 언言을 안다고 주장했고, 고자는 의를 외재적인 것으로 간주하기 때문에 의를 아는 데 실패했다고 비판했다.

주석가들은 고자의 주장에 대한 해석에서 이견을 보인다. 고자의 주장에 대한 해석에서 결정적인 것은 내가 번역하지 않은 채 놓아 둔 '언言'과 '득得'이라는 글자이다. 대부분의 주석가들은 '언'을 말이나 언어를 가리키는 것으로 해석하지만, '득'은 '얻다' / '잘하다' / '이해하다' 등의 의미로 다르게 해석하고 있다. 「공손추상」 2장은 고자의 주장에 대한 맹자의 코멘트만을 담고 있기 때문에, 나는 고자의 주장에 대한 맹자의 해석을 이해하는 데 주로 초점을 맞추겠다. 아래에서 나는 문헌들에서 발견되는 여러 종류의 해석들을 거부하는 이유를 제시하고, 맹자의 시각에서 고자와의 의견 불일치가 의義와 심心의 관계에 대한 그들의 상이한 견해와 관련된다는 해석을 옹호할 것이다. 좀 더 자세히 말하면, 의에 대한 인식은 심의 특정한 성질로부터 유래한다는 입장을 맹자는 주장하고 고자는 거부하는 것이다.

2) 세 가지 해석을 거부하다

조기(『맹자주』)는 '득'이 '얻다'를 의미한다고 해석하고, '부득어언'과 '부득어심'이 각각 다른 사람의 말과 심으로부터 좋은 평판을 얻는 데 실패했다는 것을 의미한다고 해석한다. 또 '기氣'는 말을 할 때 안색과 목소리 톤을 의미하는 '사기辭氣'의 줄인 말로 이해한다. 조기에 따르면, 고자의 주장이 말하는 바는 다음과 같다.

> 만일 다른 사람들이 나에 대해서 비난하는 말을 하면, 나는 그들의 심心에서 좋음(나에 대한 좋은 견해)을 구하지 않는다. 나는 그들에게 단지 화를 낼 것이다.…… 그리고 그들이 비난하는 심을 가지고 있다면, 비록 좋은 안색과 목소리로 나에게 말을 해도, 나는 여전히 그들에게 화를 낼 것이다.

손석은 기본적으로 조기의 해석을 따르는데, 다음을 첨가한다. 만일 다른 사람이 비난하는 말(또는 심心)을 한다면, 그들은 비난하는 심(또는 안색과 목소리)도 가지고 있을 것이며, 그들에게서 나에 대해 찬성하는 심(또는 안색과 목소리)을 구할 이유도 없다.[43] 초순도 조기의 견해를 따르지만, '득'을 "부득어군不得於君"(군주와 관련해서 잘하지 못하다)에서처럼 '잘하다'의 의미로 해석하여 이를 정당화한다. 따라서 "부득어언"과 "부득어심"은 다른 사람의 말이나 심과 관련해서 잘하지 못한 것을 가리키는 것이 된다. 즉, 그들의 말이나 심으로부터 좋은 평판을 받지 못한 것이다. 이 해석에서 맹자와 고자가 첫 번째 부분과 관련하여 보인 의견불일치는 다른 사람들이 나에 대해서 비난하는 말을 함에도 이들의 심에서 나에 대한 좋은 견해를 찾을 수 있는지에 관한 것이 된다.

주희(『맹자집주』; 『주자어류』 1235)는 다른 해석을 제공한다. 만일 내 말이

43) 비록 덜 세밀하지만 소철蘇轍의 해석은 아마도 손석의 해석에 가까운 것으로 보인다.

잘못되었다면, 이에 대해 걱정하지 말고 내 심에서 옳은 것을 구하지도 말아야 한다. 만일 내 심이 만족하지 않는다면, 나는 내 기氣에서 도움을 구하지 말아야 한다. 주희는 아마도 '득'을 '잘하다'의 의미로 해석해서, "부득어언"과 "부득어심"이 각각 내 말(그 말들은 잘못되었다)과 내 심(심은 불만스럽다)에서 잘하지 못했음을 의미한다고 해석하는 것 같다. 조기와 달리 주희는 '언'과 '심'을 다른 사람의 말과 심이라기보다는 나의 말과 심을 가리킨다고 해석한다. 장식도 비슷한 해석을 했다. 이 견해로 보면 맹자와 고자 사이의 의견불일치는 말을 바르게 했는지를 걱정해야만 하느냐에 대한 것이 된다. 주희(『맹자집주』, 「고자상」 4장)에 따르면, 고자는 「고자상」 1장에서 4장까지의 맹자와의 논변에서 계속 입장을 바꾸고 있으며, 이는 고자가 논쟁에 이기는 데에만 관심이 있고 그가 말하는 것이 옳은지에 대해서는 관심이 없음을 보여준다.

다른 해석은 라우(D. C. Lau)가 고자의 주장을 번역한 데서 찾을 수 있다. 라우는 '득'을 '이해하다'로 해석해서 고자의 주장을 다음과 같이 번역한다. "네가 말을 이해하는 데 실패하면, 이를 너의 심에서 걱정하지 마라. 네가 심에서 이해하는 것에 실패하면, 너의 기에서 만족을 구하지 마라." 비슷한 해석을 하토리와 우치노에서 발견할 수 있다. 여기서 맹자와 고자 사이의 의견불일치는 이해에 실패한 것에 대해 염려해야만 할지에 대한 것이 된다. 라우와 주희의 해석 모두 고자가 말을 이해하는 것에 대해서 또는 말의 올바름에 대해서 관심이 결여되어 있다고 간주한다. 비슷한 해석이 여러 사람들에 의해 제시되었는데, 그 중에서도 특히 왕부지, 서복관, 노사광 등을 들 수 있다.[44]

44) 왕부지, pp. 529-31; 徐復觀, 『論集』, pp. 143, 147-48; 勞思光, pp. 105-6.

이 세 해석은 고자의 앞부분 주장이 별로 흥미롭지 못한 입장을 표현한다고 - 말로 비난하는 것은 심에서의 비난을 함축하는 것을 뜻하거나, 말이나 이해에 대한 진지함의 결여를 반영하는 것으로 - 여기는 것 같다. 만일 그렇다면 이 세 해석이 옳을 가능성은 별로 없다. 왜냐하면 고자의 말에는 그보다 더 무게 있는 주장이 실려 있다고 생각할 이유가 있기 때문이다. 「고자상」 1장에서 4장까지 전개되었던 고자 자신의 입장 변호와 맹자가 그와 정교한 논변에 몰두하고 있다는 사실은 고자가 진지한 사상가라는 인상을 심어주며, 맹자가 고자의 주장을 설명할 필요성을 느끼지 못한다는 사실은 그것이 아마도 널리 알려진 고자의 가르침이었을 것임을 암시한다.[45] 게다가 자신의 부동심과 고자의 부동심의 차이를 설명하는 과정에서 고자의 주장을 인용한 후, 맹자는 수양에 대한 논의로 나아갔다. 이는 고자의 앞부분 주장에 대한 맹자와 고자의 의견불일치가 수양의 목표와 방법에 대한 그들의 차이와 연결되어 있음을 보여준다.[46] 그런데 이 세 가지 해석이 고자의 주장을 사소한 것으로 해석하려고만 했는지는 분명하지 않다. 예를 들어, 앞부분의 주장이 이해나 말에서 올바름에 대한 관심의 결여를 반영한다고 해석하면서, 이런 관심의 결여는 도가적 사상운동과 결부된 입장과 같이 진지하게 충분히 사유된 입장에서 나왔다고 간주할 수도 있을 것이다. 사실 왕부지와 서복관은 둘 다 고자의 말에 대한 태도를 도가의 입장과 명시적으로 비교하고 있다.

하지만 나는 두 가지 고려 사항이 여전히 고자의 주장을 이해하는 맹자의 견해를 이렇게 해석하는 것을 거부하게 한다고 생각한다. 첫째로 고자와

45) 다음을 보라. Nivison, "Philosophical Voluntarism," pp. 7-8.
46) 다음을 보라. Nivison, "Philosophical Voluntarism," pp. 9-10.

의 차이점에 대한 후속 설명에서 의가 외재적이라는 고자의 주장을 가리켜, 맹자는 이것이 고자가 왜 의를 알지 못하는지를 설명한다고 주장한다. 이는 첫 번째 부분의 (맹자가 동의하지 않는) 주장과 의가 외재적이라는 고자의 견해 사이에 어떤 관련이 있음을 보여준다. 앞의 해석들에 반대하는 이유 중 하나는 이 해석들이 어떻게 이러한 관련을 설명할 수 있을지 알기 어렵다는 점이다. 주희는 이 관련성에 대한 설명의 필요를 알고 있었지만, 그의 의의 외재성에 대한 해석은 고자의 주장을 바라보는 자신의 이해해 따르고 있다. 따라서 주희는 앞부분이 말하는 것의 올바름에 대한 관심의 결여를 의미한다고 해석하고 나서, 의의 외재성은 의에 대한 경시를 표현한 것이라고 해석한다.(『맹자집주』, 「공손추상」 2장; 「고자상」 4장; 『주자어류』 1264) 하지만 4장 3절 5)에서 내가 논의한 것처럼, 이런 해석으로는 「고자상」 4장과 5장에서 전개된 모든 단계의 논쟁을 이해할 수 없기 때문에 맹자가 의의 내재성/외재성 문제를 바라보는 방식에 대한 해석으로 설득력이 없다.

두 번째로 이 해석들로는 고자의 뒷부분 주장을 맹자의 지志와 기氣 사이의 관계에 대한 후속 논의에 연결시키는 데 어려움이 있다. 고자의 주장에 대한 맹자의 논평이 있은 직후에 지志와 기氣에 대한 논의가 자리 잡고 있다는 사실은 이 논의가 맹자의 입장을 설명할 것이라는 점을 보여준다. 게다가 지는 심心에 관련된 어떤 것이기 때문에, 이 논의는 심과 기의 관계에 관련된 뒷부분을 설명하고자 의도된 것으로 추정할 수 있다. 고려해본 세 가지 해석으로는, 고자의 뒷부분 주장은 다른 이들이 좋은 안색과 목소리로 말하더라도 우리를 비난하는 그들의 심에 화를 내야만 한다는 것이거나, 기로부터 도움을 받아 우리의 불만스러운 심을 진정시켜서는 안 된다는 것이거나, 우리의 심이 이해하기를 실패하면 기에서 만족을 찾아서는 안 된다는 것을 말해야 한다. 이런 해석들을 근거로 해서는 지와 기에 대한 논의가 어떻게 뒷부분의 주장을 설명하는 데 도움을 주는지 알기 어렵다.

3) 대안적 해석을 옹호하다

이들 세 가지 해석 각각은 '언'을 말이나 언설을 가리킨다고 해석한다. 하지만 2장 2절 2)에서 본 것처럼, '언'은 때때로 『논어』와 『묵자』에서 교리나 가르침을 가리키는 것으로 사용되었다. 『맹자』에서도 양주나 묵자의 가르침(「등문공하」 9장) 그리고 고자의 가르침(「고자상」 1장)을 가리키는 데 사용되기도 하였다. 니비슨(David Nivison)과 당군의가 각각 지적한 대로, 「공손추상」 2장에서도 '언'은 이런 식으로 사용되었을 가능성이 크다.[47] 어떻게 고자를 능가하는지 질문받았을 때, 맹자는 자신은 언을 안다고 말했다. 그리고 나서 자신의 뜻은 정치에 심각한 결과를 가져오는 다른 여러 종류의 잘못된 사辭의 그 잘못을 지적할 수 있다고 설명했다. 비슷한 생각을 양주와 묵자의 언言에 대해 논의하는 「등문공하」 9장에서 발견할 수 있다. 아마도 여기서의 '언'과 '사'는 윤리적 교리를 가리키는 듯하다. 언을 아는 것은 올바른 윤리적 교리와 올바르지 않은 윤리적 교리를 구별할 줄 아는 것이다. 언을 아는 것은 두 가지 이유에서 중요하다. 잘못된 언은 재앙에 가까운 결과를 초래할 수 있다. 고자의 언은 인의仁義에 재앙을 가져오거나 사람들로 하여금 인의

47) Nivison, "On Translating Mencius," p. 106; "Philosophical Voluntarism," pp. 13-15; 唐君毅, 『原道篇』, pp. 249-52. 또 다음을 보라. Riegel, pp. 439-40; 岑溢成, 「孟子'知言'初探」; 李明輝, 「「知言養氣」章」. 전통적인 주석가들 중에 '언'에 대한 이와 유사한 해석은 황종희(황종희1/14b.8)에서 발견된다. '언을 안다는 것'이 무엇인지에 대한 또 다른 흥미로운 접근으로는 다음을 보라. 楊儒賓, 「知言·踐形與聖人」.

를 재앙으로 여기게끔 이끈다고 말하고(「고자상」 1장), 양주와 묵자의 언은 인의의 길을 가로막는다고 말한다(「등문공하」 9장). 언을 아는 것은 언에서 잘못된 것을 알 수 있게 하고, 이에 따라 잘못된 언을 반대하는 데 도움을 준다. 게다가 한 사람의 언은 그 사람의 심에 무엇이 있는지를 반영한다. 예를 들어, 『좌전』은 정치적 맥락에서 한 사람의 심의 방향은 그 사람의 언을 결정한다고 적고 있다.[8] 따라서 한 사람의 언을 앎으로써 그 사람을 이해할 수도 있게 된다.(『논어』, 「요왈」 3장 참조)

2장 2절 2)에서 언급한 언과 의義의 관련성에 비추어볼 때, 「공손추상」 2장의 맥락에서 '언'은 의義와 관계가 있을 가능성이 크며, 윤리적 교리는 이 의와 관련된다. 언을 아는 데 있어서 고자를 능가한다고 말한 뒤 맹자가 고자를 의를 알지 못한다고 비판한 사실은 이런 관찰을 지지한다. 맹자는 「공손추상」 2장의 맥락에서 '언'을 사용하여 의에 대한 교리들을 지칭하고 있기 때문에, 최소한 맹자의 관점에서는 고자의 주장에서 '언'도 의에 대한 가르침을 가리키는 것일 가능성이 높다.

『맹자』에서 '득'은 여러 구절에서 '구求'와 함께 쓰이는데, 앞서 언급한 '득'의 세 가지 의미 각각을 이 구절들에서 발견할 수 있다. 첫째, '득'은 「고자상」 6장과 「진심상」 3장의 "구즉득지求則得之"(그것을 구하면 그것을 얻을 것이다)라는 언급에서 '얻다'라는 의미가 있으며, 구하는 것을 얻는다는 의미로 다른 구절에서도 쓰인다.(「공손추하」 4장; 「등문공하」 6장, 「만장하」 7장, 「진심하」 30장)[48] 둘째, '득'은 「만장상」 1장에서의 "부득어군不得於君"(군주에 대해서 잘하지 못하다)

48) 니비슨은 고자의 주장에서 '득得'과 '구求'를 이런 방식으로 해석한다.("Philosophical Voluntarism," pp. 10-13)

과 같은 문맥에서 '잘하다'의 의미를 가진다.(「이루상」 28장, 「진심하」 14장 참조) '구'는 '요구하다'라는 의미에서의 '구하다'를 의미할 수 있다. 「진심하」 32장에서의 '구'의 용법에서와 같이 다른 사람에 대한 요구라는 의미와 연결해서 말이다. 이 '득'과 '구' 두 글자는 「이루상」 4장에서 '잘하다'와 '요구하다'는 의미로 함께 쓰인다. "행위에 있어서 득得하지(잘하다) 못할 때, 뒤돌아서 자신에게서 구求한다(구하다, 요구하다)."49) 셋째, '득'은 「양혜왕상」 7장에서 '구'와 함께 쓰였을 때 '이해하다'라는 뜻을 가진다. 소를 양과 바꾸는 것과 관련해서 선왕宣王은 "하고 나서 돌아서서 구求했으나, 내 심을 득得하지 못했다"라고 말했다. '득'에 대한 세 가지 뜻은 서로 연결된다. 뒤의 두 가지 뜻이 그것들 자체가 호의적인 반응을 얻는 문제이거나 사물이나 일에 대해 합당한 이해를 얻는 문제이기 때문이다.

『맹자』에서는 '득'과 '구'에 대한 첫 번째 의미가 좀 더 자주 사용되고 있기 때문에 첫 번째 해석으로 나는 기울지만, 이 세 가지 해석 중 어느 하나의 손을 들어주게 할 문헌적 근거가 충분하지는 않은 것 같다. 하지만 우리가 일단 '언'이 의義에 대한 교리와 관련된다는 것에 동의하면, 이 세 가지 해석 사이에는 그다지 큰 차이가 없을 수 있다. 이 해석들에서 고자의 앞부분 주장은 교리에서 의를 얻지 못하거나 이해하지 못하거나 의에 관한 교리에 관련해서 잘하지 못하면, 심에서 의를 찾아서는 안 되거나 심에서 의를 요구해서는 안 된다는 것을 말하는 게 된다. 그 어떤 해석에서도 고자의 견해는 교리로부터 의를 얻지 못하면 심으로부터도 의를 얻을 수 없다는

49) 이명휘는 고자의 주장에서의 '득'과 '구'를 이런 방식으로 해석한다.(「「知言養氣」章」) 이명휘는 이런 가능성에 대해 내가 주의하게끔 환기시켰다.

것이 된다.[50] 맹자는 앞부분의 주장을 거부하므로, 맹자가 의를 심으로부터 유래하는 어떤 것으로 간주했다는 것이 도출된다.

뒷부분의 주장에 대해서 살펴보면, 인은 내재적이고 의는 외재적이라는 「고자상」 4장에 나오는 고자의 언급은 앞부분의 주장이 의에 관련된다면 뒷부분은 인에 관한 것임을 암시하는 듯하다.[51] 이러한 입장에서 보면 고자의 앞뒤 주장은 총괄적으로 심에 있어서 인은 내재적이고 의는 외재적이라고 주장하는 것이 된다. 하지만 맹자가 뒷부분의 주장을 설명하면서 의에 대한 이야기로 나아갔다는 사실은 뒷부분도 의에 관한 것일 수 있음을 시사한다. 앞뒤의 주장이 모두 같은 것을 고려한다는 주장은 내가 다음 절에서 살펴볼 『장자』에서 귀도 아니고 심도 아니라 기氣로 듣는 것을 언급한 구절로부터도 지지받을 수 있다. 귀와 심과 기에 대해 언급하는 데 있어서의 연속성은 같은 문제를 다루고 있음을 시사하며, 이것과 고자의 주장과의 유사성은 앞뒤 각각의 주장에서 문제 되는 것이 같음을 암시한다. 따라서 뒷부분의 주장은 심으로부터 의를 얻지 못하면 기로부터 의를 구하거나 기에 요구하지 말 것을 말하는 게 된다.[52] 하지만 맹자가 의를 심으로부터 유래된

50) 이명휘는 '불不~, 물勿~' 구조에는 어떤 일이 생긴 후에 또 다른 일을 하게끔 나아갈 수 있다는 함의도 가진다는 흥미로운 주장을 한다.(「「知言養氣」章」, p. 8) 만일 이런 주장이 옳다면, 고자 주장의 첫 부분은 교리로부터 의를 획득한 연후에 그 안에서 구하는 대로 나아가거나 심에서 요구하는 대로 나아갈 수 있다는 함의–추정컨대 심에 의를 심는다는 의미에서–를 또한 지니는 것이 된다. 이는 다시 고자가 정말로 의에 대해 관심을 가졌음을 보여준다.

51) 이런 가능성은 다음 글들에서도 고려되었다. Nivison, "Philosophical Voluntarism," pp. 10-12; Eno, p. 260*n*56. 니비슨은 맹자가 고자 주장의 후반부를 설명하는 데 계속해서 의에 대해 말하고 있다는 것을 근거로 후반부를 의에 관한 것으로 간주하려는 경향을 보인다.

52) 그리고 만일 이명휘의 '불不~, 물勿~' 구조에 대한 언급이 옳다면, 심으로부터 의를 얻고 난 후에 기에서 의를 찾고자 나아갈 수 있다는 추가적인 함의–아마도 이제 의에 부합하는 심의 방향성에 의해 기가 형성되게 내버려둔다는 의미에서–를 추론할 수 있다.

어떤 것으로 보았다는 내 논의의 핵심적인 주장은 고자의 앞부분 주장에 대해서 맹자가 동의하지 않은 것에 관한 해석에만 근거한 것이며, 후반부에 대한 이 해석에 의존하지 않는다.

고자의 주장에 대한 맹자의 이해를 이와 가깝게 해석한 것은 황종희(1/14b.7-15b.1; 2/55a.1-5 참조), 니비슨(David S. Nivison), 당군의와 주희가 알지 못하는 인물이라고 한 이(『맹자집주』 3/2a.9-3a.10)에 의해 제시되었으나, 주희는 그 제안을 묵살했다.[53] 내가 제시한 해석에는 네 가지 이점이 있다. 첫째, 이 해석은 고자의 주장이 윤리적 삶에 대한 실질적인 내용이 담긴 입장을 표현한다고 제시한다. 앞부분은 어떻게 의를 알게 되는지와 관련해서, 뒷부분은 의와 합치되는 욕구를 어떻게 형성할 것인지와 관련된다. 이는 고자가 진지한 사상가였음을 정당하게 평가하며, 왜 맹자가 자신과 고자와의 의견 불일치가 그들의 수양 방법론에서의 차이를 가져올 것이라고 믿었는지를 설명한다.

둘째, 이 해석은 맹자가 의의 내재성/외재성에 관한 고자와의 의견불일치를 바라보는 방식과 잘 들어맞는다. 맹자의 관점에서는, 의가 외재적이라는 고자의 주장은 의가 심으로부터 도출될 수 있다는 생각을 거부하는 것이며, 이는 고자의 앞부분 주장에서 고자가 왜 심으로부터 의를 구하는 것을 반대하는지를 설명한다. 맹자가 고자의 앞부분 주장을 거부하는 것은 맹자 자신이 의는 내재적이라는 말로 표현한 의는 심으로부터 유래할 수 있다는 견해를 믿고 있었음을 보여준다.

53) Nivison, "Philosophical Voluntarism"; 唐君毅, 『原道篇』, pp. 249-52. 나는 이런 해석을 당군의의 글에서 처음 발견했지만, 이런 해석을 위한 논증을 구상하는 데 있어서는 니비슨의 글에 더 많이 의존했다.

셋째, 이 해석은 고자 뒷부분 주장이 심의 방향(志)과 기 사이의 관계에 대한 맹자의 후속 논의와 어떻게 연관되는지를 설명한다. 이 해석에 따르면 고자는 윤리적 교리를 통해 의를 알게 되면 의에 대한 지식이 심의 방향을 설정하는 데 도움을 준다고 믿었던 것이 된다. 그러면 이 심의 방향은 기가 윤리적인 방향으로 형성되게끔 인도한다. 이는 우리가 이미 보았던 것처럼 맹자가 심의 방향과 기 사이의 관계를 상세히 설명했던 방식이다. 하지만 심이 의를 알지 못하면, 기에서 의를 구하는 것은 의미가 없는데, 기는 그것 자체가 윤리적 방향성을 가지고 있지 못하기 때문이다. 그보다 기는 심으로부터의 인도를 필요로 하는, 동기를 일으키는 힘의 근원에 지나지 않는다.

마지막으로 이 해석은 우리로 하여금 고자가 부동심을 얻었음에도 불구하고 의를 알지 못한다는 「공손추상」 2장에서의 맹자의 말을 이해할 수 있게 한다. 고자가 했던 것은 윤리적 교리로부터 의를 얻고 이것을 심에 부과하여 기를 인도하게 하는 것이었다. 특정한 교리를 확고하게 견지하고 그에 따라 심리적 동기를 형성함으로써, 고자는 그가 승인한 교리에 확고하게 헌신했다는 의미에서 부동심을 얻었던 것이다.[54] 맹자는 자신의 (아마도 고자와 비교할 때의) 강점이 언을 알고 기를 잘 기르는 데 있다고 말하는데, 맹자는 이 말 속에서 고자가 의(언은 의에 대한 것이다)를 알지 못하고 기를 잘 기르지 못한다는 것을 암시하고 있다. 고자는 의를 알지 못했다. 왜냐하면 그는 의를 외재적이라고 간주하였고 따라서 의의 근원을 잘못 알고 있기 때문이다. 또 고자는 기를 기르는 데 능숙하지 못했다. 왜냐하면 의가 외부로부터 비롯된다는 잘못된 개념을 강요함으로써 기가 자라도록 돕고자 했기

54) 다음을 참조하라. 唐君毅, 『原道篇』, p. 250.

때문이다. 기가 도道와 의義와 합해지지 않으면 무너질 것이라는 말은 맹자가 아마도 고자의 부동심이 의에 대한 올바른 이해에 기반을 두지 않고 있기 때문에 오래 지속되지 않을 것이라고 생각했음을 시사한다.

지금까지 나의 논의는 맹자의 논평을 통해 맹자가 고자의 주장을 어떻게 이해했는지를 살펴보는 것이었다. 나는 내가 제시한 해석을 다른 해석들과 비교컨대 맹자가 고자의 주장과 관련하여 말한 것들을 더 잘 이해할 수 있게 한다는 근거로 옹호해 왔다. 하지만 우리가 맹자의 논평을 괄호치고 고자의 주장에만 주의를 기울이면, 여러 상이한 해석들 사이에 어떤 것을 선택할 수 있는 여지가 별로 없다. 따라서 다른 해석들에 대한 나의 반대는 오직 고자의 주장에 대한 맹자의 이해에 대한 해석에 한정되며, 이는 다른 해석들 중에 하나가 고자 자신이 이해하는 고자의 주장을 더 잘 기술하고 있을 가능성을 열어놓고 있다.

『맹자』에서 고자가 언급된 구절들을 논의했으므로 나는 이제 고자의 학파 문제를 다루기로 하겠다. 나는 『관자』에서의 「계戒」와 「내업內業」(「심술하心術下」와 더불어) 및 『장자』의 몇 부분을 고찰함으로써 기원전 4세기에서 3세기 초반까지의 지성사적 지형도에서 고자의 사유를 위치지우고자 노력하며 논의를 시작하겠다.

4) 고자의 학파

나는 그레이엄(A. C. Graham)과 리켓(W. Allyn Rickett)을 따라서 「계戒」를 기원전 4세기나 3세기 초반의 작품일 것으로 간주하겠다.[55] 이 편은 대체로 유가적인 색채를 띠고 있다. 여기서의 주요 주제는 합당한 정치는 훌륭한 성품과 능력을 갖춘 관료를 임용하는 데 달려 있다는 것인데, 이 편[10]과 『논어』(「안연」 22장) 모두에서 지인知人이란 개념을 통해 표현되고 있는 생각이다. 올바른 관료를 임명하는 것은 군주가 통치에 있어서 적극적인 역할을 하지 않아도 되는 것으로 귀결되는데, 이런 생각은 「계」[11]에서는 군주가 움직이지 않아도(不動) 된다고 표현되며, 『논어』(「위령공」 5장)에서는 행위하지 않아도(無爲) 된다고 표현된다. 「계」는 또 사람들을 양육하는 데 선善을 사용하고 그들을 정복하는 데는 사용하지 않을 경우에만 선이 사람들을 복종으로 이끈다는 생각도 담고 있다.[12] 비슷한 생각을 『맹자』(「이루하」 16장)에서도 발견할 수 있다.56) 더 나아가 인仁은 효, 손위 형제에 대한 순종, 충실함(忠), 신뢰할 수 있음(信) 등에 의해 설명되는데, 이들은 모두가 유가적인 관념들이다.

이런 유가적인 관념에 더해서, 「계」는 생生을 감각과 운동 그리고 여섯 기氣와 관련된 여섯 감정으로 묘사하는데, 이는 여기서의 생이 아마도 생물학적 개념이었을 가능성을 보여준다.[13] 그레이엄이 말한 것처럼, 「계」에서의 생에 대한 언급은 성性을 지칭했을 가능성이 있다. '성'이 생물학적으로 이해되고 따라서 생에 의해 구성되는 것으로 여겨졌기 때문에 이 편은 '성' 대신 '생'이라는 용어를 사용하고 있긴 하지만 말이다.57) 「계」에서의 생에 대한 성격 규정과 고자의 성에 대한 성격 규정 사이의 유사성이 그레이엄의 이런 언급을 시사해준다. 「계」는 생을 자원은 가지고 있지만 방향성은 없는 것으로 묘사하고 있다.[14] 이는 고자가 에너지는 있으나 방향성은 없는 회전하는

55) Graham, "Background," pp. 22-26; Rickett, *Guanzi*, pp. 376-77.

56) '선'이 이 맥락(관자2/18.11)에서는 '악'과 대조되고 있기 때문에 나는 리켓과 달리 '선'을 '기술'(skill)이 아니라 '선'(goodness)으로 번역한다. Rickett, *Guanzi*, p. 383.

57) Graham, "Background," pp. 25-26.

물과 성을 비교한 것과 유사하다.(『맹자』, 「고자상」 2장)

이 둘 사이에는 다른 유사성도 있다. 예를 들어, 「계」에서는 심心이 움직이지 않는 상태를 옹호하며,[15] 고자는 부동심을 얻었다고 말해진다.(『맹자』 「공손추상」 2장) 「계」는 인仁은 안으로부터 (또는 안을 따라서) 오고, 의義는 외부로부터 (또는 외부를 따라) 행해진다 / 만들어진다 라고 적고 있는데,[16] 이는 인은 내재적이고 의는 외재적이라는 고자의 주장(『맹자』, 「고자상」 4장)과 흡사해 보인다. 아마도 기원전 4세기나 3세기 초경에는 성 / 생을 두고 자원은 가졌으나 방향성은 없으며 여기에 의가 부과된다고 생각하는 사상 흐름이 존재했던 것 같다. 이런 성 / 생의 개념이 생물학적 경향성이나 생의 힘으로 설명된다는 점에서 양주학파와 같으나, 의를 성 / 생에 부과해야 한다고 주장한다는 점에서 양주학파와 다르다.

다음으로 『관자』의 「내업」을 내용상 어느 정도 유사성을 보이는 「심술하」의 보충을 받아 고려해보도록 하자. 나는 다시 그레이엄과 리킷을 따라 이 장을 기원전 4세기나 3세기 초반 작품으로 간주하겠다.58) 이 「내업」은 감정이 심을 왜곡하는 방식을 논하며, 심을 조용하게 해서 기르고 기氣에 질서를 부여해야 한다고 주장할 뿐 아니라,[17] 사물이 감각을 어지럽힘으로써 심도 어지럽게 하지 못하도록 해야 한다고 주장한다.[18] 이는 유가적인 실천 관행인 시, 음악, 예禮, 경敬에 의해 성취되며[19], 그 목표는 하늘(天)의 인仁과 땅(地)의 의義이다.[20] 사물이 감각을 어지럽힘으로써 심도 어지럽게 하지 못하도록 해야 한다거나[21] 유가적 실천을 사용해서 심을 고요히 한다는 것[22]과 비슷한 생각이 「심술하」에서도 발견된다. 두 편의 유사성에 비추어 나는

58) Graham, *Disputers*, p. 100; Rickett, *Kuan-tzu*, p. 155.

이 두 편이 유사한 사상적 조류를 표현한다고 간주하겠다.59) 「심술하」에는 기는 몸을 채우는 것이고, 몸을 채우는 것이 선하지 않으면 심은 득得(얻다, 잘하다, 이해하다)하지 않을 것이라는 생각을 언급하는 부분이 있다.[23] 따라서 이 사상적 조류의 일부에서는 심의 득을 기의 조건에 의존하는 것으로 간주한다. 더 나아가 이 사상적 조류는 언言에 반대한다. 도道는 소리에 대립하며, 말해지거나(言) 보이거나 들릴 수 없는 어떤 것이다.[24] 이는 고자나 맹자 둘 다와는 다른 입장을 반영하고 있다. (맹자와 같이, 하지만 다른 이유에서) 언에 대해 반대하고, (고자와 맹자 모두와 다르게) 심에서 득하지 않으면 기에서 구해야 한다.

마지막으로 『장자』로 가보자. 말로 표현될 수 없는 가르침,[25] 아는 사람은 말하지 않는 반면 말하는 사람은 알지 못한다는 언급,[26] 말하는 것(言)은 의미를 전달하기 위한 목적을 위한 것이고 일단 의미가 전달되면 말에 대해서는 잊어버려도 된다는 생각[27] 등에서 보이듯이 『장자』에서는 언言이 중시되지 않았다. 이상적으로 사람은 말로 서술될 수 있는 가르침에 따라 인도되지 않아야만 하며, 심은 어떤 방향성도 제시하지 않는다는 의미에서 텅 비어(虛) 있어야만 상황에 자연스럽게 대처할 수 있다. 이런 생각은 심을 거울[28]에 또는 고요한 물[20]에 비교하는 데뿐 아니라 궁술의 비유를 통해서도 전달된다. 3장 3절에서 보았던 것처럼, 궁술에서 과녁을 겨냥하는 것은 초기 문헌에서 때때로 지志에 대한 비유로 여겨졌다. 이상적으로는 지의 인도로부터 자유로워야 한다는 생각은 『장자』에서 화살을 쏘지 않는 것을 수반하는 화살 쏨[30]이나 궁술에 능한 사람은 겨냥하지 않고 적중하는 사람이라는 생각[31]

59) 다음을 참조하라. Rickett, *Kuan-tzu*, p. 154.

등을 언급한 구절들에서 표현되고 있다.

우리의 목적에 중요한 구절이 「인간세人間世」에 등장한다. 여기서 우리는 공자가 심을 수련하는 것에 대해 안회와 논의하는 것을 발견한다. 다음이 이 생각을 상술한 것이다. "지志를 하나가 되게 하라. 귀로 듣지 말고, 심心으로 들어라. 심으로 듣지 말고, 기氣로 들어라.… 기는 허虛한 것이며 사물을 기다리는 것이다."32 이 구절은 기를 인도하는 것에 반대한다. 심의 외부로부터 인도되어서는 안 되며(귀로 듣지 않음), 심으로부터 안내를 구해서도 안 된다(심으로 듣지 않음). 대신에, 기가 스스로 반응하게 내버려두고 지의 인도로부터 자유로워야 한다. 이는 고자의 주장과는 정반대로 보인다. 교리에서도 심에서도 찾지 말고, 기에서 찾아라.[60]

이상의 논의에 비추어 우리는 기원전 4세기에서 3세기 초반의 지성사의 풍경을 다음과 같이 재구성할 수 있을 것 같다. 양주학파가 성/생 개념을 주로 생물학적 삶에 의해 구성된 것이며 인간이 발전하는 적절한 과정이라고 해석하여 유명하게 만든 이후, 다수의 사상운동이 출현하였다. 그 중 한 사상운동은 『관자』의 「계」에서 발견된다. 이 편은 삶의 힘들에 의해 구성되는 생 개념을 간직하고 있지만, 이 생 개념을 아무런 방향성이 없는 것으로 보았다. 따라서 생은 심 바깥으로부터 배운 의義에 의해 방향성이 주어지는데, 아마도 유가적 언어로 이해된 방향성이었을 것이다. 또 다른 사상운동은 『관자』의 「내업」과 「심술하」에서 발견된다. 여기서는 생명에너지인 기가 이미 윤리적 방향성을 지닌 것으로 간주되며, 이 방향성도 아마 유가적 언어

60) 나는 이 구절과 고자의 주장 사이의 관계를 다음 니비슨의 글로 인해 처음 주목하게 되었다. Nivison, "Philosophical Voluntarism," pp. 16-19.

로 이해되었을 것이다. 이 방향성을 실현하기 위해 필요한 것은 유가적인 실천을 통해 심을 고요히 하고, 기로 하여금 자유롭게 반응하게끔 허용하는 것이 전부이다. 더 나아가 도道는 말로 포착될 수 없기 때문에, 언言에 대한 반대가 있다. 주석가들이 지적했던 것처럼, 이런 경향의 사상에는 유가적 사상과 도가적 사상의 혼합된 요소가 포함되어 있다.[61] 「내업」과 「심술하」에서 표현된 사상의 경향과 『장자』에서 표현된 사상의 경향 사이에는 유사성이 있다. 하지만 더 나아가 보면 『장자』도 심을 고요히 하는 것을 통해 기가 자유롭게 반응한다고 주장하며 도는 언으로 표현 가능하지 않다고 간주하지만, 「내업」과 「심술하」와 다르게 기가 자유롭게 반응하도록 허용될 때 유가적 방향성을 가질 것이라고는 여기지 않는다.

고자로 돌아오면, 그의 학파적 연관성에 대해서는 최소한 다섯 가지의 다른 견해가 있다. 첫째, 일부는 그를 유가로 해석한다. 예를 들어 슈워츠(Benjamin I. Schwartz)는 고자와 맹자가 합당한 행위의 내용에 대해 의견이 불일치하지 않았다는 것을 근거로 고자가 유가라는 해석을 옹호한다.[62] 진대제는 "사람들은 성에서 서로 가까우나 학습의 결과로 멀어진다"(『논어』, 「양화」 2장)는 공자의 견해는 성에서 좋은 것도 나쁜 것도 없다는 고자의 견해가 공자의 입장에 가까움을 보여준다고 주장한다.[63] 이노(Robert Eno)는 고자의 인과 의에 대한 관심은 그가 유가이거나 묵가임을 보여주며, 「고자상」 4장

61) Graham, *Disputers*, p. 100; 徐復觀, 『人性論史』, pp. 450-51.

62) Schwartz, p. 263. p.275도 참조하라.

63) 陳大齊, 『淺見續集』, pp. 195-99. 진대제의 다음 주장은 다소 호소력이 떨어진다. 즉, 고자는 공자와 같이 의에 대한 지식이 지성에 바탕을 둔다고 강조했다는 것이다. 같은 책, pp. 199-204.

에서의 자신의 형제를 사랑하지 진나라 사람의 형제를 사랑하지는 않는다는 언급은 고자가 묵가의 겸애설을 거부함을 보여주므로 따라서 유가라고 주장한다.[64]

둘째로 일부는 고자를 도가로 해석한다. 예를 들어, 왕부지(529-31, 540-41, 544 참조)는 「공손추상」 2장에서의 고자의 주장을 도가의 방식대로 심을 비우는 것을 주장한다고 해석하며, 심을 어지럽히는 것을 피하기 위해 의를 심에 부과하지 말아야 한다는 주장으로 의의 외재성을 해석한다. 마찬가지로 서복관도 고자를 도가로 취급한다. 그는 「고자상」 3장에서의 고자의 성에 대한 설명이 양주학파의 개념에 가깝다고 보며, 1장에서의 버드나무의 비유는 고자가 의를 성性에 해가 되는 것이라고 간주했음을 보여준다고 해석하면서 의의 외재성을 의에 대해 어떤 관심도 없어야 함을 의미하는 것이라고 해석한다.[65] 셋째로 일부는 고자를 묵가로 해석한다. 예를 들어 니비슨(David S. Nivison)은 『맹자』에서 언급된 고자가 『묵자』에서 언급된 고자와 같은 사람이며, 그는 묵자의 변절한 제자이며 맹자보다는 나이가 많은 동시대인이었을 가능성을 고려한다.[66] 넷째로 일부는 고자를 유가인 동시에 묵가로 해석한다. 예를 들어, 조기(『맹자주』 「고자상」)는 고자가 묵가와 유가의 가르침을 모두 공부하였고 맹자의 문하에서 공부했다고 본다. 다섯째로 일부는 고자를 도가적인 경향을 가진 묵가로 해석한다. 예를 들어 당군의는 고자가 의에 대해 관심을 가지고 있기 때문에 정확히 도가라 할 수는 없지만, 의를 외재적

64) Eno, pp. 54, 114, 그리고 259n54.

65) 徐復觀, 『人性論史』, pp. 187-88. p.196도 참조. 徐復觀, 『論集』, pp. 147-48.

66) Nivison, “Philosophical Voluntarism,” pp. 7-8, 19.

으로 간주하는 점에서 고자는 묵가와 같고, 성에 대한 설명에서는 도가와 같다고 적고 있다.[67]

내가 아는 한 고자가 맹자의 문하에서 공부했다는 조기의 제안을 뒷받침할 증거는 없다. 「고자상」 1장에서 4장까지의 대화는 고자가 맹자의 제자처럼 맹자에게 질문들을 제기하기보다는 자신의 입장을 진술하고 맹자의 비판에 대해 방어하는 방식으로 전개되고 있으므로, 조기의 제안은 가능성이 없어 보인다.[68] 『맹자』에서 언급된 고자가 『묵자』에서 언급된 사람과 같은 사람일 가능성은 있다.[69] 『묵자』에서 언급된 세 번의 고자 중에서, 첫 번째는 묵자가 자신의 의에 대한 교리(言)를 실천하지 않는다고 묵자를 비판하는 고자에 대해 적고 있다. 두 번째는 고자가 발가락으로 서서 키를 늘리는 사람이나 가슴을 넓혀서 자신의 넓이를 확장하는 사람과 같이 지속 가능하지 않은 방식으로 인을 실천한다는 묵자의 비판을 담고 있다. 세 번째는 고자가 자신이 교설한 것을 실천하지 않는다고 묵자가 비판하는 것을 담고 있다. 이 세 구절은 모두 자신의 교리를 실천하는 것의 어려움을 언급하고 있으며, 두 번째는 맹자가 고자를 사물이 자라도록 조장한다고 비판한 것과 비슷한 방식으로 고자를 비판하고 있다.[70] 『맹자』와 『묵자』 두 텍스트가 같은 고자를 지칭하고 있다 하더라도, 고자가 묵자의 철학적 논적이 아니라 묵자의 제자였는지는 여전히 분명하지 않다.

67) 唐君毅, 『原性篇』, pp. 15-20.

68) 진대제가 지적한 것이다.(『名理思想』, pp. 128-29) 더 정교한 논의는 같은 저자의 다음을 보라. 『淺見集』, pp. 275-85.

69) 니비슨과 달리 진대제는 이 둘이 다르다고 주장한다.(『淺見集』, pp. 273-75)

70) 다음을 보라. Nivison, "Philosophical Voluntarism," pp. 22-23.

고자가 유가이거나, 묵가이거나, 도가일 가능성을 차례로 검토해보기로 하자. 고자의 성에 대한 견해가 대체로 유가적인 색채를 지니는 「계」에서의 비슷한 관념 사이에서 보이는 유사성은 고자가 유가였을 가능성을 보여주는 것이라 여겨진다. 하지만 그러한 결론은 도출되지 않는다. 예를 들어, 『장자』가 유가적 색채를 지닌 「내업」과 「심술하」와 일정한 유사성을 보여준다고 해도, 『장자』 그 자체는 유가적 이상과는 다른 이상을 주장한다. 비슷한 이유로, 공자가 성의 중립성을 믿었다는 진대제의 주장-어떤 사람들은 아마도 이의를 제기할-을 인정하더라도, 이런 유사성만으로 고자가 유가임을 보여주는 것은 아니다. 고자가 유가적 이상을 승인하지 않았을 수도 있기 때문이다.

맹자의 시각에서는 아마도 고자는 주로 생물학적인 개념으로 이해되는 성에 의를 부과하는 것을 주장한다고 비춰졌을 것이다. 이는 「내업」과 「심술하」에서 표현되는 사상의 경향과는 반대되는 입장을 대변한다. 이런 사상적 조류에 반해, 맹자에 의해 이해된 고자는 심으로부터 적절한 방향성을 얻지 못하면, 기는 어떤 방향성도 없기 때문에 기로부터 도움을 구하는 것은 아무 의미가 없다는 것을 주장했다. 거기에 더해, 「심술하」에서의 언에 대한 반대와 상반되게, 고자는 합당한 방향성을 얻는 것은 언으로부터라고 주장했다. 하지만 우리가 고자의 입장에 대한 맹자의 논평을 제쳐두면, 고자가 의에 대해 관심을 가졌을 것으로 추정할 수 있는 구절은 단 하나만 있을 뿐이다. 「고자상」 1장과 3장, 「공손추상」 2장에서 제시된 자신의 입장에 대한 고자의 진술은 의에 대해 아무런 관심이 없는 것과 양립 가능하다. 의에 대한 관심의 유일한 증거는 고자가 의 행위를 승인했던 것으로 보이는 「고자상」 4장에서의 일부분이다.

「고자상」 4장을 근거로 고자가 의에 대해 관심을 가졌다고 인정한다고 가정해도, 그가 유가였는지는 여전히 불명확하다. 슈워츠는 고자와 맹자가 의의 내용에 대해 의견이 불일치하지 않았다는 것을 근거로 고자가 유가라는 해석을 옹호한다. 하지만 고자와 맹자가 의의 내용에 대해 논쟁하지 않았다는 것이 이 둘이 합의를 이루었다는 것을 보여주진 않는다. 이들이 성의 내용이나 의의 근원과 같은 문제에 더 큰 관심을 가졌기 때문일 수 있다. 이노(Eno)는 형제를 사랑함에 대한 고자의 언급은 묵자의 겸애의 이상을 겨냥한 것이며 고자가 유가였음을 보여준다고 주장한다. 하지만 고자의 언급은 실제적인 인간의 성향에 대한 것이고, 이상적인 인간의 성향과 관련된 겸애에 반대한 것은 아니라고 말할 수도 있다. 고자는 인간은 겸애를 실천할 성향을 지니고 있지 않기 때문에 외부로부터 겸애를 실천하는 것이 의임을 배우고, 여기에 따라 동기를 재구성할 필요가 있다고 믿는 묵가였을 가능성이 있다. 다른 대안으로, 고자의 언급이 그와 유사한 무마자巫馬子의 언급[33]과 같이 겸애 이론을 겨냥한 것이라고 할 수도 있을 것이다. 그렇다 하더라도 무마자의 언급이 그가 유가였음을 보여주지 않는 것처럼 고자의 언급이 고자가 유가임을 보여주지는 않는다. 진나라 사람의 형제를 사랑하지 않음에 대한 고자의 언급은 유가가 했을 언급이라 보기 어렵다. 어떤 윤리적 이상을 고자가 옹호했는지는 분명하지 않은 채로 남아 있다. 따라서 고자가 유가였다는 어떤 명확한 증거도 없다.

고자가 묵가였다는 제안에 대해서도, 고자가 묵가의 이상과 흡사한 삶의 방식을 주장했다는 어떤 증거도 없어 보인다. 고자의 의에 대한 관심을 인정하고, 맹자가 아마도 그렇게 보았을 방식대로 고자를 언으로부터 의를 얻고 이를 심에 부과하는 것을 주장하는 사람으로 가정해보자. 그러면 고자의 입장은 우리가 2장 2절 2)에서 다루었던 의의 근원에 대한 묵가의 입장과 유사성을 보이게 된다. 그렇다 하더라도 이로부터 고자가 의의 내용을 묵가가 본 방식대로 보았을 것이라고 추론되는 것은 아니다. 외부로부터 의를 부과한다는 생각은 「계」에서도 발견되며, 이미 보았던 것처럼 이 「계」는 대체로 유가적인 색채를 지니고 있다. 또 「내업」과 「심술하」에서 대변되고 있는 언에 대해 반대하는 또 다른 사상적 흐름이 이 시기에 존재했다. 이러한 사실은 의를 언으로부터 얻는지에 대한 질문은 이 시기에 공통적인 질문이었으며, 언으로부터 의를 도출한다는 생각은 묵가학파에만 한정된 것이 아니었을 가능성을 보여준다. 이에 더해 인은 내재적이고 의는 외재적이라는 고자의 견해와 그의 성 개념이 명백히 묵가의 교리인 것은 아니며 다른 기원에서 비롯됐을 수 있다. 따라서 고자가 묵가였다는 어떤 명확한 증거도 없다.

마지막으로 고자가 도가인지 살펴보자. 왕부지와 서복관은 고자의 (언과 심과 기에 대한 「공손추상」 2장에서의) 주장과 의가 외재적이라는 주장은 고자가 의에 대한 관심이 결여되었음을 보여주는 근거라고 보고, 이러한 제안을 했다. 맹자의 논평을 제쳐두면, 이것도 고자에 대한 가능한 해석이긴 하지만 고자의 입장이 그렇게 해석되어야 만할 어떤 뚜렷한 증거도 없다. 고자가 의에 대해 관심을 가지고 있다고 여기는 맹자적인 해석도 자신의 입장에 대한 고자의 언명과 양립 가능하다. 성이 어떤 윤리적인 방향성도 가지지 않은 것으로 보는 고자의 성 개념이 아마도 도가와 가장 가까운 고자가 지닌 사유의 한 측면이겠지만, 고자는 의를 성에 부과하는 것을 선호하기도 했다. 그리고 앞서 언급한대로, 「고자상」 4장의 논쟁에서 나타난 고자의 기여는 그가 의에 대해 우호적인 태도를 가졌다고 볼 수 있는 증거를 제공할지도 모른다. 더군다나 「공손추상」 2장에서 기록된 고자의 주장은 「내업」에서 보이는 도가사상 운동의 특징적인 두 사상에 반대하는 것처럼 보인다.

고자의 앞부분 주장은 「내업」에서의 언에 대한 반대와 다르게 언에 대해 우호적인 태도를 보여주는 것처럼 보이고, 뒷부분은 심의 득得이 기의 상태에 달려 있다는 「내업」의 사상에 반대하는 것처럼 보인다. 따라서 고자가 도가였다는 어떤 명백한 증거도 없다.

우리가 구할 수 있는 증거에 기초해보면, 고자가 어느 학파였는지, 곧 유가였는지 묵가였는지 도가였는지 결정하는 것은 가능하지 않다고 생각한다. 우리는 고자의 생애에 대해 거의 알지 못하며, 내가 보여주려고 노력했던 것처럼 그의 사유의 내용은 어느 한 방향으로 명확하게 향해 있지 않다. 사실 철학적 학파들 사이의 구분은 사후적인 것이기 때문에, 이 시기에는 학파 간의 구분이 명확하게 이루어지지 않았고 고자의 사유는 여러 철학적 운동으로부터 가져왔을 가능성이 상당히 있다. 만일 그렇다면, 이렇게 고자의 입장을 이해하는 방식이 그의 사유가 왜 우리의 표준적인 범주에 따라 쉽게 구분되지 않는지를 잘 설명해줄지도 모른다.

5. 「등문공상」 5장에 나타난 묵가 이지에 대한 맹자의 비판

1) 텍스트

맹자의 사유에 대한 우리의 이해를 좀 더 심화시키기 위해서, 「등문공상」 5장에서의 묵가 이지夷之와 맹자의 논쟁으로 가보자. 이 논쟁은 중개자에 의해 진행되었는데, 맹자가 묵가의 가르침과 다르게 자신의 부모에 대해서 사치스럽게 장례를 치른 이지를 비판하는 것으로 시작한다. 이지는 다음과 같이 말하면서 자신을 옹호했다.

유가들은 옛사람들이 다른 사람을 어떻게 '마치 갓난아이를 돌보듯이' 대우했는지에 대해 말한다. 이 말은 무엇을 의미하는가? 내 생각으로 이것은 비록 그 실천이 자신의 부모로부터 시작하더라도 모든 사람에 대해 아무런 차등 없이 애정을 가져야 한다는 것을 의미한다.

여기에 대해 맹자는 다음과 같이 응대한다.

이지는 정말로 자기 형의 아들에 대한 사람들의 애정이 이웃집 아이에 대한 애정과 같다고 믿는 것인가? 이지가 들고 있는 사례는 다음과 같다. 유아가 엉금엉금 기어 우물에 빠지려고 할 때, 이는 그 유아의 잘못이 아니다. 더군다나 천天은 사물들이 하나의 뿌리(本)를 갖도록 만들었다. 하지만 이지는 사물이 두 뿌리를 가졌다고 취급하는데, 이것이 그가 혼동하는 원인(故)이다. 추정컨대 고대에는 자신의 부모를 매장하지 않는 사람들이 있었다. 그들은 부모가 죽으면 그 시신을 운반하여 구렁에 던졌다. 후에 그곳을 지나갈 때 그들은 여우가 시신을 게걸스레 먹고 파리가 빨아 먹는 것을 보았다. 이마에 땀이 홍건해졌으며, 그들은 그것을 차마 지켜보질 못했다. 땀이 홍건한 것은 다른 사람이 보라고 그런 것이 아니다. 이는 그들의 가장 깊숙한 곳인 심心이 바깥으로 표현된 것이다. 이들은 집으로 가서 바구니와 삽을 가지고 돌아와 시신을 매장했다. 이것이 참으로 옳은 일이라면, 효자와 인仁한 사람은 그들의 부모를 매장하는 데 있어서 틀림없이 도道를 가지고 있었을 것이다.

이지의 대응은 자신의 부모를 사치스럽게 장례 치른 것에 대한 맹자의 첫 비판을 향하며, 맹자의 응수는 이지의 대응에서 드러난 오류로 추정되는 것을 향한다. 맹자의 응수는 두 부분으로 되어 있다. 이지가 갓난아기가 우물에 빠지려고 하는 상황과 같은 사례를 들고 있다는 것과, 사실상 사물이 하나의 뿌리를 가지고 있을 때에도 두 뿌리를 가졌다고 취급한다는 것이다. 이지가 사물을 두 뿌리를 가진 것으로 여긴다는 언급은 두 뿌리를 말한 직후에 '고故'를 사용하는 것에서 보이듯이 이지가 잘못됐음을 설명하는 것으로 간주된다. 하나의 뿌리에 관한 생각은 아마도 옛사람들이 그들의 부모를 어떻게 매장하게 되었는지에 대해 기술한 것으로 설명하는 듯하다. 따라서 이 구절에 대한 적절한 해석은 이지의 대응이 맹자의 첫 비판에 어떻게 답하고 있으며, 맹자가 응수한 두 부분이 이지의 잘못에 대한 진단으로 어떻게 서로를 보완해주고 있는지를 설명해야만 한다.

2) 전통적 주석들

전통적인 주석가들이 이 구절에 대해 말한 바를 조사해보는 것에서 시작하도록 하자. 내가 참조한 전통적인 주석가들 중 어느 누구도 이지의 응답이 어떻게 맹자의 처음 비판에 답하고 있는지를 설명하지 않는다. 예를 들어, 조기(『맹자주』) - 손석도 그의 해석을 따른다 - 는 이지가 그의 부모를 사치스럽게 장례 치른 것과 묵가의 겸애설이 양립 가능함을 강조하고 있다고 해석한다. 이지는 자신의 부모로부터 겸애설을 실천하기 시작한 것일 뿐이다. 하지만 이 해석은 이지의 응답이 맹자의 비판에 대응하기 위해 필요했던 것, 즉 왜 애초에 장례에서 검소함을 주장하는 묵가의 가르침으로부터 이탈했는지에 대한 이유를 설명하지 않는다. 황종희(1/40b.2-6)와 장식은 이지가 이 비판에 대해 응답하는 데 실패했다고 명확히 인정한다. 황종희에 따르면, 이지는 맹자의 비판에 대해 어떤 대답도 하지 않았고 단지 자신의 부모에 대한 후한 장례가 묵가의 가르침을 약간만 변형시킨 것으로, 겸애설과 양립 가능하다고 말함으로써 그 비판의 세기를 누그러뜨리려고 했다. 장식에 따르면, 이지는 맹자의 비판에 대해 어떤 대응도 할 수 없었기 때문에 다른 사람을 "갓난아이를 돌보듯이" 대하라는 유가의 말에 묵자의 겸애설이 함축되어 있다고 말하면서 유가의 가르침을 비판하는 쪽으로 방향을 바꾸었다.

맹자가 행한 응수 중 앞부분에 대해, 대체로 주석가들은 맹자가 우물에 빠지려는 아이의 경우를 언급한 것은 유가의 가르침에 묵자의 겸애설이 함축되어 있다는 이지의 믿음을 겨냥한 것이라는 데 동의한다. 조기(『맹자주』), 장식, 손석에 따르면 맹자는 다음과 같은 이유에서 이지가 이러한 믿음에 도달했다고 생각했다. 즉 묵가의 교리가 형의 아이이거나 이웃의 아이이거나 상관없이 사람은 갓난아이에 대해 깊은 동정심을 가진다는 사실–맹자 자신도 강조했던–에 의해 설명된다고 이지는 생각했다는 것이다.

마지막으로 맹자가 행한 응수 중 뒷부분에 대해, 대체로 주석가들은 맹자가 옛사람들이 어떻게 자신의 부모를 매장하게 되었는지 설명하며 이지에 대한 비판을 의도하였다는 데 동의한다. 조기(『맹자주』), 주희(『맹자집주』), 장식에 의해 제시된 일반적인 제안은 맹자의 설명은 장례 관습이 어떤 면에서 심의 특정한 반응에 기원하였는지의 관찰을 보려주려는 것이며, 이런 관찰은 어떻게든지 이지에 대한 비판으로 의도되었다는 것이다. 하나의 뿌리라는 개념에 대해서는 일반적으로 두 가지 해석이 있다. 조기(『맹자주』)는 내가 뿌리라고 번역한 '본本'이 사람의 생물학적 기원을 가리킨다고 해석한다. 생물학적 기원으로서 부모는 하나라는 의미에서 우리는 하나의 뿌리를 가지고 있다. 이 해석은 손석도 채택했고, 주희(『맹자집주』, 「등문공상」 5장; 『맹자혹문』 5/4a.11-12)도 때때로 채택하였으며, 돕슨의 번역에서도 발견할 수 있다. 하지만 주희(『주자어류』 1313)는 때때로 '본'을 인간에 대한 합당한 형태의 애정을 기르는 데 기초가 되는 것을 지칭한다고 간주하는 다른 해석-장식도 옹호하는-을 마음에 두고 있는 것처럼 보일 때가 있다. 맹자에 따르면 우리는 부모에 대한 사랑에서 시작해야 하며, 그러고 나서 그 감정을 다른 사람과 살아 있는 것들에로 확장시켜야 한다. 그렇게 하는데 있어서 타인에 대한 우리의 사랑에는 차등이 있을 것이다. 다만 부모에 대한 사랑이라는 단일한 출발점이 있다는 점에서 그 과정에는 하나의 뿌리가 있는 것이다.

비록 전통적인 주석들이 도움을 준다고 생각하지만, 나는 이 구절에 대한 전통적인 주석의 논법을 보충하고 개선하는 여러 가지 방법이 있다고 생각한다. 첫째, 이지의 응답과 관련하여 보면 이 응답이 맹자의 우선적인 비판에 대한 것이고 맹자는 이 응답에 대해 응수를 한 것이기 때문에, 맹자의 비판을 먼저 다루고 차후 맹자의 응수로 도전받을 특정한 가정들을 드러내며 이지의 전체적인 묵가적 입장과도 부합하는, 그런 방식의 해석이 필요하다. 나는 이지의 응답을 이해하려는 노력을 포기한 전통적인 주석들과는 다르게 맹자의 처음 비판을 제대로 다룸으로써 이지의 응답을 해석할 수 있는 길이 있다고 믿는다.

둘째, 맹자가 행한 응수의 앞부분에 관해서는 전통적인 주석들에서 다루는 방식에 동의하면서도, 이 부분이 어떻게 나미지 부분들과 연결되는지에 대해 말할 것이 더 있다고 나는 믿는다. 갓난아이의 예는 맹자가 이런 유아에 대한 깊은 동정심이 수양의 출발점이라고 서술하는 「공손추상」 6장에도 등장한다. 6장에서 맹자가 갓난아이가 우물에 빠지려는 광경에 대한 반응을 묘사한 것은 「등문공상」 5장 응수의 뒷부분에서 야생동물이 부모의 시신을 게걸스레 먹는 것을 본 옛사람의 반응에 대한 묘사와 흡사하다. 이는 맹자의 앞뒤 응수 사이에 밀접한 관련이 있음을 시사한다.

셋째, 맹자가 행한 응수의 뒷부분에 대한 조기나 주희의 해석은 모두 완전히 만족스럽지는 않다. 조기의 해석을 따르면 맹자는 뿌리를 생물학적 기원으로 간주하였고, 이지처럼 겸애를 주장하는 것은 타인을 마치 자신의 부모인양 대하여 사람들 각각이 두 뿌리를 가진 것으로 여긴다는 것이다. 하지만 매장의 기원에 대한 서술이 어떻게 하나의 뿌리라는 개념을 설명하는지 불분명하며, 이지가 사물을 하나의 뿌리를 가진 것으로 간주하는 데 실패했다고 말하는 것은 맹자가 추정한 이지의 잘못을 진단하는 것이 아니라 겸애에 동의하지 않음을 수사적으로 표현한 것에 지나지 않는다. 더군다나 어떤 의미에서 이지가 사물이 두 뿌리를 가졌다고 여기는 것인지도 명확하지 않다. 뿌리의 수가 생물학적 기원의 수와 관련이 있는 것이라면, 겸애는 모든 사람을 자신의 부모로 대하는 것을 수반하며 따라서 사람들이 수만 개의 뿌리를 가지는 것으로 여기는 게 된다.(주희, 『주자어류』 1313~1314 참조) 또는 다른 방식으로 표현하면, 겸애는 자신의 부모를 대함에 내 부모를 타인과 다르지 않게 대하는 것을 수반하므로, 사람에게 아무런 뿌리도 없는 것처럼 여기게도 된다. 어느 쪽이든, 뿌리가 둘이라는 것에 대한 언급을 이해하기 어렵다. 사실, 묵가가 사람들을 아버지가 없는 것처럼 여겼다는 「등문공 하」 9장에서의 맹자의 언급에 비추어보면, 맹자가 이지에 대해 사물들을 아무런 뿌리도 없는 것으로 여기고 있다고 묘사할 것으로 기대하게 된다. 뿌리가 단지 생물학적 기원만을 의미하는 것이라면 말이다.

주희의 대안적 해석은 뿌리를 사람에 대한 합당한 형태의 애정을 기르는 기초로 간주한다. 이는 맹자가 다음을 말한다고 해석할 수 있다. 곧, 타인에 대한 합당한 종류의 관심이 무엇인지를 알기 위해서는 우리의 부모에 대한 애정에서 시작해야 하며, 그렇게 하면서 타인에 대한 우리의 관심에는 차등이 있어야만 함을 어떻게든 알게 된다는 것이다. 이 해석은 내가 옹호하는 해석과 일정 부분 유사한 점이 있지만, 이 상태로는 대답이 되지 않는 의문들이 남아 있다. 이런 식으로 하나의 뿌리라는 개념을 해석해도 이것이 어떻게 매장 풍속의 기원에 대한 서술로써 설명되는지는 불명한 채로 남는다. 또 주희의 해석에서 맹자는 이지가 사람에 대한 합당한 형태의 애정을 결정하는 데 부모에 대한 사랑이 역할을 하지 않는다고 여긴 것을 비판한다. 이런 비판이 어떻게 이지가 사물이 두 뿌리를 가졌다고 간주한 것으로 서술되는지도 분명하지 않다.

'하나의 뿌리'에 대한 다른 해석들도 있다. 예를 들어, 일부는 '하나의 뿌리'가 행위의 원칙을 의미한다고 해석한다.[71] 겸애를 주장함과 자신의 부모를 특별하게 대함 모두를 취함에 있어서, 이지는 양립할 수 없는 두 가지 행위의 원칙을 사용하고 있고 따라서 사물이 두 가지 뿌리를 가졌다고 간주한다는 것이다. 하지만 이 해석은 매장 풍속의 기원에 대한 가상적인 설명이 어떻게 하나의 뿌리라는 개념을 보여주려는 것인지 설명하지 못하며, 이지가 사물을 두 뿌리를 가진 것으로 간주한다는 발언은 이지의 잘못에 대한 진단을 제공하는 것이 아니라 이지와 동의하지 않음을 수사적으로 표현한 것에 지나지 않는다. 또 사물이 하나의 뿌리를 가지는 방식으로 천天이 사물들을 낳았다는 언급은 행동에 있어서 일관된 원칙을 가져야 한다고 주장하는 데 다소 거추장스러운 장치로 보인다.[72] 문헌에서 발견되는 이 구절의

71) 예를 들어 다음을 보라. 陳大齊, 『待解錄』, pp. 136-40; Graham, *Disputers*, p. 43; Lau, *Mencius*, p. 105n3. 가나야 오사무의 번역과 왕부지의 주석도 보라.

72) 진대제는 뿌리를 행위의 준칙으로 해석하는 것과 천을 하나의 뿌리에 대한 관념과 연결시키는 것을 화해시키기 어려움을 인정한다.(『待解錄』, pp. 139-40)

해석에 대한 논의들을 모두 망라하고자 시도하는 대신에, 나는 니비슨(David S. Nivison)의 작업에서 끌어온 대안적 해석을 옹호하기로 하겠다.[73]

3) 대안적 해석을 옹호하다

이지의 응답은 우리가 이미 기술한 묵자의 사유가 지닌 난점에 비추어보면 이해할 수 있다. 2장 2절 2)에서 우리는 묵자가 겸애의 실천을 실현시키는 경향성을 사람들이 공유하고 있다고 믿지 않았다는 증거를 보았다. 그런 경향성이 없다면 겸애의 실천은 어려움에 처함에도, 묵자는 묵가의 이상이 실천불가능하다는 그의 논적의 비판에 만족할 만한 응답을 가지고 있는 것처럼 보이지 않았다. 감정과 욕구를 조절하여 묵가의 이상을 실천에 옮기게끔 하는 것이 가능할 수는 있겠지만, 이는 아마도 요원한 수양의 과정을 필요로 할 것이고, 묵자는 이 주제를 다루지 않았다.

맹자의 비판에 대한 이지의 응답은 이러한 어려움을 다루는 한 방식으로 이해할 수 있다. 묵가의 이상을 실천하기 위해, 사람들은 자주 접촉하는 사람들 특히 가까운 가족구성원들에 대한 애정을 키우는 것에서부터 시작해야 한다. 이렇게 하고 난 후, 묵가의 교리에 따라, 가족구성원에 대한 애정으로부터 이전에 전혀 접촉이 없었던 사람들까지 포함한 타인들에 대한 애정으로 확대할 수 있다. 가까운 가족구성원에 대한 애정을 키우기 위해, 사람은 이미 그러한 애정을 가진 누군가의 행동방식을 따라 행동할 수 있다. 그렇게 행동하는 것은 감정과 정서에 피드백 효과를 줄 것이고, 그럼으로써 애정의

73) Nivison, "Two Roots or One?" 및 "Philosophical Voluntarism."

발달을 촉진시킬 수 있다. 부모를 후하게 장례 치르는 것은 그런 종류의 행동일 수 있다. 돌아가신 부모를 추억하는 것뿐 아니라 아직 생존한 다른 가족구성원에 대해서도 애착의 느낌을 강화시킬 수 있기 때문이다. 따라서 부모에 대한 사치스런 장례는 그 자체로 겸애의 실천을 촉진시키는 역할을 한다는 점에서 정당화될 수 있다.

내가 보기에 이것이 애초에 맹자의 비판에 대해 이지가 응답한 내용의 본질이다. 비록 부모를 사치스럽게 장례 치르는 것에 대한 이지의 옹호는 장례에서의 검소함을 말하는 묵자의 가르침에서 벗어나지만, 묵자 사상의 정신에서 벗어나는 것은 아니다. 묵자가 사치스런 장례를 비판하는 것은 이런 관습이 공익에 해롭다는 관찰에 바탕을 둔 것이다. 후한 장례에 대한 이지의 옹호는 공익이 이런 관습을 평가하는 기준이라고 여기는 것과 양립할 수 있다. 이런 관습이 직접적으로 공적인 영역에 이익을 주지는 않겠지만, 공적인 영역에 직접적으로 이익을 주는 겸애의 실천을 촉진시킴으로써 간접적으로 이익을 줄 수 있을 것이다.

부모에 대한 후한 장례가 묵가의 가르침과 상반된다는 맹자의 비난에 대해 이지는 자신을 옹호하는 것 외에도, 맹자에게 역공을 펼쳤다. 이지는 옛사람들이 타인을 '갓난아이를 보살피듯' 대했다는 유가의 격언을 인급하면서, 이 격언은 묵자의 겸애를 설명하는 것이라고 주장했다. 우리가 갓난아이를 보살피듯 모든 사람을 보살피려면, 우리는 모든 이에 대한 동등한 애정을 가져야만 할 것으로 보인다. 따라서 사랑에 차등이 있다는 유가의 생각과 유가의 이 격언은 모순되는 것처럼 보인다.

맹자의 응수에 대해서 보자. 묵자와 달리 맹자는 인간은 무엇이 타인에 대한 합당한 형태의 애정인지를 결정하는 성향을 이미 공유하고 있다고 믿었다. 이런 성향에는 두 가지 종류가 있다. 어떤 성향은 갓난아이의 예에서 보이는 동정심의 반응과 같은 것들로 자신과 어떤 특별한 관계일 필요가 없는 존재에게로 향한다. 따라서 이런 반응을 다른 존재에게로 확장할 때, 애정의 정도와 성질에는 어떤 차이도 수반되지 않는다. 또 다른 성향은 부모에 대한 사랑과 같은 것들로 특별한 관계가 있는 사람에게로 향하는 것인데, 다른 사람에게로 이런 사랑을 확장할 때는 애정의 정도와 성질에서 차이가 수반된다. 따라서 이런 두 종류의 성향을 확장시킨 데서 유래하는 인仁은 묵가의 이상인 겸애와 다르다.

이 견해로 보면 하나나 또는 두 가지 오류 모두를 저지르는 경우에만 겸애를 주장하는 데 이르게 되는 것처럼 보인다. 즉 겸애를 주장하는 것은 두 번째 종류의 성향을 배제한 채 첫 번째 종류의 성향에만 국한된 주의를 기울이거나, 아니면 타인에 대한 합당한 형태의 애정이 그런 공유된 성향들에 의해 결정된다고 간주하지 않는 것이다. 이런 두 가지 비판이 맹자의 응수 전체에서 부각되고 있다. 앞부분에서 맹자는 겸애설이 타인을 '갓난아이를 보살피듯' 다루라는 유가의 격언에 함축되어 있다는 이지의 주장을 다룬다. 맹자에 따르면, 유가들이 우물로 기어가는 갓난아이를 향한 동정심을 사람들에 대한 합당한 형태의 애정과 관계된다고 간주한 것도 사실이고, 그런 반응을 확장하는 데 애정의 차등이 수반되지 않는 것도 사실이다. 이지가 한 것은 유가의 가르침의 이런 측면을 끌어와서 차등적 사랑이라는 유가의 사상을 비판한 것이다.

하지만 맹자에 따르면 이런 비판은 통하지 않는다. 왜냐하면 유가는 가까운 가족구성원에게만 향하는 또 다른 성향도 타인에 대한 애정의 합당한 형태와 관계가 있다고 여기기 때문이다. 예로는 형의 아이에 대한 애정은 이웃사람의 아이에 대한 애정과는 다르다는 점을 들 수 있다. 또 다른 예는 맹자의 뒷부분 응수에서 묘사한 자신의 부모를 게걸스레 먹고 있는 야생동물을 본 옛사람의 반응을 들 수 있다. 이 반응에 대한 묘사는 「공손추상」 6장에서 갓난아기에 대한 동정심을 묘사한 것과 여러모로 비슷하다. 이 둘은 모두 심心의 반응으로, 타인의 인정을 얻는 것 같은 숨은 동기에 의해서가 아닌 자발적인 반응이며, 참을 수 없는 감정을 수반하고, 사람들로 하여금 특정한 방식으로 행동하고 싶게끔 이끈다고 묘사된다. 하지만 이들 사이에는 한 가지 중요한 차이가 있다. 갓난아기의 예는 어떤 특별한 관계도 없는 대상에 대해 가지는 정서적인 반응의 종류를 부각시킨다. 다른 한편으로 부모의 시신을 게걸스레 먹는 야생동물의 예는 가까운 가족구성원에 대해서만 가지는 반응의 종류를 강조한다. 주희(『맹자집주』)가 지적했듯이, 시신이 낯선 이의 것이었다면 같은 식으로 반응하지는 않았을 것이다. 예를 들어, 시신에게 일어난 일로 자신을 비난하며 시신을 매장하려 움직이는 대신에 욕지기를 느끼며 시신으로부터 멀어지려고 움직였을 것이다.

이지가 가까운 가족구성원에게만 향하는 사람들의 공유된 성향을 고려하지 않았다는 발언은 유가의 가르침에서 묵가의 사상을 읽어내려는 이지의 시도에 대한 응수이며, 이지의 입장 자체를 비판한 것은 아니다. 이지는 그의 응답에서 심의 정서적인 성향을 거론하지 않아도 타인에 대한 애정의 합당한 형태에 대한 개념에 이를 수 있다는 묵가의 가정을 드러냈다. 이 가정을 전제로 하면, 이지는 가까운 가족구성원을 향하는 공유된 특별한 애정의 존재를 인정하고도 이것이 우리가 길러야 할 애정의 형태와는 무관하다고 여전히 주장할 수 있게 된다. 맹자는 그의 후반부 응수에서 묵가의 전제에 도전했다. 옛사람들이 어떻게 부모를 매장하게 되었는지를 설명할 때, 맹자는 매장 풍속의 기원에 대해 단지 추측성 가설을 제시한 것이 아니었다. 그는 이것이 부모를 매장하는 데 왜 도道가 있는 것인지를 설명하고 있다는 주장으로 나아갔다. 그러므로 맹자는 합당한 것은 그것 자체로 심의 특정한 정서적 성향에서 드러난다는 대안적인 입장-이지의 묵가적 가정과는 상반되는-을 묘사하는 설명으로도 의도했던 것으로 보인다.

매장 풍속의 기원에 대한 가상적 설명이 아마도 부모를 매장하는 것이 합당함을 보여주려 의도했을 것이라는 점은 두 가지 다른 문헌으로부터도 뒷받침된다. 첫 번째로, 『묵자』에는 관습적인 것과 합당한 것(義) 사이의 혼동을 비판하는 맥락에서 부모의 시신을 처리하는 여러 다른 방식에 대한 언급이 있다.[34] 맹자는 묵가 중의 한 명과 논쟁을 벌이는 상황에서 가상적 설명을 제시하고 있기 때문에, 이 설명이 묵가에 대한 응답으로 부모를 매장하는 것은 단지 관습이 아니라 합당한 것이라는 점을 지적하는 것일 가능성이 높다. 왜냐하면 부모 매장은 이미 서술한 야생 동물에 부모의 시신이 먹히는 장면에 대한 심의 반응에 기초한 것이기 때문이다. 두 번째로, 『여씨춘추』[35]에서도 매장 풍속에 대한 비슷한 설명이 있다. 이 설명에 비추어보면, 매장 풍속에 대한 설명 뒤에 바로, 그러므로 (고故) 죽은 자를 매장하는 데는 의義가 있다는 언명이 뒤따르고 있다. 이것이 보여주는 바는 맹자의 묘사와 같이 심의 반응에 근거하여 매장 풍속의 합당함을 옹호하는 것이 초기 중국사상에서 낯설지 않다는 것이다. 또 『여씨춘추』에서의 설명은 이미 묘사한 종류의 심의 반응이 자신이 사랑하고 존중하는 사람을 향하고 있다는 점을 강조하고 있는데, 이는 시신이 낯선 이의 것이었다면 그런 방식으로 반응하지 않았을 것이라는 점을 확인시켜 준다.

맹자의 뒷부분 응수에 대한 이런 설명은 '하나의 뿌리'라는 개념에 대한 니비슨(David S. Nivison)에게서 비롯된 대안적 해석을 제안한다.[74] 이지가 동의하고 있는 묵가의 입장에선 합당한 삶을 사는 것은 두 가지를 수반한다. 우선 합당한 삶의 방식이라는 개념에 도달하는데, 심의 어떤 정서적 성향에도 주의를 기울일 필요 없이 이런 개념에 도달한다. 그러고 나서 그런 방식의 삶을 사는 데 요구되는 감정적인 성향을 키움으로써 합당한 삶의 방식에 대한 개념을 실천에 옮긴다. 감정적 성향을 키우기 위해서는 심의 정서적 자원을 끌어와서 관리한다. 따라서 묵가의 합당한 삶의 방식은 두 개의 뿌리를 가지게 된다. 그 기원은 심의 정서적 자원과는 무관한 어떤 것이지만, 합당한 삶을 사는 데 요구되는 정서적인 자원은 심으로부터 나온다. 다른 한편으로 맹자는 합당한 삶의 방식 내용 그 자체가 심의 특정한 정서적 성향에서 드러나는 것으로 간주한다. 합당한 삶을 살기 위해서 필요한 모든 것은 이 성향 자체가 가리키는 방향으로 그 성향을 관리하고 키우는 것일 뿐이다. 따라서 맹자에게 합당한 삶의 방식의 타당성과 그런 삶을 사는 데 필요한 정서적 자원은 이와 관련된 심의 성향 안에 하나의 뿌리를 가지고 있을 따름이다.

「등문공상」 5장에 대한 이런 해석은 전통적인 해석보다 여러 가지 이점을 가지고 있다. 첫째, 이 해석은 이지의 응답이 맹자의 애초의 비판을 어떻게 다루고 있는지 설명하고 있는데, 이지의 응답이 그의 전체적인 묵가의 입장과 부합되는 동시에 맹자의 응수에 의해 곧 도전받게 될 특정한 전제를 드러내는 방식으로 전개된다. 이 해석으로 보면 이지는 묵가의 겸애설을 실천에 옮기는 데 역할을 한다는 점에서 부모에 대한 사치스런 장례를 옹호했

74) Nivison, "Two Roots or One?," p. 742.

다. 둘째로, 이 해석은 맹자의 전체 응수가 어떻게 서로 부합되는지 알려준다. 앞부분은 묵가의 겸애설이 유가의 가르침에 암시되고 있다고 간주하는 이지가 사람에 대한 합당한 형태의 애정을 키우는 기초로 유가가 간주하는 두 가지 종류의 성향 중 하나에만 배타적으로 주의를 기울였음을 보여준다. 뒷부분은 다른 종류의 성향의 사례를 제시한다. 앞부분에서의 이지에 대한 비판을 더욱 강화하기 위하여 사람에 대한 합당한 형태의 애정이 심의 성향과는 무관하게 결정된다는 이지의 가정에 도전한다. 셋째, 이 해석은 우리로 하여금 맹자와 이지가 사물을 각각 하나의 뿌리와 두 개의 뿌리를 가지는 것으로 여긴다는 서술을 이해할 수 있게 하며, '하나의 뿌리'라는 관념이 어떻게 매장 풍속의 사례로 설명되는지 알 수 있게 한다. 맹자와 이지의 차이는 합당한 삶의 방식의 타당성과 그런 삶을 사는 데 요구되는 정서적 자원이 하나의 근원을 가지는지 두 개의 근원을 가지는지에 대한 이슈를 중심으로 노정된다. 맹자는 특정한 심의 정서적 성향에서 공통의 근원을 가진다고 주장했으며, 매장 풍속에 대한 사례를 이용해서 이런 생각을 설명했다. 이 해석에서 「등문공상」 5장은 「고자상」 1~5장과 「공손추상」 2장에 대한 앞서의 논의에 더하여 맹자가 의를 심으로부터 유래되는 어떤 것으로 간주했다고 여길 수 있는 추가 증거를 제공한다.

옮긴이 주

1 『묵자』, 「公孟」, "二三子復於子墨子曰, 告子曰…… 子之身亂之矣."(MT48/81-87)

2 『관자』, 「戒」, "仁從中出, 義從外作, 仁故不以天下爲利, 義故不以天下爲名."(KT2/16.2-3)

3 『묵자』, 「經說下」, "仁, 仁愛也…… 擧愛與所利也."(MT43/88-90)

4 『묵자』, 「經說上」, "仁, 愛己者, 非爲用己也."(MT42/4)

5 『묵자』, 「經上」, "仁, 體愛也."(MT40/2-3)

6 『묵자』, 「經上」, "體, 分於兼也."(MT40/1); 「經說上」, "若二之一, 尺之端也."(MT42/2)

7 『묵자』, 「經說上」, "偏去也者, 兼之體也. 其體或去或存, 謂其存者, 損."(MT42/18-19); 「經上」, "損, 偏去也"(40/18) 참조.

8 『좌전』, 昭公9年傳·夏6月, "志以定言."(TC624/18)

9 『장자』, 「內篇·人間世」, "仲尼曰, 若一志…… 虛者, 心齋也."(CT4/26-28)

10 『관자』, 「戒」, "寡交多親, 謂之知人."(KT2/16.9)

11 『관자』, 「戒」, "所以謂德者不動而疾, 不相告而知…… 君不動, 政令陳, 下而萬功成."(KT2/16.6-8)

12 『관자』, 「戒」, "以善勝人者, 未有能服人者也. 以善養人者, 未有不服人者也."(KT2/18.13-14)

13 『관자』, 「戒」, "滋味動靜, 生之養也…… 御正六氣之變, 禁止聲色之淫."(KT2/15.14-16.1)

14 『관자』, 「戒」, "無方而富者, 生也."(KT2/15.10)

15 『관자』, 「戒」, "心不動, 使四肢耳目, 而萬物情."(KT2/16.8-9)

16 『관자』, 「戒」, "仁從中出, 義從外作."(KT2/16.2)

17 『관자』, 「內業」, "凡物之精, 彼心之情…… 利安以寧, 勿煩勿亂, 和乃自成"(KT2/99.8-14); "凡道無所, 善心安愛. 心靜氣理, 道乃可止. 彼道不遠, 民得以産."(KT2/100.6)

18 『관자』, 「內業」, "中義守不忒, 不以物亂官, 不以官亂心, 是謂中得."(KT2/101.7-8)

19 『관자』, 「內業」, "是故止怒莫若詩. 去憂莫若樂, 節樂莫若禮…… 性將大定."(KT2/103.12-13)

20 『관자』, 「內業」, "形不正, 德不來, 中不靜, 心不治…… 天仁地義, 則淫然而自至神明之極."(KT2/101.6)

21 『관자』, 「心術下」, "是故曰, 無以物亂官, 毋以官亂心, 此之謂內德."(KT2/66.9)

22 『관자』, 「心術下」, "所以失之者, 必以喜樂哀怒. 節怒莫若樂, 節樂莫若禮, 守禮莫若敬. 外敬而內靜者, 必反其性."(KT2/68.5-6)

23 『관자』, 「心術下」, "氣者身之充也, 行者正之義也. 充不美則心不得."(KT2/66.10-11)

24 『관자』, 「內業」, "道也者, 口之所不能言也, 目之所不能視也, 耳之所不能聽也."(KT2/100.8-9)

25 『장자』, 「內篇·德充符」, "固有不言之教."(CT5/2)

26 『장자』, 「外篇·知北遊」, "夫知者不言, 言者不知."(CT22/7)

27 『장자』, 「雜篇·外物」, "言者所以在意, 得意而忘言."(CT26/48-49)

28 『장자』, 「內篇·應帝王」, "无爲名尸…… 故能勝物而不傷."(CT7/31-33)

29 『장자』, 「內篇·德充符」, "仲尼曰, 人莫鑑於流水…… 唯止能止衆止."(CT5/9-10)

30 『장자』, 「外篇·田子方」, "列禦寇爲伯昏无人射…… 若能射乎?"(CT21/57-59); 『열자』, 「黃帝」, "列禦寇爲伯昏无人射…… 若能射乎?"(LiT2/3a.11-3b.1) 참조.

31 『장자』, 「雜篇 · 徐无鬼」, "射者非前期而中, 謂之善射."(CT24/39)

32 『장자』, 「內篇 · 人間世」, "仲尼曰, 若一志…… 虛者, 心齋也."(CT4/26-28)

33 『묵자』, 「耕柱」, "巫馬子謂子墨子曰, 我與子異, 我不能兼愛…… 是蕩口也."(MT46/52-60)

34 『묵자』, 「節葬」, "子墨子曰, 此所謂便其習而義其俗者也…… 此所謂便其習而義其俗者也."(MT25/75-81)

35 『여씨춘추』 10권, 「節喪」, "凡生於天地之間…… 故有葬死之義."(LSCC10/5a.1-5)

Self-Cultivation

5장

수양

1. 심心의 윤리적 성향

1) 윤리적 성향

이전 장의 논의는 맹자가 인간의 심에는 윤리적 이상 쪽으로 이미 방향지워진 성향이 있다고 믿었음을 보여준다. 이런 생각은 『맹자』의 다른 부분들에서도 반영되어 있다. 예를 들어 「고자상」 6장은 사람에게 이미 인, 의, 예, 지가 있으며 외부로부터 녹여 들어온 것이 아니라고 묘사한다. 「고자상」 17장은 각각의 사람이 이미 진정으로 고귀한 것을 그 자신 안에 간직하고 있다고 말한다.(여기서 진정으로 고귀한 것은 아마도 윤리적 속성들을 가리키는 것일 것이다. 「고자상」 16장 참조) 또 맹자는 윤리적이거나 비윤리적인 것을 사람의 심心에 있는 어떤 것을 보존하거나 잃어버리는 문제로 서술하고 있다. 예를 들어 「고자상」 10장은 현자賢者를 모두가 공유하는 심을 능히 잃어버리지 않을 수 있는 사람으로 묘사하며, 「고자상」 8장과 11장에서는 각각 비윤리적인 것은 심을 잃어버리는 문제로, 배움은 잃어버린 심을 찾는 문제로 묘사한다.[1] 「이루하」 19장은 인간을 동물로부터 구분시켜주는 근소한 요소를 군자는 보존하고 소인은 잃어버렸다고 묘사하며, 28장은 군자를 다른 사람과 구분시켜주는 것은 군자는 심을 보존하고 있다는 것으로 말한다.[2] 「이루하」

1) 주희(『주자어류』 1406~7, 1409)는 '방심放心'이 방종하고 주의를 기울이지 않는 것을 의미한다고 해석하는데, 「고자상」 8장에서의 "방기양심放其良心"과 11장에서 닭과 개를 '방'한다고 하는 서술은 '방'이 '잃다'라는 뜻임을 보여준다.

12장은 대인大人을 갓 태어난 아기의 심을 잃어버리지 않은 사람으로 묘사한다. 이 언급에 대한 가능한 한 해석은 윤리적 이상은 이미 심에 존재하는 성향의 실현을 통해 구현된다는 것이다.[3)]

게다가 윤리적 이상은 심의 성향에 이미 내장된 특정한 방향성이 실현된 것이라는 생각은 『맹자』에서의 두 가지 비유에 반영되어 있다. 첫 번째는 「고자상」 4·5장과 관련하여 이미 살펴본 맛의 비유이다. 마찬가지로 「고자상」 7장도 사람의 입맛이 음식에 대해 공통의 취향을 가지듯이 사람의 심도 공통의 어떤 것을 공유한다는 점을 주장하는 데 맛의 비유를 사용한다. "심지소동연자心之所同然者" 구절은 "모든 심에 공통되는 것"(라우를 참조)을 의미한다고 해석될 수 있다. 대신에 이 장에서 동연同然, 동기同耆, 동청同聽, 동미同美 사이의 병렬구조가 시사하는 것처럼 만약에 연然을 동사인 '승인하다'는 의미로 해석할 경우, 이 구절은 "모든 심이 승인하는 데 동의하는 것"(레게, 조기의 맹자주, 주희의 『맹자집주』; 『주자어류』 1390~1391, 대진戴震, no. 4 참조)이라고 읽힐 수도 있다. 어떤 식으로 해석하든, "특정한 종류의 고기가 입을 즐겁게 하는 것처럼 리의理義(pattern and propriety)는 심을 즐겁게 한다"는 이어지는

2) 장식은 「이루하」 28장에서의 '존심存心'을 심을 보존한다는 의미로 읽는다. 하지만 조기(『맹자주』), 주희(『맹자집주』; 『주자어류』 1355), 손석은 '존심'을 "어떤 것(인과 예)을 마음속에 간직한다"는 의미로 해석한다. 조기는 아마도 군자는 언제나 인과 예를 마음속에 간직한다고 주장하는 「이루하」 28장의 나머지 부분들을 자신의 독해의 근거로 삼았을 것이다. 하지만 인간을 다른 동물들과 구별 짓는 근소한 요소와 관련된 「이루하」 19장에서의 '존'의 용법과 "심을 완전히 실현하다"를 의미하는 듯하는 「진심상」 1장에서의 '진심盡心'과 짝을 이룬 '존심'에 비추어보면 '존심'이 심을 보존하는 것과 관련이 있을 가능성이 높다.

3) 「이루하」 12장에 대한 다른 해석도 가능하다. 주희(『맹자집주』), 황종희(2/27b.4-28a.6), 장식이 "갓난아이의 심"(赤子之心)이 타고난 심을 가리키는 것으로 해석했다면, 조기(『맹자주』, 『맹자장지』)와 초순은 백성을 마치 갓난아이 같이 여겨 그들을 보호하고 돌보는 심을 가리키는 것으로 이해한다. 조기도 기록하였지만 승인하지 않은 첫 번째 해석에 기초할 때만 이 구절은 심이 이미 윤리적 방향으로 기울어진 성향을 가지고 있다는 것을 함축한다.

구절은 맹자가 심이 즐거워하는 어떤 것으로 의義를 간주했음을 보여준다.[4] 또 「공손추상」 2장은 호연지기가 의와 하나가 되지 않으면 오그라들고 행동이 심에 만족스럽지 않아도 오그라든다고 말한다. 이것은 의에 반하는 것은 심에 만족스럽지 않다는 것을 보여준다.

이 구절들은 모든 사람은 의에서 기쁨을 얻고 의에 반하는 것에는 불만을 느끼게 됨을 알게 된다고 맹자가 믿었음을 보여준다. 최소한 이는 자신의 행위가 의와 부합되면 그 행위에서 기쁨을 얻고, 의에 반할 경우에는 그 행위가 불만스럽다는 것을 발견하게 됨을 의미한다. 주희(『주자어류』 1391)는 모든 사람이 의와 부합되는 행동을 승인하는 것과 의와 부합되지 않는 행동을 승인하지 않는 것에 동의한다고 맹자 역시 믿었다고 생각한다. 대진(『맹자자의소증』 4)도 마찬가지로 의에 대한 느낌은 단지 자신의 행위에 관한 것만이 아니라 인간의 행동 그 자체에 대한 것으로 해석한다. 이런 독법은 「고자상」 7장과 부합되며, 수오지심羞惡之心을 사단의 하나로 지칭하는 것과도 들어맞는다. 수羞(regard as below oneself)가 자신과 특별한 관계를 가진 대상을 향한다면 오惡(aversion)는 자신이나 다른 이의 행위를 향한 것이다.

맹자가 사용한 또 다른 비유는 식물의 비유인데 맹자는 윤리적 발달을 식물의 성장과 비교한다. 예를 들어 「공손추상」 2장은 윤리적 발달에 주의를 기울이지 않는 것은 싹을 키우지 않는 것과 같고, 윤리적 발달을 강제하는 것은 식물이 자라도록 조장하는 것과 같다고 말한다. 「고자상」 7장과 8장은 윤리적 발달을 보리와 우산牛山의 나무와 비교하고, 9장은 윤리적 발달을

4) 그레이엄은 맹자의 이런 언급은 자화자의 발언(여씨춘추4/11b.7-12a.1)에 대한 응답이라고 적고 있다.("Background," p. 37)

위한 일관된 노력이 부족한 것을 식물을 적절하게 키우지 못하는 것과 비교하며, 19장은 인仁의 성숙을 오곡이 익어가는 과정으로 묘사한다. 식물의 비유는 인간의 윤리적 발달이 새싹에서 성숙한 식물로 자라나는 것과 같다는 생각을 암시한다. 이런 생각은 또 「공손추상」 6장에서 사단四端을 윤리적 발달의 시발점으로 지칭하는 것과도 부합한다.(端이란 글자의 일부분은 싹이 트는 뿌리를 가진 식물의 그림이다) 새싹이 다치지 않는다면 성장하는 방향은 새싹의 구성요소에 이미 자리 잡고 있으므로, 이 비유는 발달의 특정한 방향은 심의 특정한 성향에 이미 자리 잡고 있다는 것을 시사한다.

이런 윤리적 성향에 대한 맹자의 호소는 그의 사유에서 두 가지 역할을 했다. 맹자는 종종 이 성향들을 가리켜 인간이 윤리적일 수 있는 능력(能)이 있음을 보여준다고 했다. 사람들은 네 가지 싹을 가지고 있고, 그러므로 자신들에게 윤리적일 수 있는 능력이 없다고(不能) 여겨서는 안 된다.(「공손추상」 6장) 제선왕의 소에 대한 동정심은 백성에 대한 그의 무관심이 실행할 능력이 없는 문제라기보다는 실행하지 않는 문제임을 보여주며(「양혜왕상」 7장), 사람들이 함께 가지고 있는 부모에 대한 사랑과 형에 대한 존경은 사람들이 일정한 능력을 가지고 있음을 보여준다(「진심상」 15장).

2장 2절 2)에서 보았던 것처럼, 묵자에 대한 일반적인 도전은 사람들이 겸애를 실천할 능력이 있는지를 의심하는 사람들로부터 시작됐다. 무마자巫馬子는 자신이 겸애를 실천할 적절한 정감적 성향을 결여하고 있다는 것을 근거로 겸애설에 이의를 제기했다.[1] 윤리적일 수 있는 인간의 능력을 증명하기 위해 맹자가 심의 성향에 호소한 것은 그가 아마도 묵가에 대한 이런 종류의 이의제기를 알고 있었음을 시사한다. 이는 『묵자』[2]에서도 발견되는 사례인, 산을 끼고 강을 건너뛸 수 없다는 것을 진정으로 할 수 없는 것의 예(「양혜왕상」 7장)로써 맹자가 인용한 데서도 확인할 수 있다.[5] 인간의 심이 유가적 이상의 방향에 합치하는 성향을 가지고 있다는 것을 강조함으로써 맹자가 부분적으로 보여주려 힘쓴 것은 인간은 유가적 이상을 실천할 수 있는 능력을 가졌고, 따라서 유가의 제안은 묵가가 받은 종류의 반대에 부딪히지 않는다는 것이었다.

여기에 더해 맹자는 심의 윤리적 성향을 유가적 이상을 옹호하는 시도의 일부로도 강조했을 가능성이 높다. 맹자가 대응한 묵가의 주요한 도전은 윤리적 이상을 실천할 수 있는 인간의 능력에 관한 것이 아니었다. 이는 유가만큼이나 묵가에도 문젯거리이기 때문이다. 그 대신에 묵가는 유가가 옹호하는 유가적 관습을 공격하고 의義의 근거로 이利에 호소했다. 앞장에서 보았듯이 맹자는 이런 묵가의 도전에 대해 우리의 의에 대한 인식은 심의 특정한 성질, 좀 더 자세히 말하면 윤리적 이상의 방향으로 이미 정향된 인간들이 공유하고 있는 성향으로부터 온다고 주장함으로써 대응했다.

윤리적 성향의 두 가지 역할은 서로 연관되어 있다. 만일 윤리적 이상이 이러한 성향에 이미 갖추어진 방향성이 실현된 것이라면, 그 성향들은 사람들로 하여금 이상에 부합되게 살 수 있게 하는 것이기도 하다. 실제적으로 사람들이 이상을 실천하도록 동기를 부여해야 하는 요구는 특정한 상황에서는 좀 더 직접적으로 호소할 수 있는 고려된 사항을 불러내게끔 할 것이다. 그래서 우리는 맹자가 한편으로는 윤리적 성향을 지목하여 청중들로 하여금 그들이 이상을 실천할 능력이 있음을 확신시키는 동시에, 경우에 따라서는 직접적인 호소력을 지닌 사항을 불러낼 것임을 예상할 수 있다. 이것이 아마

5) 이 점은 다음의 글에서 지적되었다. Nivison, “Philosophical Voluntarism,” p. 21.

도 몇몇 군주들과의 대화에서 맹자가 보여준 것일 것이다. 즉 맹자는 인仁을 실천하는 것이 정치적 이점이 될 것이라는 근거로 군주들이 인을 실천하려는 동기를 갖게끔 유도하는 한편, 군주들에게 인정仁政을 실천할 능력이 있음을 보여주고자 심의 성향에 호소하기도 했던 것이다. 맹자의 정치적 이점에 대한 호소는 아마도 실제적인 요구에서 나왔을 것이며, 심의 윤리적 성향이 유가적 이상을 옹호하는 데 아무런 역할을 하지 못하는 것으로 맹자가 여겼음을 보여주는 것은 아니다. 정치적 이점에 대한 호소가 특정한 정치적 위치에 있는 사람들과 특정한 야심을 가진 사람들에게만 효과가 있다는 것과 맹자가 광범위한 청중들 앞에서 묵가 및 다른 논적들을 물리치려 시도하고 있었다는 점을 고려할 때, 맹자가 정치적 이점을 유가의 이상을 옹호하는 것과 관련되어 유일하게 고려한 사항으로 간주했을 가능성은 낮다. 인간들 사이에 공유된 윤리적 성향에 대한 호소도 사람들이 윤리적일 수 있는 능력을 가졌음을 보여주는 것에 더하여, 유가의 이상을 옹호하는 역할을 했을 가능성이 크다.[6]

2) 윤리적 성향들과 윤리적 방향

윤리적 성향들이 어떻게 윤리적 방향을 표시해줄 수 있을까? 맹자가 부각시킨 자발적인 반응들을 우선 고려해보자. 제선왕의 소에 대한 동정(「양혜왕상」 7장), 어린 아이가 우물에 빠지려는 것에 대한 놀람(「공손추상」 6장), 자신의 부모의 시신을 야생동물이 게걸스레 먹고 있는 것을 본 것에 대한 반응(「

6) 이런 문제들과 관련하여 노르덴(Bryan Van Norden)과의 대화에서 도움을 받았다.

등문공상」 5장), 욕을 보이며 준 음식에 대한 분노(「고자상」 10장) 등등. 이런 반응들은 예기치 않은 상황과 갑작스레 마주쳤을 때 일어난다. 갑작스러움은 「공손추상」 6장에서 명확히 표현되며, 그 외의 다른 세 경우에서는 각각의 주체가 예기치 못한 어떤 것과 마주치게 된다.[7)] 제선왕의 백성들에 대한 억압이나(「양혜왕상」 7장) 만 단위의 곡물을 예의와 어긋나게 받음(「고자상」 10장)과 같이 선행하는 목적에 따라 진행되고 있는 행위와는 다르게, 갑작스러운 반응은 마음속 깊은 곳의 어떤 것을 드러내며 그 반응을 하는 사람이 정말로 어떤 종류의 사람인지를 보여준다.[8)] 준비되지 않은 상태이기 때문에, 그들의 반응은 숨은 동기에 의해 조절되지 않고 심으로부터 직접 나온다. 숨은 동기가 개입되지 않았다는 것은 「공손추상」 6장과 「등문공상」 5장에서 명백하게 표현되며, 「고자상」 10장(일반적인 목적들 중에서 가장 중요한 삶을 포기한다)과 「양혜왕상」 7장(왕이 소를 살려주는 것은 다른 사람들로 하여금 왕을 인색하게 여기게끔 하였고 따라서 왕의 그 어떤 목적에도 도움이 되지 않는 것으로 추정할 수 있다)에서는 암묵적으로 전제되어 있다고 추정할 수 있다. 게다가 이러한 반응들은 모든 사람들이 다 공유하는 것으로 여겨지며, 사람들은 이를 인간에 대한 경험적 일반화를 통해서가 아니라 자신의 심에 대한 성찰을 통해 깨닫게 된다. 「공

7) 허겸許謙은 「고자상」 10장에서의 사례와 관련하여 이 점을 강조하였다.

8) 주희는 「진심하」 11장이 비슷한 점을 주장한다고 해석한다. 그에 따르면(『맹자집주』, 『맹자혹문』, 『주자어류』 1458), 11장은 만일 어떤 사람에게 모든 사람의 주의가 집중되고 그 사람이 명예를 얻고자 한다면 국가를 양보할 수도 있지만, 그 사람이 진실로 다른 사람에게 양보할 그런 사람이 아니라면 자신도 모르게 대그릇의 밥과 나무그릇의 국에도 원한을 품는 모습을 보여서 그가 정말로 어떤 종류의 사람인지를 드러내게 된다는 점을 말하고 있는 장이다. 이런 해석은 이 장의 두 번째 부분이 명예를 얻으려고 나서지 않는 다른 종류의 사람에 대한 것이라고 여기는 조기, 장식, 손석의 해석과는 다르다. 내가 말할 수 있는 것은 이 두 해석 중에 어느 하나의 손을 들어주게 하는 충분한 문헌적 증거는 없다는 것이다.

손추상」 6장, 「등문공상」 5장, 「고자상」 10장에서 묘사되고 있는 반응들은 가설적인 상황을 끌어들이는데, 이는 맹자가 우리로 하여금 그러한 상황에 처할 경우 어떻게 반응할지를 상상해보라고 초대하였음을 보여준다. 「양혜왕상」 7장은 비록 실제상황을 끌어들이고 있지만, 맹자가 이 장에서 말하는 바는 왕으로 하여금 그 자신의 심을 점검해보도록 하는 것이었다.

그렇다면 이런 반응들은 무엇을 드러내는가? 반응의 종류에 따라 대답은 달라질 것이다. 주석가들이 지적했듯이(주희, 『맹자집주』. 장식), 『예기』[3]에서도 발견되는 「고자상」 10장의 사례는 사단의 하나인 수羞와 오惡를 설명하고 있다. 오惡는 이 구절에서 분명히 언급되고, 수羞의 태도는 거지가 모욕을 받으면서 음식을 받는 것을 떳떳치 않게 여김(不屑)을 묘사하는 데서 암시된다. 그런 반응은 음식을 거절하게 만들고 음식을 받는 것의 합당치 못함도 알게 할 것이다. 이런 점에서 「등문공상」 5장에서 묘사된 반응도 유사하다. 여기서의 반응도 죽은 부모의 시신을 매장하도록 하고 그렇게 행동하는 것의 합당함을 알게 한다. 「등문공상」 5장에서의 반응은 특정한 측면에서 「공손추상」 6장에서 묘사된 동정적인 반응과 흡사하지만(둘 다 심에서 직접적으로 나오고 그런 것들을 참지 못하는 것을 수반한다), 전자는 사람으로 하여금 반응을 이끌어낸 상황을 개선하게끔 유도한다는 점에서 수오羞惡의 반응과도 같다.

우리가 고려하고 있는 반응들은 사람으로 하여금 행위의 직접적인 맥락에서 무엇이 합당한지를 알게 할 뿐 아니라 미래의 행위나 다른 상황에서의 행위도 인도한다. 예를 들어 「등문공상」 5장에서의 반응은 사람들에게 앞으로는 가족구성원을 매장하는 것이 합당함을 깨닫게 한다. 「고자상」 10장에서의 반응은 사람들이 정치적 맥락 안에서 자신의 행위에 대해 특정한 견해를 갖게끔 하도록 의도된 것으로 보인다. 만 단위의 곡물을 받아들이는 것을 욕을 보이며 준 음식을 받는 데 비교한 것은 그것이 아마도 예禮에 맞게 사람을 대우할 줄 모르는 권력자로부터 제안을 받아들이는 것을 가리킨 듯하다.[9] 이 구절은 독자에게 제안을 받아들이는 것은 모욕을 당하면서도 음식을 받는 것과 같이 합당치 않음을 알도록 이끌며, 이로써 독자가 정치적인 상황에서도 이런 행위를 하지 않도록 자극한다. 모욕과 함께 받은 음식은 생존으로 이끌므로, 이것은 곡식을 받음으로써 얻을 수 있는 외적인 소유보다 더 중요하다. 하지만 어떤 경우에서는 의에 따라 살기 위해 삶도 포기하기 때문에, 다른 경우에서 의를 거스르며 만 단위의 곡식을 받는 것은 무엇이 중요한지에 대한 건전한 양식을 잃어버리는 것이라 할 수 있다.

심의 자연적인 반응이 행위를 인도할 수 있다는 또 다른 증거는 「양혜왕상」 7장에서 발견된다. 이 장은 제선왕이 맹자에게 환공과 문공에 대해 물어보자 맹자가 진정한 왕이 되는 데 무엇이 요구되는가에 대한 논의로 왕을 이끌면서 시작한다. 맹자에 따르면 왕은 백성을 보살피고 보호함으로써 진정한 왕이 된다. 제선왕에게 그도 이렇게 할 능력이 있음을 보여주기 위해서, 맹자는 왕이 동정심에 이끌려 종을 신성하게 할 목적으로 죽이려 했던 소를 살려준 지나간 일을 왕에게 상기시켰다. 이는 왕이 백성을 보살피고 보호할 능력이 있고 따라서 진정한 왕이 될 수 있음을 보여주는 것으로 가정되었다. 맹자는 그런 다음 왜 왕의 관대함은 백성에게까지 미치지 않느냐고 물으며, 왕에게 그 자신의 심을 헤아려보라고 촉구했다. 왕은 원대한 야망을 언급하는 것으로 대답했는데, 맹자는 그것이 영토 확장임을 확인한다. 맹자는 이러

9) 만 단위의 곡식에 대한 언급은 「공손추하」 10장에서 맹자가 받을 수 있는 제안의 형태로 등장한다.

한 야망을 성취하는 방법은 백성을 보살피고 보호하며 인정仁政을 실천하는 것이라고 주장했다.

이 장에 대한 해석은 논쟁거리이다. 맹자는 부분적으로 왕에게 그가 백성을 보살필 능력이 있음을 보여주려 노력했다. 왕의 능력에 대한 반복적인 언급에 비추어볼 때 이 점은 명확한 것 같다. 하지만 맹자가 이와 동시에 왕에게 그의 백성을 돌보도록 동기를 부여하려 노력했는지, 만일 그렇다면 어떻게 그렇게 되도록 했다고 여겨지는지는 덜 명확하다. 한 가지 가능한 해석은 왕이 애초에는 백성을 돌보고자 했으나 자신은 그렇게 할 능력이 없다고 믿었으며, 맹자의 유일한 목표는 왕이 그러한 능력을 가지고 있음을 보여주는 것이었다고 해석하는 것이다. 하지만 대화가 진행되는 방식은 아마도 무언가가 더 진행되고 있음을 암시한다. 왕이 비록 대화의 앞부분에서 자신이 백성을 돌볼 능력이 있는지를 물어보긴 했지만, 그는 그때 백성을 돌보는 것 자체에 관심을 보이지는 않았다. 백성을 돌봄으로써 진정한 왕이라는 정치적인 지위를 획득하고자 희망하는 것 이외에는 말이다. 하지만 이 장의 뒷부분에서 맹자는 백성에 대한 왕의 태도에서 변화를 기대하는 것처럼 보인다. 맹자는 왕에게 그의 관대함을 백성들에게로 확장하지 않았던 이유를 다음과 같은 방식으로 물었다. 곧, 왕이 그렇게 하지 않았던 것에 왕 자신도 곤혹스러워했어야 하며, 따라서 더 자상하도록 왕을 움직인 무언가가 있었음을 암시하는 방식으로 물었던 것이다. 게다가 왕은 자신이 더 자상하지 않았던 이유를 자신의 정치적 야심 때문으로 설명하고 있기 때문에 왕을 움직인 것은 정치적인 고려와 무관한 것이었다. 따라서 최소한 맹자의 시각에서는 왕이 백성을 보살피고자 하는 의욕을 가지는 데 공헌한 어떤 일이 대화중에 발생한 것이다.

하지만 어떻게 그런 변화가 일어났는지 단정하기는 어렵다. 의견이 일치하지 않는 하나의 이슈는 맹자와 나눈 대화의 단순한 인과적 결과로 왕이 동기를 가지게 되었는지의 여부이며, 또는 그러한 변화가 왕이 자기 자신에 대한 더 나은 이해-맹자의 관점에서-를 획득한 특정한 방식으로 사물을 보게 되었기 때문인지의 여부이다. 또 다른 이슈는 대화가 시작할 때 맹자가 보기에 백성에 대한 왕의 태도는 무엇이었는지, 맹자가 왕의 심리적 동기를 증가시키려고 노력하는 과정에서 끌어들인 것은 무엇이었는지에 대한 것이다. 여러 가능성들을 용이하게 제시하기 위해, 나는 두 번째 이슈에 대한 여러 제안을 서술하고, 그러고 나서 각각의 제안을 첫 번째 이슈에 대한 두 가지의 다른 입장에 상응하는 방식으로 설명을 구별할 것이다.

한쪽 극단의 해석에서 왕은 처음에는 그의 백성에 대해 어떤 관심도 없었다. 왕이 백성에 좀 더 관심을 기울이게끔 동기를 부여하려 노력하는 일환으로 맹자는 백성의 상황과 소의 상황 사이의 유사성을 지적했다. 소에 대한 왕의 반응은 소가 아무 죄 없이 고통 받는 것에 대한 반응이었으므로, 백성들도 죄 없이 고통 받고 있음을 알고 있었기 때문에, 왕은 백성에 대해 동정심을 가지고 그들을 구제하도록 동기를 부여받았을 것이다. 이 제안은 두 가지 방식으로 전개될 수 있다. 하나는 유사성에 대한 인식이 백성에 대한 동정심을 갖도록 하는 데 하나의 단순한 인과적 역할을 한다고 보는 것이다. 여기서는 왕이 유사성을 백성에 대한 동정심을 가지게 되는 근거로 여기는 것에 의존하지 않는다. 다른 하나는 왕이 유사성을 백성에 대한 동정심을 가지게 되는 근거로 간주하였고, 이런 관점에서 백성을 대하는 동정심을 일으켰다고 말하는 것이다.[10)]

해석의 또 다른 극단은, 맹자와의 대화 이전에는 정치적 야망의 왜곡된 영향 때문에 제대로 발현되지는 않았지만 왕이 이미 백성에 대한 완전한 형태의 동정심을 가졌다는 것이다. 맹자는 소에 대한 동정심을 상기시킴으로써 왕의 백성에 대한 동정심의 발현을 용이하게 하는 데 도움을 주었다. 이것의 한 변형된 제안은 다시 동기의 변화를 단순히 한 가지 인과적 과정으로 간주하는 것이다. 즉, 왕이 처음부터 백성들에 대해 동정심을 가졌음을 깨닫게 되는 것에 의존하지 않는 것이다. 또 다른 변형은 왕이 소에 대한 사건을 곰곰이 생각해봄으로써 그런 인식을 얻게 되었고 그런 인식이 다시 새로운 동기를 생산했다고 본다.[11]

이 두 제안은 양쪽 극단을 대표한다. 후자는 백성에 대한 완전한 형태의 관심이 이미 존재했음을 전제한다는 점에서, 전자는 왕이 처음에는 백성에게 아무런 관심도 없었을 가능성을 용인한다는 점에서 그렇다. 이 두 극단 사이에 왕이 백성들에 대해 다소간의 관심을 가졌을 것이라고 가정하는 제안들이 있다. 예를 들어, 한 제안은 맹자가 왕으로 하여금 자신의 백성들이 처한 곤경이 소의 곤경과 같음을 보도록 이끎으로써 왕의 백성에 대한 관심의 발단을 명료히 드러나도록 도와주고 그럼으로써 왕이 백성들을 구제하게끔 했다는 것이다.[12] 왕이 백성의 곤경에 좀 더 신경 쓰고 그들의 고통에

10) 이와 비슷한 제안은 다음에서 발견된다. Nivison, "Two Roots or One?," pp. 746, 753-54; "Mencius and Motivation," pp. 421-22. 나 자신도 이전의 다른 글들에서 이 제안의 두 번째 형태의 변형에 공을 들였었다. 노르덴은 이 제안의 두 가지 다른 변형 사이의 차이를 지적했다.("Mencian Philosophic Psychology," chap. 3)

11) 이와 비슷한 제안들을 이 구절에 대한 주희(『맹자집주』, 「양혜왕상」 7장; 『주자어류』 1223~24)나 장식과 같은 후대 유가 사상가들의 주석에서 찾을 수 있다.

12) 이와 비슷한 제안을 다음에서 찾을 수 있다. Wong, "Reason and Emotion," 특히 pp. 38-40. 니비슨도 비슷한 견해를 다음의 글들에서 제시하는 것 같다. "Problems: Part II," pp. 9-10; "Motivation and Moral Action," pp. 26-27.

대해 더 생생하게 인식할 수 있도록 인도함으로써 맹자는 왕의 백성에 대한 관심을 촉진시키는 데 도움을 주었고, 왕이 백성의 고통에 대해 냉담한 수준을 넘어선 인식을 발전시키는 데 도움을 주었다는 것이다.[13)]

이 장은 이런 해석들 가운데 그 어느 것을 위해 결정적인 증거를 제공할 정도의 세부적인 사항을 담고 있지 않다. 이 장의 일부분은 첫 번째의 극단적인 해석과 상반되게 말하고 있다. 예를 들어 왕의 소에 대한 동정은 소를 마치 죄 없는 사람이 형장으로 끌려가는 것처럼 보는 시각을 포함한다고 묘사된다. 이는 왕이 처음부터 백성에 대해 어느 정도의 관심을 가졌음을 시사하며, 맹자는 이런 관심이 행동으로 구체화되도록 돕고자 시도했음을 암시하고 있다. 왕부지(513-14, 516)가 지적했듯이, 맹자는 기본적으로 왕에게 소에 대해 가졌던 관심을 백성들에게도 똑같은 가지라고 하기보다는 그의 행동을 확장하라고(推) 촉구하였다. 사실 소에 대한 왕의 동정이 소를 무고한 사람처럼 보는 것을 수반한다는 것은 왕이 아마도 다른 동물들보다 사람에게 더 많은 관심을 가졌을 것임을 시사한다.

이런 관찰은 왕과 소와의 관계와 왕과 백성과의 관계를 묘사하기 위해 사용한 맹자의 비유로부터도 지지받을 수 있다. 전자는 무거운 것을 들어 올리고 미세한 머리카락의 끝을 보는 것과 같은 반면, 후자는 가벼운 깃털을 들어 올리고 수레의 장작을 보는 것과 같다. 이 비유는 왕이 그의 백성에 대해 동정심을 가지기가 소에 대해 가지는 것보다 더 쉽다고 맹자가 생각했음을 보여준다. 아마 이런 비교는 왕의 물리적 능력에 기초한 것은 아닐 것이다. 왕이 소를 살려두라고 명령을 내리는 것은 백성을 구제하라고 명령

13) 이런 생각과 관련해서 쿠퍼만(Joel Kupperman)과의 교신에서 도움을 받았다.

을 내리는 것만큼 물리적으로 쉬운 일일 것이다. 그보다는 2장 2절 2)에서의 관찰, 즉 윤리적 맥락에서는 능력(能)이 종종 적절한 감정적 성향에 의존하는 것으로 여겨졌다는 점에 비추어보면, 이러한 비교는 왕이 어떤 의미에서 동물보다 사람에게 더 많은 관심을 가졌을 것이라는 가정에 아마도 기초했을 것이다.

그러나 비록 왕이 백성에 대해 이미 관심을 가졌을 가능성이 높다 하더라도, 그러한 관심이 처음부터 완전한 형태로 존재했는지는 명확치 않다. 백성에 대한 관심은 왕이 백성을 적절한 방식으로 바라보는 것에 의해 활성화되고 구체화될 필요가 있었고, 왕의 소에 대한 동정심을 상기시키는 것이 그런 목적을 수행했을 가능성이 있는 것이다. 내가 말할 수 있는 것은, 이 장에는 왕의 관심이 처음에 어떤 형태였는지, 맹자는 정확히 얼마나 이 대화가 왕으로 하여금 행동에 나서게 자극을 주는 데 공헌할 것이라고 기대했는지에 대한 그 어떤 제안도 옹호할 수 있는 충분한 증거가 없다는 것이다.

「고자상」 10장과 「양혜왕상」 7장에서의 논의는 「진심상」 17장을 이해할 수 있게 한다.[14] 「진심상」 17장은 윤리적인 것을 무위기소불위無爲其所不爲,(자신/다른 사람이 하지 않는 것을 하지 말 것)와 무욕기소불욕無欲其所不欲(자신/다른 사람이 원하지 않는 것을 원하지 말 것)의 문제로 제시한다. 조기(『맹자주』, 『맹자장지』)는 이 구절이 각각의 다른 개인들 - 다른 사람들뿐 아니라 자기 자신도 포함한 - 에 관한 것으로 보아, 자기 자신이 하지 않거나 원하지 않는 것을 다른 사람이 하게끔 또는 원하게끔 하지 말라는 것으로 해석한다. 따라서 그는 이 구절을 자신이 원하지 않는 것을 다른 사람에게 부과하지 않는 데에 관한 것으로

14) 이 구절에 대한 정교한 논의로는 다음을 보라. Nivison, "Problems: Part II".

해석하며, 이를 『논어』(「위령공」 24장)에서 서恕가 설명된 방식과 연관시킨다.[15] 웨어의 「진심상」 17장에 대한 다음의 번역은 아마도 이 해석을 따랐을 것이다. "네 자신이 하지 않을(원치 않을) 것을 하면(원하면) 안 된다." 몇몇 번역가는 그보다 이 구절을 자신과 다른 사람에 관한 것이라고 해석한다. 예를 들어 라우는 "다른 사람이 하려고(원하고자) 하지 않은 것을 하지(원하지) 마라"라고 번역하고, 리올은 "그들이 하지(원하지) 않는 그 어떤 것도 하지(원하지) 마라"라고 번역한다. 하지만 인仁과 의義가 '차마 못하고', '하지 않을 것'을 '차마 하고', '하려는 데'까지 확장한 결과라는 「진심하」 31장과 비교해보면, 「진심상」 17장이 각각의 다른 개인들에 관한 것이라는 설정은 가능성이 희박하다. 「진심상」 17장이 같은 개인에 관한 것이라는 설정은 추 차이와 윈버그 차이의 번역, 돕슨의 번역, 레게의 번역에 반영되어 있다. 이것은 '그 자신이 하려고 하지 않거나 원하지 않는 것'을 '하지 않거나 원하지 않음'에 관한 것이다. 추 차이와 윈버그 차이 그리고 돕슨은 소불위所不爲와 소불욕所不欲이 반드시 하지 말아야 하거나 원하지 말아야 하는 것으로 해석한다. 레게는 이 구절이 하지 말거나 원하지 말아야 할 것을 알려주는 '옳음에 대한 감각'에 관련한 것이고, 따라서 사람에게는 하지 말아야 하거나 원하지 말아야 할 것을 알려주는 어떤 것이 있다는 견해를 표현하고 있다고 본다.

맹자는 특정한 윤리적 방향을 가리키는 윤리적 성향을 심이 지니고 있다고 주장했으므로, 「진심상」 17장은 윤리적 성향에 의해 드러나는 방향성을 가리키는 것일 가능성이 높다.[16] 심은 다른 사람에게 해를 끼치는 것을 원하

15) 조기(『맹자주』)도 「진심상」 15장이 서恕에 관한 것이라고 본다.

지 않는다고 「진심하」 31장에서 언급한 사실은 사람이 원하지 않는 것이 다른 사람을 해치는 것임을 암시하며, 「고자상」 10장과 「양혜왕상」 7장은 각각 특정한 짓을 하지 않는 경우와 다른 사람을 해치는 것을 원치 않는 경우의 사례를 제공한다. 따라서 「진심상」 17장의 주장은 아마도, 인간이 만 단위의 곡물을 의義와 상반되게 받고(「고자상」 10장), 자신의 정치적인 야망을 위해 자신의 백성을 착취하고자 원하는 것(「양혜왕상」 7장)과 같이 실제로 행하고 원했다 할지라도, 심의 윤리적 성향에서의 어떤 것은 사람이 정말로 그렇게 하려 한 것은 아니며 또 그런 것을 원하진 않았을 것이라는 점을 보여준다. 이는 다시 「진심하」 31장에서의 충充과 「공손추상」 6장에서의 확충擴充에 대한 해석을 제공한다. 이들은 심의 윤리적 성향이 지시하는 방향으로 사람을 발달시키는 과정을 지칭하는 것이다.

어떻게 윤리적 성향이 윤리적 방향을 지시할 수 있는지에 대한 논의를 완전히 하기 위해, 우리는 맹자가 어떻게 차등적인 사랑의 개념을 묵가의 도전에 맞서 방어했는지 고려해볼 필요가 있다. 맹자는 구체적으로 가족 구성원에게로만 향한 특정한 반응과 태도를 윤리적 발달의 시발점으로 간주했다. 「등문공상」 5장에서 그려지고 있는 반응은 부모의 시신에 대한 것이며, 이 장에서는 낯선 이의 아이보다 형제의 아이를 더 사랑함을 암시한다. 「진심상」 15장에서는 부모에 대한 사랑과 형에 대한 존경을 인의를 기르는 출발점으로 묘사한다. 「이루상」 27장에서는 부모를 모시고 형을 따르는 것

16) 성향이 어떻게 방향을 가리키는지의 문제는 열려 있다. 주희(『맹자집주』, 「진심상」 17장)와 장식(「진심상」 17장; 「진심하」 31장 참조)과 같은 후대의 유가들은 특정한 일을 원하지 않거나 하지 않게끔 본래적으로 성향 지워졌다고 이 구절을 해석한다. 비록 이기적인 욕구에 의한 엄폐로 말미암아 그런 짓들을 하거나 원하게 되기도 하지만 말이다.

을 각각 인과 의의 실實이라고 묘사하는데, 여기서 '실實'은 인과 의의 진정한 실체(명名 또는 이름과는 반대되는)이거나 구체적인 측면(추상적인 허虛와 반대되는), 또는 과실(꽃만 무성한 화華에 반대되는)의 의미로 해석되어 왔다.[17] 구체적으로 가족구성원에게로만 향한 반응과 태도를 언급한 것은 아마도 맹자의 차등애에 대한 변호에 일정한 역할을 하는 것으로 보인다.

「진심상」 15장에서 맹자는 인仁과 의義가 부모에 대한 사랑(愛)이나 애정(親), 형에 대한 존경(敬)을 모든 사람에게로 넓힌(達) 결과라고 하였다. 주희(『맹자집주』)의 해석을 더 상세하게 다듬은 호병문胡炳文은 맹자의 생각이, 사랑과 존경을 자기 자신에게만 한정해서는 안 되고 모든 사람도 그런 사랑과 존경심을 가져야만 함을 알게끔 해야 한다는 의미라고 해석한다. 이 해석에서 확대되는 것은 사랑과 존경의 주체이다. 그 과정은 자신이 가족에 대한 사랑과 존경을 가지는 데서 시작해서, 다른 사람들도 그들의 부모와 형제에 대해 사랑과 존경을 가지는 것으로 끝난다. 조기(『맹자주』)는 「진심상」 15장을 서恕와 연관시켰고, 이는 비슷한 해석임을 시사한다. 사람은 자기 자신이 가지고 있는, 즉 부모에 대한 사랑과 나이 많은 사람에 대한 존경을 다른 사람도 가지도록 돕는다. 하지만 다른 곳에서 조기(『맹자주』)는 자기 가족에 대한 사랑과 존경을 타인과 관련해서 확대하여 실행하는 방향으로 묘사하고 있다. 이는 확대되는 것이 사랑과 존경의 대상을 말한다는 해석을 암시한다. 그 과정은 자신의 부모와 형제에 대해 사랑과 존경을 가지는 것에서 시작하여 모든 사람에 대한 사랑과 존경을 가지는 것으로 끝난다.

세 가지 이유에서 두 번째 해석이 더 설득력을 갖는다. 첫째, 특정한

17) 5장 2절 2)를 보라.

태도가 향하는 대상을 가족구성원에서 다른 사람으로 확대한다는 생각은 다른 구절에서도 발견할 수 있다. 예를 들어 「양혜왕상」 7장에는 나이 많은 사람을 나이 많게 대우하는 태도-애초에 자기 가족의 나이 많은 사람을 향한 태도-가 다른 사람의 나이 많은 사람들에게도 미치도록 한다는 언급이 있다. 둘째, 「진심상」 15장에 등장하는 달達이 다른 곳에서는 태도가 향하는 대상을 확대하는 것을 지칭하는 데 사용되었다. 예를 들어 「진심하」 31장에서는 차마 할 수 없거나 하지 않는 것을 차마 할 수 있거나 하는 것에까지 확대하는 것을 말하고 있다. 이미 보았듯이, 이것은 애초에 특정한 대상을 향해 가졌던 태도를 다른 대상으로 확대하는 것과 관련이 있다.[18] 셋째, 「진심상」 15장에서는 모든 이는 어린 아이로서 부모에 대한 사랑을 가지고, 자라면서는 연장자에 대해 존경심을 가지게 된다는 주장을 한다. 이것은 15장의 요점이 다른 사람들도 그런 사랑과 존경을 가지게 하도록 촉구하는 것일 가능성을 희박하게 한다.

사랑과 존경의 대상을 넓히도록 되어 있지만, 자신의 가족구성원에 대해서는 여전히 특별한 태도를 유지하도록 기대되고 있다. 「진심상」 45장은 다른 사람에 대해서는 가지지 않는 태도인 자신의 부모를 부모로서 대우하는 것(親親)을 언급하고, 「등문공상」 5장에는 가족으로부터 사랑을 바깥으로 넓혀나가는 데는 등급이 있어야만 한다는 암시가 있다.[19] 「고자상」 5장은 비록 이웃사람이 자신의 큰 형보다 한 살 많아도 그 이웃사람보다 자신의 큰 형을 더 존경해야만 한다는 것을 암시한다. 그렇다면 맹자는 태도에서의 이

18) 이 점은 여러 주석가와 번역가가 발견한 「진심상」 15장에 대한 해석을 고려하여 니비슨이 지적한 것이다.("On Translating Mencius," p. 115)

19) 다음을 참조하라. Nivison, "On Translating Mencius," p. 116.

런 등급을 어떻게 옹호할까? 내가 말할 수 있는 것은 『맹자』는 이 문제에 대한 맹자의 입장을 재구성할 충분한 자료를 담고 있지 않다는 것이다. 내가 할 수 있는 것은 실제로 맹자의 입장으로 귀속시키지 않으면서 웡(David B. Wong)의 글에서 끌어온 차등적 사랑에 대한 한 가지 가능한 변호를 서술하는 것인데, 이 변호는 맹자가 유가의 이상을 옹호하는 데 심의 공유된 성향에 호소하는 것과 부합된다.[20)]

우선 인仁이 강조하는 타인에 대한 정서적인 관심을 고려해보자. 가족이란 제도의 존재를 고려해볼 때, 처음으로 그러한 정서적 관심이 발달되는 곳은 가족 안에서이다. 게다가 가족 안에서 성장하면서 자신을 돌보고 양육하는 사람 – 이 사람은 전형적으로 부모이다 – 에 대해 애착을 가지게 되는 것은 인간이란 존재에 관한 사실적 진술의 하나이다. 부모에 대한 애착은 시간이 지남에 따라 더욱 개념화된다. 아이는 애착의 대상으로서 부모를 보게 되고, 부모에게 가까이 가고자 하는 욕망과 함께 부모의 안녕을 구성하는 개념을 가지게 되고, 그러한 안녕을 위해 행동하게끔 움직여진다. 시간이 지남에 따라 부모와의 관계에 대해 더욱 반성적이 되기도 한다. 부모가 물질적으로 자신에게 무엇을 제공했는지를, 그리고 부모가 자신이 지금의 자신으로 형성될 수 있게 어떻게 해주었는지를 배우게 된다.[21)] 그 결과 부모에 대한 애착과 관심은 부모가 자신에게 베풀었던 것으로 인해 정당화된다고 간주하게 될 수 있다. 이 외에도 부모가 자신에게 생명을 주었다는 사실로서도 부모에 대한 애착과 관심이 부분적으로 정당화된다고 여길 수 있다. 즉, 생

20) Wong, "Universalism Versus Love with Distinctions."

21) 위와 같은 글, pp. 258-60.

물학적인 연결 그 자체가 적절한 고려 사항이 될 수 있는 것이다. 이 지점에서는 부모에 대한 애착과 관심은 단지 인과적인 것이 아니라, 애착과 관심의 대상이 가지는 특정한 성질 그 자체에 의해 정당화된다고 간주하게 된다.

다음으로 이상적으로 부모에 대해 가져야 하는 관계를 숙고한다고 가정해보자. 두 가지 고려할 수 있는 사항이 방금 서술한 특별한 애착과 관심을 계속 유지하는 데 근거를 제공한다. 첫째, 부모에게 길러진 사람이 특별한 애착과 관심을 가지는 것은 인간의 심리적 사실 가운데 하나이다. 인간의 심리적 동기와 욕구에 깊이 뿌리 내리고 있는 애착과 관심은 존중받아서는 안 될 그 어떤 이유도 없으며, 윤리적 삶은 인간의 심리적 동기에 대한 이런 사실을 마땅히 고려한 것이어야 한다. 둘째, 이러한 애착과 관심이 물질적인 제공, 자신의 성격을 형성시킨 방식, 어쩌면 자신의 삶의 근원이란 점 등과 같이 부모가 과거에 자신에게 해준 것으로 인해 정당화된다고 간주할 수도 있다. 설사 자신은 이런 근거에서 애착과 관심을 가지게 되지 않았다 하더라도, 애착과 관심의 존재를 전제하는 데 여전히 이런 근거에서 정당화된다고 간주할 수는 있다.[22] 앞에서 고려된 사항들은 부모에 대한 특별한 애착과 관심을 윤리적 삶의 정당한 부분으로 간주하는 데 근거를 제공한다.

삶에서 유사한 관계를 발전시키게 되는 친구나 배우자에 대해서도 비슷

22) 웡은 그의 설명 가운데 이런 측면을 발전시키는 데 『논어』, 「양화」 21장을 인용한다.(같은 글, pp. 258-60) 이 장은 두 방식으로 읽을 수 있다. 사람은 존재 자체가 아무런 반성 없이도 자신을 보살피고 키워준 사람에게 애착을 가진다는 것을 주장하는 장으로 읽거나, 아니면 부모가 자신을 어떻게 보살피고 양육했는지를 알고 있으니 마땅히 그렇게 되돌려주려고 느껴야 한다고 주장하는 장으로 읽을 수 있다. 이 장은 아마도 첫 번째 주장을 좀 더 강조하는 것처럼 보인다. 『맹자』, 「진심상」 15장에서도 아직 품에 있는 어린 아기도 부모에 대해 애정을 가진다고 하면서 삶의 매우 이른 단계에서 부모에 대해 가지는 무반성적인 종류의 애정을 강조하고 있다.

한 설명을 할 수 있다. 이런 관계의 사람들은 한 개인에 관심을 기울이고 그 사람의 삶에 여러 가지 방식으로 공헌한다. 비록 이들에 대한 한 사람의 애착과 관심이 사실상 시간이 지남에 따라 발달한 것이고 부모의 경우와 같은 근거로 인해 생성된 것이 아니라 하더라도, 이러한 애착과 관심 역시 정당화될 수 있음을 알게 된다. 왜냐하면 친구나 배우자 같은 이들이 한 개인의 삶에 끼친 공헌들 때문이기도 하지만, 그런 애착과 관심 자체가 존중할 만한 동시에 인간의 심리적 동기에 깊숙이 뿌리 내리고 있는 그 어떤 것을 반영하고 있기 때문이다. 관계의 역사가 지니는 차이만을 감안하더라도 친구에 대한 관심은 부모에 대한 관심과 비교할 수 없다. 이 관심의 차등은 그 자체로 정당화될 수 있다. 부모가 한 개인의 삶에 더 큰 공헌을 한다는 점과 한 개인과 유일무이한 관계를 맺는 부모에게 특별한 관심을 가지는 것이 인간의 심리적 동기가 지니는 존중할 만한 사실이라는 점에서 그렇다. 이런 방식 안에서 타인에 대한 관심의 차등은 윤리적 삶의 정당한 부분으로 여겨질 수 있다.

의義를 키우는 출발점인 나이 많은 사람에 대한 존경도 비슷하게 설명할 수 있다. 의는 따라야만 할 특정한 윤리적 기준에 의해 정의되는 합당한 것에 대한 헌신을 수반한다. 다시 가족제도의 존재를 전제한다면, 우리는 보통 가족 안에서 처음으로 순종의 태도를 배우게 된다. 처음에는 단순히 집안에서 좀 더 나이 많은 가족구성원의 지도에 따라 행동하는 것을 배운다. 또 그 태도는 나이 많은 사람을 따르거나 순종하는 것(從)뿐 아니라 나이 많은 사람 앞에서 주의를 집중하고 자신을 낮추는 경敬을 수반한다. 나이가 듦에 따라, 연장자에 대한 그러한 태도가 진정 적절하다는 것을 알게 된다. 나이 많은 이들이 더 현명하고 더 경험이 많고, 또 자신과 오랜 교제의 역사로 말미암아 자신의 필요와 관심을 누구보다 더 잘 알고 있기 때문이다. 이들에 대한 존경은 더욱 개념화되고, 이 존경은 연장자로부터 배운 것과 이들의 더 큰 경험과 지혜에 대한 적절한 대접임을 알 게 된다. 한 걸음 더 나아가 생각해보면, 한 가족의 연장자에 대한 특별한 태도가 부모에 대한 관심과 유사한 이유로 윤리적 삶의 정당한 부분임을 이해하게 된다. 그러한 특별한 태도를 가지는 것은 존중할 만한 뿌리 깊은 인간의 심리적 동기의 일부분이다. 그리고 이 태도는 연장자로부터 배웠다는 사실과 적절한 지도를 지속적으로 제공하는 연장자의 능력에 의해서도 또한 정당화된다.

교제의 범위가 넓어지면서 교사와 상관에 대해서도 유사한 태도를 취하게 된다. 좀 더 오래된 교제의 역사를 가지고 있는 가족 내의 연장자에 대한 특별한 존경의 태도 또한 여전히 유지된다. 이는 윤리적 삶이 고려해야만 하는 존중할 만한 인간의 심리적 동기의 일부이며, 연장자들은 당사자에게 과거에 더 많은 것을 가르쳤고 당사자의 특별한 상황에 대해 더 많이 알고 있으며 그래서 안내를 제공하는 데 있어서 더 나은 지위에 있는 사람들이라는 사실에 의해 또한 정당화된다. 이런 방식으로, 존경에 있어서의 차등은 윤리적 삶의 정당한 부분으로 여겨질 수 있다.

2. 반성과 수양

1) 반성과 사思

이전 섹션에서 우리는 심의 윤리적 성향이 윤리적 방향을 지시하는 여러 방식을 고려하였다. 「등문공상」 5장에서 묘사된 예에서와 같이, 때때로 사람은 특정한 상황에 처하면 그 상황에서 자연스럽게 나타나는 반응에 기초하여 무엇이 합당한지를 알게 된다. 또 때로는 「양혜왕상」 7장과 「고자상」 10장에서 묘사된 예들에서처럼, 다른 상황에서는 어떻게 반응할지를 반성함으로써 지금 상황에서 합당한 것이 무엇인지를 알게 된다. 윤리적 방향을 유추하는 과정이 여러 형태를 취하게 된다하더라도 나는 이 과정을 편의상 반성이라고 지칭할 것이다. 자신의 윤리적 성향에 대해서 실제로 반성하는 것을 수반할 수도 있고 안할 수도 있다는 단서를 달고서 말이다. 비록 맹자가 윤리적 속성을 심의 윤리적 성향이 지시하는 방향으로 자신을 수양하는 것과 연관시켰지만, 이것이 윤리적 속성들의 목표지점-그 내용이 자세히 적시되어 있고 사람을 수양의 과정에서 인도하는-을 의미하지는 않는다.[23] 그보다 이 윤리적 속성들은 반성을 통해 드러나는 윤리적 방향성의 여러 측면을 서술하는 데 더 적합하다. 예를 들어, 인은 정서적인 관심과 관계된 측면을 강조하고, 의는 합당함에 대한 헌신과 관련된 측면을 강조한다.

반성에 대한 이런 논의를 배경에 두고 사思 개념을 다루어 보기로 하자. 맹자는 종종 윤리적 실패를 사思의 결여로 설명한다.(「고자상」 6 · 13 · 17장) 「고자상」 15장에서 맹자는 사람이 (또는 심이) 사思하면 얻고 사람이 (또는 심이) 사思하지 않으면 얻지 못한다고 말했다. 이 구절에서 얻기로 기대되는 이 무엇인지는 명확하지 않다. 자일스와 리올은 얻는 대상을 분명히 하지 않은 채 내버려두었다. 추 차이와 윈버그 차이는 "선한 것을 얻다"로, 돕슨

23) 맹자가 윤리적 발달을 '명확하고 구체적인 목표'에 의해 인도되는 것으로 생각하지 않았다는 에임스의 주장에 동의하지만,("Mencian Conception," p. 159) 나는 이런 윤리적 발달의 방향에 관해서 에임스보다 융통성을 적게 보아야 한다고 생각한다.

은 "전해져온 것을 받다"로, 라우는 "답을 발견할 것이다"로, 레게는 "사물에 대한 옳은 견해를 얻다"로 번역했다.[24] 그 맥락이 윤리적 속성인 인의예지에 관한 것인 "구하면 얻고 내버려두면 얻지 못한다"(「진심상」 3장을 참조)라고 말하는 「고자상」 6장과의 비교는, 사를 통해 얻을 것으로 기대되는 것이 윤리적 이상과 관련되는 어떤 것임을 보여준다. 주석가들은 대체로 이 점에 동의한다. 예를 들어 주희(『맹자집주』)는 사를 통해 얻는 것을 리理라고 생각했고, 장식은 심에 있는 천리天理로 해석했으며, 왕부지(696-97)는 의義로 해석했다. 하지만 사가 수반하는 것이 무엇이고 사의 대상이 무엇인지는 덜 명확하다.

'사思'는 『시경』에 자주 등장하는데 종종 타동사로 무언가에 대해 깊이 생각하거나, 많은 경우에 호의적인 감정을 품고 있는 어떤 대상을 마음속으로 숙고한다는 의미로 사용되었다. 예를 들어, 애착을 가진 사람에 대해 마음속으로 생각하거나 또는 숙고하거나[4], 그런 사람에 대해 걱정하거나 근심한다[5]. 사思는 또 잊는 것(忘)과 대비되게 상기하거나 기억하는 것을 동반하기도 하며[6], 호의적으로 대할 필요가 없는 것에 대해 숙고하거나 생각하는 것을 수반하기도 한다[7]. '사'의 이런 용법을 전제로 하면, 웨일리(Arthur Waley)가 정교한 심사숙고의 과정보다는 구체적인 관찰에 더 가까운 과정으로서, 어떤 것에 주의를 집중하는 것을 주요 의미로 택한 것은 아마도 옳을 것이다.[25] 『맹자』에서 '사'는 어떤 것을 생각한다는 의미(「공손추상」 2·9장; 「이루하」

24) 라우는 그의 『맹자』 번역서 서론에서 사思가 도덕적 의무와 도덕적으로 우선적인 것 등에 대한 생각을 포함한다고-사에 이런 문제에 대한 답변을 찾는 역할이 수반되었다고 해석할 수 있음을 보여주면서- 해석한다. Lau, "Introduction," *Mencius*, p. 15.

25) Waley, *Analects*, pp. 44-46.

24 · 29; 「만장상」 7장; 「만장하」 1장)로 사용되는데, 여기서 생각되어진 것은 호의를 가진 대상(「진심하」 37장)일 수 있고 아니면 하려고 생각하고 있던 어떤 것(「등문공상」 5장; 「이루하」 20장; 「고자상」 9장)일 수도 있다. 또 '사'는 철저히 다 사용될 수 있는 심에 관한 것으로 묘사되기도 한다.(「이루상」 1장)

'사'는 윤리적 이상을 달성하는 데 필수적인 것으로 간주되므로, 사의 대상도 윤리적 이상과 연관되리라 추정된다. 몇몇 주석가들은 사의 대상을 다음과 같은 방식으로 해석했다. 예를 들어 조기(『맹자주』)는 그 대상을 선善으로 해석했다. 우리는 어떤 것을 사思한다는 것은 어떤 것에 주의를 기울이고 깊이 생각하는 것을 수반하는 것임을 방금 보았는데, 종종 그것은 사를 하는 주체가 호의적으로 생각하는 것이다. 니비슨(David S. Nivison)이 지적한 대로, 감각이 그것의 이상적인 대상에 대해 즐거움을 얻는 것처럼 심은 리의理義에서 즐거움을 얻는다는 「고자상」 7장에서의 언급은, 사의 대상이 아마도 리의理義일 가능성을 시사한다.[26] 이 제안은 '사'와 '구求'가 병렬구조로 사용되었으며(「고자상」 15장. 「고자상」 6장; 「진심상」 3장도 참조), 우리가 4장 4절 3)에서 보았던 것처럼, 고자의 주장에서의 구求의 대상이 아마도 의였을 것이라는 사실로부터 한층 더 지지를 얻을 수 있다. 게다가 니비슨도 지적한 대로, 병렬구조에서의 '사'와 '구'의 용법은 사도 일종의 구함을 수반한다는 점을 시사한다.[27] 따라서 맹자에게 사는 아마도 주의를 집중하는 것과 심의 이상적인 대상, 즉 의를 추구하는 것을 포함하는 듯하다.

사思는 다른 초기 문헌에서도[8] 의義를 대상으로 취하고 있다. 선이나 의

26) Nivison, "Philosophical Voluntarism," p. 13; "Motivation and Moral Action," pp. 47-48.
27) Nivison, "Weakness of Will," p. 14.

를 대상으로 하는 사가 사람이 선하게 되는 데 결정적이라는 주장은 『국어』의 다음 구절에서 나온다.

> 백성이 열심히 일하게 하면, 그들은 사思할 것이다. 그들이 사하면, 선善의 심心은 자란다. 태만하도록 내버려두면, 백성은 방종하게 된다. 방종하면, 그들은 선을 잊어버리며(忘), 선을 잊어버리면, 악의 심이 자랄 것이다.…… 토양이 척박한 곳에서는, 백성들은 모두 의에 집중할 것이다. 이는 그들을 열심히 일하도록 해왔기 때문이다.[9]

이 구절에서 사思함과 선을 잊어버리는 것 사이의 대조는 사思가 선에 주의를 집중하고 마음에 새기는 문제임을 보여준다. 더군다나 백성들을 열심히 일하게 하는 것이 사로 이끌고 백성들이 의로 향하도록 이끌 것이라고 기대되고 있으므로, 사는 또한 의로 향하도록 하는 문제이기도 하다. 따라서 이 구절은 선이나 의를 대상으로 하는 사가 사람이 선하게 되는 데 결정적인 역할을 한다는 유사한 주장을 하고 있는 것이다.

「고자상」 15장으로 돌아가면, 이 장은 심은 사思하는 반면에 감각은 사하지 않는다고 심과 감각을 대비시키고 있다. 감각은 "불사이폐어물不思而蔽於物, 물교물物交物, 즉인지이이의則引之而已矣"(사하지 않으며 사물에 의해 소진된다 / 가려진다. 사물이 사물과 만날 때, 그것들은 서로를 끌어올 따름이다)라고 묘사된다. 주석가들은 "폐어물"을 감각이 그들의 이상적인 대상에 관해 '폐'하는 것으로, "물교물"을 그런 이상적인 대상이 감각과 접촉하는 것으로, "인지"를 전자가 후자를 당기는 것으로 해석하는 데 대체로 동의한다.28) 폐의 해석은

28) 예외도 있다. 예를 들어, 배학해는 "물교물物交物"에서 두 번의 '물' 모두 (감각의 대상인)

논란거리이다. 주희(『주자어류』 1415)는 '가려지다'나 '눈멀게 되다'로 해석했고, 왕부지(705-6)는 감각작용이 전적으로 감각대상과의 관계에 달려 있다는 의미에서 '전적으로'(『논어』, 「위정」 2장 참조)라고 해석했다.

우리가 다루어야 할 문제는 심心과 감각 사이의 차이인데, 「고자상」 15장에서는 사思와 불사不思의 차이로 이를 묘사하고 있다. 한 가지 제안은 이 대조를 심과 감각이 사람으로 하여금 행동하게 하는 방식의 차이로 해석하자는 것이다. 감각의 작용은 그것의 이상적인 대상에 직면했을 때 사려함이 없이 이들 대상을 추구하도록 움직인다는 점에서 자연발생적이다. 이런 자연발생성(spontaneity)은 심의 작용도 공유하는 것일지 모른다. 「공손추상」 6장과 「등문공상」 5장과 같은 구절에서 묘사되는 심의 반응도 이런 의미에서 자연발생적이기 때문이다. 그런데 심이 간섭하지 않는 한, 감각의 작용은 한 번 움직여지면 그것의 이상적인 대상을 사람이 추구하도록 이끈다는 점에서 자동적이기도 하다. 이것은 심의 작용과는 다르다. 심은 비록 동정심을 가지고 자연적으로 반응한다 할지라도, 이 반응이 자동적으로 행동을 취하도록 이끄는 것은 아니다. 그 대신에 사람은 숙고해야 하고, 반응에 따라 행동하기로 결정하며, 결정을 실천에 옮긴다. 따라서 감각이 어떤 행동이 가능하도록 부언가를 해야 할 필요가 전혀 없이 그 행동을 사람이 하게끔 이끄나뇌, 심은 오직 직극적으로 이떤 것을 행한 후에야 즉, 숙고하고 결정을 내린 후에야 사람으로 하여금 어떤 것을 실천하도록 이끈다.[29]

외부 대상을 가리키며, '交'는 어떻게 하나하나의 외부 대상이 계속해서 감각에 영향을 끼치는지를 가리키는 것으로 본다.

29) 이와 비슷한 제안을 다음에서 찾을 수 있다. Nivison, "Two Roots or One?," pp. 744-45; "Weakness of Will," p. 11.

이 제안은 다소의 설득력이 있지만, 제한적이라는 단서가 필요하다. 예를 들어 심에 관련된 「양혜왕상」 7장에서의 동정심의 반응을 고려해보자. 소에 대해 동정적으로 반응하면서, 제선왕은 소를 실제로 살려주기 전에 숙고할 필요가 없었다. 오히려 그가 소를 살려준 것은 동정심의 반응에 곧바로 따라 나온 것이었다. 흔종할 필요에 대한 생각은 후에 떠올라서 왕은 양으로 대체하게 하였다. 마찬가지로, 「고자상」 10장에서 묘사된 음식을 거부한 사례에서는, 음식에 대한 거부는 음식을 받는 것을 자신을 낮추는 것으로 간주하기 때문에 즉각 나온 행동이라는 인상을 받는다. 자신을 낮추어보는 것에 대한 반응으로 행동을 취할지 여부를 숙고함이 없이 말이다. 이런 까닭에 심의 작용도 감각의 작용만큼 자동적일 수 있을 것 같으며, 따라서 이 둘 사이의 대조는 다른 곳에서 찾아야 할 것 같다.

심의 작용과 감각의 작용 사이의 차이는 아마도 다음과 같은 듯하다. 즉, 감각은 그것의 이상적인 대상과 접촉하게 되면, 대상에게 당겨지게 되고 행동의 합당함에 대해 반성할 능력도, 당겨지는 것으로부터 벗어날 능력도 없다는 것이다. 행동을 추구하는 것이 합당하지 않을 때조차 말이다. 접촉한 이상적인 대상에게 당겨지는 것은 감각이 작용하는 유일한 방식이며, 이는 "물교물物交物, 즉인지이이의則引之而已矣"(물이 물과 접촉할 때, 그들은 서로를 끌어당길 뿐이다)에 대한 해석을 제공한다. 따라서 감각은 무엇이 합당한지를 반성할 능력을 결여한다는 점에서 사思하지 않으며, 이상적인 대상과 접하면 더 고려함이 없이 그 대상에게 그냥 당겨질 뿐이라는 점에서, 외부적인 사물에 의해 가려져 있거나 그 작용이 외부적인 사물과의 관계에 전적으로 달려 있다고(蔽於物) 할 수 있다.

이와는 대조적으로, 비록 심은 더 숙고함 없이 자동적으로 행동하게 하는 자연발생적인 반응을 할 수도 있지만, 그 행동을 간섭할 능력도 보유하고 있다. 심은 무엇이 합당한지 반성할 수 있으며, 심 스스로의 반응에서 촉발된 행동이 합당치 않다고 간주하면 그 행동을 멈출 능력이 있다. 따라서 심과 감각의 한 가지 주요한 차이는, 심만이 무엇이 합당한지를 반성할 능력과 그에 따라 행동을 규제할 능력을 가지고 있다는 것이다. 또 다른 차이는 심과 감각이 각각의 이상적 대상과 가지는 관계와 관련이 있다. 이상적인 대상과 접촉하면 끌려 당겨짐으로써 이상적인 대상을 획득하는 감각과 다르게, 심은 사思를 통해서만 이상적인 대상인 의를 획득할 수 있으므로, 이 사는 실제로 의義에 주의를 기울이고 또 의를 구하는 것을 수반한다.

심과 감각의 차이에 대한 이런 해석은 사는 의에 주의를 집중하고 의를 추구하는 활동이라는 이전의 제안과 부합한다. 이런 활동을 수행할 능력은 심에 독특한 것이고 감각에는 부재한 것이다. 그렇다면 어떤 방식으로 의에 주의를 집중하고 의를 추구하는가? 우리는 사가 구求와 연결되어 있음을 보았으며, 4장 4절 3)에서 「공손추상」 2장의 고자의 앞부분 주장과 맹자의 의견이 일치하지 않는 점은 의가 심에서 구해져야(求) 한다는 점이었음도 보았다. 이는 사가 심에 있는 의에 대해 주의를 집중하고 또 그 의를 추구하는 것을 수반할 가능성이 있음을 보여주는 것이다. 만일 이것이 옳다면, 사는 아마도 심의 윤리적 성향에 의해 인도되는 과정으로 앞서 기술한 반성의 과정과 관련이 있을 것이다. 그렇지만 텍스트에서는 사에 대한 언급이 상대적으로 적어서, 더 확증적인 증거가 제공될 가능성은 없다. 비록 이런 해석이 맹자의 사유와 잘 부합된다 할지라도 말이다.

2) 수양의 과정

반성을 통해 변화의 방향을 찾았다 하더라도 사람은 여전히 그 방향으로 자신을 변화시키고자 행동에 나서야만 한다. 『맹자』에는 이런 수양의 과정에 대한 기술이 별로 없지만, 최소한 관련되는 두 구절이 있다. 하나는 호연지기를 기르는 방식을 서술하는 「공손추상」 2장의 한 부분이고, 다른 하나는 인과 의의 발달에 기쁨이 하는 역할에 관한 「이루상」 27장이다.

「공손추상」 2장에서는 행동이 의와 적절하게 관련 맺지 않고 심에 불만족스럽거나 심의 기준에 미달하면 호연지기가 움츠러든다고 말한다. 그러므로 심은 의에서 기쁨을 취한다는 맹자의 견해에 비추어볼 때, 수양은 의와 부합하여 심에 만족스러운 방식으로 행동하는 것을 수반한다.[30] 맹자는 또 호연지기를 의습義襲(의가 들이닥침)으로 가지게 되기보다는 집의集義(의를 축적함)로부터 생겨나는 것으로 묘사했다.

집의와 의습의 대조에 대해서는 적어도 세 가지 일반적인 해석이 있다. 첫째는 심으로부터 의를 끌어내는 것과 심과 무관한 근원으로부터 의를 얻는 것 사이의 대조로 해석하는 것이다. 둘째는 전적으로 그렇게 행동하고 싶어 하는 상태에서 의와 일치되는 행동을 하는 것과 자신의 경향에 어긋나게 억지로 의와 일치되게 행동하게 하는 것 사이의 대조로 해석하는 것이다. 셋째는 규칙적이고 일관되게 의와 부합된 행동을 하는 것과 간헐적으로 의에 부합된 행동을 하는 것 사이의 대조로 해석하는 것이다. 조기(『맹자주』), 장식, 황종희(1/16a.6-7, 1/18a), 손석, 왕부지(540)와 같은 많은 주석가들은 이

30) 「고자하」 2장도 성인聖人이 행동하는 방식을 따라하면 성인이 된다는 주장을 한다.

대조를 의를 내재적으로 다루는 것과 외재적으로 다루는 것 사이의 구별과 연관 지었으나, 대조에 대한 이들의 설명이 첫째 해석을 따르는지 둘째 해석을 따르는지는 종종 불명확하다. 다른 한편, 주희(『맹자집주』; 『주자어류』 1259~63)는 셋째 해석을 제안했으며, 이는 서복관을 비롯한 추 차이와 윈버그 차이, 돕슨, 자일스, 라우, 레게, 리올 등의 여러 번역가들에 의해 승인을 받았다.[31] 또 공유가 덜 된 해석들도 있다. 예를 들어, 유월俞樾(『맹자찬의내외편』)은 이 대조가 의에 의해 인도받는 기와 기에 종속된 의 사이의 대조로 해석했다. 내가 말할 수 있는 것은 이 문제에 대한 결정을 내리기에는 텍스트 상의 증거가 충분하지 않다는 것이다.

맹자는 계속해서 이 장에서 "필유사언이물정심물망물조장야必有事焉而勿正心勿忘勿助長也"라고 말하면서 수양의 과정을 서술하고 있다. 이 말 뒤에는 자신의 곡물 묘목이 자라는 것을 도우려고 그 묘목을 잡아당긴 송나라 농부에 대한 이야기가 나오며, 그 다음으로 수양을 방기한 사람과 수양이 되도록 강제하거나 돕는 사람에 대한 비판이 이어 나온다. "필유사언必有事焉"은 주희(『맹자집주』), 장식, 허겸許謙을 포함한 대부분의 주석가들이 의를 실천하는 데 자신을 꾸준히 헌신해야 함을 의미한다고 해석했다.[32] 방점을 찍기에 따라 '물정勿正' 또는 '물정심勿正心'이 되는 앞 구절은 다음과 같이 해석된다. 예를 들어 황종희(1/17a.8-b.3)가 기록한 바에 따르면 정명도程明道와 같은 이들은 이 구절을 의식적으로 원하는 결과를 목표로 하는 것이 노력을 훼손할 수도 있기 때문에 그렇게 하지 말라는 의미로 해석하였다. 주희(『맹자집주』;

31) 徐復觀, 『論集』, p. 143.

32) 대부분의 번역가들은 "필유사언必有事焉"을 비슷하게 읽는다. 그런데 자일스와 리올은 '사'가 어려움을 의미하며 이 구절은 어려움이 불가피하게 닥칠 것이라는 의미로 읽는다.

『맹자혹문』 3/5a.6-12)와 같은 또 다른 이들은 이것이 결과가 급히 올 것을 기대하지 말라는 것을 의미한다고 해석했다. 그렇지 않으면 결과가 저절로 주어질 것이라고 기대하기 때문에 노력을 기울이지 않거나, 또는 노력을 조금 기울이다가 결과가 금방 나오지 않으면 포기해버리거나 그 과정을 억지로 촉진시키려 할 것이기 때문이다.[33]

정正은 노력을 훼손할 수 있는 지나친 열망과 관련이 있을 가능성이 높다. 우리가 다루고 있는 구절에서 "필유사必有事"는 "(심)물망(心)勿忘"과 짝이 되는 것처럼 보이고, "물정(심)勿正(心)"은 "물조장勿助長"과 짝이 되는 것처럼 보인다. '조장助長'은 노력을 훼손시킬 수 있는 지나친 열망에 관한 송나라 농부의 이야기로 설명되므로, '정正' 또한 그런 지나친 열망에 관한 것일 가능성이 높다. 방점을 어디에 찍느냐에 따라 '심물망'이나 '물망'으로 읽히는 구절은, 일반적으로 마음에 간직하고 자신의 노력이 퇴보하지 않도록 하라는 것을 의미한다고 해석되었고(예를 들어 주희의 『맹자집주』), '물조장'은 원하는 결과에 대한 지나친 열망으로 과정을 억지로 단축시키려 하지 말라는 것을 의미한다고 해석되었다(예를 들어, 황종희, 1/17a.3).

윤리적 발달의 목표를 염두에 둘 필요와 일관성 있게 노력할 필요에 대한 「공손추상」 2장에서의 강조는 다른 구절에서도 찾을 수 있다. 예를 들어 「고자상」 9장은 군주가 헌신과 일관성이 부족함을 비판하며, 「진심하」 21장은 일관성의 부족이 개인의 발전을 저해할 수 있다는 것을 언급한다. 지나친 열망의 위험성과 관련해서는, 지나친 열망이 어떻게 노력을 저해할 수 있는

33) 대부분의 번역가들은 이 해석들 가운데 하나를 택한다. 예외는 있다. 추 차이와 윈버그 차이는 '정正'을 '멈추다'라는 의미로 읽고(아마도 '正'을 '止'로 수정하여 읽은 것으로 보인다), 자일스는 '바르게 펴다'는 뜻으로, 라우는 '정심'을 '망忘'으로 수정하여 읽는다.

지에 대해 「공손추상」 2장에서 보이지만 아주 명확하지는 않다. 주희는 지나친 열망을 가진 사람은 바라던 결과가 즉시 나오지 않으면 노력을 포기할 수도 있다고 제안하는데, 인仁이 인의 결여(不仁)를 이기는 것은 물이 불을 이기는 것과 같다고 말하는 「고자상」 18장의 암시를 끌어들이고 있는 것 같다. 맹자 시대에 인을 실천하는 사람들은 충분한 노력을 하지 않는다고 비판받았다. 그들은 한 사발의 물로 한 수레 크기의 장작더미가 불타는 것을 끄는 데 실패하자 물이 불을 이길 수 없다고 말했던 것이다. 인이 인의 결여를 이긴다는 것이 뜻하는 바가 무엇인지에 대해서는 여러 다른 해석이 가능하다. 자기 자신의 인의 결여를 인을 실천함으로써 극복하는 문제일 수 있으며, 아니면 황종희(2/69a.3-7)가 읽듯이 군주가 인을 실천하여 인을 결여한 군주를 이기는 문제일 수도 있다. 어떤 해석을 택하든 이 구절은 인을 실천하는 것은 끈질긴 일관성을 요구하며, 결과에 대한 지나친 열망은 바라던 결과가 즉시 나오지 않을 경우 노력을 버리는 쪽으로 이끌 수 있다는 것을 강조한다.

하지만 주희의 제안은 「고자상」 18장과는 잘 부합하지만 송나라 농부에 대한 「공손추상」 2장의 이야기와는 썩 잘 들어맞지 않는다. 이 이야기에서 해로운 효과는 끈질김의 부족 때문이 아니라 힘을 무리하게 했기 때문이다. 지나친 열망의 해로운 효과를 이해하는 또 다른 방식은 결과를 의식적으로 목표로 삼는 것이 노력을 훼손할 수 있다는 것이다. 예를 들어 큰 포부를 가진 피아노 연주자는 그 포부를 마음에 간직해야 하지만, 연습할 때 의식적으로 포부를 목표로 하면 집중력을 잃게 되어 연주의 발전에 장애가 될 수도 있는 것이다. 비슷하게 자기 수양에 몰두하는 사람은 윤리적 발전의 전체적인 목표를 마음에 품고 있어야 하지만, 사람들과의 관계에서 의식적으로 이 목표를 염두에 두면 윤리적 발전의 목표의 일부라고 할 수 있는 사람들에 대한 진정한 관심을 가지지 못하게 될 수 있다. 지나친 열망의 해로운 효과를 이해하는 또 다른 방식은 억지로 자라게끔 강요해서 작물이 해를 입었다는 송나라 농부에 대한 이야기에서 제시되고 있다. 이는 수양에서도 바람직한 삶의 방식으로는 점진적으로 나아가야 하며 너무 빨리 나아가는 것은 해로운 결과를 가져올 가능성이 있음을 시사한다.[34] 이 두 제안은 맹자의 전체적인 사유와 일관되지만 둘 사이에 판정할 수 있는 문헌적 증거는 불충분하다.

「이루상」 27장은 부모를 섬기고 형에게 순종하는 것을 인과 의의 실實이라고 서술한다. 몇몇은 실을 화華와 결합하여 화실華實이라고 쓰일 때처럼 '과실'을 의미한다고 해석했다(주희, 『맹자혹문』; 『주자어류』 1333. 손석). 다른 이들은 실이 명名(초순)과 대조되는 '진정한 실체'를 의미하거나, 또는 허虛(황종희, 2/20a.7-21a.1)와 대조되는 구체적인 것을 의미한다고 해석했다. 지智의 실과 예禮의 실은 '이 두 가지 것'을 알아서 버리지 않는 것과 '이 두 가지 것'을 꾸미는 것으로 설명된다. 여기서의 두 가지 것은 인과 의이거나, 부모를 섬기고 형에게 순종하는 것이다. 후자의 해석이 조기(『맹자주』), 초순, 주희(『맹자집주』), 왕부지(616) 등 대부분의 주석가들이 채택하는 해석인데, 「이루상」 27장에서의 '이 두 가지 것'을 아는 것에 대한 언급과 「진심상」 15장에서의 부모를 사랑하는 것을 알고 형을 존경할 줄 아는 것에 대한 언급의 유사성에 비추어볼 때 한층 더 그럴 가능성이 높다.

이 구절은 계속해서 기쁨 / 음악(낙樂 / 악樂)의 실實을 '이 두 가지 것'에서

34) 이런 제안은 니비슨의 글들에서 발견할 수 있는데, 나중에 다시 논의할 것이다.

기쁨을 취하는 것으로 설명하고 있으며, "낙즉생의樂則生矣, 생즉오가이야生則惡可已也, 오가이즉惡可已則……"이라고 말한다. "낙즉생의樂則生矣"는 몇몇 번역가들(예를 들어 라우, 양백준)과 주석가들(예를 들어, 왕부지, 616)에 의해 "기쁨이 생긴다"는 의미로 해석되었다. 이들은 '낙'을 '생'의 주어로 추정한 것이다. 하지만 번역가들도 인정했듯이 다음 두 절에서의 '즉'은 '~하면(할 때), ~하다'의 의미를 가지는데, 이는 '낙'과 '생' 사이의 '즉'의 의미를 읽어줄 것을 요구한다. 게다가 "생즉오가이야"에서의 '생'은 아마도 앞의 "낙즉생의"의 '생'을 가리키는 듯하며, 이것은 동사로 사용되었다. 이는 "낙즉생의"의 '낙'을 동사로 읽을 것을 지지하여, 앞의 '이 두 가지 것'에서 기쁨을 얻는다("樂斯二者")에서의 '낙'을 지시한다. 이런 이유로 나는 "낙즉생의"를 '이 두 가지 것'에서 기쁨을 얻으면 이것들은 자란다로(주희의 『맹자집주』 참조), 더 나아가 이들이 자라면 이들을 억누를 수 없다는 것을 말한다고 해석하고 싶다.

앞에서 나는 '이 두 가지 것'이 부모를 섬기고 형에 순종하는 것을 가리킨다고 보는 이유를 제시했다. 부모를 섬기고 형에 순종하는 것이 성장할 것으로 기대되는 두 가지 것이라고 보는 견해는 다음과 같은 사실로부터 지지를 얻을 수 있다. 즉 이것들이 인과 의의 실實이며 「진심하」 31장은 실을 확장되거나 발달되는(充) 어떤 것으로 언급하고 있다는 점이다. 하지만 '이 두 가지 것'이 무엇을 지칭하던 간에, 이 구절은 수양에 기쁨을 느끼게 되면 인과 의로 향한 성향은 자라고 억누를 수 없게 됨을 암시하고 있다.[35] 수양의 과정에서 기쁨을 얻게 된다는 것은 인간은 의에서 즐거움을 얻는 성향을

35) 니비슨은 다음의 글들에서 수양의 이러한 측면을 논한다. "Mencius and Motivation," p. 427; "Two Roots or One?," p. 745.

공유하고 있다는 맹자의 믿음과 일치하는 주장이며, 추정컨대 기쁨을 얻으면 최소한 적절한 수준의 하고자 하는 마음으로 기울어져 있기에 더 이상 억지로 그런 일을 하도록 강요할 필요가 없어진 상태를 수반할 것이다.[36]

맹자도 적절한 감정 없이 행동하고 의에 부합되게 행동하도록 스스로를 강요하게 되면 수양에 해를 끼칠 수 있다는 점을 믿었다고 때때로 여겨진다. 이것과 관련하여 몇 가지 고려할 사항이 아마 인용될 수 있다. 첫째, 맹자는 「공손추상」 2장에서 행동이 심에 만족스럽지 않으면 호연지기가 쪼그라든다고 말했는데, 이는 자신의 성향에 어긋나게 행동하는 것은 수양에 해가 된다는 것을 의미한다고 해석될 수 있다.[37] 둘째, 「이루상」 27장은 즐거움을 얻을 수 있는 행동만이 수양에 보탬이 된다는 것을 말한다고 해석할 수 있다. 셋째, 수양을 강요하거나 수양이 되게 억지로 돕는 것에 대한 맹자의 반대는 합당한 것을 함에 자신의 성향에 어긋난다면 수양 과정에 해로운 효과를 남길 수 있음을 강조한다고 해석될 수 있다.[38] 넷째, 의를 외재적으로 다루는 것에 대한 맹자의 반대는 합당한 것을 함에 자신의 성향과 반대가 되는 것을 반대한다고 해석될 수 있다.[39] 마지막으로, 「이루하」 19장에서의 '인의로부터 나온 행동'(由仁義行)과 '인의를 실행에 옮김'(行仁義) 사이의 구별은 합당한 것을 함에 그렇게 하고픈 마음에서 하는 것과 억지로 하는 것 사이의 구별이며 맹자는 후자를 반대하였다고 해석할 수 있다.[40]

36) 주희(『맹자집주』; 『주자어류』 1333)와 황종희(2/19b.1-3)는 '낙樂'에 이런 함의가 있다고 본다.

37) 예를 들어 다음을 보라. Nivison, "Motivation and Moral Action," p. 46; Graham, "Background," p. 31.

38) 예를 들어 다음을 보라. Nivison, "Mencius and Motivation," p. 427.

39) 이것이 4장 3절 2)에서 논의한 의의 내재성/외재성에 대한 한 해석이다.

결론을 내리기에 문헌적 증거가 충분치 않다고 의심되지만 이것은 흥미로운 제안이다. 첫째 고려 사항과 관련해서, 심에 만족스럽지 않은 방식으로 행동하는 것이 기를 쪼그라들게 한다는 「공손추상」 2장의 언급은 합당치 않은 행동이 성향에 어긋나는 합당한 행동보다도 수양에 해가 됨을 말하는 것으로 해석될 수 있다.[41] 이 대안적 해석은 의와 적절히 연관되지 않으면 기가 쪼그라들 것이라는 같은 장에서의 맹자의 언급으로부터 지지를 얻는다. 둘째 고려 사항에 관해서는, 「이루상」 27장이 그런 의미를 지니는지 확실치 않다. 처음에는 합당한 것을 하게 억지로 시켰어도 규칙적으로 그렇게 행동하는 것을 통해 그런 합당한 행위에 기쁨을 얻게 되었으며, 이렇게 되면 그렇게 행동하고자 하는 성향이 자라며 억누를 수 없게 된다는 것을 이 장은 말하는 것으로 해석될 수 있다.[42] 셋째 고려 사항에 대해서는, 우리는 「공손추상」 2장이 수양에서의 지나친 열망이 수양 과정에 해가 된다는 관찰에 대한 여러 다른 해석 사이에 판정을 내릴 충분한 세부적인 증거를 담고 있지 않다는 것을 이미 보았다. 넷째 고려 사항은 내가 4장 3절 3)에서 왜 거부하는지 그 이유를 제시한 내재성/외재성에 대한 해석을 전제로 하고 있다. 다섯 번째 고려 사항은 앞으로 내가 좀 더 논의할 「이루하」 19장에 관한 것이다. 이 지침에서 우리가 다루고 있는 구절이 성왕聖王인 순 임금과 관련된 맥락이라는 사실에 비추어서, 최소한 우리는 맹자가 인의를 실천에 옮기는 것에 반대하고 인의로부터 행하는 것을 주장하는 것이 아마도 수양

40) 예를 들어 다음을 보라. Nivison, “Mencius and Motivation,” pp. 422-23, 427.

41) 다음을 참조하라. 조기(『맹자주』), 주희(『주자어류』 1254).

42) 다음을 참조하라. 주희(『주자어류』 1335-36).

과정에서 어떻게 행동해야만 하느냐보다는 사람이 이상적으로 어떻게 행동해야 하는가에 대한 개념과 관계가 있을 것이라고 말할 수 있다. 결정적인 문헌적 증거의 부족을 감안하여, 나는 맹자가 적절한 감정 없이 의와 일치되는 행동을 하는 것은 해로울 수 있다는 견해를 가졌을 가능성도 열어놓으면서도 그런 견해를 맹자의 견해로 간주하는 것을 삼갈 것이다.

3) 수양에서 기氣와 몸

「공손추상」 2장에서 기를 기른다는 생각을 논의함에 있어서, 맹자는 수양이 심에만 영향을 끼치는 것이 아니라 기에도 영향을 끼친다고 간주했음을 우리는 보았다. 또한 맹자가 수양이 몸에도 영향을 끼친다고 간주했을 것이라는 증거가 있다.[43] 「이루상」 15장은 사람은 그의 말과 눈을 관찰하는 사람으로부터 자신을 숨길(廋) 방법이 없다는 내용이다. 주석가들은(예를 들어 조기, 『맹자주』; 주희, 『맹자집주』) '수'가 '숨기다'(『논어』, 「위정」 10장 참조)를 의미한다고 보는 데 동의하며, 이 장이 다른 사람이 그의 말을 듣고 그의 눈동자를 관찰하면 그는 자신의 심의 상태를 숨길 수 없다는 것을 말한다고 본다. 주희(『맹자집주』)와 장식은 말할 때에는 위장할 수 있을지라도 눈동자로는 그렇게 할 수 없다고 부연한다.

「진심상」 21장은 윤리적 속성이 어떻게 신체적 외형으로 발현되는지에 관한 것이다. 즉 인, 의, 예, 지는 심에 뿌리를 두고 있으며 얼굴, 등, 사지에

43) 이 점은 다음의 글들에서 지적된다. 陳大齊, 『淺見集』, pp. 226-34; 黃俊傑, 『思想史論』, pp. 22-23, 61-63; 楊儒賓, 「論孟子的踐形觀」; 袁保新, pp. 74-79.

드러나는데, 사지에 대해서는 '말하지 않아도 이해함'이 있다고 말해진다. 주석가들은 사지에 대한 언급이 외부적인 행동을 가리킨다는 것에는 의견의 일치를 보지만, '말하지 않아도 이해함'이 의미하는 것에 대한 해석에는 의견이 갈린다. 조기(『맹자주』)는 이것이 말을 하지 않아도 다른 사람들은 그 사람이 행동하는 방식을 이해한다는 의미로 '말하지 않아도 이해함'을 해석한다. 주희(『맹자집주』; 『주자어류』 1444)는 사지에 말하지 않고 명령을 내리지 않아도 사람의 사지는 그 사람의 의도를 이해할 수 있다는 것으로 해석한다. 유월(『맹자평의孟子平議』)은 주희가 '말하지 않아도 이해한다'는 의미를 해석한 것은 모든 사람에게 해당되며 특별히 윤리적 속성과 관련이 없다는 근거로 주희의 해석에 반대한다. 그는 또한 사람들이 어떤 사람의 사지를 그 사지가 말하지 않아도 이해할 수 있다는 대안적 해석도 거부하는데, 그것은 사지가 말을 할 수 없다는 이유에서이다. 유월의 제안은 텍스트를 교정해서 사지에 대한 언급을 제거하는 것이다. 주희의 요점은 윤리적 속성을 지닌 사람의 윤리적 행동이 얼마나 힘들이지 않아 보이는지에 (사지는 노력 없이도 적절하게 움직인다) 대한 것 – 장식도 이렇게 해석한다 – 이므로 주희의 해석에 대한 유월의 반대는 그다지 설득력이 있는 것 같지 않다. 조기의 해석은 가능하고, 주희의 해석과 조기의 해석 둘 사이에서 판정을 내릴 충분한 문헌적 증거는 부족한 것 같다. 우리가 어떤 해석을 택하건 이 장은 윤리적 속성이 신체에서 발현된다는 것을 말하고 있다.

수양이 기뿐 아니라 몸에도 영향을 미친다는 맹자의 견해는 「진심상」 36장에서도 볼 수 있는데, 여기서는 사람의 거처가 그 사람의 기에 영향을 미치는 한편 섭취하는 영양은 몸(體)에 영향을 미친다고 말한다. 천하에서 가장 숭고한 거처도 마찬가지인데, 여기서 '가장 고귀한 거처'는 아마도 인仁

을 가리킬 것이다. 「등문공하」 2장은 '가장 고귀한 거처'를 윤리적 맥락에서 거론했고, 「이루상」 10장과 「진심상」 33장(「공손추상」 7장 참조)은 인에서의 거처를 언급하고 있다. 여기서 다시 「진심상」 36장의 구절은 한 사람의 윤리적 자질이 어떻게 심뿐 아니라 기와 몸에도 영향을 미치는지에 대해 말하고 있다.[44] 「공손추상」 2장은 기가 몸을 채우고 심의 방향성인 지志를 지원하고 지를 따라 인도된다고 서술하고 있으므로, 기는 아마도 사람의 심과 몸 사이를 중재하는 역할을 수행하는 것 같다.[45]

그렇다면 수양이 어떤 방식으로 기와 몸에 영향을 미치는가? 최근의 글에서 양유빈楊儒賓은 흥미로운 제안을 했는데, 수양하면 심에 내재된 발달의 방향이 실현되는 것처럼 수양하면 기와 몸에 내재된 발달의 방향도 실현된다는 것이다.[46] 이 제안을 옹호하기 위해서 양유빈은 「고자상」 8장에서의 맹자의 기에 대한 견해와 심에 대한 견해 사이의 유사성과, 오직 성인聖人만이 천踐(밟다, 실행에 옮기다) 형形할 수 있다는 「진심상」 38장에서의 말을 끌어들인다. 이 제안을 평가하기 위해서 두 장을 차례로 검토하겠다.

「고자상」 8장은 이른 아침의 사람의 기와 관련하여 언급하기를, 그 기의 좋아함과 미워함에 있어서 인간 사이에 공통된 것이 '아주 약간'은 있으며, 밤 동안에 자신의 기를 보존하는 데 실패하면 저급한 동물로부터 크게 벗어나지 못할 것이라고 말한다. 이른 아침과 밤의 기에 대한 언급은 아마도 일반적인 인간의 노력이 의도적으로 영향을 미치지 않을 때의 기의 상태를

44) 이 점은 2장 1절 2)에서 수양의 대상으로서의 자아는 '내적'이거나 '사적인' 어떤 실체가 아니라 전체로서의 인간이라고 한 언급과 부합한다.

45) 다음을 참조하라. 楊儒賓, 「論孟子的踐形觀」, pp. 96, 111; 「支離與踐形」, pp. 431-32.

46) 楊儒賓, 「論孟子的踐形觀」, 「支離與踐形」.

강조하기 위한 것 같다. 「공손추상」 6장에서 어린 아이가 우물에 빠지려는 것을 본 순간의 갑작스러움이 그런 영향이 미치지 않은 심의 상태를 강조하기 위해서였던 것처럼 말이다. 또 잃어버리면 저급한 동물과 가까워지게 되는, 인간의 기에 공통된 '약간의 요소'에 대한 언급은 「이루하」 19장에서의 인간과 저급한 동물을 구별하고 군자가 보존하는 '약간의 요소'에 대한 언급과 유사하다. 이 유사성은 다음을 보여준다. 즉, 맹자에게 있어서 심은 일반적인 인간의 노력이 의도적으로 영향을 미치지 않을 때 가장 두드러지게 나타나는 특정한 윤리적 성향을 보유하고 있으며, 이런 윤리적 성향은 보존되고 길러져야만 되는 것과 마찬가지로, 인간의 기도 그런 일반적인 인간의 노력이 의도적으로 영향을 미치지 않을 때 가장 두드러지게 나타나는 공유된 요소를 보유하고 있으며 이 요소 또한 보존되고 길러져야만 된다는 것이다.[47] 그러므로 수양은 기에 이미 내재된 방향으로 기를 발달시키는 것을 수반한다는 양유빈의 관찰은 그 증거가 뒷받침된다. 또 이 관찰은 「공손추상」 2장에서 맹자의 식물 비유 사용과 「고자상」 8장에서 기의 성장에 대해 말하는 것으로부터도 지지를 얻을 수 있다.

「진심상」 38장으로 돌아가면, 조기(『맹자주』)는 '천踐'을 '거주하다'의 의미로, '천형踐形'을 사람의 육체 안에 거주하는 윤리적 속성들을 가리키는 것으로 해석한다. 다른 한편으로 주희(『맹자집주』; 『맹자혹문』; 『주자어류』 1451~52)는 조기의 독해를 거부하고 '천'을 '천언踐言'(말한 것을 완수하다)에서처럼 '완수하다'로 해석한다. 정이程頤가 승인했음을 인용하면서, 주희는 '천형'이 신체의

47) 사실 그 유사성은 너무도 밀접해서 황종희(2/64b.2-3)는 이른 아침의 기를 「고자상」 8장에서 언급되는 양심과 동일시하기조차 한다.

리理를 궁진함으로써 육체(形)를 가득 채우는 것(充)을 가리킨다고 해석한다. 장식의 해석도 주희와 유사하다. 장식은 '천형'을 사람의 신체의 리理를 따르고 그것을 궁진하는 것으로 이해한다. 양백준이 조기의 해석은 신체의 형태를 윤리적으로 중립적이며 윤리적 속성이 어쩌다가 그 신체의 형태에 거주하고 있다고 보는 견해와 양립한다고 한 지적은 옳다. 신체의 형태가 윤리적 차원을 지니고 있으며 이 윤리적 차원의 달성은 윤리적 속성에 달려 있다고 보는 주희의 견해와는 달리 말이다. 양백준은 리理에 대한 주희의 견해를 전적으로 받아들이지 않으면서도, 신체의 형태가 윤리적 차원을 가지고 있으며 이 윤리적 차원의 달성은 윤리적 속성에 달려 있다고 보는 해석을 선호한다.

이 두 해석은 다른 주석가와 번역가들 사이에서도 발견된다. 어떤 이들은 '천형'을 한 사람의 신체의 형태가 완전하게 되거나 완성되는 것을 포함한다고 해석한다. 예를 들어, 대진(『맹자자의소증』 29)은 '천형'의 '천'이 '완성하다'('천언踐言'에서처럼)를 의미하는 것으로 본다. 라우는 '천형'을 "그의 몸이 완전하게 실현되게 하다"라고 번역하며, 리올은 "그의 완전한 형태를 얻다"라고 번역한다. 어떤 이들은 '천형'이 신체 형태의 설계에 걸맞게 사는 것 또는 그 설계를 만족시키는 것을 포함한다고 해석한다. 예를 들어 추 차이와 윈버그 차이는 '천형'을 "그의 신장의 설계에 부합하다"로 번역하며, 레게는 "그의 신체 조직의 설계를 만족시키다"로 웨어는 "신장에 맞추어 살다"로 번역한다. 이 주석가와 번역가들은 신체의 형태를 완성하거나 그 형태의 설계에 걸맞게 사는 데 윤리적 속성이 필수적인 것이라고 보고 있으므로, 이들은 신체의 형태가 윤리적 측면을 지닌다고 간주하는 것으로 추정된다. 이와 대조적으로 다른 주석가와 번역가들은 비록 수양에 몸은 사용되지만 신체의 형태 그 자체는 윤리적으로 중립적이라고 간주한다. 예를 들어 왕은양王恩洋은 '천형'을 신체의 형태에 거주하면서 또는 신체의 형태를 사용해서 도道를 실천에 옮기는 것으로 해석하며, 진영첩은 "신체의 형태를 완전히 사용하다"로 돕슨은 "적절하게 (몸의 기능을) 이용하다"로 번역한다.

'천踐'의 용법 그 자체에 대한 조사만으로는 이 문제에 대한 결론을 내리기 충분하지 않다. 『설문』은 '천'을 '이履'(밟다)로 설명하고, '이'를 발이 밟는 곳으로 설명한다. 발이 길을 밟아 나가는 데 방향이나 설계가 있을 수도 있고 있지 않을 수도 있기 때문에, '천'에 대한 이 설명은 천형이 발전의 방향을 따르는 것을 포함하는지 또는 신체의 형태가 이미 가지고 있는 설계에 부합되는 것을 포함하는지와 같은 문제를 미결로 남긴다. '천'은 초기 문헌에서 두 가지 방식 모두로 사용되었다. 때로는 특정한 장소를 밟는(踐) 것에 대한 언급[10]에서나 말의 발굽이 눈을 밟을 수 있다는 사실에 대한 언급[11] 등에서와 같이, 사람이 천踐한 것은 따라갈 방향을 가질 필요가 없거나 부합되는 설계도를 가질 필요가 없다. 때로는 어떤 것을 천踐하는 것은 특정한 방향을 따라가거나 특정한 설계에 부합되는 것을 수반한다. 그 예로는 말한 것을 완수한다거나(踐)(논어1/2a.4-5) 덕德을 행한다거나(踐)[12], 일정하게 주어진 길을 따른다거나(踐)(『논어』, 「선진」 20장) 하는 것 등을 포함한다. 그리고 때로는 비록 천踐한 것이 특정한 방향이나 설계를 가졌을지라도, 그 어떤 것을 천踐한 것이 그 방향을 따르거나 그 설계도에 부합하는 것을 의미할 필요가 없을 때도 있다. 예를 들어 관직을 천踐하는 것은 반드시 그 관직에 따른 책임을 완수한다는 것을 의미할 필요 없이 책임 있는 자리를 차지하는 의미도 담긴 것이다.[13] 이것이 『맹자』, 「만장상」 5장에서 순舜이 군주의 자리를 차지하고 있는 것(踐)에 대해 언급할 때 천이 사용되었던 방식이다. 따라서 천踐에 대한 용법 그 자체만을 고려하는 한, 「진심상」 38장에 대한 해석에서 어떤 하나의 해석을 다른 해석들보다 더 지지할 수는 없다.

하지만 흥미롭게도 「만장상」 5장에서의 유사성은 「진심상」 38장의 해석에 빛을 던져 준다. 「만장상」 5장은 요堯의 죽음에 뒤따라 사람들이 특정한 방식으로 순에 반응한 연후에야 순이 군주의 자리를 차지하게 되었다고 말한다. 이 문맥은 어떤 이가 군주의 자리를 차지하는 것(踐)이 적절하려면 특정한 조건이 충족되어야 함을 함축한다. 비록 그 사람이 실제로 그 자리와 관련된 책임들을 완수할 것이라는 의미를 함축하지 않는다 하더라도 말이다. 이제 「진심상」 38장은 오직 성인이 된 연후에야 자신의 신체의 형태를 천踐할 수 있다고 말하는 것이 된다. 또 이 문맥은 신체의 형태와 관련된 특정한 조건을 만족시키는 것을 통해서만, 자신의 신체의 형태를 천하는 것이 적절하다는 의미를 함축한다. 성인됨에 대한 언급은 이것이 윤리적 조건임을 보여준다. 내가 6장 3절 2)에서 보여줄 것이지만, 천형과 연관하여 '가이可以'의 용법도 특정한 조건이 충족되어야만 자신의 신체의 형태를 천하는 것이 가능하거나 또는 적절하다는 함축을 지닌다.

이런 관찰은 맹자가 아마도 신체를 어떤 종류의 윤리적 차원을 지니는 것으로 보았음을 드러낸다. 비록 이 장 그 자체는 우리가 윤리적 차원을 어떻게 설명해야 하는지에 대해서 그 가능성-즉 신체의 형태는 성인聖人과 부합되는 특정한 설계를 지녔는지, 아니면 신체의 형태는 성인이 실현할 발전 방향을 가지고 있는지-을 열어놓고 있긴 하지만 말이다. 2장 1절 2)에서 우리는 『논어』의 정치적 사상과 연관하여 두 가지 사상을 논하였다. 하나는 사람의 자질을 알아보고 그 바탕에서 사람을 고용한다는 의미에서 이해되는 지인知人의 사상이다.[48] 다른 하나는 수양한 사람은 다른 사람을 끌어들이고 변화시킬 힘이 있으며,

이상적으로는 이 힘이 정치의 기초가 되어야 한다는 것이다. 이런 생각은 둘 다 한 사람의 윤리적 자질이 그 사람의 신체에 반드시 드러난다는 사상과 관련을 맺고 있다. 윤리적 자질들은 드러나기 때문에, 다른 사람과 구별되고 다른 사람을 변화시키는 힘을 가질 수 있는 것이다. 수양한 사람은 그런 변화시키는 힘을 가지므로 수양의 효과는 자기 자신을 넘어선다고 할 수 있다.

이런 생각은 『맹자』의 몇몇 구절에서 발견된다. 예를 들어 「공손추상」 2장에서 사람이 수양하는 호연지기는 광활하고 굳세며 하늘과 땅 사이를 가득 채운다는 발언은 수양의 효과가 그 사람을 넘어 우주적 질서에까지 미친다는 것을 시사한다.[49] 조기(『맹자주』)와 허겸이 지적한대로, "하늘과 땅 사이를 가득 채움"에 대한 언급은 부분적으로 수양의 효과가 그 자신을 넘어서 확장되는 것과 관련이 있다. 여기에는 수양을 완수한 사람이 모든 것을 처리하는 방식도 포함된다. 이 외에도 3장 3절에서 우리는 초기 문헌에서 기氣의 적절한 균형이 인간적 영역과 자연적 영역 모두의 질서와 연결되어 있는 어떤 것으로 간주되었음을 보았는데, 기에 대한 이런 견해는 아마도 이 장에서도 작용할 것이다. 「진심상」 13장과 「진심하」 25장도 수양한 사람이 가지는 변화시킬 수 있는 힘을 서술한다. 「진심상」 13장은 군자는 "위로는 하늘과, 아래로는 땅과 같은 흐름 속에 있다"고 말한다. 거기에 더해 「이루상」 12장은 수양은 정치 질서의 기초이며 성誠(완전함, 진짜인)은 사람을 변

48) 메츠거는 "Some Ancient Roots"에서 사람의 능력에 대한, 또는 최소한 지인知人을 할 수 있게끔 하는 수양의 능력에 대한 초기 유가의 낙관주의에 대해 논하였다.

49) 진대제는 호연지기의 광대함은 하늘과 땅 사이의 공간을 채움을 가리키고, 그것의 굴하지 않음은 가난이나 부 또는 우세한 힘에 의해 움직여지지 않음을 가리킨다는 흥미로운 주장을 했다.(『淺見集』, pp. 231-32)

화시키는 힘이 있다고 말한다. 성誠은 천天의 길이고, 성에 대해 사유하는 것은 사람의 길이라고 서술된다.(「진심상」 4장 참조) 아마도 수양한 사람이 얻게 되는 남을 변화시키는 힘은 천天의 일과 비교되는 것 같다. 천과 마찬가지로 수양한 사람의 힘이 작용하는 방식은 미묘하고 식별하기 어려우며(「진심상」 13장 참조), 그것의 효과는 모든 것에 미쳐 모든 것으로 하여금 자라고 변화하게 한다(「진심상」 13장에 대한 조기의 『맹자주』, 주희의 『맹자집주』. 장식 등도 참조). 맹자의 사유에서 이런 측면을 좀 더 잘 이해하기 위해 맹자의 정치사상에 대한 논의로 옮겨 가기로 하자.

3. 수양과 정치 질서

공자와 마찬가지로 맹자도 수양한 사람의 감화력을 정치의 이상적인 기초로 보았다. 만일 군주가 정正하면, 모든 사람도 정正하게 되며 인간 사회에 질서가 확립될 것이다.(「이루상」 20장; 「진심상」 19장. 「이루상」 4장 참조) 그리고 『논어』에서처럼 『맹자』에서도 변화시키는 힘에 대한 강조에도 불구하고 정치의 여러 가지 세부 사항이 논의된다.[50] 예로는 현명하고 능력 있는 관리를 임용하는 것의 중요성(「양혜왕상」 7장; 「공손추상」 4 · 5장), 백성들에게 필요한 것을 제공하기 위한 농업의 필요성(「양혜왕상」 3 · 7장), 교육의 중요성(「양혜왕상」 3 · 7장; 「등문공상」 3장; 「진심상」 14장. 「진심상」 20 · 40도 참조), 세금을 부과하는 데 합당한 방식(「양혜왕상」 5장; 「공손추상」 5장; 「등문공하」 8장), 토지 사용에 대한 규

50) 다음을 참조하라. 徐復觀, 『論集』, pp. 138-40; 袁保新, pp. 117-24.

제(「양혜왕하」 5장; 「등문공상」 3장) 등을 들 수 있다. 인정(仁政)의 정책 또는 백성의 고통을 참지 못하는(不忍) 정부의 정책은 인심(仁心) 또는 백성의 고통을 견디지 못하는 심(心)의 발현이다.(「공손추상」 6장; 「이루상」 1장) 인심(仁心)을 가지는 것뿐 아니라 과거로부터 전해오는 인(仁)한 정책의 인도를 받는 것도 중요하다. 다른 한편 그런 정책을 적절히 사용하는 데 인심(仁心)과 기술이 요구된다.(「이루상」 1장. 「진심하」 5장도 참조)

2장 1절 2)에서 『논어』와 관련하여 다룬 이러한 생각들 이외에도, 맹자는 세 가지 다른 생각들을 부각시켰다. 첫째, 맹자는 사회의 질서는 가족 내에서의 올바른 태도에 달려 있고, 이 올바른 태도는 다시 개인의 수양에 달려 있다는 사상을 좀 더 명시적으로 설명했다. 「진심하」 32장은 수양을 천하의 평화와 연결시키고, 「이루상」 11장과 28장은 가족 내의 올바른 태도를 평화 및 질서(『논어』, 「학이」 2장 및 「태백」 2장 참조)와 연관시킨다. 「이루상」 5장은 사람을 가족의 기초로, 가족을 국가의 기초로, 국가를 천하의 기초로 서술한다. 다소 다르지만 유사한 진행방식을 「이루상」 12장에서 찾을 수 있다.

둘째, 맹자는 사람들이 심을 얻는 것이 정당한 통치의 기초임을 강조하였다. 「이루하」 16장은 진정한 왕이 되는 것은 백성들의 진정한 충성을 획득하는 데 달렸고, 진정한 충성은 다시 선(善)으로 백성을 부양하는 데 달렸다고 주장한다. 「이루상」 9장은 인정(仁政)을 실천함을 통해 사람들의 심을 얻음으로써 진정한 왕이 되는 데 성공한다는 것을 강조한다.(「진심상」 14장 및 「진심하」 14장 참조) 따라서 누가 군주의 위치를 차지하도록 천(天)으로부터 권위를 획득했는지는 백성의 반응을 통해 드러난다는 것이다.(「만장상」 5 · 6장)

셋째, 맹자는 백성들이 인(仁)한 군주에 끌릴 것이므로, 인한 군주는 천하를 통일시켜 평화와 안정을 사회에 가져올 수 있고 적이 없거나 아무도 그를 이길 수 없을 것이라고 주장했다. 인한 군주가 무적無敵이라는 언급은 여러 차례 나온다.(「공손추상」 5; 「등문공하」 5장, 「이루상」 7장, 「진심하」 3 · 4장) 진대제가 지적한대로, 무적은 인한 군주에게 어떤 적도 없다는 것을 의미하거나 인한 군주는 그에게 대항할 수 있는 그 어떤 적도 없음을 의미할 수 있다.[51] 맹자는 때때로 백성의 충성을 획득함으로써 인한 군주는 어떤 적대적인 것과도 부딪히지 않는다는 의미에서 무적이라고 말했다.(예를 들어 「양혜왕상」 5장) 하지만 맹자는 때로는 인한 군주가 할 수 없이 싸워야 할 때는 반드시 이긴다고 말한다.(예를 들어 「공손추하」 1장) 맹자에 따르면, 백성의 충성을 얻은 군주에게는 어느 누구도 저항할 수 없으며(「양혜왕상」 6 · 7장, 「공손추상」 1장), 인한 군주가 인하지 않은 군주와 전쟁을 하게 되면 승리하는 데 거의 아무런 노력도 필요 없다(「진심하」 3장). 아마도 맹자는 인한 군주를 두 가지 의미 모두에서 무적이라고 간주한 것 같다. 한편으로 인한 군주는 백성의 신임을 향유하고 이상적으로는 어떤 적의와도 마주치지 않는다는 의미에서 무적이다. 또 다른 한편으로는 몇몇 부패한 군주가 인한 군주에 맞서려고 노력할 수 있지만, 인한 군주는 백성의 충성을 얻고 있기 때문에 그런 적을 쉽게 패배시키며 따라서 무적이다.

인정을 실천하게끔 군주들을 독려하는 시도에서, 맹자는 종종 인을 실천하면 적을 없게 할 수 있거나 아무도 그를 이길 수 없게 할 수 있으며 그 결과 진정한 왕이 된다는 사상에 호소했다. 맹자 시대의 정치적 현실을 감안하면 이는 이해할 만하다. 맹자가 인을 통해 얻을 수 있다고 한 결과는 군주

51) 陳大齊, 『待解錄』, pp. 129-35. 이 단락의 논의는 진대제의 논의에서 가져온 것이다.

들이 열망하는 바로 그런 것이었다. 맹자는 또 인을 명예(榮)와 연관시키며 인의 결여를 모욕(辱)이나 수치(恥)와 연관시켰는데(예를 들어, 「공손추상」 4 · 7장; 「이루상」 7 · 9장), 아마도 인은 다른 사람들의 충성을 불러일으키는 명예로운 위치로 이끌지만, 인의 결여는 다른 사람에 종속되는 치욕스럽거나 수치스러운 처지를 가져오기 때문인 것 같다. 이 외에도 군주들이 인정을 실천하게끔 북돋우기 위해서 맹자는 군주가 백성들을 대우하는 만큼 백성들도 거기에 보답할 것임을 또한 지적했다. 백성들은 사랑과 존경으로 대우받으면 사랑과 존경으로 응답할 것이며, 군주가 백성들의 기쁨에서 기쁨을 취하면 그들도 군주의 기쁨에서 기쁨을 취할 것이다.(「양혜왕하」 4; 「이루하」 28장) 거꾸로 군주가 자신의 신하와 백성을 모질게 대하면, 그들도 그를 적으로 간주할 것이다.(「이루하」 3장; 「진심하」 7장)[52)]

인정의 정치적 이득에 대한 언급은 인의(仁義)와 이(利)를 대조하는 「양혜왕상」 1장과 「고자하」 4장에서도 나온다. 이 두 구절에서 맹자는 양혜왕과 송경(宋牼)에게 통치에서 이(利)에 대한 관심은 국가에 재앙의 결과를 가져오는 반면 인의에 대한 관심은 바람직한 결과를 가져온다고 말했다. 이 구절들을 어떤 측면으로 보면 맹자는 이(利)보다 인의의 사용을 정치적인 구호로 주장하고 있는 것 같다. 「양혜왕상」 1장에서 그는 양혜왕에게 이(利)보다 인의에 대해 말하라고 촉구하고, 「고자하」 4장에서는 송경에게 진나라나 초나라 왕들에게 이(利)에 대해서 말하지 말라고 설득했다. 이것은 조기(『맹자주』 「양혜왕상」 1장; 『맹자장지』 「양혜왕상」 1장 및 「만장하」 4장), 초순(「양혜왕상」 1장), 손석(「양혜왕상」

52) 진대제는 타인에 대한 관심과 타인에게 이익을 주는 것은 타인도 자신에게 동일하게 대우하고 이익을 줄 것이라는 근거를 바탕으로 맹자의 이런 언급과 묵자의 겸애에 대한 옹호 사이의 흥미로운 유사성을 지적했다.(『淺見集』, pp. 190-191)

1장) 등과 같은 주석가들로 하여금 맹자가 정치에서 어떤 구호를 쓸 것인지에 주된 관심을 가지고 있는 것으로 해석하게 했다.

하지만 「양혜왕상」 1장에서 맹자는 군주 이하의 모든 사람들이 이利에 대해 말하는 상황을 묘사하는 것으로 시작함에도, 군주 이하의 모든 사람들이 실제로 이利를 추구할 때 어떤 일이 벌어지는가를 논의하는 데로 나아갔다. 마찬가지로 「고자하」 4장에서도 맹자는 모든 사람이 이利에 반하여 인의에 즐거움을 느끼거나 또는 인의에 의해 마음이 움직일(悅) 경우의 결과에 대해 논의했다.[53] 아마도 맹자의 관심은 단지 정치적 구호에 있는 것이 아니라 정치에 있어서의 관행과 관련된 듯하다. 맹자가 양혜왕과 송경에게 이利에 대해 말하지 말라고 촉구한 것은, 말한 것이 무엇이냐에 따라 심대한 결과가 초래된다는 그의 견해로부터 나왔을 것이다. 「등문공하」 9장과 「고자상」 1장은 양주, 묵자, 고자의 가르침이 초래하는 재난의 결과에 대해 언급하고, 「공손추상」 2장과 「등문공하」 9장은 잘못된 가르침이 초래하는 재앙의 결과를 논의한다. 지금 고려중인 두 구절에서, 맹자는 아마도 양혜왕의 이利에 대한 강조는 그보다 아래에 위치한 사람들을 이利에 대한 집착으로 이끌고, 송경의 이에 대한 논의는 진나라와 초나라 왕들로 하여금 이에 사로잡히게끔 이끌 것이라고 생각했던 것 같다.

맹자가 인정이 정치적 이득을 가져온다고 주장한 것을 감안한다면, 그가 이利에 대한 관심에 반대해야만 하는 것이 이상하게 보일 수도 있다. 특히 유가적 사상을 종종 언급하는 『좌전』과 『국어』 둘 다 이利를 산출하는 근간으로 의義를 묘사하고 있다는 점을 감안하면 더욱 그렇다.[14] 이것에 대한

53) '열悅'이 '~에 의해 마음이 움직이다'라는 뜻일 가능성과 관련하여 4장 3절 1)을 보라.

설명이 유가들은 언제나 이利라는 용어를 경멸스럽게 사용했다는 것일 수는 없다. 왜냐하면 이利는 때때로 『논어』(「요왈」 2장)와 『맹자』(「진심상」 13장) 모두에서 백성들을 이롭게 하는 것과 관련하여 긍정적으로 사용되기도 했기 때문이다.[54]

이 문제에 대해서 몇 가지로 대답할 수 있다. 하나는 비록 맹자가 백성을 이롭게 한다는 존중할 만한 의미에서 이利를 옹호했을지 몰라도, 맹자는 이 용어를 경멸적인 의미로 사용하는 경향이 더 많았다는 점이다.(예를 들어 『맹자』, 「진심상」 25장) 공자 자신이 종종 이利에 반대하는 식으로 말했고(예를 들어 『논어』, 「이인」 16장; 「헌문」 12장) 맹자도 이利를 옹호하는 묵가와 멀리할 필요가 있었기 때문이다. 두 번째 제안은 맹자는 의에 부합되는 이利를 반대하지 않았고, 의義에 따라오는 이利는 의에만 관심을 가지는 한 언제나 스스로 따라오는 것이어서 따로 신경 쓸 필요가 없다는 점이다.[55]

세 번째 제안은, 정치적인 맥락에서 이利는 보통 군사적인 힘이나 영토와 부를 획득하는 종류의 것을 가리킨다는 점이다. 조기(『맹자주』 1A:1)와 주희(『맹자집주』, 「양혜왕상」 1장)에 따르면, 이것이 맹자가 이利에 대한 양혜왕의 언급을 이해하는 방식이다. 맹자는 군주가 이런 종류의 성과에 사로잡혀서는 안 된다고 생각했기 때문에, 정치적인 맥락에서의 이利의 사용을 피했다. 왕충王充(100/1-5)은 맹자를 비판했는데, 이利에 대한 양혜왕의 언급을 백성에 대한 안전의 맥락이 아니라 정치적인 맥락으로 부당하게 해석했다는 것이

54) 『맹자』, 「진심하」 10장에서 '이利'는 '덕'과 병렬적으로 사용되지만, 여기서의 '이'가 긍정적인 의미로 사용되지는 않았을 것 같다. 조기(『맹자주』, 『맹자장지』)와 초순은 모두 '이'에 대한 언급이 의를 대가로 자신의 이익을 챙기는 데 골몰하는 사람을 묘사하는 것으로 본다.

55) 다음을 참조하라. 陳大齊, 『待解錄』, pp. 64-68.

다. 하지만 「고자하」 9장 같은 곳에 비추어보면 그 당시의 군주에게 이利가 되는 것은 정말로 이런 종류의 정치적 성과였을 가능성이 높다(여윤문余允文, 『존맹속변尊孟續辨』 1/1a.3-2a.2. 호육환胡毓寰, 1A:1).

마지막으로 또 다른 제안은 앞서의 것과 연관되는데, 정치적인 맥락에서 이利를 주장하는 것이 군주와 관직에 있는 사람들로 하여금 자신의 국가, 자신의 가족, 또는 자기 자신을 이롭게 한다는 편파적인 의미의 이利를 추구하도록 손쉽게 이끌 수 있다는 것이다.[56] 이것은 「양혜왕상」 1장에서 양혜왕이 그의 나라를 이롭게 하는 것에 대해 명백히 얘기했으며 여기서 맹자는 왕의 이利에 대한 관심이 왕보다 지위가 낮은 사람들로 하여금 그들의 가족과 그들 자신을 이롭게 할 것에 관심을 가지도록 이끈다고 서술한 데서 볼 수 있다. 「양혜왕상」 1장에서의 이런 측면은 이利를 주장한 묵가에 대한 암묵적인 비판일 수도 있다. 즉, 정치적 맥락에서 이利에 대한 언설은 오히려 필연적으로 묵자가 사회혼란의 근원으로 간주했던 종류의 편파적인 이利에 대한 관심으로 이끌게 될 것이다.

앞서 언급한 것들이 인정仁政의 정치적인 이점에도 불구하고 맹자가 이利에 대한 관심에 반대한 이유를 설명할 수 있는 제안이 될 것이다. 그런데 또 다른 설명도 있다. 이것은 초기 문헌에서 때때로 발견되는 의義와 이利의 관계를 보는 두 가지 방식 사이의 긴장을 고려함으로써 부각될 수 있다. 예를 들어, 『여씨춘추』에서는 비록 이利가 때때로 의로부터의 결과로 제시되지만[15], 이利는 또한 의와 갈등을 일으킬 수 있는 어떤 것으로 비춰지기도 한다[16]. 이런 갈등을 해결하는 한 가지 방안은 의와 갈등을 일으킬 수 있는

56) 다음을 참조하라. Schwartz, pp. 260-62; 王恩洋, 「양혜왕상」 1장.

이利가 자신의 편파적인 이익에 관여하는 반면, 의로부터 생기는 이利는 공적인 것을 이롭게 하는 데 관련된다고 말하는 것이다.[57] 하지만 또 다른 가능성도 제시되는데, 『여씨춘추』에서 소인은 이利를 목표로 하고 그 결과 이利를 얻는 데 실패하며, 이利를 목표로 삼지 않음으로써 이利를 얻을 수 있다는 발언에서 시사된다.[17] 이 발언은 자신을 이롭게 한다는 의미와 관련된 이利에서조차 이利 자체를 목표로 한다면 이利의 획득이 저해될 것이라고 말한다. 따라서 이利에 관한 관심에 반대하는 것은 이利 자체의 바람직하지 못한 어떤 것에서 유래한 것이 아니라, 그런 관심이 목적의 성취를 저해할 수 있다는 견해에서 나왔을 수 있다는 것이다. 이런 종류의 생각은 도가 문헌에서는 친숙하다. 이 생각은 『노자』를 관통하고 있으며, 『회남자』[18]나 『열자』[19]와 같은 문헌들에서도 쉽게 발견된다.

맹자로 돌아오면, 비록 맹자가 당대에 군주들을 사로잡고 있던 종류의 정치적인 이득에 열중하는 것은 반대했지만, 관심의 대상 그 자체를 바람직하지 못하다고 여긴 거 같지는 않다. 군주들과의 대화에서 맹자는 군주가 인정仁政을 실천하면 그런 목적이 달성될 수 있을 거라고 지적했으며(「양혜왕상」 7장), 부의 획득 같은 것은 그 즐기기를 백성들과 공유하는 한 문제가 아니라고 지적했다(「양혜왕하」 5장). 따라서 이利에 관심을 가지지 말 것을 군주들에게 촉구하는 데 있어서, 맹자는 이利 자체에 문제가 있는 게 아니라 이利를 목적으로 삼지 않고 인의仁義를 실천해야만 이利를 얻을 수 있다고 주장하는 것이다. 주희(『맹자집주』; 『맹자혹문』 1/2a.5-2b.5; 『주자어류』 1218~19), 장

57) 풍우란은 이런 방식으로 공자와 맹자의 사유와 관련하여 명백히 보이는 긴장을 다룰 것을 제안했다.(『新原道』, pp. 17-18).

식, 허겸, 소철蘇轍을 포함한 여러 주석가들이 「양혜왕상」 1장을 논하면서 지적했듯이, 맹자의 요점은 군주가 가진 관심의 대상은 그 대상을 목표로 두지 않고 인仁을 실천할 경우에만 획득할 수 있다는 것이었다.

인의 실천으로 성취하는 것은 군주가 애초에 원했던 것과는 정확히 같지 않겠지만 가까운 것일 수는 있다. 예를 들어 군주는 처음에는 우월한 군사적 힘의 측면에서 무적이 되고픈 욕망을 가졌을 텐데, 인정으로 성취하는 것은 어떤 적대성도 마주치지 않는, 아니면 최소한의 적대성과 마주친다는 의미에서 무적이다. 인정으로 성취한 것은 여전히 군주가 원하던 것이며 더 나아가 군주가 애초에 가졌던 관심의 대상보다 더 만족스러운 어떤 것일 가능성도 있다.[58] 어떤 결과를 목표로 하지 않고 인을 실천하면 그런 결과가 따라 나온다는 믿음은 왜 맹자가 이利에 대한 관심에 반대했는지 추가적인 설명을 제공한다.

인仁의 결과는 그런 결과를 목표함이 없을 때 따라 나온다는 것을 암시하는 다른 구절들이 있다. 예를 들어 「이루상」 9장은 인을 좋아하는 군주는 원하지 않는다 하더라도 진정한 왕이 되는 데 실패할 수 없다고 말한다. 인에 따른 결과를 획득하는 것은 그런 결과를 목표로 하지 않는 데 달려 있다는 것을 더 강하게 주장하는 구절도 있다. 예를 들어 「등문공하」 5장은 백성들이 탕왕湯王이 천하를 소유하고픈 욕망에서 출정한 것이 아님을 깨닫고 탕왕을 우러러보는 것을 묘사하고 있다. 이 외에 「이루하」 16장과 「고자상」 16장에도 이런 생각을 담은 진술이 있고, 「공손추상」 3장과 「이루하」

58) 「양혜왕하」 1장에서 맹자는 음악을 즐기는 것에 대해 이런 주장을 한다. 백성들과 음악의 즐김을 공유하는 것이 자기 혼자서 음악을 즐기는 것보다 군주에게 더 만족스러울 것이라고 말이다.

19장도 이런 생각으로 해석할 수 있다.

「고자상」 16장은 군주가 진정한 왕王이 되고자 추구하는 것만 아니라, 사람들이 관직을 구하는 것에 관해서도 다루고 있다. 인간의 작위(관직)는 천天의 작위(윤리적 속성)를 기르면 따라오며, 인간의 작위를 얻기 위해 천의 작위를 기르는 사람은 반드시 실패한다. 주희(『맹자혹문』 11/10a.1-5 및 『맹자집주』 참조), 장식, 허겸과 같은 여러 주석가들이 지적한대로, 맹자의 요점은 천의 작위를 기르면 인간의 작위가 따라오는데, 이것은 오직 인간의 작위를 얻기 위한 수단으로 천의 작위를 기르지 않을 경우에만 그렇다는 것이다.

「이루하」 16장에서는 '다른 사람의 신의를 얻기 위하여 선善에 의지하는'(以善服人) 사람은 다른 사람의 신의를 얻는 데 성공하지 못하는 반면, '선에 의지해서 다른 사람을 부양하는'(以善養人) 사람은 천하의 신의를 얻고 이를 통해 진정한 왕이 된다고 한다. 여기서는 아마도 다른 사람의 신의를 얻기 위해 선을 이용하는 사람과 다른 사람의 신의를 목표로 하지 않고 진정으로 선해서 다른 사람을 부양하는 사람 사이가 대조를 이룰 것이다. 오직 후자만이 다른 사람의 신의를 획득하는 데 성공할 수 있다.(장식 참조) 요점은 다시 정치적 이득을 목적으로 선을 실천하지 않을 때만 선은 정치적 이득을 가져올 수 있다는 것이다.[59)]

진정으로 인의를 실천하는 것과 정치적인 이득을 위해 인의를 실천하는

59) 「이루하」 16장은 타인의 충성을 획득하는 데 힘에 의존하는(以力服人) 사람과 덕에 의존하는(以德服人) 사람 사이를 대조시키는 「공손추상」 3장과 갈등을 일으키는 것처럼 보인다. 「공손추상」 3장에서는 후자의 인물만 성공하도록 되어 있다. 문제는 「이루하」 16장에서는 이선복인以善服人이 실패한다고 말해지는 반면 「공손추상」 3장에서는 이덕복인이 성공한다고 말해진다는 사실이다. 이 문제를 해결하는 한 방식은 「공손추상」 3장에서는 힘과 덕 사이의 대조에 좀 더 그 강조점이 있으며, '이덕복인'은 타인의 충성을 가져올 것을 목표로 덕을 실천한다는 함의를 가지지 않는다고 보는 것이다.

것 사이의 대조는, 패자覇者를 덕德에 의존하고 진정으로 인을 실천하는(以德行仁) 진정한 왕과 달리 힘에만 의존하고 인을 실천하는 흉내를 내거나 이용만 하는(以力假仁) 사람으로 묘사하고 있는 「공손추상」 3장을 해석할 수 있는 하나의 방식을 제공한다. 패자는 정치적인 이득을 위해 인을 실천하고자 노력하거나 인을 실천하는 흉내를 내지만, 이들은 다른 사람의 충성을 진정으로 얻지 못한다. 진정한 왕은 덕을 가졌고 정치적인 이득을 목표로 하지 않은 채 인을 실천하여, 그 결과 다른 사람의 충성을 정당히 획득한다. 이 대조는 순舜이 인의를 실천에 옮겼다기(行仁義)보다는 인의로부터 행동했다는(由仁義行) 「이루하」 19장의 발언에 대한 한 가지 가능한 해석도 제공한다. 주희(『맹자혹문』 1/5a.4-9)는 인의를 이용해서 정치적 이득을 얻으려는 패자와 달리 순은 진정으로 인의仁義로 왔고 그로부터 행동했다는 것을 강조함으로써 이 발언을 해석한다. 하지만 이만큼 그럴듯한 해석들이 또 있다. 예를 들어, 진정으로 인의仁義로운 사람과 자신을 수양하기 위해서 억지로 인의를 실천해야 하는 사람 사이의 대조로 이 발언을 해석하는 것도 가능하고(예를 들어 주희, 『맹자집주』 및 『주자어류』 1349), 인의를 인의로 생각하지 않고 인의를 실천하는 사람과 인의의 개념을 가지고 그것을 실천에 옮기려는 사람 사이의 대조로 해석하는 것도 가능하며(예를 들어 황종희, 2/32b.1-3), 인의仁義롭게 되는 윤리적 성향을 완전히 발달시킨 사람과 인의를 외부로부터 부과하는 사람 사이의 대조로 해석하는 것도 가능하다(예를 들어 초순. 손석도 참조).

맹자가 정치적 이득을 위해 인의를 실천하는 것에 반대하였음은 명백해 보인다. 하지만 이 해석과 상충돼 보이는 구절이 있다. 「진심상」 30장에서의 '가지假之'와 「공손추상」 3장에서의 '가인假仁' 사이의 유사성에 비추어 「진심상」 30장에서 '지之'를 인을 가리키는 것으로 해석하면, 우리는 다시 다섯 패자가 인을 이용하거나 인을 실천하는 것처럼 꾸미는(假) 데 대한 묘사를 발견하게 된다. 그런데 이 구절은 계속해서 인을 이용하거나 오래도록 인을 실천하는 것처럼 꾸미면 인을 가지고 있는지 않은지를 알 수 없게 된다고 말한다. 장식, 초순, 손석, 여윤문(『존맹변』 1/15b.8-16b.1; 『존맹속변』 2/1b.8-2a.3) 등이 따르는 조기(『맹자주』)의 주는 이 마지막 언급을 인을 이용하거나 인을 실천하는 것처럼 꾸미는 게 오래되면 진짜로 인을 가지게 됨을 말한다고 해석한다. 이런 독법은 라우, 웨어, 양백준 그리고 아마도 리올도 포함한 여러 번역가들에 의해 채택되었다. 장식, 초순, 여윤문 등은 다섯 패자가 인을 이용하거나 인을 실천하는 것처럼 꾸미는 것을 오랫동안 하지 못했기 때문에 진정으로 인하게 되는 데 실패했다고 단서를 붙였다. 여윤문은 맹자가 군주들이 인을 실천하는 데 꾸준히 할 것을 격려하고자 이런 말을 했다고 덧붙였다. 하지만 이렇게 단서를 두더라도, 정치적인 이득을 위해 인을 이용하거나 인을 실천하는 것처럼 꾸미는 사람이 인을 가지게 될 수도 있다는 것은 정치적인 이득을 위해 인을 실천할 경우 그 이득을 성취하지 못한다는 다른 구절들의 주장과 상충하는 것처럼 보인다.

하지만 「진심상」 30장에서의 언급이 이런 식으로 해석되어야 하는지는 확실치 않다. 주희(『맹자집주』 및 『주자어류』 1449 참조)는 이런 해석에 반대한다. 오래도록 인을 이용하거나 실천하는 것처럼 꾸민다면 그렇게 한 사람이나 아니면 다른 사람들이 그 사람이 진짜로 인을 가지지 않았다는 것을 아마도 깨닫지 못하게 될 것이라는 의미로 해석한다. 이 해석은 초순과 황종희(2/83b.8-84a.5)를 포함한 여러 주석가들에 의해 채택되었다. 내가 말할 수 있는 건, 다른 구절에서 정치적인 목적을 위해 인을 실천하는 것에 대해 맹자가 반대한 것이 주희의 해석을 다소 지지한다 하더라도, 이 구절이 그 자체로 한 해석을 다른 해석보다 더 옹호하지는 않는다는 것이다.

맹자의 정치사상에 대한 논의를 완결 짓기 위해, 정치적인 상황에서 그가 취한 행동을 비판한 데 대한 맹자의 대응을 살펴보기로 하자. 『맹자』에는 맹자가 예禮와 부합되게 대우받지 않았기 때문에 권력이 있는 자리를 가진 사람이나 군주를 만나는 것을 거절한 여러 사례가 담겨 있다. 이는 맹자가 예를 어기더라도 권세가 있는 사람과 기꺼이 만나고자 했다면 바람직한 정치적 변화를 가져올 수 있었을지 모르며, 그럼으로써 백성을 도울 수 있었을 것이라는 비판을 낳았다. 3장 1절 2)와 3장 3절에서 보았듯이, 맹자는 예가 때때로 고려할 수 있는 다른 사항에 의해 무시될 수 있음을 스스로 인정했다. 또 이윤, 유하혜, 백이를 「만장하」 1장에서 비판할 때 정치 행위에서의 경직성에 반대했다. 그럼에도 맹자 자신은 정치적인 영역에서 예의 준수를 주장하는 데 지나치게 경직된 태도를 보였고 백성들의 복지보다 상위에 예를 두었다. 이런 류의 비판은 진대가 왜 맹자는 자신을 약간 굽혀서 바람직한 정치적 변화를 성취하는 것을 내켜하지 않느냐고 묻는 「등문공하」 1장에서 발견되고, 순우곤이 맹자가 예를 어기는 것을 묵과할 때만 천하를 구할 수 있다는 주장을 하기 위해 물에 빠진 형수의 사례를 활용했던 「이루상」 17장에서도 발견된다.

「등문공하」 1장에서의 맹자의 대답은 진대가 정치적인 영역에서 "한 자를 굽혀서 한 길을 펴야 한다"고 주장하는 것은 이利에 대한 관심 때문이라는 것이다. 만일 이利가 주요 관심사라면, "한 길을 굽혀서 한 자를 펴야 할" 수도 있다. 맹자가 "한 길을 굽혀서 한 자를 펴는 것"에 이利를 가져와 말하는 것은 쉽게 납득하기 어려워 보인다. 덜 중요한 것을 위해 더 중요한 것을 포기해야 할 때, 이利를 언급하는 것은 이상한 일이기 때문이다. 어떤 이들은 이것이 맹자 쪽의 과오라고 했다.[60] 그런데 또 다른 가능성은 맹자가 특정한 종류의 이득을 말하고 있으며, 비록 더 큰 중요성을 가졌지만 포기되어야 한다고 생각한 것은 이런 종류의 이득이 아니라는 것이다.

우리는 맹자가 「양혜왕상」 1장과 「고자하」 4장에서 이利에 대한 관심에 반대했을 때, 이것은 영토나 부 그리고 군사적 힘을 획득하는 종류의 정치적 이득으로 이해했음을 보았다. 「등문공하」 1장의 정치적 맥락을 전제한다면, 맹자는 아마도 진대가 "한 자를 굽혀서 한 길을 편다"고 말한 것이 비슷한 종류의 정치적 이득에 해당한다고 여겼을 것이다. 만일 그렇다면, 맹자의 이利에 대한 언급은 마찬가지의 정치적 이득을 언급한 것이 된다. 이 해석은 자신을 굽혀서 다른 사람이 새를 잡는 등의 물질적 이득을 얻게 하는 것에 대한 동일한 장의 말몰이꾼의 사례로부터 지지를 얻는다. 이러한 해석에서 '한 길을 굽히는 것'은 '한 자를 펴는 것'이 가리키는 정치적 이득보다 상대적으로 더 중요한 모멸스러운 대우를 감내하는 것을 가리킨다. 이利는 정치적 이득에 관한 것이기 때문에, 그리고 정말로 정치적 이득이 생긴다면 모멸스런 대우를 감내하는 것은 그 정치적 이득을 손상시키는 것이 아니기 때문에, "한 길을 굽혀서 한 자를 펴는 것"으로부터 생기는 이利를 언급하는 것이 더 이상 납득하기 어렵지는 않게 된다.

하지만 그의 논적들이 지적한대로 맹자가 조금만 구부렸으면 상당한 정치적 성취를 이루었을 것이라는 말이 옳다면, 맹자는 왜 그렇게 하지 않았는지에 대한 의문이 여전히 남는다. 그 대답은 맹자에게 있어서 백성들을 이롭

60) 예를 들어 다음을 보라. 陳大齊, 『待解錄』, p. 86.

게 하는 유일한 방법은 군주들이 영토와 부, 군사적 힘을 얻게끔 도와주는 것이기보다는 이들이 인정(仁政)을 펼치도록 인도하는 것이기 때문이다. 하지만 「등문공하」 1장의 끝에서 맹자는 자신을 굽히면서 다른 이들을 곧게 펴는(直) 것은 가능하지 않다고 지적했다. 「만장상」 7장의 다른 이를 교정한다는(正) 맥락에서도 비슷한 주장을 하고 있다. 유사한 생각이 『논어』에서도 발견되는데, 다른 사람을 교정하기 위해서 자신을 교정한다는(正) 식으로 표현되고(『논어』, 「자로」 13장. 「안연」 17장; 「자로」 6장도 참조), 곧게 펴진(直) 것을 이용해서 구부러진 것을 펼친다는 식으로도 표현된다(「위정」 19장; 「안연」 22장). 교정하다(「학이」 14장) 라는 개념과 곧게 펴다(「미자」 2장)라는 개념은 모두 도(道)와 연결된다. 맹자는 그의 과업을 사람들의 심을 교정하는 것으로 삼았으며(예를 들어, 「등문공하」 9장), 다른 이를 교정하고 곧게 펴는 것에 대한 언급은, 정치적인 영역에서 맹자의 목표는 군주들이 관심을 보이는 종류의 정치적 성취를 가져오기보다 군주들을 교정하는 것이었음을 보여준다. 맹자에 따르면 자신을 굽히면 권력을 가진 이들을 교정할 수 없다. 자신을 굽히는 것은 아마도 나쁜 모범을 보여주는 것이 되며, 타인을 변화시키는 데 필요한 종류의 감화의 힘을 결여하게 만드는 결과를 낳기 때문일 것이다.

비슷한 주장이 「이루상」 17장에서도 제기된다. 3장 1절 2)에서 우리는 물에 빠진 형수의 사례와 관련해서 권(權)의 용법을 다루었다. 이 사례를 언급하면서 순우곤은 맹자가 예에 어긋나는 것을 기꺼이 감내하고 권세가 있는 사람들과 면담을 가진다면 권세가들의 신임을 얻을 수 있고, 그 결과 천하를 구할 수도 있을 것이라는 가정을 근거로 정치적 영역에서 예의 준수를 고집하는 맹자를 비판하였다. 맹자에 따르면 형수의 사례에서의 권은 형수를 구하기 위해 예를 무시하고 손을 내밀라고 말하는 것이다. 이 경우 형수를 살리는 수단은 손이며, 예를 어기는 것이 이 수단에 영향을 미치지 않는다. 하지만 정치적인 맥락에서는 천하를 도道로 구하며, 예를 어기는 것을 간과하면 이 수단을 저해하는 것이 된다. 이것이 이 구절이 천하를 (도 대신에) 손으로 구하라는 것인지를 물어보는 질문으로 끝나는 이유이다. 아마도 이면에 깔린 가정은 정치적인 맥락에서 자신이 대우받는 방식에서 예에 어긋남을 간과하는 것은 도道와 합치되는 처신이 아니라는 것으로 보이며, 이는 맹자가 자신을 굽히는 것을 도를 굽히는 것과 연결시키는 「등문공하」 1장의 끝에서도 볼 수 있는 주장이다. 자신이나 도를 굽히는 사람은 다른 사람을 펼칠 수 없으므로 그런 사람은 권력이 있는 사람을 바꾸는 데 실패할 것이며, 그 결과 천하를 구하는 것도 실패할 것이다.[61]

4. 윤리적 실패

수양의 성격, 그리고 수양과 정치 질서와의 관계를 고려했으므로 이제 윤리적으로 되는 데 있어 어떤 방식으로 실패하는지 알아보자. 『맹자』에는 윤리적 실패에 대한 몇 개의 일반적인 서술이 담겨 있다. 예를 들어, 윤리적 실패는 심을 놓치거나 잃어버리는 경우(「고자상」 8 · 10 · 11장)로, 또는 균형감각을 잃어버리고 덜 중요한 것이 더 중요한 것 즉 심에 해를 끼치게끔 내버려두는 경우(「고자상」 15장. 「고자상」 14장도 참조)로[62] 묘사된다. 이런 일반적인 기술

61) 라우의 「이루상」 17장에 대한 논의를 참조하라. "Method of Analogy," p. 245. 라우는 천하를 구하는 것은 천하로 하여금 도를 가지게 하는 것을 수반하며, 도를 굽히면서는 이것이 이루어지지 못한다는 흥미로운 지적을 했다.

은 윤리적 실패가 심을 보존하고 키우는 데 실패한 것임을 강조하고 있긴 하지만, 실패의 근원에 대해서는 그다지 많은 것을 말해주지 않는다.

세 가지 그룹으로 분류해본다면 윤리적 실패에 대해 더 상세하게 서술할 수 있다. 첫째는 윤리적 이상에 전혀 끌리지 않는 사람들이다. 「이루상」 10장은 그들의 언言이 예의禮義에 반대한다는 점에서 스스로에게 해를 끼치는 사람들로 묘사하고 있다. 추측컨대 이들은 이미 예의 개념을 가지고 있지만 의식적으로 여기에 반대하는 사람들일 것이다. 이 장에서 누가 비판의 표적인지는 명확치 않지만, 아마도 유가적 이상에 의식적으로 반대한 철학적 논적들과 예의와 표면적으로 갈등을 일으키는 다른 목적에 몰두하기 때문에 예의에 반대하는 사람들이 포함될 것이다. 이것이 양혜왕의 상황이었다. 그는 이익에 사로잡혀 있었고(「양혜왕상」 1장), 아마도 자신의 나라를 부강하게 만드는 종류의 것(「양혜왕상」 5장)과 인구를 늘리는 데 몰두했으며(「양혜왕상」 3장), 맹자는 그를 인仁하지 못하고(「진심하」 1장) 정치로 백성을 죽인다고 혹독하게 비난했다(「양혜왕상」 4장).

둘째로 윤리적 이상에 다소 끌리기는 하지만, 그 방향으로 거의 또는 전혀 노력을 기울이지 않는 사람들이다. 다른 것을 추구하느라 어떤 노력도 기울이지 않을 수도 있는데, 이는 아마도 노력 부족에 대한 합리화를 동반할 것이다. 이것이 아마도 여러 경우에서 맹자가 언급한 현상인 윤리적이 되는 데 능력(能) 부족을 주장하는 이들의 상황일 것이다. 예를 들어 「공손추상」 2장은 수양이 아무런 효과가 없다고 믿기 때문에 수양하지 않는 사람을 묘사

62) 비록 조기(『맹자주』)와 주희(『맹자집주』)에 의해 그렇게 해석되지만, 심에 대한 언급을 「고자상」 14장에서는 명백히 하고 있지 않다. 「고자상」 15장과의 비교가 이런 해석에 힘을 실어준다.

하고 있다. 「공손추상」 6장과 「이루상」 10장은 자신을 윤리적이 될 능력을 결여하고 있다고 간주하는 사람을 자기 스스로를 강탈하고 스스로를 포기한 사람으로 묘사한다. 실제로 한 사례가 제선왕인데, 그는 자기가 백성을 돌볼 수 있는 능력이 있는지에(可以) 대해 의문을 표했고, 이런 면에서 실패한 것을 특정한 정치적 야망이나(「양혜왕상」 7장) 무질서한 욕망(疾, 「양혜왕하」 3 · 5장) 탓으로 돌렸다. 이 외에도 헌신이 부족하기 때문에, 또는 당장의 결과를 기대하고 그 결과가 금방 나오지 않을 경우 포기해버리기 때문에, 노력을 약간만 하거나 또는 충분히 하지 않는 사람들이 있다. 전자는 「고자상」 9장에서 묘사된 왕의 상황이고, 후자는 5장 2절 2)에서 우리가 논의했던 현상이다.[63)]

셋째로 윤리적 이상에 끌려서 적극적으로 그 이상에 헌신했지만 그럼에도 불구하고 실패하는 사람들이 있다. 이는 지나친 열정으로 그 과정에 개입했거나 또는 잘못된 이유로 그 이상에 끌린 탓일 수 있다. 전자의 현상은 5장 2절 2)에서 논했고, 후자는 5장 3절에서 특정한 정치적 이득을 얻기 위해서 인(仁)하고자 하는 사람들과 관련해서 논의했다.

이상의 논의는 윤리적 실패가 잘못된 가르침, 다른 목적에의 열중, 헌신과 끈질김의 부족, 지나친 열정 등과 같은 여러 다른 원인들을 가지고 있음을 보여주었다. 이 중에서 맹자는 특히 잘못된 가르침과 왜곡된 욕망을 강조했다. 「공손추상」 2장과 「등문공하」 9장은 어떻게 잘못된 언(言)(teachings)이 나쁜 정책을 낳고 재난의 결과를 가져오는지 묘사하고 있으며, 「등문공하」

63) 「고자상」 9장의 바둑을 배우는 데 자신의 지(志)를 다하는 사람과 백조를 쏠 생각으로 주의가 흐트러진 사람 사이의 대조는 흥미롭다. 초기 중국 문헌들에서는 자신의 지를 세우는 것이 때때로 궁술에서 표적을 겨냥하는 것과 비교되었지만(3장 3절을 보라), 백조를 쏠 생각에 대한 언급은 아마도 어떤 이의 지가 흐트러지는 것을 강조하는 한 방식이었을 것이다.

9장과 「고자상」 1장은 묵자, 양주, 고자의 언言이 가져오는 재난의 결과를 언급하고 있다. 맹자가 반대하는 언에는 철학적 논적의 가르침이 포함되지만, 아마도 이 논적들이 군주에게 제공하는 조언들도 포함될 것이다. 예를 들어 「고자하」 4장은 송경이 진나라와 초나라의 왕들에게 말함에 있어서 이利를 강조하는 것이 어떻게 나라에 재난의 결과를 가져오게 되는지를 서술하고 있고, 「등문공하」 6장과 「고자상」 9장에서는 왕이 더 나아지기 위해서는 선한 사람과 합당한 조언을 제공하는 사람이 필요하다고 말하고 있다.[64]

왜곡된 욕망에 대한 언급은 「양혜왕상」 7장에 나오는데, 여기서 제선왕은 영토를 확장하고 천하를 지배하는 더 큰 욕망을 언급했으며, 「양혜왕하」 3장과 「양혜왕하」 5장에서는 용맹과 부, 여자를 좋아하는 질疾을 언급했다. 질은 병을(『논어』, 「위정」 6장), 어떤 것에 대한 혐오를(『논어』, 「태백」 10장; 「헌문」 32장; 「위령공」 20장), 재빠른 것을(『맹자』, 「고자하」 2장), 또는 어떤 것에 열심히 헌신하는 것을[20] 의미할 수 있다. 질은 또 일종의 내부적 무질서를 가리키기도 한다. 예를 들어, 『묵자』[21]와 『국어』[22]는 모두 사람에게 있어서 질을 정치에서의 무질서와 비교한다. 「양혜왕하」 3장과 5장의 문맥에서 질疾은 아마도 한 사람 내부에서 사납게 질주하는 격렬하고 극단적 형태의 욕망을 가리키는 것일 것이다. 이 질을 제선왕은 인정仁政을 실천하는 데 장애물로 제시하는데, 이는 아마도 왕이 맹자와의 대담을 끝내고 정치의 실제적인 일들로 돌아갔을 때 그의 질이 그로 하여금 맹자의 조언과 어긋나게 행동하게 하거나, 심지어 맹자의 조언이 가지는 장점을 보는 것까지 막을 수 있기 때문일

64) 나는 타락한 조언을 하는 이들을 지칭하여 왕을 추운 데 내버려두는 이들이라는 「고자상」 9장에서의 언급을 해석하는 데 있어서 조기(『맹자주』)와 장식을 따른다.

것이다. 맹자가 「진심하」 35장에서 욕망을 줄일 것을 주장하면서 염두에 둔 것은 아마도 욕망의 부정적인 영향이 가지는 위험일 것이다.[65] 또 일반백성의 '변치 않는 일정한 심'이 '변치 않는 일정한 생계 수단'에 달려 있다는 것에 대한 맹자의 강조 역시, 기본적인 필요가 충족되지 않으면 사람들은 그들의 윤리적 발전을 저해하는 방식으로 생계유지에 몰두하게 될 것이라는 사실에 의해 설명될 수 있다(「양혜왕상」 7장; 「등문공상」 3장). 그러나 지나치게 사치스런 생활도 사람을 방탕하게 하고 윤리적인 목적을 추구하는 데 주의를 기울이지 않게 하기 때문에 또한 위험하다(「고자상」 7장).

맹자가 윤리적 실패의 원인들로 이러한 점들을 인정하고 있음은 「고자상」 15장에서 발견되는 윤리적 실패에 대한 설명과 문제를 일으킨다. 이 장에서 윤리적 실패는 더 중요한 부분(心) 대신에 덜 중요한 부분(감각)을 따르는 것으로 설명되고 있다. 더 나아가 윤리적 이상은 심이 사思하는 한 성취될 수 있다고 그려진다. 이 장은 윤리적 실패의 원인을 전적으로 감각에 두고 있는 것처럼 보이는데, 이런 생각과 방금 서술한 윤리적 실패의 원인들에 대한 설명은 양립하기 어렵다.

여기서의 문제는 감각이 심을 수반하지 않고 독자적으로 작용하지 못한다는 것이 아니다. 왜냐하면 그렇다손 치더라도 심의 작용만으로는 윤리적 실패를 낳지 못하지만, 감각의 작용은 심의 작용과 함께 윤리적 실패로 이끌 수 있다는 점에서 감각을 윤리적 실패의 주된 원인이라고 간주할 수 있기

65) 다른 장들(예를 들어, 「이루하」 28장과 「고자상」 8장)에서의 '존심存心'(심을 보존하다)과 비교하면 「진심하」 35장에서의 '존'이 심을 보존하는 것을 가리킨다고 해석하는 것을 선호하게 된다. 주희(『맹자집주』)는 이런 해석을 하고 있지만, 조기(『맹자주』)는 '존'이 사람의 삶을 유지시키는 것을 가리키는 것으로 해석한다.

때문이다.[66] 또 맹자가 다른 곳에서 윤리적 실패를 심을 '잃는' 문제라고 서술하여서, 윤리적 실패가 심을 수반하는 어떤 것인 것처럼 묘사한 것이 문제인 것도 아니다. 비록 윤리적 실패가 심의 상실을 수반하더라도, 아마도 이 상실은 주로 감각의 작용 때문일 것이다. 또한 왕부지(695)가 제기한 것도 문제라고 하기 어렵다. 그는 맹자가 윤리적 실패를 사람에게 좀 더 덜 중요한 부분을 따르는 것이거나(「고자상」 15장) 덜 중요한 부분을 위해서 더 중요한 부분에 해를 끼치는 것이라고(「고자상」 14장) 했으므로, 덜 중요한 것을 따르고 덜 중요한 것을 위해 더 중요한 것에 해를 끼치는 주체가 있어야만 한다고 생각했다. 그 주체는 왕부지에 따르면 심이므로, 윤리적 실패는 여전히 심으로 추적해갈 수 있다. 주체가 심이어야 한다는 주장이 전적으로 명확한 것은 아니다. 주체는 전체로서의 사람일 수도 충분히 있기 때문이다. 왕부지의 주장이 옳다고 해도, 감각을 주요한 윤리적 실패의 근원으로 여전히 간주할 수 있는데, 그것은 언제나 감각의 편향이 심으로 하여금 덜 중요한 부분을 따르게 한다는 점에서 그렇다.

오히려 문제가 되는 것은 윤리적 실패는 여러 방향에서 일어날 수 있는데, 「고자상」 15장에서 제시된 것과는 상반되게, 때로는 윤리적 실패가 주로 심에 근원하는 것처럼 보인다는 것이다. 예를 들어, 잘못된 학설에 동의하는 것은 감각의 작용이기보다는 주로 심의 기능의 잘못으로 돌릴 수 있다. 또 윤리적 실패로 이끄는 모든 왜곡된 욕망이 감각의 작용에 기원한 것인지도 명확하지 않다. 예를 들어, 영토 확장에 대해 군주가 몰두하는 것이 감각적

66) 감각의 작용이 심을 포함한다는 생각은 특정한 초기 문헌들(예를 들어, 『여씨춘추』 5/9b.6-10a.1)에서 발견되고 왕양명(예를 들어, no. 201)과 같은 후기 유학자들에 의해 강조된다.

만족을 위한 그의 욕망에서 나왔을 수도 있긴 하지만, 감각적 만족과 반드시 연결되지 않는 권력에 대한 욕망에서 기인한 것일 수도 있는 것이다. 왕부지는 관련된 문제를 사思의 문제로 정리했다.「고자상」15장에서는 사를 하면 윤리적 이상을 얻을 수 있다는 언급이 있지만, 사가 어떤 종류에 대해서도 생각하는 것이라면 사도 잘못될 수 있을 것이다. 왕부지(701)가 이 문제에 대해 제시한 대답은 맹자가「고자상」15장에서 언급한 종류의 사는 모든 종류의 반성이 아니고 의義를 향한 사라는 것이다. 이 제안은 5장 2절 1)에서 서술한 사에 대한 해석, 즉 사를 의에 대해 깊이 생각하고 추구하는 것을 수반하는 것으로 해석한 것과 맞아 떨어진다. 하지만 비윤리적 행위가 심의 특정한 작용으로부터 기인할 수 있다는 점은 여전히 남는다. 비록 그런 심의 작용은「고자상」15장에서 언급한 사의 종류의 경우는 아니라 할지라도 말이다.

윤리적 실패의 두 가지 주요한 원인을 치료함에 있어서 잘못된 가르침에 대한 하나의 처방은 그들의 오류를 드러내는 것이고, 이를 맹자는 논쟁에 참여하는 이유로서 제시했다(「등문공하」9장). 왜곡된 욕망의 경우 이 욕망들은 사람으로 하여금 윤리적 이상을 거부하게 이끌거나, 어느 정도 윤리적 이상에 이끌리더라도 행동할 순간이 올 때는 윤리적 고려 사항에 대한 시야를 놓쳐 버리게 하거나, 능력 부족이란 말로 자신의 노력 부족을 합리화하게 할 수 있다. 한 가지 치료방법은 그런 욕망의 영향 하에 있는 사람에게 윤리적이 되는 것이 자신이 욕망하는 것과 갈등하기보다는 자신이 욕망하는 것을 가져온다고 확신시키는 것이며, 맹자는 종종 그런 전략을 사용했다. 예를 들어, 맹자는 양혜왕에게 인의의 실천이 바람직한 정치적 결과를 가져올 것이라고 말했으며(「양혜왕상」1장), 제선왕에게는 인정仁政과 자신이 즐기는 것을 백성들과 나누는 것이 왕이 크게 원하는 것과 상충하지 않을 뿐 아니라 그 원하는 것을 성취할 수 있도록 도와줄 수도 있다고 말했다(「양혜왕상」 7장; 「양혜왕하」 1 · 5장).

이런 전략의 사용은 맹자가 인의를 그것이 개인적인 이득을 가져온다는 근거에서 주장했던 것 같은 인상을 줄 수 있다. 크릴(H. G. Creel)은 이런 구절을 근거로 맹자가 일종의 '계몽된 이기심'을 주장하고 있다고까지 했다.[67] 이는 맹자와 양혜왕, 제선왕의 대화중의 일부분에 대한 서술일지는 몰라도, 맹자의 견해를 전체적으로 포착한 것은 아니다. 맹자가 군주들에게 말할 때 정치적 이득에 호소하기는 했지만, 그가 또한 심의 윤리적 성향에 함축된 발전 방향을 실현하고자 한다는 의미에서 유가적 이상을 옹호했었다는 것을 우리는 목격했다. 비록 그런 이득에 사로잡힌 군주들에게 동기를 부여하는 데 도움을 주기는 했겠지만, 정치적 이득에 대한 호소가 인의를 실천하는 근거에 대한 맹자의 기본적인 견해를 정확히 대변하는 것은 아마도 아닐 것이다.[68]

윤리적 실패에 대한 논의를 완결하기 위해서 선善과 유사한 외양을 지닌 것에 대한 맹자의 견해를 다루어 보도록 하자. 맹자에 따르면 인의를 실천하는 것은 다른 이의 인정을 획득하고 좋은 평판을 가져다주는 것이지만, 그런 목적 때문에 인의를 실천하는 것은 진정으로 윤리적인 것이 아니며 일정한 외형적 유사성을 획득하는 것에 불과하다. 「고자상」 17장에서 맹자는 좋은

67) Creel, *Chinese Thought*, pp. 86-87. 대조적으로, 채신안은 맹자가 인의가 세상에 도움이 된다는 근거에서 인의의 실천을 두둔한 것으로 해석한다.(「從當代」, pp. 406-8; 『道德抉擇理論』, pp. 150-54)

68) 다음을 참조하라. 李明輝, 『儒家與康德』, pp. 148-52, 183-94; 袁保新, pp. 138-39, 146-50.

평판을 인의를 가진 결과로 서술했지만, 심의 자발적인 반응을 서술한 「공손추상」 6장과 「등문공상」 5장에서는 심의 반응이 다른 사람의 인정을 받기 위한 쪽으로 향한 것이 아님을 강조했다. 「진심하」 11장은 명성을 만들어낸 사람이 어떻게 특정한 방식으로 행동할 수 있는지를 서술한 것으로 해석될 수 있다. 천대의 전차를 보유한 나라를 양보하지만 갑자기 허를 찔렸을 때 진정한 자신을 드러내어 한 그릇의 밥과 한 그릇의 국조차 양보하기를 꺼려하는 것과 같은 행태를 묘사하고 있는 것으로 말이다. 하지만 이것이 가능한 유일한 해석인 것은 아니다. 「진심하」 11장은 조기(『맹자주』), 장식, 손석에 의해 자신을 위해 명성을 쌓는 사람과 그렇지 않은 사람이라는 두 종류의 사람을 묘사하고 있는 것으로 해석되었다.

다른 이의 인정을 목표로 하면서 선善의 외양만을 지닌 사람에 대한 가장 정교한 설명은 「진심하」 37장에서의 '평판이 좋은 동네사람(향원)'에 대한 서술이다. 『논어』(「자로」 21장; 「양화」 13 · 18장. 「자로」 24장도 참조)에서 나타난 생각들을 언급하고 있는 이 장에서, 맹자는 자신의 동료로서 도道와 합치하는 이를 찾는 데 실패했으니 무모한 이들과 결벽한 이들을 선택한다는 공자의 말을 상세히 설명하고 있다.[69] 무모한 이들은 옛사람들처럼 되려고 열망하면서 앞으로 돌진하는 이들로 묘사된다. 결벽한 이들은 특정한 일은 결코 하지 않는 이들로 성격 지운다. 특정한 일은 하지 않는다는(不爲) 생각은 「이루하」 8장과 「진심상」 17장에 부각되어 있으며, 「진심하」 31장에서는 의義와 연결되는데, 「진심하」 31장은 벽을 뚫거나 타고 넘어가서 아내를 얻지는 않는 사례(「등문공하」 3장 참조)와 모욕적인 언사를 받아들이지 않는 사례(「고자

69) 여기서 나는 '중도中道'의 '중'이 동사적으로 사용되었다고 본다.

상」 10장 참조)를 제시하고 있다. 특정한 일을 하지 않는다는 생각은 또 「진심하」 37장에서의 정결하지 않은 것을 경멸하는 것과(不屑) 연결되며 맹자가 자신을 향상시키는 데 결정적인 것으로 간주했던 자신보다 아래로 낮추어진 느낌인 치恥(「진심상」 7장. 6장도 참조)와 아마도 관련이 있을 것이다.[70] 평판이 좋은 동네사람은 삶의 방식이 사회적 평가에 전적으로 맞추어진 사람으로 성격 지워진다. 그의 목적은 다른 사람의 좋은 평가이며, 그의 삶을 거기에 따라 맞추었기 때문에 그에게서 명백히 비판할 만한 그 어떤 것도 찾기 어렵다. 그의 삶의 방식은 선해 보이며, 모든 사람은 그를 인정하고, 그는 자신이 제대로 살고 있다고 간주한다. 하지만 비록 사람들이 그가 덕德을 가진 것으로 착각하기 쉬울 만큼 덕을 가진 사람을 닮았고 그래서 덕의 이름을 그에게 줄지라도, 그가 진정한 덕을 보유하고 있는 것은 아니다. 이런 의미에서 그는 덕의 도둑이다.

무모한 사람과 결벽한 사람에게 공통적인 것은 옛사람과 비슷하고자 하는 열망에 의해, 또는 자신보다 아래로 낮추어진 느낌(恥)에 의해 자신을 향

70) 「진심상」 6장의 "무치지치무치의無恥之恥無恥矣"란 표현에 대해서 다른 해석들도 있어 왔다. 초순은 "치恥가 부족한데서 치를 가지는 것으로의 이동은 사람으로 하여금 치에서 벗어나게 한다"로, 주희(『맹자집주』)가 인용하고 장식이 승인한 조기는, "치가 부족함을 치하는 것은 사람으로 하여금 치에서 벗어나게 한다"로, 라우와 양백준은 "치를 가지지 않은 치가 진실로 치가 없음이다"로 각각 해석했다. '무치'와 '치'를 연결하는 '지之'가 비록 종종 한 장소에서 다른 장소로 움직인다는 의미로 쓰였지만, 초기 문헌에서는 한 성격에서 다른 성격으로의 변화를 가리키는 것으로 거의 사용되지 않았기 때문에(양백준 참조), 첫 번째 해석은 가능성이 낮다. 두 번의 '무치'를 다르게 읽는 나머지 두 해석 사이에 판정을 내리기는 어렵다. 첫 번째 '무치'는 자신보다 아래로 낮추어져 있다는 느낌을 가지고 있지 않음을 가리키고, 두 번째 무치는 자신보다 아래로 낮추어져 있는 것들로부터 벗어나는 것을 가리키는 것으로(두 번째 해석), 아니면 자신보다 아래로 낮추어져 있다는 느낌을 진실로 결여하고 있는 것을 가리키는 것으로(세 번째 해석) 각각 해석된다. 어떤 해석을 채택하건 「진심상」 6장은 치의 중요성을 분명히 강조하고 있다.

상시키고자 하는 의욕을 가지고 있다는 점이다. 이것이 평판이 좋은 동네사람이 이들과 다른 한 가지 주요한 측면이다. 평판이 좋은 동네사람은 다른 사람의 인정을 얻는 것을 넘어서서 자신을 향상시키려고 진지하게 전념할 의욕이 전혀 없다. 그는 만족하고 있으며 다른 사람의 인정을 얻는 한 제대로 살고 있다고 간주한다. 평판이 좋은 동네사람은 자기 자신을 위해(爲己) 자신을 향상시키고자 하기보다는 남을 위해서(爲人) 그렇게 하는 전형적인 케이스이며, 다른 사람의 인정을 위해서 선을 실천하는 것은 그가 실천하는 것이 진정한 선이기보다는 외양만 유사한 것을 실천하는 것이게 한다.[71)]

다른 사람의 의견에 맞추어 사는 사람들에 대한 맹자의 비판을 고려하면, 맹자 자신이 때때로 수양이 다른 사람의 반응에 의해 인도되어야 하는 것처럼 말했던 것은 이해하기 어려워 보일 수 있다. 예를 들어 「이루상」 4장에서는 사랑과 다스림과 예의에 대해 다른 사람이 애정과 질서와 예의로 답하지 않을 경우, 인仁, 지智, 경敬으로 자신을 점검해야 한다고 말하고 있다. 이 장은 또 일반적으로 다른 이들과의 관계가 무난하지 않을 때는 언제나 자신을 점검하라는 진술을 하고 있다. 「이루하」 28장도 마찬가지로 군자가 다른 이와의 관계가 무난하지 않을 때마다 어떻게 자기반성을 하는지를 서술하고 있고, 「공손추상」 7장23은 인의 실천을 궁술과 비교한다. 과녁에 빗나갔을 때는 자신을 제대로 바르게 했는지 자기 자신을 돌아보아야 한다. 이런 언급들은 수양된 사람의 감화력에 대한 맹자의 견해에 의해 아마도 설명될 것이

71) 「이루하」 6장은 진정한 예禮와 의義가 아닌 종류의 예와 의를 언급한다. 이것은 평판이 좋은 동네사람의 경우와 같은 상황을 묘사하는 것으로 해석될 수 있다. 사람이 겉보기에는 그렇게 보이지만 실상은 예와 의에 부합하지 않는다. 하지만 이 장은 일을 과도하게 하는 것에 대해 말하는 것으로 해석될 수도 있다. 공손한 태도가 예이긴 하지만, 지나치게 공손한 것이 예처럼 보일지라도 예는 아니다.(예를 들어 정자程子를 인용한 장식)

다. 수양된 사람은 다른 이로부터 특정한 반응을 이끌어내므로, 적절한 반응이 없는 것은 자신의 성품에서 결여된 것을 드러낸다. 다른 이의 반응에 비추어 자신을 변화시키는 데 있어서, 다른 사람의 반응을 수양의 목표로 삼지 않고 단지 자신의 발전을 측정하는 한 방법으로 이용할 따름이다.

옮긴이 주

1 『묵자』, 「耕柱」, "巫馬子謂子墨子曰…… 可譽而不譽, 非仁也."(MT46/52-60)

2 『묵자』, 「兼愛中」, "此何難之有焉…… 古者聖王行之"(MT15/29-31); 「兼愛下」, "兼即仁矣義矣…… 此自先聖六王者親行之."(MT16/46-48)

3 『예기』, 「檀弓下」, "齊大饑…… 其謝也可食."(LC3/18a.5-b.2)

4 『시경』, 「邶·綠衣」 3-4장(SC27/3-4); 「邶·燕燕」 4장(SC28/4); 「邶·簡兮」」 3장(SC38/3); 「鄭風·褰裳」 1-2장(SC87/1-2)

5 『시경』, 「邶·二子乘舟」 1-2장(SC44/1-2); 「衛風·伯兮」 3-4장(SC62/3-4); 「王風·君子于役」 1장(SC66/1)

6 『시경』, 「谷風之什·谷風」 3장(SC201/3)

7 『시경』, 「邶·柏舟」 4-5장(SC26/4-5); 「魏風·園有挑」 2장(SC109/2); 「唐風·蟋蟀」 1-3장(SC114/1-3)

8 예를 들어 『논어』, 「헌문」 12장 및 「계씨」 10장, 「자장」 1장; 『좌전』, 昭公10年傳·夏, "思義爲愈"(TC627/14); 昭公31年傳·冬, "行則思義."(TC736/9)

9 『국어』, 「魯語下」, "夫民勞則思, 思則善心生, 逸則淫, 淫則忘善, 忘善則惡心生.…… 瘠土之民莫不向義, 勞也."(KY5/8a.11-8b.2)

10 『국어』, 「吳語」, "我遂踐其地."(KY19/10b.2)

11 『장자』, 「馬蹄」, "馬, 蹄可以踐霜雪…… 此馬之真性也."(CT9/1)

12 『국어』, 「周語下」, "足以踐德."(KY3/2a.1)

13 예를 들어 『좌전』, 僖公12年傳·冬, "往踐乃職"(TC159/14); 『국어』, 「楚語上」, "夫子踐位則退, 自退則敬, 否則赧."(KY17/2b.1)

14 예를 들어 『좌전』, 僖公27年傳·冬, "德義, 利之本也."(TC200/12); 成公2年傳·夏, "義以生利"(TC339/10); 成公16年傳·夏, "義以建利"(TC391/1); 襄公9年傳·夏, "利, 義之和也."(TC437/6); 昭公10年傳·夏, "義, 利之本也"(TC627/14); 『국어』, 「周語中」, "夫義所以生利也…… 不義則利不阜."(KY2/1b.9-11); 「晉語」, "民之有君, 以治義也.…… 義以生利, 利以豐民"(KY7/5b.9-10); 「晉語」, "大義者, 利之足也.…… 廢義則利不立, 厚貪則怨生"(KY8/7b.9-11); 「晉語」, "義以導利."(KY10/8b.5) 다음을 참조. 『국어』, 「周語下」, "言義必及利"(KY3/3a.1-2); 「周語下」, "利制能義."(KY3/3b.2)

15 예를 들어 『여씨춘추』, 「尊師」, "義之大者, 莫大於利人"(LSCC4/10b.7); 「上德」, "行義於鄭…… 故義之爲利博矣"(LSCC19/11b.4-5); 「無義」, "故義者, 百事之始也, 萬利之本也"(LSCC22/4b.1-2); 「應同」, "凡兵之用也, 用於利, 用於義…… 中主猶且爲之, 況於賢主乎?"(LSCC13/10b.5-7)

16 예를 들어 『여씨춘추』, 「忠廉」, "故臨大利而不易其義, 可謂廉矣."(LSCC11/9b.9-10)

17 『여씨춘추』, 「愼行論」, "君子計行慮義…… 則可與言理矣."(LSCC22/1a.8-1b.1)

18 예를 들어 『회남자』, 「詮言訓」, "唯弗求者能有之."(HNT14/8a.2)

19 예를 들어 『열자』, 「說符」, "行善不以爲名而名從之…… 故君子必愼爲善."(LiT8/7a.6-8)

20 『묵자』, 「尙同下」, "何也? 其以尙同爲政善也…… 曰必疾愛而使之"(MT13/56); 「節葬下」, "死則既以葬矣…… 今執厚葬久喪者之言曰"(MT25/57); 「非命上」, "惰於從事…… 從事不疾"(MT35/37); 「非命中」, "我罷不肖…… 以教眾愚樸人久矣."(MT36/23)

21 『묵자』, 「兼愛上」, "譬之如醫之攻人之疾者然, 必知疾之所自起, 焉能攻之; 不知疾之所自起, 則弗能攻."(MT14/2)

22 『국어』, 「晉語」, "文子曰, 豎及國家乎?…… 固豎官也."(KY14/10a.11-10b.1)

23 『예기』, 「射義」, "射者仁之道也…… 反求諸己而已矣."(LC20/12a.5-7 참조)

Hsing

6장

성性

1. 인성

1) '성'의 용법

맹자의 수양에 대한 견해를 고려했으니, 이제 인성人性에 대한 그의 견해로 가보자. 에임스(Roger T. Ames)는 최근에 '인성人性'을 '인간의 본성'(human nature)이라고 하는 통상의 번역에 문제를 제기하였다. 맹자가 인간에 관한 특정한 것들은 학습되지 않았고 모든 인간에게 공유되는 것이라고 믿었을지 모르지만, 인성은 학습되지 않고 공유된 것을 배경으로 이룩된 문화적 성취에 가까운 것으로 보았다는 것이다.[1] 이 제안은 논쟁을 야기했는데, 논쟁은 단지 번역의 문제만이 아니라 '성'이란 용어가 『맹자』에서 어떻게 사용되었고 맹자가 인성을 어떻게 보았는지 등의 실질적인 쟁점을 담고 있다.[2] 이들은 구별되면서도 서로 연관되는 문제들이다. 예를 들어 '성'이란 용어는 아마도 그 자체로는 학습되지 않고 공유된 어떤 것이라는 함의를 가지고 있지 않을지라도, 맹자는 인성을 구성하는 것은 학습되지 않고 공유된 어떤 것이라고 간주했을 수 있다. 나는 이 두 문제를 차례로 다루겠다.

우리는 2장 3절 1)에서 '성'이란 용어가 초기 문헌에서 어떤 사물이 생애 전체에 걸쳐 성장하는 과정의 방향과, 살아 있기 때문에 가지는 그 사물의

1) Ames, 특히 pp. 143-45.

2) 예를 들어, Bloom, "Mencian Arguments"; 劉述先, "Some Reflections."

필요와 욕구, 또는 사물의 특징적 경향성이나 성향을 가리키는 데 사용되었음을 보았다. 『맹자』에서 최소한 몇몇 경우는 사물의 특징적 경향성을 가리키는 것으로 '성'을 사용한다. 이는 「진심상」 21장과 30장, 「진심하」 33장에서의 '성'의 동사적 용법에서 볼 수 있으며, 「고자상」 6장과 8장에서 '성'과 '정情'(사실, 진짜인 것인)을 유사하게 사용하는 용법에서 볼 수 있다.

'성'은 「진심상」 21장과 30장, 「진심하」 33장에서 동사로 사용된다. 「진심상」 21장에는 "군자소성君子所性"(군자가 성하는 바)이라는 구절이, 「진심상」 30장에는 "요순성지야堯舜性之也"(요순은 그것을 성한다)라는 구절이, 「진심하」 33장에는 "요순성자야堯舜性者也"(요순은 성하는 자들이다)라는 구절이 있다. 각각의 구절에서 성은 아마도 인仁이나 인의예지와 관련이 있을 것이다. 「진심상」 21장은 욕망하는 것과 즐거움을 얻는 것과 성性하는 것을 대조하고 있는데, 여기에서 성의 대상은 인의예지이다. 「진심상」 30장에서는 그것을 성性한 요와 순, 그것을 체화한(身) 탕湯과 무武, 그것을 이용하거나 그것을 가장한(假) 오패五霸를 대조하고 있다. 패자霸者는 「공손추상」 3장에서 인을 이용하거나 인을 가장한 사람으로 묘사되고 있으므로, 「진심상」 30장에서 '성'의 대상은 아마도 인仁일 것이다. 「진심하」 33장에서는 성性한 요와 순, 그것으로 돌아간(反之) 탕과 무를 대조하고 있다. 「진심상」 30장과 비교해보면 「진심하」 33장에서의 대조가 이들 인물들의 인仁과의 관계에 대한 것일 가능성이 높음을 보여준다.

「진심상」 21장을 먼저 고려해보자. 주석가들은 군자가 인의예지라는 윤리적 속성을 성性하는 것이 무엇을 의미하는지에 대해 최소한 세 가지 해석을 제시한다. 첫째는 군자는 태어나면서 윤리적 속성을 갖는다는 것이다. 예를 들어 주희(『맹자집주』; 『주자어류』 1443~44)는 '군자소성君子所性'을 군자가 천天으로부터 받은 것을 가리킨다고 보며, 장식은 군자가 태어나면서 받은 것을 가리킨다고 본다. 이런 식의 해석은 레게의 번역에도 함축되었는데, 어떤 상황도 군자가 성性하는 것에 더 보태지 않고 덜어내지도 않는다는 것은 윤리적 속성은 태어나면서 군주에 속하고 상황에 따라 변하지 않는다고 말하는 것이다.

두 번째 해석에서 무언가를 성性한다는 것은 자신을 수양해서 그것이 진실로 자신의 일부가 되게 하는 것이다. 에임스(Roger T. Ames)가 "군자가 (성으로) 수양하는 것"이라고 '군자소성'을 번역한 것을 고려해보면, 그는 아마도 이런 방식으로 해석했을 것이다.[3] 여기서 상황에 의해 영향 받지 않는다는 언급은 좋은 상황이든 좋지 않은 상황이든 상관없이 어떤 상황에 의해서도 좌우되지 않을 정도의 확고함을 가지고 자신의 윤리적 속성을 수양해냈다는 주장이 된다.

이 구절에 대한 왕부지(738-40)의 언급은 세 번째 해석을 시사한다. 즉 군자가 어떤 것을 성性하는 것은, 그것을 성으로 간주하여 그것을 따르고 기르는 것을 의미한다는 것이다. 이 해석은 그레이엄(A. C. Graham)과 모종삼도 제안했고, 라우와 웨어의 번역에도 반영되어 있다.[4] 이 해석은 「진심상」 21장과 「진심하」 24장을 연관시키는데, 「진심하」 24장에서의 맹자의 관심도 성으로 합당하게 간주될 수 있는 것이 무엇이냐에 관한 것으로 보인다. 이 해석에서 상황에 의해 영향 받지 않는다는 언급은 윤리적 속성이 자신의 통제 안에 있기 때문에 군자는 윤리적 속성을 성으로 여긴다는 주장으로

3) Ames, p. 153.

4) 牟宗三, 『圓善論』, p. 161; Graham, "Background," pp. 32, 38.

해석될 수 있다. 사람은 상황과 상관없이 윤리적 속성을 얻을 수 있지만, 광활한 영역과 광대한 인구를 통제하거나 천하의 중심에 서서 백성들에게 평화를 가져다주는 것은 상황에 달려 있다. 예를 들어 안회는 전자는 얻었지만 후자는 얻지 못했다.

이 세 가지 해석 모두 「진심상」 30장과 「진심하」 33장에 적용될 수 있다. 첫째 해석은, 요·순은 배우고 수양해서 인仁을 얻은 탕무와 다르게 배움과 수양의 필요 없이 태어나면서부터 인하다고 말할 것이다.[5] 둘째 해석은, 요·순은 진실로 인을 체화하여 어떤 노력도 없이 실천할 수 있다는 점에서 성인性仁했다고 말할 것이다.[6] 그리고 셋째 해석은, 요·순이 인을 그들의 성으로 여기고 기르고 따랐다는 점에서 성인性仁했다고 말할 것이다.[7]

첫째 해석은 윤리적 속성이 군자(「진심상」 21장)와 요·순(「진심상」 30장; 「진심하」 33장)에게 태어나면서부터 속한다고 해석한다. 이러한 점이 아마도 군자나 요·순을 이들과 대조되는 사람들과 구별시켜줄 것이다. 이 해석은 가능성이 낮은데, 맹자가 사람들이 태어나면서부터 윤리적 자질에 있어서 다르다고 여긴 어떤 증거도 『맹자』에서 찾을 수 없기 때문이다. 도리어 「고자상」 7장에서 맹자는 옛 성인들과 다른 사람들은 같은 종류이며, 성인을 구분하게 하는 것은 모든 사람의 심에 공통된 것을 처음으로 발견하고 얻었다는 점이라고 주장했다. 「이루하」 32장에서 맹자는 요·순이 기본적으로

5) 예를 들어, 주희(『맹자집주』)와 허겸의 경우이다. 그레이엄은 「진심상」 30과 「진심하」 33장에서의 '성'이 '본성상 가지고 있는 것'이라고 했을 때 아마도 비슷한 해석을 염두에 두었을 것이다.("Background," p. 28)

6) 에임스는 「진심상」 30장에서의 '성지性之'를 이런 방식으로 해석한다.(p. 160)

7) 왕부지는 「진심상」 30장에서의 '성지'를 이런 방식으로 해석한다.(738-40)

다른 사람과 같음을 강조했고, 「이루하」 28장에서는 순이 다른 모든 사람과 같은 사람이라고 말했다. 「이루하」 19장에서 맹자는 오직 약간의 요소만이 인간을 다른 동물과 구분 짓게 하며, 다른 사람으로부터 군자를 구분 짓는 것은 군자만이 이 요소를 보존하기 때문이라고 말하였다. 비슷한 주장이 「이루하」 28장에 암시되어 있다. 또 「이루하」 28장에서 맹자는 군자를 윤리적 속성을 열망하는 사람으로 그리고 있는데, 이는 맹자가 군자를 태어나면서부터 윤리적 속성을 가진 사람으로 여겼을 가능성이 별로 없음을 보여준다. 「이루하」 14장도 비슷한 함의를 가진 것으로 읽을 수 있다. 「이루상」 10장(「진심상」 33장 참조)에서 인이 편하게 거주할 수 있는 곳으로 묘사되었으므로, 군자가 얻으려고 열망하는 것과 군자가 편안히 거하는 곳은 아마도 인仁일 것이다.[8)]

다른 두 해석과 관련해서, 셋째 해석에 대해 한 가지 주요한 반론이 제시된다. 셋째 해석은 '성'의 동사적 용법이 "사람의 성으로 여기다"를 의미한다고 해석한다. 이 해석을 택하게 되면, 「진심상」 21장에서의 '욕欲'과 '낙樂'의 동사적 용법 및 「진심상」 30장에서의 '신身'과 '가假'의 동사적 용법도 유사하게 읽어야 한다. 하지만 이 글자들 가운데 몇몇은 그렇게 읽는 것이 쉽지 않다. 예를 들어 왕부지(739)는 「진심상」 21장에서 이런 시도를 하는데, '욕'과 '낙'의 동사적 용법을 사람이 어떤 것을 욕구한다고(欲) 간주하거나, 어떤 것에 기쁨을 느낀다고(樂) 간주하는 의미로 해석한다. 하지만 '욕지欲之'와 '낙지樂之'는 "그것을 욕구하다"와 "그것에 기쁨을 느끼다"로 읽는 것이 더 간편하게 보인다. 그리고 「진심상」 30장에서 '가'는 어떤 것을 가假로 여긴다기보

8) 왕부지도 「진심상」 21장에 대한 이런 해석에 반대한다.(738-39)

다는 어떤 것을 이용하거나 어떤 것을 실천하는 것처럼 가장하는 것으로 보인다. 왜냐하면 「공손추상」 3장에서도 패자가 가인假仁으로 묘사되는데 여기서 가인假仁은 행인行仁(인을 실천에 옮기다)과 대조되고, 따라서 아마도 인을 이용하거나 인을 실천하는 것처럼 가장하는 것과 관련이 있을 것이기 때문이다.

이렇게 해서 우리에게는 '성'의 동사적 용법이 어떤 것을 체화하거나 자신의 일부분으로 만드는 것을 의미한다고 여기는 두 번째 해석만 남게 된다. 2장 3절 1)에서 우리는 '성'이 명사로서 사물의 특징적인 경향성을 가리키는 것으로 사용될 수 있으며, 이 명사로서의 '성'은 방금 묘사한 동사적 용법과도 부합된다는 것을 보았다. 따라서 '성'의 동사적 용법에 대한 두 번째 해석을 지지하는 논변은 성의 명사적 용법을 이런 식으로 해석할 이유를 어느 정도 제공한다.

더 직접적인 증거는 『맹자』에서 '성'이 '정情'과 관련되는 방식에서 찾을 수 있다. 「고자상」 6장에서 성에 대한 입장에 대해 질문 받았을 때 맹자는 정에 대해 말하는 것으로 대답을 했다. 「고자상」 8장에서 식물 생장의 비유를 사용해서 타락한 사람조차도 일정한 윤리적 자질을 타고났다고 주장할 때, 맹자는 산의 성에 대한 이야기에서 사람의 정에 대한 것으로 이야기를 전환한다. 이런 언급들은 맹자에게 있어서 성과 정이 매우 밀접하게 연관되고 있음을 시사해준다. 성과 정은 다른 초기 문헌에서도 연결되어 있다. 예를 들어, 『상군서』[1]에서는 일반백성의 성에 대해 배고플 때는 음식을, 지쳤을 때는 휴식을, 비참할 때는 즐거움을, 치욕스러울 때는 명예를 각각 찾는 것으로 묘사하면서, 이것들을 일반백성의 정이라고 하였다. 또 '성'과 '정'은 둘 다 초기 문헌에서 감각과 감각의 이상적인 대상 간의 관계를 기술하는 것으로 사용되었다. 한편으로 『맹자』는 감각과 그것의 이상적인 대상의 관계를 성으로 기술하고(「고자상」 7; 「진심하」 24장), 『여씨춘추』의 양주 장들 중 '자화자' 구절에서는 양주 장들에서 '성'과 바꿔 사용될 수 있는 용어인 '생'이 감각적 욕망으로 기술된다.[2] 다른 한편으로 『여씨춘추』의 양주 장들[3]과 다른 장들[4]에서는 감각과 그것의 이상적인 대상과의 관계가 정으로 기술된다.

이 두 용어의 관계를 좀 더 잘 이해하기 위해서 우선 '정'의 용법을 고려해보도록 하자. '정'은 초기 문헌에서 종종 어떤 사태에 대한 사실들을 가리키는 것으로 사용되었다. 예를 들어 어떤 사람에 대해 판결을 내릴 때 그 상황의 정情의 인도를 받아 판결해야 하며,[5] 정치에 있어서도 아랫사람들의 정을 이해하는 것이 중요하다.[6] 정은 다른 사람에게 알릴 수 있는 어떤 것이거나[7], 숨길 수 있는 어떤 것[8], 또는 들을 수 있는 어떤 것이다[9], 정은 때때로 사물이 진짜로 그러한 방식인 실實과 관련을 맺으며[10], 명성과 대조되고[11] 그릇된 외양(僞)과 대조된다.[12] X의 정에 대해 말하는 'X之情'의 맥락에서 쓰일 때 '정'은 일반적으로 X의 특정한 특징적 성질을 가리킨다. 예를 들어 이상적인 대상을 욕구하는 것은 감각의 정이며,[13] 삶과 명예를 욕구하고 죽음과 불명예를 싫어하는 것은 인간의 정이다.[14] X의 정은 때로 각각의 개별 X에게는 적용되지 않는 한 집단으로서 특정한 X의 특징적 성질일 수 있다. 예를 들어, 백성이 저마다 다른 능력을 가진 것을 백성의 정이라고 묘사하고,[15] 성별의 차이를 인간의 정이라고 묘사한다.[16] 하지만 종종 X의 정은 각각의 개별 X에 존재하기 때문에 집단으로서의 X에 존재하는 특징적인 성질들을 포함한다. '정'이 각각의 이상적인 대상을 추구하는 감각들의 성향을 가리키는 데 사용되거나 인간이 가진 욕구나 혐오를 가리킬 때 사용되는 경우에서처럼 말이다.

'정'이 어떤 종류의 사물들의 특징적인 성질로 사용될 때, '정'은 자주 이런 종류의 사물들이 진짜로 어떠한지를 드러내는 심층의 성질을 가리킨다. 예를 들어 『국어』에서는 어떤 사람의 정은 그 사람의 실實이라고 묘사되거나, 그 사람의 겉모습 이면에 있으면서 그 사람이 진짜로 어떤 사람인지를 드러내주는 것으로 묘사된다.[17] 『여씨춘추』에서는 가르침의 정,[18] 값진 것의 정,[19] 음악의 정,[20] 장례의 정[21] 등이 당대의 관습이나 의견과는 반대로 진짜로 어떤 것에 해당하는지를 제시한다. 그리고 『묵자』에서 정은 성인조차도 바꿀 수 없는 어떤 것으로 제시된다.[22]

이런 이유로 나는 그레이엄(A. C. Graham)이 '정'을 "한 사물이 진짜로 그러한 것"으로 해석한 데 동의하고 싶다. 하지만 그레이엄을 따라서 '정'을 '본질'로 번역하고 정을 아리스토텔레스적인 본질로 해석하는 것에는 주저하게 된다. 부분적으로는 아리스토텔레스 사상의 틀을 초기 중국사상가에게 적용하는 것에 주저하기 때문이고, 또 부분적으로는 초기 중국사상가들이 본질적인 속성과 우연적인 속성을 구분했는지 불명확하기 때문이다.9) 그레이엄은 『장자』에서 정이 없는 사람을 사람이라고 할 수 있는지 질문하는 혜시를 인용하면서[23] '정'을 '본질'로 해석하는 것을 옹호한다. 우리의 주의를 혜시의 질문에 한정하고, 여기서는 혜시와 장자가 '정'의 용법에 대해 서로 동의하지 않았다는 사실은 잠시 제쳐두기로 하자. 또 혜시의 질의에서 '정'이 감정을 가리킬 수 있다는 가능성도 접어두기로 하자. 그렇게 한다고 해도 우연적인 것에 반대되는 본질적인 것이라는 함의를 반드시 동반해야 할 필요 없이,

9) Graham, "Background," pp. 33, 59-65; Graham, *Disputers*, pp.98-99 참조.

여전히 혜시의 질문에서의 '정'은 특히 두드러지고, 두루 퍼져 있으며, 변경하기 어려운 인간의 특징적인 성질을 가리킬 수 있을 것이다.[10)]

앞서의 논의가 보여준 것은 '정'이 초기 문헌에서 어떤 종류의 사물들이 정말로 어떠한지를 드러내는 특징적인 성질을 가리키는 데 사용될 수 있다는 것이다. 그보다 앞서 우리는 『맹자』와 다른 초기 문헌에서 '성'의 용법이 '정'과 연결되어 있음을 보았다. 또 2장 3절 1)에서 우리는 '성'이 초기 문헌에서 사물의 특징적인 경향성을 가리키는 데 사용될 수 있음을 보았다. 이런 관찰은 '성'의 용법과 '정'의 용법이 아마도 다음과 같은 방식으로 연결되고 있을 것임을 시사한다. X의 정은 X가 진짜로 어떠한지를 드러내는 X의 특징적인 성질과 관련이 있다. 이제 X의 정은 때때로 백성들의 능력에 차이가 있음을 백성의 정이라고 묘사할 때처럼 집단으로서의 X에는 존재하지만 그 집단의 구성원 각각에게는 없는 성질일 수 있다. 하지만 일반적으로 X의 정은 개별적인 X에 존재하는 성질, 특히 각각의 개별 X가 가진 경향성과 관련이 있다. 예로는 삶에 대한 욕구와 죽음에 대한 혐오를 가리켜 인간의 정이라고 한다거나, 감각들이 각각의 이상적인 대상들로 끌리는 것을 감각의 정이라고 가리키는 것 등을 들 수 있다. '정'이 그런 경향성을 가리킬 때, 그 경향성들은 X의 성이라고도 언급되며, 이로써 '성'과 '정'의 용법의 유사성이 설명된다.

하지만 여전히 이 둘 사이에는 강조의 차이점이 존재한다. '정'이 X가

10) 나는 그레이엄에 대한 논의에서 블룸과 노르덴의 논평으로부터 도움을 받았다. 그레이엄은 특정한 윤리적 성향은 인간에 의해 공유되며 그런 성향을 결여하는 이들은 인간이 아니라는 주장이 들어 있는 『맹자』('정'이 등장하는) 「고자상」 6장과 「공손추상」 6장을 또한 인용하고 있다. 나는 6장 1절 2)에서 이 주장의 성격을 논의할 것이다.

특정한 성향을 가졌다는 사실을 강조한다면, '성'은 X를 구성하는 일부로서 그러한 성향이 존재한다는 점을 강조한다. 또 '정'이 그런 성향들이 존재한다는 것은 바꾸기 어려운 어떤 것이며 X가 진짜로 어떤 것인지를 드러낸다는 점을 강조한다면, '성'은 성향들이 온갖 종류의 영향을 받게 되며 길러질 수도 손상될 수도 있음을 강조한다.[11] 이 외에도 'X지정之情'이 각기 개별 X의 성질은 아니지만 집단으로서의 X의 특징적인 성질을 가리킬 수 있는 반면, 'X지성之性'은 그렇게 사용될 수 없다는 점에서도 성은 정과 다르다. 예를 들어, 사물들 사이의 차이점을 사물의 정으로 언급하고 있는 『맹자』의 「등문공상」 4장을 보자. "그런 차이점이 사물의 성이다"라고 말해서는 주장이 성립하지 않는다. '성'을 사용해서 그와 유사한 말을 하려면, 그 대신에 우리는 "사물들의 성이 다르다"라고 말해야만 할 것이다. 따라서 '성'과 '정'은 때때로 이 글자에서 저 글자로 바꾸어 사용하는 것이 가능할 정도로 밀접히 연결되어 있지만, 두 글자가 동의어라거나 언제나 바꾸어 쓸 수 있는 것은 아니라는 점은 명백하다.[12]

'성'과 '정'이 『맹자』에서 연결되는 방식을 고려하면, 『맹자』에서 '성'의 명사적 용법은 사물의 특징적인 경향성을 가리킬 가능성이 높다. 이는 『맹자』에서 '성'의 동사적 용법이 특정한 것을 자신의 일부로 만드는 것과 관련이 있다는 앞서의 관찰과 부합한다. '성'이 학습되지 않은 어떤 것이라는 함의를 지니는지의 여부에 대한 질문으로 돌아가면, 나는 제한적으로 부정적인 답으로 기운다. 사물의 특징적인 경향성이 학습되지 않은 것이어야 할

11) 나의 이 마지막 관찰은 블룸(Irene Bloom)에 빚진 것이다.

12) 메츠거(Thomas Metzger)는 이렇게 추가로 한정시킬 필요를 지적해 주었다.

어떤 분명한 이유도 없으며, '성'이 그런 특징적인 경향성을 가리키는 한, 학습된 것이 아닌 어떤 것이라는 함의를 '성'이 가져야 할 필요는 없는 것이다. 만일 X지성之性이 X의 특징적인 성향으로 이루어져 있는 것이라면, 사물은 이미 X임에서 그런 경향성을 반드시 가지고 있어야만 하며, 따라서 그런 경향성이 획득된 것일 수는 없다고 여겨질 수 있다. 이런 결론이 따라 나오지 않는다는 사실은 『좌전』에서의 소인의 성에 대한 언급을 고려해보면 알 수 있다. 비록 고려된 대상인 인물이 소인임으로 해서 공격적인 성향을 이미 가지고 있을지라도, 그 공격적인 성향은 소인이 되는 과정에서 획득된 것일 수 있다. 즉, 어떤 사람(人)이 소인이 되는 과정에서 그런 성향을 배우게 되었을 수도 있는 것이다.[13] 그럼에도 불구하고 우리가 고려하고 있는 이런 종류의 생각은 '인성人性'이란 용어에 대해 흥미로운 점을 드러내 준다. 인人이 되는 데 어떤 배움도 수반되지 않는다고 가정하면, 이런 류의 생각으로부터 인人의 성性은 학습된 것이 아닌 경향성으로 이루어져 있다는 추론이 따라 오는 것처럼 보인다. 하지만 이런 추론이 옳다고 하더라도, '성' 그 자체는 학습된 것이 아닌 어떤 것이라는 함의를 가질 필요는 없다는 지적에 영향을 주지 않는다.

'성'이 공유된 어떤 것이라는 함의를 가지는지의 여부에 대해서는, 이 용어의 용법에서 어떤 한 종류 안의 각 사물들의 성이 서로 다를 수 있다는 가능성을 배제할 수 없다. 『맹자』, 「고자상」 6장에서 공도자는 인간의 성을

13) 그레이엄은 소인의 성에 대한 언급이 「고자상」 6장에서 성이 나쁜 인간들이 있다는 공도자에 의해 보고된 성에 대한 세 번째 견해의 후반부를 설명한다고 본다.("Background," pp. 20-21) 하지만 지금 고려중인 공격적인 성향이 비록 소인으로서의 소인에게 특징적인 것이지만, 이런 성향이 인간으로서의 사람에게 특징적인 것일 필요는 없으며, 따라서 인성人性으로 서술될 만한 것일 필요는 없다.

다르게 여기는 입장을 전하고 있다.[14] 「고자상」 7장에서는 맹자 자신이 사람마다 다른 성의 가능성을 맛에 대한 기호의 성향과 관련해서 숙고한다. 7장에서 언급된 것이 사람의 성인지 아니면 기호인지 여부가 완전히 명확하지는 않다.[15] 하지만 어느 쪽이든, 맹자가 같은 종류의 사물들에 대해서 그것의 성이 서로 다를 수 있는 가능성-비록 결국은 거부했지만-을 생각했다는 사실은 '성'의 용법 그 자체가 성은 같은 종류의 모든 존재에서 똑같아야만 한다는 함의를 가지고 있지 않음을 보여준다. 본질을 구성하는 것이 같은 종류의 모든 존재에서 똑같을 것으로 기대된다면, 이상의 관찰은 '성'을 어떤 종류에 속한 사물의 본질을 가리키는 것으로 해석하지 않을 이유를 제공한다.

2) 인성에 대한 맹자의 견해

앞 장에서 제시한 이유들로 해서 나는 비록 인성은 학습된 것이 아닌 어떤 것이라는 결론으로 이끌 수 있는 그런 유의 시각이 존재한다는 것도 인정하지만, '성'의 용법 그 자체로는 학습된 것이 아니며 공유된 어떤 것이라는 함의를 지니지 않는다고 보는 견해에 이끌린다. 다음 질문은 맹자가 인성을 살펴보면서 인성을 학습된 것이 아니며 모든 인간에 의해 공유된

14) 그리고 『논어』의 「양화」 2장에서 사람들이 성의 측면에서는 서로 가깝다고 한 언급 역시 '성'의 용법에서 한 종의 사물의 성이 반드시 똑같아야만 하지는 않는다는 점을 보여준다.

15) 그레이엄은 '성'의 주어를 역아易牙로 해석한다.("Background," p. 39) 주어가 미각과 관련이 있을 가능성도 있다. 우리가 본 바와 같이 '성'과 '정'의 용법은 밀접히 관련되며, 이상적인 대상에 대한 감각의 성향은 때때로 감각의 정情으로 묘사된다.(예를 들어, 『여씨춘추』 5/9b.6-10a.1)

어떤 것으로 보았는지 그렇지 않았는지 여부이다. 이 질문을 다루기 위해서 우리는 맹자가 인성에 대해 실제로 무엇이라고 말했는지 살펴볼 필요가 있다.

우리는 5장 1절 2)에서 윤리적 이상으로 실현될 발달 방향을 가진 특정한 윤리적 성향들을 심心이 지니고 있다고 맹자가 믿었음을 보았다. 맹자의 이런 윤리적 발달에 대한 성격규정은 양주학파가 성性/생生을 성격 지우는 방식과 마찬가지로 여러 가지 방식으로 이루어진다. 양주학파가 감각적 만족과 외적 소유를 성/생의 하위에 두기를 주장하고, 전자가 후자를 해치게 내버려두는 것을 균형상실로 묘사하는 것과 마찬가지로, 맹자도 유사하게 감각적 만족(예를 들어, 「고자상」 15장)과 외적 소유(예를 들어, 「고자상」 10장)를 심의 발달보다 하위의 것으로 간주하고, 이런 윤리적 발달에 해를 입히는 것을 균형상실(「고자상」 14 · 15장)로 묘사한다. 그리고 양주학파가 성/생을 기르는 것에 대해 말하고 성/생을 천天에 기인한 것이라고 생각한 것처럼, 맹자도 성을 길러 천을 섬기는 것을 말하면서 이를 심을 보존하는 문제라고 한다(「진심상」 1장). 「진심상」 1장에서 성을 심에 연결시키고 「진심하」 24장에서 성을 윤리적 속성과 연결시키는 것과 더불어, 이런 유사성은 심의 윤리적 성향에 암시된 발달방향에 의해 성이 이루어져 있다고, 또는 최소한 성의 핵심적 구성요소가 그러한 발달방향으로 이루어져 있다고 맹자가 간주했음을 보여준다.[16]

문제는 맹자가 이러한 윤리적 성향을 학습된 것이 아니면서 공유된 어떤 것으로 보았는지 여부이다. 맹자가 윤리적 성향을 학습된 것이 아닌 것으로 간주했음을 보여준 예로 들 수 있는 한 가지 고려 사항은 '양良'이란 글자에

16) 이 점은 당군의에 의해 강조되었다.(『原性篇』, pp. 28-31)

대한 맹자의 용법이다. 맹자는 '양'을 부모를 사랑하고 손위 형제를 존경하는 데 수반되거나(「진심상」 15장), 심(「고자상」 8장) 또는 인의의 진정한 명예(「고자상」 17장)에 수반되는 지식(良知)과 능력(良能)으로 성격 지운다. 주희(『맹자집주』 「고자상」 8장; 「고자상」 17장; 「진심상」 15장)는 '양'이 본래의 선함(本然之善)을 가리킨다고 해석했으며, 장식(「진심상」 15장)은 '본래의'(本然)라는 뜻과 '선善'이라는 뜻을 다 가지고 있다고 해석했다. 하지만 '양'을 '본래의'라는 뜻으로 해석하는 것은 논란의 여지가 있다. 조기(『맹자주』, 「진심상」 15장)는 이 글자를 '심甚'의 뜻으로, 왕부지(735)는 '선'의 뜻으로, 배학해裴學海(「진심상」 15장)는 '진실로 그러한 것'을 의미하는 것으로 해석했다. 초순(「고자상」 8장; 「고자상」 17장; 「진심상」 15장)은 양이 '선', '미美', '심甚'의 뜻을 가지고 있다고 보았다. '양'을 '선'으로 해석하면 『맹자』(예를 들어, 「등문공하」 1장, 「고자하」 9장)에서의 사례와 다른 초기 문헌에서 말, 의사, 대신, 장인匠人, 농부, 상인 등을 '양'한 것으로 묘사한 많은 경우를 납득할 수 있게 된다. 어떤 경우에 '양'은 아마도 의義가 진실로 보배로운 것이라고 묘사될 때와 같이 진실로 그러한 것이라는 의미를 띄기도 할 것이다.[24] 하지만 내가 말할 수 있는 것은 초기 문헌에서 '양'이 나오는 어떤 경우에도 '본래적인 것'을 의미하는 것으로 해석하도록 요구하지는 않는다는 것이다. 이런 이유로 심과 그리고 심의 윤리적 성향과 관련해서 『맹자』에서의 '양'의 용법은 그것만으로 맹자가 그런 윤리적 성향을 학습된 것이 아닌 것이라고 여겼다는 증거를 제시해주지는 않는다.

하지만 맹자가 윤리적 성향이 학습되지 않은 어떤 것을 최소한 수반한다고 여겼다는 증거는 있다. 「진심상」 15장에서의 '양'에 대한 해석을 단정 지을 순 없지만, 맹자가 이 구절에서 부모에 대한 사랑과 손위 형제에 대한 존경을 사람이 알고 있는 어떤 것이며 배우지 않고도 할 수 있는 어떤 것으로 묘사한 것은 사실이다. 또 다른 고려 사항은 이런 윤리적 성향을 천天에 연결시키고 있다는 점이다. 성은 「진심상」 1장과 「등문공상」 5장에서 천과 연결되는데, 「등문공상」 5장에 대한 4장 5절 3)에서의 해석이 옳다면, 맹자는 부모의 시신을 본 반응을 천으로부터 유래하는 것으로, 그리고 그런 반응으로 말미암아 부모를 매장하는 것이 합당한 것으로 묘사했다. 「만장상」 6장에서 맹자는 인간에 의한 것이 아닌 것을 천에 귀속시켰으므로, 부모의 시신을 본 반응을 천에 귀속시키는 것은 그런 반응이 학습을 통해 얻어지는 것이 아님을 시사한다.

비록 맹자는 심의 윤리적 성향이 학습을 통해 얻어지지 않는 것을 포함한다고 믿었지만, 『맹자』의 몇몇 구절에서 제시된 형태로 윤리적 성향이 발전되기 위해서는 학습되지 않은 것은 교육에 의해 다듬어지고 훈육되어야만 한다고 하는 것도 가능하다. 예를 들어 학습을 통해 얻어지지 않는 본능적인 동정적 반응이 있을 수 있지만, 이 반응은 교육에 의해 세련되어지고 훈육되어야만 「양혜왕상」 7장에서 묘사되고 있는 종류의 동정적인 반응으로 발전될 수 있는 것이다. 이 장에서 제선왕은 소를 마치 죄 없는 사람이 형장으로 끌려가는 것처럼 본 것으로 묘사되고 있다. 이런 반응은 배워야 알 수 있는 죄 없음의 개념을 전제로 한다.[17] 유사하게 「고자상」 10장에서 묘사되고 있는 모욕적인 처우에 대한 반응도 사람을 정당하게 대우하는 것이 무엇인지에 대한 이해를 전제로 하는데, 이것 역시 배워야 알 수 있는 것이다.

17) 비록 「공손추상」 6장에서는 동정적인 반응을 촉발하는 대상인 어린 아이의 죄 없음이 언급되지 않지만, 「등문공상」 5장에서는 같은 예를 인용하면서 이 점을 명확히 하고 있다.

또 인과 의를 기르는 출발점으로서 부모에 대한 사랑과 연장자에 대한 존경을 묘사하는 「진심상」 15장을 고려해보자. 부모에 대한 사랑은 보살펴주고 양육해준 사람에 대한 애착의 형태를 애초에 띠겠지만, 좀 더 다듬어진 형태의 사랑은 그런 애착의 대상으로서의 부모에 대한 개념뿐 아니라 부모의 복지를 구성하는 것이 무엇인지에 대한 개념도 포함하게 된다. 비슷하게 연장자에 대한 존경은 애초에 아직 연장자로 개념화되지 않은 인물들에 대해 순종하는 형태를 띠겠지만, 차후에 가족구성원 중의 연장자와 연소자에 대한 구분을 알게 되고 이들 사이에서의 행동을 관장하는 규범을 받아들이게 되는 것은 학습을 통해서이다. 따라서 맹자는 윤리적 이상과 밀접한 관계를 가진 학습된 것이 아닌 반응들이 있다고 아마도 믿었겠지만, 자기반성의 기초를 제공하는 그런 종류의 윤리적 성향은 적절한 양육을 통해 그런 반응을 다듬는 것을 아마도 수반할 것이다.[18)]

맹자는 그런 윤리적 성향, 아니면 최소한 그런 윤리적 성향으로 다듬어지기 이전의 학습되지 않은 반응을 일반적으로 공유하는 것으로 보았는가? 「공손추상」 6장과 「고자상」 6장에서 맹자는 사단은 모든 인人에 의해 공유된다고 말했으며, 「공손추상」 6장에서 사단을 결여한 자는 인人이 아니라고 언급했다. 「고자상」 6장에서 맹자는 개인들마다 성이 다르다는 견해와 거리를 두었고, 「고자상」 7장에서는 성인聖人과 보통사람이 같은 종류에 속하며 의義에 기쁨을 느끼는 성향은 모든 사람의 심이 공유하는 것임을 강조했다. 「고자상」 10장에서 맹자는 모든 인人은 목숨보다 의義를 원한다고 주장했고,

18) 이 점은 웡의 "Reason and Emotion"에서 강조된다. 같은 저자의 "Universalism Versus Love With Distinctions"도 참조하라.

「진심상」 15장에서는 모든 어린 아이가 부모를 사랑할 줄 알고 나이가 들어서는 손위 형제를 존경할 줄 안다고 기술했다. 이런 언급들은 맹자가 윤리적 성향 아니면 최소한 그런 성향으로 다듬어진 형태 이전의 학습되지 않은 반응들을 모든 인人에 의해 공유되는 것으로 보았다는 증거를 제공하는 것이다. 하지만 여태까지 '인'을 '인간'으로 번역했지만, 인의 범위가 무엇인지 그리고 맹자가 모든 인이 그런 반응을 공유한다고 말했을 때 주장하고자 한 바가 무엇인지에 대한 의문은 남는다.

에임스(Roger T. Ames)는 '인'이 생물학적 인간 그 자체를 가리키는 것이 아니라 이미 어느 정도 문화화된 사람을 가리킬 수 있다는 흥미로운 가능성을 제시했다.[19] 이런 가능성은 초기 문헌에서 '인人'이 등장하는 경우들 중 특정한 경우들을 통해 지지받는다. 예를 들어 『논어』, 「헌문」 9장에서 공자는 관중管仲이 어떤 인물인지에 대한 질문에 대답하면서 관중은 인人이라고 말했다. 여기서 '인'은 일정한 성취를 거둔 사람을 가리키는 것처럼 보인다.[20] 거기에 더해 성취를 이룬 인물을 '성인成人'(완벽한 人)이라고 자주 언급하는 것[25]은 사람이 완전히 인이 되기 위해서는 일정한 성취가 필요하다는 것을 암시한다.

하지만 『묵자』[26]와 같은 초기 문헌들에서는 '인'을 다른 동물과 구별되는 종으로서의 인간을 가리키는 데 사용하기도 하는데, 이는 성취와 무관하게 인이 될 수 있음을 보여주는 것처럼 보인다. 이 두 가지 용법은 서로 연결되어 있을 가능성이 높다. '인'은 종으로서의 인간을 가리키는 데 종종 사용되

19) Ames, p. 163; Hall and Ames, pp. 138-46.

20) 라우는 하지만 여기서의 '인人'을 훼손된 글자로 여긴다.(*Analects*)

지만, 초기 사상가들은 종으로서의 인간을 구별해주는 것을 사회적인 차원으로 보았다. 예를 들어 『묵자』는 '인'을 다른 동물과 구별되는 종으로서의 인간을 가리키는 데 사용하지만, 사회적 구분과 그런 구분을 관장하는 규범이 부재할 시에는 인간이 다른 동물처럼 될 수 있다고 말하고 있기도 한 것이다.[27] 마찬가지로 『순자』는 인을 인으로 만드는 것(人之所以爲人)을 사회적 분화(辨)와 구분(分)으로 서술한다.[28] 그러니까 다른 동물로부터 인이 구분되는 것은 인의 생물학적 구성요소 때문이 아니라 일정한 문화적 성취를 이룰 수 있는 능력 때문인 것이다. 만일 '인'이 문화적 성취에 대한 능력에 의해 성격이 규정되는 종을 가리키는 것이라면, 사람이 (진정으로) 인이 되거나 완전한 인이 되기 위해서는 일정한 성취가 요구된다는 식으로 '인'을 사용하는 것은 종으로서의 인의 용법의 자연스런 연장인 것이다.

『맹자』로 돌아가면 '인'을 종으로서 언급하는 곳에서(「고자상」 7장), 그리고 '인'과 다른 동물을 대조하는 곳에서(「이루하」 19장) 볼 수 있는 것처럼, '인'은 다른 동물과 구분되는 종으로서의 인간을 가리키는 데 사용된다. 여기에 더해 '인'이 보통사람과 군자 모두를 가리키고(「이루하」 19장), 어린 아이에 대한 동정심이 '인'의 고통을 참지 못하는 심으로 묘사되고 있는 곳과(「공손추상」 6장), 배움이 없이도 인이 아는 것과 할 수 있는 것의 사례로 부모에 대한 어린 아이의 사랑이 인용되는 곳에서(「진심상」 15장) 어린 아이를 가리키듯이 '인'은 문화적으로 숙련되지 않은 구성원을 가리키는데도 사용되고 있다. 하지만 인을 종으로서 구별하는 것은 여전히 생물학적 구성요소가 아니라 일정한 문화적 성취에 대한 능력이다. 예를 들어 『맹자』에서는 사회적 구분을 거부하거나(「등문공하」 9장) 자신의 능력을 사용하는 데 실패한 사람을(「고자상」 8장) 저급한 동물이거나 거기에 가까워진 사람이라고 말한다.

따라서 다른 초기 문헌에서처럼 『맹자』에서도 인人은 인의 사회적 능력에 의해 저급한 동물과 구분되는 것으로 여겨진다. 우리는 맹자가 일정한 윤리적 성향이나 아니면 최소한 그런 성향으로 다듬어지기 이전의 학습되지 않은 반응은 모든 인에 의해 공유된다고 믿었음을 보았다. 우리는 또 5장 1절 1)에서 맹자가 그런 성향이나 반응에 의해 사람은 윤리적 이상에 부합되게 살 능력이 있다고 여겼음도 보았다. 그런 성향과 반응을 결여한 정도만큼 사람은 문화적 성취를 이룰 수 있는 능력을 결여한 것이다. 종으로서의 인간이 문화적 성취에 대한 능력에 의해 규정되고 있으므로, 그런 성향이나 반응을 결여한 사람은 인이 아니라는 결론도 따라 나온다.

따라서 맹자의 이 마지막 주장은 '인'의 사용에 대한 단순한 용어사용법상의 주장이 아니다. 이 발언은 두 가지 주장을 포함하는 무게 있는 발언인 것이다. 즉 인의 종에 속하는 구성원은 특정한 윤리적 성향이나 반응을 공유하며, 인이 되게 하는 문화적 성취에 대한 능력은 그런 성향과 반응의 존재에 달려 있다는 것이다. 다른 한편으로 맹자의 주장은 그런 성향이나 반응을 가지지 않은 단 한 사람의 사례에 의해서도 오류로 처리되는 단순한 직설적인 경험적 일반화가 아니다. 그보다도 인이 그런 성향과 반응을 결여할 수도 있음에 대한 인정은 무엇이 인으로 하여금 그런 문화적 성취를 이룰 능력을 가지게 만드는지에 대해 다시 고찰하게끔 이끌 것이다. 6장 4절에서 보게 되겠지만, 순자는 맹자의 관찰을 거부하고 사람을 인으로 만드는 문화적 성취의 능력은 능能과는 다른, 윤리적 성향의 존재에 의존하지 않는 가이可以의 문제라고 제안했다.

3) 「이루하」 26장

성性이 심의 일정한 윤리적 성향에 잠재된 발달방향에 의해 구성된다는 견해는 아마도 성 / 생을 생물학적 용어로 해석하고 또 성 / 생을 인간의 합당한 발전방향으로 간주하는 양주학파의 개념에 대한 여러 응답 중의 하나였던 것 같다. 『관자』의 「계戒」에 의해 (그리고 고자의 입장에 대한 한 해석에 따른 고자에 의해) 대변되는 사상의 한 흐름은 첫 번째 특징은 계속 유지했지만 두 번째 특징은 거부했다. 여기서는 성 / 생을 생명의 힘으로 해석했지만, 성 / 생을 의義로 강제할 것을 주장했다. 『관자』의 「내업內業」에 의해 대변되는 사상의 조류는 보기에 따라선 두 가지 특징을 모두 가지고 있지만 변형을 가하고 있다. 이 조류는 성 / 생을 약동하는 에너지인 기氣로 해석하며, 심을 안정시켜서 기氣를 길러낼 것을 주장했다. 하지만 심의 간섭 없이 자유롭게 기가 반응하면, 유가적인 방향으로 사람을 이끌 것으로 기대되었다. 다른 한편, 맹자의 대응은 두 번째 특징은 계속 유지하지만 첫 번째 특징은 거부하는 것이다. 맹자에게 있어서 성은 여전히 인간에게 합당한 발전방향이지만, 생물학적으로 이해되는 생과는 더 이상 동일시되지 않는다(『맹자』, 「고자상」 3장 참조). 대신에 성은 심의 윤리적 성향의 발전방향에 의해 구성되며, 심은 이상적으로는 약동하는 에너지인 기를 인도해야 한다(『맹자』, 「공손추상」 2장 참조).

맹자가 성을 더 이상 생물학적으로 해석하지 않는다는 점에서 맹자의 성 개념은 다른 사상가들의 성 개념과 다르다. 맹자가 다른 이들과 자신의 차이를 아마도 인식했을 것이라는 점은 널리 퍼져있는 성에 대한 견해들에 대해 논평하는 「이루하」 26장을 통해 알 수 있다. 이 장이 성에 초점을 더 맞춘 것인지 아니면 지혜(智)에 초점을 더 맞춘 것인지에 대해서는 의견이 합치되어 있지 않다. 이 장은 비록 맹자 시대의 사람들이 성에 대해 논한 방식을 언급하는 것으로 시작하지만, 지혜에 대한 논의로 계속 이어진다. 몇몇은 이 장이 주로 성에 대한 것이라기보다는 지혜에 대한 것이라고 했다. (예를 들어 주희 『맹자집주』, 호병문胡炳文. 주희는 정이를 인용하며 이런 견해를 승인했다) 하지만 다른 이들은 이 장이 주로 지혜에 대한 것이라면 왜 성을 언급하는 것으로 시작했어야 하는지 의문을 제기하면서 이 장은 성에 초점이 더 맞추어져 있다고 주장했다.(예를 들어 왕부지, 637) 나의 관심사는 이 장에서 맹자가 동시대의 성에 대한 견해에 대해 취한 태도가 무엇인지를 알아보는 것에만 국한되므로, 지혜가 주된 초점인지 성이 주된 초점인지를 결정하는 것은 내 목적 상 중요하지 않다.

이 장은 세 부분으로 나누어질 수 있다. (a)부분은 성에 대해 널리 보급된 견해를 고故로 성격 지우면서, 고는 이利를 기본(本)으로 삼는다고 주장한다. (b)부분은 벽을 뚫거나 끌로 파는 것과 같은 것을 수반하는 그런 종류의 지혜에 반대하고, 이상적인 지혜는 무사無事(일들이 일어나도록 하지 않음)를 수반하며 우禹가 관개수로를 만든 방식을 닮았다고 말하고 있다. (c)부분은 만일 천天의 높이와 별들의 거리에 관한 고故를 찾으면, 천년의 동·하지에 도달할 수 있을 것이라고 말하고 있다. (b)의 해석은 상대적으로 논쟁을 덜 불러일으킨다. 주석가들은 이 구절이 '성'이라는 글자가 (b)부분에 등장하지 않지만, 그 의미는 무리하게 무언가를 성에 부과하기보다는 성을 따르는 것을 주장하고 있다는 데 대체로 동의한다.(예를 들어, 주자, 『맹자집주』. 장식. 손석) (c)부분에서의 '고'에 대한 해석은 분명치 않으며 주석가들 사이에 의견이 일치하고 있지 않지만, (c)부분이 고에 대해 호의적으로 말하고 있는 것은 분명해 보인다. 의견불일치의 주요 지점은 (a)부분에서 '고'와 '이利'가 등장하는 부분에 대한 해석에서이다. '이利'는 맹자에 의해 경멸적으로 사용된 '이익'을 의미하는 것으로 해석되거나, 「진심하」 37장에서의 결합어인 '이구利口'(매끄러운 말)에서와 같이 '매끄러운' 또는 '사물의 과정을 따름'을 의미하는 것으로 해석되어 왔다. (a)부분에서 고故는 최소한 네 가지 다른 방식으로 해석되어 왔다. 성性의 경로(迹)거나 성의 본래의 상태(本)란 의미, '사고事故'에서처럼 사건의 일어남이라는 의미, 먼저 또는 과거(舊)의 것이란 의미, 관습적이거나 통상적이라는 의미 등으로 해석된 것이다. '고'에 대한 이 네 가지 독해에 상응하여 (a)부분에 대해서는 네 가지 해석이 있다.[21]

주희(『맹자집주』; 『주자어류』 1351~54)에 의해 제시된 첫 번째 해석은 '고'를 성의 '경로'(迹)로, '이利'를 '사물의 자연적 과정을 따르는 것'으로 본다. 주희에 따르면 성은 직접적으로 보이지 않는 것이지만, 이것의 발현은 쉽게 관찰되고 사물의 자연스런 과정을 따르는 경로를 가지고 있다. 따라서 성에 대해 담론할 때에는 성의 발현된 경로(故)에서 성을 찾아야만 하는데, 그 경로는 사물의 자연스런 과정(利)을 따른다. 유사하게, 유월(『맹자평의』)은 '고'를 성의 '본래의 상태'(本)를 의미한다고 보았으며, '이'는 '본래의 상태를 따르는 것'을 의미한다고 보았다. 장식과 황종희(2/38a.8-40b.1)는 이와 유사한 해석을 하는데, 레게와 양백준의 번역에서도 암시된다. 그 해석은 두 가지 방향을 취할 수 있다. 당시의 통용되는 성에 대한 견해들이 정말로 성의 고를 찾는 데

21) 앞으로 나오는 논의는 주요 주석들에서 제시된 해석을 포괄하지만 그렇다고 모든 해석을 총망라하고자 의도하지는 않는다. 예를 들어, 돕슨과 웨어는 '고'를 이 글자의 한 가지 가능한 의미이기도 한 '만일/왜와 따라서'로 해석한다. 하지만 이들의 번역에서 어떻게 이 구절의 (a)부분을 이해하는지가 불분명하기 때문에, '고'에 대한 이런 식의 독해를 고려하지 않았다.

성공하고 있다고 말하는 것으로 해석할 수 있거나, 아니면 비록 성의 고를 찾고 있지만 이런 견해들은 찾는 데 실패했고 따라서 성을 잘못 이해했다고 말하는 것으로 해석할 수 있다. 우리가 '고'와 '이'에 대해 지금 제시된 독해를 채택한다면, 두 번째 방향의 해석이 좀 더 합리적이다. 왜냐하면 「고자상」 6장에서 보고된 맹자의 견해와 상이한 성에 대한 견해, 맹자와 고자의 성에 대한 「고자상」 1·3장의 논쟁, 그리고 양주학파의 영향에 대한 「등문공하」 9장과 「진심상」 26장의 맹자의 언급에 비추어볼 때, 우리는 맹자가 성에 대해 널리 통용되는 견해들과 의견이 같지 않다고 말했을 것으로 기대할 수 있기 때문이다.[22]

두 번째 해석은 '고'가 '사고'에서의 '고'의 용법과 같이 '일어나게 함'을 의미하는 것으로, '이'가 '이익'을 의미하는 것으로 해석한다. 이 해석에서 고故는 이 구절 (b)부분의 무사無事(일들이 일어나지 않게끔 하는 것)와 대조되는 유사有事(일들이 일어나게끔 하는 것)를 포함하는 것이 된다. 일이 일어나게끔 자신을 헌신하는 데 있어서 이익을 목표로 하며, 이런 의미에서 고는 이利(profit)를 기반으로 한다. 이 해석에서는 널리 유포되던 성에 대한 견해가 성을 일이 일어나게끔 하는 어떤 것의 의미로 이해했으며, 따라서 자발적이고 일이 일어나게끔 하는 것을 수반하지 않는(無事) 성을 이해하는 데 실패했다. 이 해석은 손석에 의해 제안되었고, 황창건黃彰健이 상세히 옹호하는 논변을 펼쳤다.[23]

세 번째 해석은 '고'를 '이전'(舊)의 의미로 여기며 그레이엄(A. C. Graham)

22) 왕방웅 등은 이런 방향을 취한다.(pp. 57-61)

23) 황창건을 보라.

이 옹호했는데, 다른 초기 문헌들에서 이 글자가 등장하는 경우, 특히 『관자』와 『장자』에서 '고'와 '지智'가 한 짝으로 나오는 경우에 근거한 것이다.[24] 그레이엄에 따르면 이 텍스트들은 새로운 것을 약삭빠르게 이용한다는 의미에서 지智를 반대하며, 사람을 과거에 얽매이게 하는 전례를 제시하는 기술이라는 의미에서 고故를 반대한다. 하지만 「이루하」 26장 (a)부분의 맥락에서는 그레이엄은 고를 사람에게 타고난 육체적 욕구에 관한 것으로 해석한다. 즉, 널리 통용되던 성에 대한 견해는 성을 타고난 육체적 욕구 이상이 아닌 것으로 간주했다. 이利와의 연결고리는 그런 욕구의 충족이 우리를 이롭게 한다는 것으로 아마도 추정할 수 있다.[25] 이런 독해의 한 변주를 라우의 번역에서 찾을 수 있는데, 여기서는 고를 이전의 이론들을 가리키는 것으로 해석한다. 라우는 '이利'를 매끄러움을 의미하는 것으로 아마도 해석했을 것이다. 왜냐하면 세상 사람들이 과거의 이론을 따르는 것은 이 이론들이 쉽게 설명될 수 있기 때문이라고 (a)부분이 말하고 있는 것으로 해석하고 있기 때문이다.

네 번째 해석은 '고'를 '관습적이거나 습관적인' 것을 의미하고, '이'를 '이익'을 의미하는 것으로 본다. 서복관은 고를 자신이 태어난 곳의 거처라는 의미로 설명하는 『장자』29의 구절에 등장하는 '고'를 근거로 고가 '관습적'인 것을 의미하고, (a)부분은 널리 통용되던 성에 대한 견해가 사람들이 관습적으로 행하는 것, 곧, 이익(利)을 위해 일하는 것에 관한 것이라는 논변을 펼쳤다.[26] (a)부분에 대한 이와 유사한 해석은 리올의 번역에 함축되어 있다.

24) Graham, "Background," pp. 49-53.

25) Ibid, p. 52. 나는 왜 그레이엄이 라우와 같이 '고'를 양주학파의 견해와 마찬가지로 이익을 목표로 하는 '성'에 대한 이전의 견해들을 가리키는 것으로 해석하지 않는지 잘 모르겠다.

나는 이 가운데 나머지 해석들에 비해 첫 번째 해석이 가장 설득력이 떨어진다고 생각한다. 첫 번째 해석은 비록 그렇게 하는 데 성공하지는 못했을지라도, 널리 유포되던 성에 대한 견해가 성의 본래적 상태나 성의 길을 찾는 데 있어서 바른 방향을 취하고 있는 것으로 본다. 하지만 우리는 맹자가 널리 유포되던 견해와 의견이 같지 않음을 보았으며, (b)부분은 특정한 종류의 이른바 지혜라고 불리는 것을 비판하고 있는데, 이 비판은 아마도 (a)부분에서 언급된 성에 대해 널리 유포되던 견해를 겨냥한 것일 것이다. (b)부분에서의 비판은 성에 대한 설명이 사물을 파거나 뚫거나 하는 것을 수반해서는 안 되며 사물의 자연스런 과정을 따라야한다는 것이기 때문에, 맹자가 (a)부분에서 널리 유포되던 견해가 성의 본래적 상태나 성의 길을 찾는 데 올바른 방향을 취하고 있다고 인정했을 가능성은 매우 낮다. 또 '이利'가 『맹자』에서 종종 경멸적으로 사용되었다는 것은 '이'를 긍정적인 의미로 해석하는 첫 번째 해석에 반대할 수 있게 하는 것 같다. 하지만 우리가 5장 3절에서 보았듯이 『맹자』에서 '이'는 때때로 긍정적으로도 사용되었기 때문에 그다지 설득력 있는 이유는 못된다.[27] 좀 더 설득력 있는 이유는 다음과 같은 그레이엄의 관찰이다. 곧, 「이루하」 26장에서 한 짝으로 나오는 '고故'와 '지智'는 이 구절의 '고'의 용법이 아마도 『관자』와 『장자』에서의 '고'와 '지'가 짝으로 나올 때의 '고'의 용법과 흡사하다는 점을 시사한다는 것이다. 이 문헌들에서 '고'가 부정적으로 다루어지고 있다는 점을 감안한다면, 「이루하」 26장의 (a)부분에서 등장하는 이 글자가 첫 번째 해석이 부여하는

26) 徐復觀, 『人性論史』, pp. 49-53.

27) 카나야는 '이利'를 '지智'(wisdom)로 수정했다. 이런 조치는 (a)부분에서 (b)부분으로 더 부드럽게 넘어가게 하지만, 나는 이렇게 교정할 근거가 없다고 생각한다.

그런 긍정적인 함의를 가졌을 가능성은 낮다.

『관자』에서 '지'와 결합되어 나타나는 '고'를 조사해보면, '고'가 아마도 그레이엄이 해석한 것처럼 '이전'의 뜻보다는 두 번째 해석이 취하는 '일이 일어나게 함'의 의미를 지니는 것으로 보인다. 『관자』[30]에서 지智와 고故를 버리는 것에 대한 두 번의 언급은 '자신을 사용하는 것'(自用)에 반대하여 선입견(設) 없이 반응하는(應) 것과, 고르는 것(取) 없이 움직이는 것(動)을 수반하는 무위無爲를 주장하고 있다. 이는 여기서 반대되고 있는 고故가 목적을 달성하는 데 자신을 바치는 것과 관계될 가능성이 높음을 시사하며, 지와 고를 버리는 것에 대해 말한 직후에 반응(應)하고 움직이는(動) 것을 말한 것은 취하는 바 없이 움직이는 것에 대한 언급이 고를 버리는 데 수반되는 것임을 암시한다.

마지막 부분의 관찰을 지지해주는 것은 지와 고를 버리는 것에 대한 두 번째 언급을 담고 있는 부분[31]이 고를 근거로 움직이는 것(動)을 반대하며, 취함이 없이 패턴 또는 법칙(理)을 따르는 방식으로 움직이는 것을 주장한다는 사실이다. 이는 고故에 기초한 움직임은 사물의 자연스런 과정을 따르기보다는, 목표를 선택하고 그 목표에 의해 인도되는 것을 포함함을 보여준다. 『장자』[32]에서 지와 고를 버리는 것에 대한 언급도 반응하고 움직이는 방식과 천天의 패턴이나 원리를 따르는 것을 가리키는 맥락에서 나오고 있으므로, 여기서의 '고'도 유사한 의미를 지닐 가능성이 높다. 따라서 만일 우리가 그레이엄을 따라 「이루하」 26장의 (a)부분에서의 고를 『관자』와 『장자』에서 지와 고를 버리는 것에 대한 언급에서와 유사한 방식으로 쓰였을 것으로 해석하면, '고'를 사물의 자연스런 과정을 따르는 것과 대비되게 일을 일으키는 것을 의미하는 것으로 해석하는 두 번째 해석이 옳은 것 같다.

또 다른 몇몇의 고려 사항이 '고'에 대한 이런 해석을 지지한다.[28] 첫째, '고'를 '사事'로 해석하는 것은 「이루하」 26장의 (a)부분과 (b)부분의 연결을 이해할 수 있게 한다. 이상적인 형태의 지智와 다른 형태의 지를 대비하는 데 있어 (b)부분은 전자를 무사無事로 성격짓고 있는데, 우禹가 어떻게 물의 자연스런 과정을 따라 관개수로를 만들었는지를 언급함으로써 거기에 담긴 『관자』와 『장자』에서 패턴이나 법칙을 따르는 것에 대한 언급에서 찾을 수 있는 것과 비슷한 생각을 설명하고 있다. 이는 반대하는 지혜의 형태들이 유사有事를 수반함을 시사한다. 만일 우리가 '고'를 '사고'로 해석하면 (a)와 (b)부분은 서로 연결된다. (b)부분에서 반대하고 있는 종류의 지혜가 (a)부분에서 언급되고 있는 널리 유포되던 성에 대한 견해로 설명되고 있는 것과 정확히 같은 종류의 것이라는 의미에서 연결되는 것이다.

둘째, 이 해석은 인간이 천天을 훼손하게 내버려두어서는 안 되며, 고故가 명命을 훼손하게 해서도 안 됨을 말하는 『장자』의 다른 부분으로부터도 지지를 얻는다. 이 부분에 앞서, 천에 기인하는 것은 소와 말이 네 발을 가지고 있는 예로 설명되고, 인간으로 인한 것은 말의 머리와 소의 코에 고삐를 채우는 것의 예를 통해 설명된다.[33] 천과 명의 밀접한 관계를 감안하면, 이 맥락에서의 '고'는 아마도 사물의 자연스런 과정에 반하는 인간으로 말미암은 행위와 관련될 것이다.

셋째, 다른 문헌에서 '고'가 등장할 때 그 의미는 앞서 제시한 해석에서의 의미와 가깝다. 예를 들어 『회남자』는 고를 기만과 연결시키는데, 위에서 고를 행사하면 아래에서는 기만한다고 말하고 있다.[34] 이는 여기서 등장하는

28) 이런 논변을 발전시키는 데 황창건의 논문에서 도움을 받았다.

'고'가 책략하고 음모를 꾸미는 것을 가리킴을 암시하며, 이것은 '고'가 일을 일으키는 데 골몰하는 것이라는 해석과 가깝다.

넷째, '고'와 '사'는 모두 양주학파와 묵가의 가르침에서의 이익이라는 의미의 '이利'와 관련되어 있다. 예를 들어, 『여씨춘추』의 양주학파의 장들은 고를 천天(으로부터 얻은 것)을 완성하는 것으로 말하거나[35] 아니면 생生을 촉진하는 것으로 말하고 있는데,[36] 여기서 '고'는 사람이 자신을 바치는 대상을 가리키는 것일 가능성이 많다. 이 장들은 또 성/생을 이롭게 하는 것을 주요 고려 사항으로 말하고 있다.[37] 『묵자』는 세상 사람들의 이利를 증진하는 데 인仁한 사람이 자신을 바치고(事),[38] 또 다른 사람의 부모를 이利롭게 하는 데 자신을 바치는(事) 것을 말한다.[39] 맹자가 자신의 시대에 가장 대표적인 영향을 미치는 학파로 양주학파와 묵가의 가르침을 언급하고 널리 유포되던 성性에 대한 견해를 고故와 이利로 성격 지우는 것에 비추어볼 때, 「이루하」 26장의 (a)부분은 이利를 일으키는 데 자신을 바치는 것과 관련하여 성을 말하는 널리 유포되던 견해에 대한 비판을 담고 있을 가능성이 높다.

이런 이유로 나는 「이루하」 26장의 (a)부분에 대한 두 번째 해석으로 마음이 기운다. 이 해석에서 성에 대해 널리 유포되던 견해는 사실은 성에 대한 것이 아니라 이利를 가져오는 일들에 자신을 바치는 것에 대한 것이다. 이런 견해는 (b)부분에서 언급된 반대하는 종류의 지智를 예증하고 있다. (b)부분에서 뚫고 깎는 것에 대한 언급은 아마도 그런 널리 유포되던 견해가 어떻게 성에 어긋나는 일들에 자신을 바칠 것을 주장하는지와 관련된 것일 것이다. 추정컨대, 비판의 대상은 양주학파와 고자의 견해를 포함하고 있을 것이다. 그 대신에, 진정한 지혜는 자신의 성의 과정을 따르는 것이어야 한다. 우禹가 물을 인도하는 데 물의 자연스런 흐름을 따르는 것과 같은 방식으로 말이다.

그레이엄은 '고'에 대한 그의 독해를 지지하는 또 다른 이유들을 언급한다. 그는 『여씨춘추』[40]에서 교고巧故를 버린다고 할 때 이것이 솜씨 좋은 고를 가리키며 여기서 '고'는 '이전'을 의미한다고 해석한다. 그레이엄이 염두에 두고 있는 것은 아마도 이전의 것들을 예로 삼아 사람을 과거에 얽매이게 하는 기술인 것 같다. 하지만 '교고'가 등장하는 맥락은 '고'에 대한 어떤 구체적인 해석도 분명하게 가리키고 있지 않다. 예를 들어, '고'는 『회남자』에서 기만으로 이끈다고 묘사하는 종류의 음모나 책략꾸미기를 가리킬 수도 있다. 그레이엄도 『회남자』에서 구舊와 지智를 버리는 것에 대한 언급을 인용하면서, 여기서의 '구舊'와 '지智'는 '고故'가 '지智'와 짝이 되면 '구舊'[41]를 의미해야 함을 보여준다고 해석한다. 비록 그레이엄의 이런 지적은 중요하지만, 『장자』[42]에서의 사事와 지知에 대한 반대로 말미암아 세 번째 해석을 지지하는 증거로서의 힘은 약화된다. 『장자』에서는 지知와 고故를 버리는 것도 말하고 있고, 지知는 지智와 밀접히 연결되어 있기 때문에, 이 역시 '지智'와 짝을 이룰 때의 '고'가 '사事'를 의미한다고 해석하는 것을 지지한다.

나는 비록 두 번째 해석으로 마음이 기울지만, 두 가지 고려 사항은 두 번째보다 세 번째와 네 번째 해석을 선호하게 할 수도 있다. 하나는 『장자』[43]의 일부분이 '고'를 자신이 태어난 곳에서 사는 것에 만족해하는 것으로 해석하고 있다는 점이다. 여기서 '고'는 이전의 것(그레이엄)이거나 관습적인 것(서복관)을 의미할 가능성이 높다. 또 다른 고려 사항은 두 번째 해석은 (a)부분에서의 '고'를 (c)부분의 '고'와 다르게 이해하는 데 반해, 세 번째와 네 번째 해석은 양 쪽의 '고'를 비슷하게 독해한다. 별들의 과거의 움직임이나 관성적인 움직임을 근거로 하여 사람들은 천년의 동·하지에 도달할 수 있다고 독해하는 것이다. 나는 비록 증거의 상대적인 무게에 비추어 두 번째 해석 쪽으로 가울지만, 이런 두 이유 때문에 내가 두 번째 해석을 지지하는 것으로 인용한 증거를 결정적이라고 간주하지는 않겠다.

2. 심心, 성性, 천天

1) 성과 심

앞 장의 「이루하」 26장에 대한 논의는 맹자가 성에 대해 널리 유포되던 특정한 견해에 의식적으로 반대했으며 자신의 고유한 견해를 제시하였음을 보여준다. 아마도 맹자는 양주학파나 고자의 견해에서 보이는 성에 대한 생물학적인 해석에서 사람들의 주의를 다른 곳으로 돌리려고 한 것 같다. 맹자는 생물학적 경향성 자체를 반대한 것이 아니다. 예를 들어, 그는 음식의 중요성(예를 들어 「양혜왕상」 3 · 7장)과 남자와 여자 사이의 관계의 중요성(예를 들어 「만장상」 2장. 「양혜왕하」 5장도 참조)을 강조하는데, 여기서 먹는 것과 성행위를 하는 것은 고자가 성에 포함시킨 두 경향성이다. 하지만 맹자는 그런 생물학적 성향들이 규범의 지배를 받아야만 하는 것도 강조했다.(예를 들어, 「고자하」 1장) 성에 대한 맹자의 견해에서 새로운 것은 그가 성을 주로 심心의 윤리적 성향의 발달에 의해 구성된 것으로 간주했다는 것이다. 먹고 성행위를 하거나 이상적인 감각의 대상에서 즐거움을 느끼는 감관의 경향성과 같은 다른 경향성들도 인간에게 존재하기 때문에, 맹자가 성을 서술하는 데 있어 심의 윤리적 성향을 왜 강조했는지 의문이 생긴다.

아마도 그 답은 부분적으로 현실적인 고려 사항과 관련이 있을 것이다. 성은 사물의 특징적인 성향으로 이루어져 있기 때문에 사물의 성에 어긋나는 것은 그 사물의 급격한 개조라는 생각을 함축하며, 따라서 사람들은 자신들의 성에 반하는 행위에 관여하기를 꺼림칙하게 느낄 것이다. 그러므로 성을 윤리적 추구와 갈등을 일으킬 수 있는 성향으로 이루어져 있다고 보는 것은 사람들로 하여금 윤리적이 되게끔 하는 동기를 저하시키는 쪽으로 이끌 수 있다.(「고자상」 1장 참조) 이런 현실적인 고려 사항을 염두에 둔다 하더라도, 여전히 다른 성향들과 구별되는 심의 윤리적 성향에서 무엇이 특징적인가라는 물음은 남는다. 이 질문에 대해서 최소한 세 가지 대답이 가능한데, 이것들은 모두 주석가들에 의해 제시되었고 어느 정도 문헌적 근거를 가지고 있다.

첫 번째 제안은, 맹자가 심의 윤리적 성향을 강조한 이유가 이 성향이 다른 동물들과 공유되는 생물학적 경향성들과는 달리 인간을 다른 동물로부터 구분시켜주기 때문이라는 것이다. 인간에게 고유한 것에 대한 관심은 「이루하」 19장에서 보이는데, 인간을 구분시켜주는 약간의 요소를 군자가 보존한다고 말하고 있다. 맹자는 다른 곳에서 윤리적인 것을 심을 보존하는 문제라고 말했으므로, 「이루하」 19장에서의 '약간의 요소'는 아마도 심의 윤리적 성향과 관련이 있을 것이다. 맹자가 성을 인간과 다른 동물을 구분하는 것으로 간주했다는 점은, 인간의 성이 말이나 소의 성과는 다르다는 점을 함축하는 맹자의 질의로 끝나는 「고자상」 3장의 고자와의 논변에서도 볼 수 있다. 이 제안은 진대제, 풍우란, 노사광, 라우(D. C. Lau) 등에 의해 제시되었고, 당군의는 그의 초기 저작에서 고려하였으며, 그레이엄(A. C. Graham)과 서복관은 다른 제안들과 함께 언급하였다.[29]

두 번째 제안은, 맹자가 심의 윤리적 성향을 강조한 이유가 윤리적 성향의 발전이 인간의 다른 성향과는 달리 완전히 인간의 통제 안에 있기 때문이라는 것이다. 맹자에 따르면 윤리적 속성들은 그것을 구求하고(「고자상」 6장) 그것에 대해 사려하거나 생각하면(思)(「고자상」 15장) 얻게 된다. 그 속성들을 얻지 못하는 것은 그것을 내버려두거나(「고자상」 6 · 8장), 그것에 대해 사려하거나 생각하지 않을 때이다(「고자상」 6 · 13 · 15 · 17). 또 그 속성들을 얻지 못하는 것은 할 수 없음의 문제가 아니라 하지 않음의 문제이다.(예를 들어 「고자하」 2장) 반면에 다른 추구들은 인간이 온전히 통제할 수 있는 것이 아니다. 예를 들어, 「고자상」 16장에서 천의 작위(天爵)와 인간의 작위(人爵)를 구분한 맹자는 「고자상」 17장에서 진정으로 귀하며 모든 사람에게 있는 것과 사람들이 귀하게 여기지만 진정으로 귀하지는 않은 것을 대조시켰다. 「고자상」 16장과의 비교는 17장에서의 대조가 천작과 인작, 곧 윤리적 속성과 관직 사이의 것임을 시사한다. 관직에 대해서, 그것은 "조맹이 귀하게 해준 것이지만, 조맹이 천하게 만들 수도 있다"고 말해진다. 이것이 시사하는 바는 윤리적이 되는 것과는 달리 관직을 얻는 것은 다른 이에게 의존한다는 것이다.[30] 자신의 통제 하에 있는 윤리적 발달과 자신의 통제 안에 있지 않은 다른 추구들 사이의 대조는 「진심상」 3장에도 함축되어 있다.(3장 5절 2)를 보라) 맹자가 성을 성격 지우는 데 온전히 인간의 통제 안에 있는 것을 강조했다는 제안은 당군의가 그의 초기 작품에서 고려했고 서복관이 첫 번째 제안과 더불어

29) 陳大齊, 『名理思想』, pp. 129-32; 馮友蘭, 『中國哲學史』, pp. 155-59; Graham, "Background," p. 35; 徐復觀, 『人性論史』, pp. 165-68; 勞思光, pp. 97-100, 104, 279; Lau, "Introduction," *Mencius*, pp. 15-16; 唐君毅, 『哲學論集』, p. 128.

30) 이것이 주희(『맹자집주』), 장식, 허겸을 포함한 대부분의 주석가들의 「고자상」 17장에 대한 해석이다.

고려했던 것이다.[31)]

세 번째 제안은, 맹자가 심의 윤리적 성향을 강조한 이유가 윤리적 성향의 발달이 삶(「고자상」 10장)이나 감각적 욕망의 충족(「고자상」 15장)과 같은 다른 추구보다 우선적이기 때문이라는 것이다. 맹자가 고자의 성에 대한 견해에 반대한 것은 이런 이유에서일 가능성이 높다. 우리는 「고자상」 10장에서 의義가 음식을 얻는 것보다 더 중요하다는 생각을 발견하며, 「등문공하」 3장에서 의義가 아내를 얻는 것보다 더 중요하다는 생각을 발견한다. 비슷한 생각이 「진심하」 31장에서 시사되고 있으며, 「고자하」 1장에서는 특정한 예외적 상황을 제외하고 예禮가 성행위와 먹는 것보다 일반적으로 더 중요하다는 비슷한 주장을 한다. 이런 언급들은 아마도 성이 먹는 것과 성행위로 이루어져 있다고 간주하는 고자의 입장을 부분적으로 겨냥하고 있을 것이다.

맹자가 성을 성격 지우는 데 심의 윤리적 성향을 강조했던 것은 다른 목적보다 우선적으로 이런 윤리적 성향을 발전시켜야 하기 때문이라는 제안은 당군의가 제시한 것이다. 당군의는 그의 초기 저작에서 앞의 두 제안을 고려했으나 양자 모두에서 문제를 발견했다. 윤리적 성향이 인간에게 특징적인 것이고 그 성향의 발달이 인간이 자신의 능력 안에서 이룰 수 있는 것이라 해도, 다른 목적보다 윤리적 성향의 발전을 더 중시해야 한다는 결론이 도출되는 것은 아니다. 그럼에도 맹자는 성을 발달시켜야 하며 다른 목적보다 더 중시되어야만 하는 것으로 보았다. 당군의에 따르면, 윤리적 추구와 그와는 다른 감각적 욕망을 만족시키는 종류의 추구 사이에 진정으로 결정적인 차이는 후자가 규범적인 제약을 받아야 하는 데 반해 전자는

31) 徐復觀, 『人性論史』, pp. 165-68; 唐君毅, 『哲學論集』, pp. 7-9, 133-34.

다른 추구가 거기에 종속되어야만 하기 때문에 규범적 제약을 받지 않는다는 것이다.[32]

이것과 비슷한 제안을 그레이엄(A. C. Graham)의 글에서 발견할 수 있다. 그레이엄은 맹자가 사람의 심(心)이 일정한 윤리적 성향을 지니고 있다고 믿었음을 지적하면서, 인간이 다른 성향들도 공유한다는 것을 인정한다면 맹자는 왜 단순히 윤리적 성향이 존재한다는 것 때문에 성을 선하다고 간주해야만 할까라는 질문을 제기한다. 「고자상」 10장과 15장 같은 구절을 인용하면서 그레이엄은 맹자가 인간은 다른 종류의 목적을 추구하는 것보다 윤리적인 성향을 발전시키는 것을 우선시한다고 믿었기 때문이라고 스스로의 질문에 대답했다.[33] 그런데 당군의와 그레이엄의 입장 사이에는 한 가지 중요한 차이가 있다. 그레이엄은 초기 중국사상에서 사물의 성은 관찰 가능한 사실로 취급되었으며, 물(水)의 성을 규명하는 방식과 마찬가지로 아무런 간섭이 없을 때 인간이 어떻게 성장하는지를 발견함으로써 인간의 성도 규명할 수 있다고 말한다.[34] 반면에 당군의는 초기 중국사상가들은 인간의 성을 외부적인 관찰을 통해 규명되는 사실로서가 아니라 각각의 인간이 스스로를 돌아봄으로써 발견하는 어떤 것으로 여겼다고 말한다.[35] 일반적으로 말해서 당군의의 관찰이 옳은지는 분명하지 않다. 예를 들어, 양주학파(자화자 구절을 제하고)나 고자가 성을 스스로의 반성을 통해 발견되는 어떤 것으로 간주했는지 명확치 않다. 하지만 맹자에 대한 관찰로서는 설득력이 있으며, 스스로의

32) 唐君毅, 『原性篇』, pp. 20-24.

33) Graham, *Disputers*, pp. 125-32; "Background," pp. 35-36.

34) Graham, "Background," pp. 14-15.

35) 唐君毅, 『原性篇』, pp. 3-4.

반성을 통해 사람은 자신의 심의 발전 방향을 발견한다는 5장 1절 2)와 5장 2절 1)에서의 논의와도 부합한다.[36)]

이 세 가지 제안은 같은 것이 아니다. 왜냐하면 특정한 성향은 하나의 제안에서 강조된 성의 특징은 가지지 않으면서도 다른 한 제안에서 강조된 성의 특징을 지니는 것은 가능하기 때문이다. 예를 들어, 특정한 종류의 음악을 즐기는 성향은 인간에게만 유별나고 다른 동물들이 공유하는 성향이 아니지만, 그런 성향을 충족시키는 것이 완전히 인간의 통제력 안에 있는 것은 아니다. 우리가 세 가지 제안들 사이에서만 선택해야 한다면, 세 번째 제안이 맹자의 성의 개념－발달되어야 하며 다른 목적에 대한 추구는 거기에 종속되어야만 하는 어떤 것인－을 좀 더 잘 이해시킨다는 당군의의 생각은 아마도 옳을 것이다. 하지만 세 가지 제안은 각각 모두 문헌적 근거를 가지고 있고, 이는 이 제안들이 어느 정도 서로 연관되는 것임을 시사한다.

당군의가 가장 기본적이라고 간주하는 세 번째 제안부터 시작해보자. 세 가지 제안에는 성의 결정적인 세 가지 특징을 연결시켜주는 어떤 사유가 있다. 세 번째 제안에서 결정적인 성의 한 가지 특징은 다른 목적에 대한 추구는 인간에게 합당한 발달의 방향으로 종속되어야만 한다는 것이다. 무엇이 우선적이고 무엇이 덜 중요한지를 발견하기 위해서는 외부에서 인간의 발달을 관찰하는 것만으로 충분치 않을 것이다. 그 대신에 각자는 무엇이 더 중요하고 덜 중요한지를 신중하게 반성해야 할 것이다. 이런 자기반성의 과정에서 각자는 특정한 발달의 방향들을 발견하게 될 텐데, 그것은 자신이

36) 당군의 이외에 다른 이들도 비슷한 언급을 했다. 예를 들어 陳特, pp. 41-42; 徐復觀, 『人性論史』, p. 174.

실현할 수 있다고 믿는 어떤 것이기도 하다. 그렇지 않다면 어떻게 그런 방향으로 자신을 발달시켜야겠다고 결론을 내릴 수 있는지 알기 어렵게 되기 때문이다.

예를 들어 사회 질서에 대한 관심과 우려로 말미암아 어떤 이가 도道가 실현되기 위해 자신이 일정한 정치적인 노력을 기울일 책임을 졌다고 간주하기 시작했다고 상상해보자. 그런데 만약 그런 시도가 계속 실패하게 된다면, 그 사람은 그런 변화를 가져오는 것은 자신의 능력 범위 안에 있지 않다는 점과 더 이상 이 지점에서 그 목적을 실현하고자 자신이 할 것이 없다는 점을 깨닫게 될지도 모른다. 그런 깨달음을 기반으로 한 스스로에 대한 반성은 자신이 무엇을 해야만 할지에 대한 지침을 또다시 제시한다. 곧 사람은 천天에 대해 불평하거나 다른 사람들을 비난해서는 안 되며, 부당한 수단으로 목적을 이루려 해서도 안 되며, 안회가 그렇게 했듯이 한 발짝 물러나서 살아야만 한다는 등의 지침을 얻게 될 것이다. 이런 반성 속에서 무엇이 자신의 능력 범위 안의 것이 아닌지를 이미 고려했기 때문에, 반성을 통해 발견하게 되는 지침은 자신이 할 수 있는 능력 안의 것이 된다. 말하자면, 규범적인 방향들은 인과적인 제약으로 간주되는 것들의 배경을 전제로 발견되는 것이다.[37] 따라서 자기반성을 통해 발견하게 되는 방향의 변경은 자신의 힘으로 실현할 수 있는 범위 안에 있는 어떤 것이 되며, 이것이 두 번째 제안에서 강조된 성의 특징이다.

자기반성의 과정에서는 또한 다른 동물들에서는 볼 수 없는 것들을 자신에게서 발견하게 된다.[38] 예를 들어 「고자상」 10장에서 묘사된 모욕과 함께

37) 명命에 대한 2장 1절 1)과 3장 5절에서의 당군의의 견해를 논한 것과 비교해보라.

주어진 음식에 대응하는 방식은, 굶주린 상황에서는 어떤 식으로 주어지건 상관없이 음식을 받아먹는 데 주저함이 없는 동물들에서는 발견되지 않는 종류의 반응이다. 음식을 거부하는 반응이 유별나지 않은 것은 다른 사람들도 비슷한 방식으로 반응하는 것을 볼 수 있기 때문이다. 이런 방식으로 스스로를 반성하는 사람은 성을 구성하는 발달 방향이 인간을 다른 동물들과 구분 짓는다는 것을 깨닫게 되며, 이것이 첫 번째 제안에서 강조된 성의 특징이다.

성의 특징을 연결하는 사유를 스케치하면서 나는 이 세 가지 제안이 동등하다거나 맹자가 의식적으로 방금 묘사한 종류의 사유를 했다는 것을 암시하고자 하는 것은 아니다. 그보다는 세 가지 제안에서 강조된 세 가지 특징들이 서로 연관성이 없는 것이 아님을 보여주고자 할 뿐이며, 그렇게 함으로써 맹자가 성을 바라본 방식에서 어떻게 이들 특징들이 함께 나올 수 있었는지를 설명하고자 한 것이다. 맹자는 성을 사유함에 있어 이 세 가지 특징들을 선명히 구분하지 않았을 가능성이 있다. 아마도 이런 이유로 그레이엄(A. C. Graham)이나 서복관, 당군의 등의 연구자들도 성을 논의하며 세 가지 특징들 중에 한 가지 이상의 특징을 고려했을 것이다.

2) 「진심하」 24장

앞에서의 논의를 배경으로 해서 우리는 이제 맹자가 윤리적 속성들을 감각과 대조시키는 「진심하」 24장 구절을 논의할 수 있게 되었다. 이 구절은

38) 다음을 참조하라. 唐君毅, 『原道篇』, pp. 217-20, 235.

입, 눈, 귀, 코, 사지를 각각 맛, 색깔, 소리, 냄새, 휴식과 관련지어 말하기를 "이것들은 성性이다. 하지만 여기에는 또한 명命이 있으며, 군자는 이것들을 성이라고 하지 않는다(不謂)"라고 하였다. 이와 대조적으로 이 구절은 인, 의, 예, 지, 성인聖人을 부자관계, 군신관계, 주빈관계, 현자, 천도天道와 연결시켜 말하기를, "이것들은 명命이다. 하지만 여기에는 또한 성性도 있으며, 군자는 이것들을 명이라 하지 않는다(不謂)"라고 하였다.

감각과 사지를 감각 대상과 휴식에 연결시키는 '어於'에 대한 해석에는 불확실한 면이 있으며, 두 번째 부분의 구절에서의 '어'에 대한 해석도 마찬가지이다.[39] '어'는 '～에 속하는' 또는 '～으로 끌리는'을 의미한다고 해석될 수 있다. '～으로 끌리는'이란 해석은 사지가 휴식에 연결되고 성인이 천도와 연결되는 방식과는 쉽게 들어맞는다. 하지만 이러한 해석은 첫 번째 부분에서의 감각 대상에 대한 언급이 이상적인 감각 대상에 대한 언급일 것을 요구하며, 두 번째 부분에서의 인의예지에 대한 언급이 인하고 의하고 예하고 지한 사람에 대한 언급일 것을 요구하게 된다.[40] '어'에 대한 다른 해석들은 이 논의와 관련성이 있게 되면 언급하도록 하겠다.

또 다른 논란거리는 '성인聖人'을 '성聖'으로 교정해야만 하느냐는 문제다. 주희(『맹자집주』)는 이렇게 교정할 것을 제안한 어떤 사람을 언급하였는데, 다른 곳(『맹자혹문』 14/4a.9-10)에서는 교정하지 않은 구절을 다루고 있다. 유월兪樾(『맹자평의』)은 '성聖'이 『맹자』, 「만장하」 1장과 『노자』와 같은 다른 초기

39) '어於'는 「고자상」 7장에서도 감각에 대한 언급과 감각 대상에 대한 언급을 연결한다.
40) 리겔이 나와의 대화중에 이렇게 복잡하게 될 가능성을 언급하였다. 이러한 독해에서는 지智한 사람이 훌륭한 사람(賢人)에게 끌리는 것은 지혜는 훌륭한 사람을 알아보고 그런 근거에서 이들을 등용할 줄 아는 능력을 포함한다는 의미에서이다.

문헌에서 '지智'와 짝을 이루고 있다는 것을 근거로 교정할 것을 주장하였다. 방박龐樸도 마왕퇴 백서의 「오행론五行論」에서 성聖이 인, 의, 예, 지와 한 그룹으로 나오는 것을 근거로 교정할 것을 주장했다.[41] 나는 다음의 논의에서 두 가능성을 모두 고려하겠다.

이 구절에 대한 해석에 관해서 두 가지 주요한 물음이 있다. 첫째는 감각과 윤리적 속성들을 대비시키면서 맹자가 무엇을 하고 있느냐는 것이다. 여기에는 최소한 서로 양립 불가능하지 않은 세 가지 대답이 가능하다. 첫째, 군자에 대한 언급에서 볼 수 있듯이 군자를 묘사하고 있는 것일 수 있다. 군자는 감각이 그 대상에 대해 갖는 관계를 성이라 하지 않고 명이라 하며, 윤리적 속성이 인간관계에 대해 갖는 관계는 명이 아니라 성이라고 한다는 것을 보고하고 있는 것일 수 있다. 이 구절과 관련된 초순도 명백히 승인한 것으로 보이는 대진(『맹자자의소증』 28)의 제안은 '불위不謂'를 문자 그대로 '~으로 묘사하다'의 의미가 아니라 '핑계거리로 이용하지 않는다'는 의미로 보는 것이다. 이 제안에서도 이 구절은 여전히 군자를 묘사하고 있는 것이다. 군자는 감각적 추구가 성의 문제라는 핑계로 감각적 추구에 탐닉하지 않으며, 윤리적 추구가 명의 문제라는 핑계로 윤리적 추구를 그만두지 않는다. 조기나 완원阮元과 같은 다른 주석가들도 최소한 이 구절이 부분적으로 보통 사람과 대조되는 군자에 대한 묘사로 해석한다.

둘째는 사람들로 하여금 감각적 추구를 명으로, 윤리적 추구를 성으로 볼 것을 독려하여, 그 결과 전자보다 후자에 자신을 헌신할 것을 독려하는 구절로 해석할 수 있다. 이런 해석은 그레이엄(A. C. Graham)과 니비슨(David

41) 龐樸, pp. 19-21.

Nivison)에 의해 제시되었다.[42] 비슷한 해석을 주희(『맹자집주』)는 자신의 선생(이연평)의 해석으로 인용하며, 왕부지(『독사서대전설』 748)도 승인하였다. 이 제안은 첫 번째 것과 양립 가능한데, 맹자가 사람들로 하여금 윤리적 추구에 전력을 다하라고 권고하는 방식으로 군자를 묘사하였을 수도 있기 때문이다. 사실 첫째 제안은 자연스럽게 둘째 제안으로 연결되는데, 군자가 무엇과 같은지에 대한 언급은 종종 사람들을 특정한 방향으로 인도하는 하나의 방법이기 때문이다.

셋째는 이 구절을 성에 대한 다른 견해들을 반대하면서 성이 정말로 무엇에 해당하는지 또는 성을 어떻게 바라보아야만 하는지를 다룬 것으로 간주하는 것이다. 예를 들어, 당군의는 맹자가 「진심하」 24장에서 성을 주로 심의 윤리적 성향으로 보아야 한다는 근거를 제공하는 것으로 간주한다.[43] 이 제안으로 보면, 「진심하」 24장은 「이루하」 26장, 「고자상」 1~3장, 「고자상」 6장과 같은 구절들과 함께 맹자가 성에 대해 경합하는 다른 견해들에 반대하여 대안적 견해를 제시하는 시도의 일부분이 된다. 이 견해는 앞의 두 견해와 양립 가능한데, 이 구절이 이 제안들에서 제시된 세 가지 일을 동시에 하고 있기 때문이다. 또 성에 대한 자신의 대안적 견해를 주장함에 있어 맹자는 감각적 욕망과 같은 다른 것들도 일반적인 어떤 의미에서는 성으로 서술될 수 있음을 부정할 필요가 없게 된다.[44] 사실 맹자는 어떤

42) 그레이엄은 맹자가 도덕적 성향을 성이라고 생각하는 것은 마음의 훌륭한 습관이라고 말하고 있는 것으로 해석한다.("Background," pp. 38-39) 니비슨은 맹자가 도덕에 대해 특정한 태도를 취하는 것은 현명하다고 말하고 있다고 해석한다.("Two Roots or One?," p. 745)

43) 唐君毅, 『原性篇』, pp. 20-28.

44) 대진(『맹자자의소증』 28)은 「진심하」 24장 구절이 군자가 성을 구실로 감각적 욕구를 탐닉하지 않는다는 것을 주장하고 있을 뿐, 군자가 감각적 욕구를 성으로 간주하지 않는다고

의미에서는 감각적 욕망이 성으로 서술될 수 있음을 인정한 것처럼 보이는데, 맹자 스스로 「고자상」 7장에서 '성'을 미각의 맛에 대한 관계와 관련하여 사용하였다. 심지어 맹자는 「진심하」 24장에서조차 군자의 견해를 서술하기 전에는 '성'을 감각적 욕망과 관련하여 사용하는 것으로 시작했다. 하지만 여전히 맹자는 성을 주로 윤리적 성향으로 바라보는 경향이 강했으며, 이것은 다른 동시대의 견해들과 그의 견해를 구분짓는다.

「진심하」 24장의 해석과 관련된 두 번째 질문은 성과 명의 대조가 갖는 성격에 대한 것인데, 이 질문은 「진심하」 24장을 사람들에게 윤리적 추구를 권장하는 것으로 볼 것인지 아니면 성에 대해 새로운 견해를 주장하는 것으로 볼 것인지에 대한 것이다. 이 질문에 대한 대답은 '명'의 어떤 차원이 강조되는지에 달려 있다.

'명'이 주로 기술적인 것 즉, 우리의 통제 범위 안에 있지 않은 것을 강조하고 있다고 해석해보자. 그럴 경우 첫 번째 구절에서는 비록 감각과 감각대상 간의 관계나 또는 감각이 그것의 이상적 대상에게 끌리는 방식을 일반적인 의미의 성이라 할 수 있을지라도, 감각적 욕망의 충족은 전적으로 인간의 통제 범위 안에 있는 것은 아니며 그런 의미에서 명의 문제라고 말하는 것이 된다. 군자는 감각 욕망을 성이라고 간주하면서 그것을 탐닉하지 않기나, 아니면 이 감각 욕망이 성에 속한다는 핑계로 그것을 탐닉하지 않는

주장하는 것은 아니라고 말함으로써 이 점을 표현한다. 주희(『맹자집주』)는 자신의 선생의 견해를 인용하면서, 비록 감각적 추구와 윤리적 추구 모두가 성과 명의 측면에서 성격 지워질 수 있다 하더라도, 맹자는 전자를 성으로 보고 후자를 명으로 보는 경향과 싸우고자 했다고 말한다. 마찬가지로 그레이엄도 맹자가 비록 감각적 추구를 명으로 보고 윤리적 추구를 성으로 보는 것은 좋은 마음의 습관이라고 간주했지만, 맹자 자신은 감각적 추구와 윤리적 추구 모두를 성과 명 모두의 관점에서 바라보았다고 생각한다.("Background," pp. 38-39)

다.[45] 이럴 경우 군자에 대한 이와 같은 언급은 윤리적 이상을 추구하라는 독려이거나, 혹은 감각적 추구를 성이 아니라 명으로 간주하는 것이 훌륭한 마음의 습관임을 말하는 것이 된다.[46] 여기에 더해 한편으로 맹자가 감각 욕망이 일반적인 어떤 의미에선 성에 속한다는 것을 인정할 것이라는 점을 받아들이면서도, 「진심하」 24장의 전반부가 온전히 인간의 통제 안에 있는 것만이 성에 속한다는 성에 대한 좀 더 제한적인 이해를 주장하고 있다고 해석할 수 있다.[47]

반면에 윤리적 추구는 인간관계에서의 인, 의, 예의 실현과 현인을 등용하는 데 있어서의 지의 실현 그리고 천도가 널리 행해질 수 있도록 하는 성인(또는 성聖)의 능력이 그런 인간관계가 실제로 성립되어 있는지, 현인을 만날 기회가 있는지, 도가 실천에 옮겨질 수 있는 정치적인 기회가 있는지와 같은 외부적인 환경에 달려 있다는 의미에서 명의 문제이다.[48] 하지만 사람들은 자신들이 실현할 수 있는 능력의 범위 안에 있는 윤리적 방향으로의 성향을 이미 가지고 있다는 점에서 윤리적인 추구에 성도 있다. 비록 인간관

45) 전자의 독해는 조기(『맹자주』)와 완원에서 발견되고, 후자의 독해는 초순에 의해 인용되는 대진(『맹자자의소증』 28)과 모종삼에서 발견된다. 牟宗三, 『心體與性體』 3, pp. 426-30.

46) 전자의 독해는 주희(『맹자집주』)와 왕부지(748)에서 발견되고, 후자의 독해는 그레이엄과 니비슨에서 발견된다. Graham, "Background," pp. 38-39; Nivison, "Two Roots or One," p. 745.

47) 예를 들어, 徐復觀, 『人性論史』, pp. 165-68; 牟宗三, 『心體與性體』 3, pp. 426-30; 唐君毅, 『哲學論集』, pp. 8-9, 133-35 및 『原性篇』, pp. 20-28.

48) 「진심하」 24장의 후반부에 있는 '명'에 대한 이런 해석은 조기(『맹자주』), 완원, 모종삼(『心體與性體』 3, pp. 426-30)에게서 발견된다. 주희(『맹자집주』)와 장식은 '명'을 재才의 부여됨의 차이로 해석하는데, 나는 이런 생각은 맹자의 사유에선 낯선 것이라고 본다. 또 부자관계는 모든 또는 거의 모든 사람이 가지게 되는 관계로 보인다. 그렇다 하더라도 모종삼에 따르면 인이 이 관계에서 발현되는지 여부는 여전히 자신의 아버지나 아들이 자신을 어떻게 대우하느냐에 달려 있는데, 이는 자신이 통제할 수 있는 범위에 있지 않은 어떤 것이다. (『圓善論』, p. 152)

계와 정치적인 영역에서의 실현이 자신의 통제 범위 안에 있지 않고 외부적인 환경에 달린 것이라고 할지라도, 그런 윤리적 속성을 수양하는 것은 온전히 자신의 통제 안에 있는 것이다. 예를 들어, 안연이 정치적인 환경 때문에 물러나서 살고 있어도, 안연은 도를 세상에 실천할 기회를 가졌던 우禹와 직稷과 도道를 공유하는 것으로 묘사되고 있다.(「이루하」 29장 참조) 따라서 군자는 윤리적 추구를 명이라고 여겨 노력하는 것을 포기하지 않거나, 윤리적 추구를 하지 않는 것에 대한 핑계로 명을 사용하지 않는다. 이럴 경우 군자에 대한 이런 언급은 윤리적 추구를 명으로 보면서 노력하는 것을 포기하는 일반적인 견해에 반대하는 것이거나, 아니면 사람들로 하여금 윤리적 추구를 명이 아니라 성으로 보는 좋은 마음의 습관을 형성할 것을 촉구하는 것으로 해석될 수 있다. 여기에 더해 우리는 맹자가 성에 대한 좀 더 제한적인 용법의 이해를 주장함으로써 전적으로 인간의 통제 영역 안에 있는 윤리적 성향의 실현만이 성으로 서술될 수 있게끔 하고 있다고 볼 수도 있다.

다른 한편 '명'을 주로 규범적인 것으로 해석해보자. 이럴 경우 이 구절의 전반부는 감각적 욕망은 일반적인 의미에서 성으로 기술될 수도 있지만, 그런 욕망의 충족에는 규범적인 제한이 있다는 점에서 명이 있다는 것으로 해석된다. 즉, 감각적 욕망을 충족시키는 적절한 방식과 부적절한 방식의 구분이 있는 것이다.[49] 군자가 감각적 추구를 성으로 보지 않는다는 언급은 앞서 언급한 것과 같이 여러 다른 방식으로 해석될 수 있다. 감각적 만족을 추구하는 것이 성이라는 핑계로 비윤리적으로 행동하지 말 것을 촉구하거나,

49) 이 맥락에서 '명'의 규범적인 차원은 부사년과 라우, 그리고 당군의에 의해 강조되었다. 傅斯年, pp. 356-56; Lau, "Introduction," *Mencius*, pp. 28-29; 唐君毅, 『原性篇』, pp. 22-24.

그것의 실현이 더 이상의 규범적인 제약을 받지 않는 성향만을 성으로 해석하는 좀 더 제한적인 용법으로 성을 이해하기를 촉구하는 것으로 이해할 수 있는 것이다.[50] 윤리적 추구에 대해서는, 윤리적 속성들이 인간 삶에 일정한 규범적인 제약을 부과한다는 점에서 명이 있다고 할 수 있지만, 우리에게 이미 윤리적 방향을 가리키는 성향이 존재해서 윤리적 속성들을 기르는 것이 가능할 뿐 아니라 즐거운 것일 수도 있다는 점에서 성이 있다고 할 수도 있다. 따라서 군자는 다음의 두 가지 이유 중 하나 때문에 윤리적 속성들을 명이라고 하지 않는다. 즉, 윤리적 속성들을 심의 바깥에서 오는 규범적 제약으로 보지 않기 때문이거나, 아니면 공유하고 있는 윤리적 성향들의 발달이 그것 자체로 더 이상의 규범적인 제약을 받지 않기 때문에 그렇다. 즉 군자에 대한 이런 발언은 윤리적 추구를 권고하는 것으로 받아들여질 수도 있고, 또는 윤리적 성향들 중에서 그 발달이 더 이상의 규범적인 제약을 받지 않는 것들만 성의 범위 안에 포함시키는 좀 더 제한적인 성의 이해를 주장하는 것으로 이해될 수도 있다.

'명'에 대한 이런 두 가지 방식의 이해가 다른 것은, 한편에서는 '명'을 주로 인간의 노력에 대한 인과적 제약을 가리키는 기술적인 것으로 해석한다면, 다른 한편에서는 '명'의 용법을 주로 규범적인 제약을 가리키는 규범적인 것으로 해석하기 때문이다. 이 두 해석 사이에 한 쪽 손을 들어주기가 어려운데, 그것은 두 해석 모두 다른 구절들에서 발견되는 맹자의 생각들을 뚜렷하게 드러내주기 때문이다. 주희(『맹자집주』)와 같은 주석가들은 실

50) 앞의 독해는 라우에서 발견되고("Introduction," *Mencius*, pp. 28-29), 뒤의 독해는 당군의에게서 발견된다(『原性篇』, pp. 22-24).

제로 한 해석에서 다른 해석으로 옮겨 간다. 주희는 애초에 '명'이 외부적 환경에 의한 제약을 가리키는 것으로 이해했다가, 뒤에 가서는 의리義理의 제약을 가리키는 것으로 이해했다.[51] 2장 1절 1)에서 언급한 것처럼, 맹자 자신이 두 가지 차원의 '명'을 명확히 구분하지 않았으며 따라서 이 두 해석에서 스케치한 두 가지 종류의 생각도 명료히 구분하지 않았을 가능성이 다분하다.

3) 성性과 천天

우리는 6장 1절 2)에서 맹자가 심心의 윤리적 성향을 천에서 기인한 것으로 간주했음을 보았다. 맹자는 또 그런 윤리적 성향의 발달이란 측면에서 성을 주로 성격짓고 있기 때문에, 성은 천(「진심상」 1장)과 연관되기도 한다. 맹자의 천에 대한 견해가 무엇인지에 대해 학자들 사이에 의견이 일치하지 않고 있는데, 그것은 『논어』의 천을 바라보는 방식에 대해서도 일어나는 불일치이다. 의견불일치는 최소한 두 가지 이슈를 중심으로 일어난다. 천이 인격신人格神과 같은 종류로 이해되는지, 또 천에 초월의 차원이 있는지와 관련해서이다.

많은 학자들이 이 텍스트들에서의 천을 인격신이라고 제인했다. 예를 들어, 후외려侯外廬와 임계유任繼愈는 공자가 천을 의지를 가진 인격신으로 보았다고 믿으며, 둘은 모두 어떻게 천이 말하지 않아도 사계절이 진행하고 만물이 자라는지를 서술하고 있는 『논어』, 「양화」 19장을 천은 말할 수 있지

51) 이 점은 모종삼이 지적한 것이다.(『心體與性體』 3, pp. 428-29)

만 말하지 않기로 선택했음을 보여주는 증거라고 본다.[52] 풍우란과 부패영傅佩榮은 공자와 맹자의 사유에서 천은 전통적으로 천에 귀속되었던 인격적인 특징의 일부를 보존하고 있다고 말했다.[53]

다른 학자들은 천의 인격적 특징에 대해서는 덜 주의를 기울이고 천의 초월적 차원에 더 주의를 기울였다. 모종삼은 『논어』에서의 천이 여전히 인격신의 전통적인 함의를 가지고 있는 것은 인정하지만, 여기서도 초월적 차원이 지배적이고 이 초월적 차원은 『맹자』에서는 더 두드러진다고 생각했다.[54] 초월적 차원은 일종의 창조성으로 설명되며, 내재內在의 차원도 마찬가지로 존재한다고 한다. 여러 다른 학자들도 『논어』와 『맹자』에서 천이 초월적인 지평과 내재적인 지평을 모두 가지고 있다는 생각을 강조했다.[55]

대조적으로 다른 해석에서는 천이 인격신의 함의를 가지거나 초월적 지평을 가진다는 것을 부인한다. 서복관과 노사광 모두 공자나 맹자가 천을 '형이상학적'(形上) 차원을 가진 것으로 간주하지 않았다고 주장했다. 서복관은 『맹자』에서의 천은 대체로 인간의 심성心性과 관련된다고 생각했으며, 노사광은 천이 대체로 자연적 질서와 관련된다고 생각했다.[56] 다른 이들도 천이 초월적 차원을 가진다는 생각에 명확히 반대하면서, 초월과 내재가 정

52) 侯外廬 외, pp. 153-54; 任繼愈, pp. 194-95.

53) 馮友蘭, 『中國哲學史』, pp. 82-83, 163-64; 傅佩榮, pp. 122-35.

54) 牟宗三, 『特質』, pp. 20-24, 32-39, 65-66; 『心體與性體』 1, pp. 21-22, 26-29.

55) Liu Shu-hsien, "Transcendence and Immanence" 및 "Some Reflections"; 湯一介, pp. 2-6; 杜維明, 『儒家傳統』, pp. 199-211; 楊祖漢, pp. 76-78; 余英時, pp. 9-13, 22-23; 袁保新, pp. 86-92. 탕일개는 천의 초월적 차원이 『논어』와 『맹자』 모두에서 감지되지만 『맹자』에서는 내재적 차원이 더 강조된다고 말한다.

56) 徐復觀, 『人性論史』, pp. 86-89, 99, 181. 勞思光, pp. 131-33, 139-40.

합성을 잃지 않고 결합될 수 있는 개념들인지를 질문했다.[57] 이는 또 다른 논쟁을 촉발했는데, 특히 초월 개념과 관련해서이다.[58]

전문적인 용어와 관련된 이슈는 피해가기 위해, 나는 '초월'과 '인격신'이란 용어의 사용을 피할 것이다. 그 대신 이런 개념들을 사용하여 천에 대해 제시된 구체적인 주장들 몇몇에 대해 주의를 기울일 것이다.[59] 『논어』와 『맹자』 이 두 문헌의 '천'의 용법에 대한 조사는 천이 때때로 인격적인 특성이 있는 것처럼 말해지고 있고, 천에 대한 이런 식의 언급이 『맹자』보다 『논어』에 더 많음을 보여준다. 『논어』에는 천에 죄를 짓고(「팔일」 13장), 천이 공자를 특정한 방식으로 사용하며(「팔일」 24장), 어떤 이에 대해 천의 저주를 내리고(「옹야」 28장), 문화가 파괴되도록 천이 의도하며(「자한」 5장), 천은 어떤 이를 저버리며(「선진」 9장), 천에 대한 불평을 담은 구절(「헌문」 35장)들이 있다. 『맹자』는 천이 천하에 평화를 가져올 것을 희망하지 않는 것에 대한 언급(「공손추하」 13장)을 담고 있다. 또 천은 때로는 부와 명예(「안연」 5장), 정치적 노력에서의 성공(「양혜왕하」 14 · 16장), 또 더 일반적으로는 인간의 행위 없이 이루어지는 것들(「만장상」 6장)과 같이 인간의 통제 안에 있지 않은 것의 근원으로 제시된다.

『맹자』에서 천은 윤리적 차원도 가지고 있다. 예를 들어, 윤리적인 삶의 방식은 천도天道(「진심하」 24장)로 언급되고, 인仁과 의義는 천의 작위爵位로 묘사되며(「공손추상」 7장; 「고자상」 16장), 천은 심의 근원(「고자상」 15장)으로 또 심의

57) 예를 들어, 馮耀明, 「超越內在」; Hall and Ames, pp. 204-8.

58) 예를 들어, 李明輝, 『當代儒學』, pp. 129-48.

59) 이 이슈와 관련된 논의를 위해선 다음을 보라. Schwartz, pp. 122-23; 唐君毅, 『原道篇』, pp. 131-34, 242-45.

윤리적 성향의 근원(「등문공상」 5장)으로 묘사된다. 비록 『논어』에 보이는 두 경우의 '천'(「공야장」 13장; 「술이」 23장)이 윤리적 함의를 지니는 것으로 해석될 수 있긴 하지만, 천의 윤리적 차원은 『논어』에서는 덜 명확하다. 마지막으로 이 두 문헌 모두에서 수양은 천명을 알거나 경외하는 것(「위정」 4장; 「계씨」 8장) 또는 천을 알고 섬기는 것(『맹자』, 「진심상」 1장)과 같이 천과의 어떤 관계를 수반하는 것으로 제시된다.

천의 용법에 대한 이런 조사는 인격적 특성이 지속적으로 천에 부여되었다는 것(특히 『논어』에서), 윤리적 차원을 천이 담지하고 있는 것으로 여겨졌다는 것(특히 『맹자』에서), 그리고 천을 경배하고 섬겨야 할 대상으로 여겼음을 보여준다. 이런 이유로 '천'이 단지 비인격적인 자연적 질서만을 가리키지는 않았을 것으로 보인다. 다른 한편 천은 인간과 분리된 존재로 여겨지지 않았다. 맹자에게서 심의 윤리적 성향은 그 근원을 천에 두고 있으며, 인간이 천에 접근할 수 있는 통로를 제공하고 있다. 나는 이 두 문헌의 '천'의 용법에 대해서는 이 정도로 논평을 제한하고, 천을 인격신으로 묘사해야 할지에 대해 결정을 내리고자 시도하지 않을 것이다. 이런 결정은 대체로 이 천이란 용어에 어떤 함의를 우리가 구축할지에 달려 있기 때문이다.

천이 초월적이거나 내재적인 차원을 가지고 있는지에 대한 질문과 관련해서는 다음과 같이 정리할 수 있다. 즉, 초월의 개념은 『논어』와 『맹자』의 윤리적 이상이 단지 인간에게 삶에 대한 지침을 제공하는 것을 넘어선 지평을 지니고 있다는 것을 강조하는 데 때때로 사용되며, 내재의 개념은 윤리적 이상과 인간 사이의 긴밀한 연결을 강조하는 데 때때로 사용되었다. 천에 대한 언급은 우리의 윤리적 경험에서 최소한 두 가지 특징에 주의를 환기시킨다. 특정한 것들을 합당하다고 판단을 내리는 데 있어서 사람들은 그 합당성이 우리가 원할 수도 있는 것과는 독립적이라고 느끼며, 우리의 삶은 비록 그 생명을 희생하는 한이 있어도 합당한 것들로 향해져야 한다고 느낀다는 것이다. 말하자면 우리 자신을 넘어선 것으로부터 오는 요구의 느낌이 있는 것이다. 동시에 사람들은 자신의 통제 안에 있지 않은 외부적 조건들을 인식하는데, 그 조건들은 윤리적 이상에 상응하게끔 살고자 자신을 수양하는 과정에서 받아들여져야 하는 것이다.

윤리적 경험의 이런 두 가지 측면은 윤리적 이상과 외부적 한계 모두를 천에게 돌리는 것에 의해 강조되는데, 그 천은 존숭과 경외의 대상이자 수양을 통해 섬겨야 할 대상이 된다. 다른 한편으로 천을 섬기기 위해 이상에 부응하여 사는 것은 사회 세계를 부인하는 것을 수반하지 않는다. 대신에 그것은 인간관계의 완성과 전적인 사회 참여를 요구한다. 더 나아가 『맹자』에서는 윤리적 이상이 천에서 기원하는 심의 특정한 윤리적 성향에서 드러난다는 점에서, 심은 천에 대한 연결고리의 역할을 하는 것으로 되어 있다.

『논어』와 『맹자』의 윤리적 이상의 이러한 측면들은 윤리적 이상과 그것의 근원인 천이 단순한 지침의 개념을 넘어서는 차원과 인간적 영역과의 밀접한 연결을 강조하는 차원을 모두 지니고 있다는 것을 보여주고 있다. 성性이 맹자에게 있어서 그 근원을 천에 두는 만큼 그리고 윤리적 방향성을 지니고 있는 만큼, 성도 이 두 차원을 지닌다고 해야 할 것이다. 다시 나는 천과 성의 이 두 차원에 대한 언급을 이 정도로 제한하고 이 두 개념을 초월이나 내재로 성격 지워야 하는지에 대한 결정은 보류할 것이다. 이런 결정도 대체로 이들 개념의 함의를 무엇으로 보느냐에 달려 있기 때문이다.

3. 성은 선하다

1) 성선性善에 대한 해석

성이 선하다는 맹자의 주장은 「등문공상」 1장과 「고자상」 6장에 기록되어 있으며, 「고자상」 2장과 6장에서 맹자에 의해 설명되고 옹호된다. 만일 우리가 성을 심의 특정한 윤리적 성향에 함축된 발달 방향에 의해 구성된 것으로 맹자가 간주했다는 것을 받아들이면, 성이 선하다는 주장은 이 발달 방향이 선으로 향해 있다고 하는 것과 같다. 하지만 여러 주석가들은 다른 해석을 제안하고 있으며, 나는 이들 가운데 일부를 살펴보도록 하겠다.

크릴(Herrlee G. Creel)에 따르면 성이 선하다는 주장은 '선善'이 성과 일치하는 것-그 성이 무엇이건 간에-을 의미하기 때문에 동어반복이라고 한다.[60] 크릴은 왜 '선'이 이런 의미를 가진다고 생각하는지 설명하지 않는데, 아마도 그의 생각은 맹자와 어쩌면 다른 초기 사상가들도 인간에게 합당한 발달 방향을 가리키는 것으로 '성'을 사용하였으며, 따라서 선이 무엇이건 간에 성의 방향에 부합한다는 것일 것이다. 이 견해에서 '선'은 형식적인 용어인데, 성의 내용에 따라 어떤 내용도 가질 수 있기 때문이다.

성이 선한지에 대한 광범위한 의견의 불일치가 「고자상」 6장에 기록되어 있는 걸로 봐서는 '선'이 초기 중국 사상에서 이런 식으로 사용되었을

60) Creel, *Chinese Thought*, pp. 88-89.

것 같지는 않다. 어떤 이는 일반적으로 초기 문헌에서 '선'은 형식적인 용어로 사용되지 않았지만, 맹자는 그런 식으로 사용했다고 반박할 수 있을 것이다. 즉, 맹자는 성은 선하다는 언명이 동어반복적인 방식이게끔 '선'을 사용했다는 것이다. 하지만 만일 이 제안이 옳다면, 맹자가 반대되는 견해와 동의하지 않는 것은 대개가 말의 사용에 관한 것이며, 따라서 맹자가 자신의 입장을 설명하는 것은 그의 '선'의 용법에 초점을 맞출 거라 기대하게 된다. 하지만 이것은 「고자상」 6장에서 맹자가 자신의 입장을 설명하는 방식이 아니며, 그의 설명은 인의예지와 같은 윤리적 속성이 어떤 의미에서 이미 인간에게 내재해 있다는 것을 강조하는 것이었다.

좀 더 가능성이 있는 것은 맹자가 선을 윤리적 속성들인 인, 의, 예, 지로 이해했으며, 성이 선하다는 그의 견해는 심은 이런 속성들로 향하는 경향이 있다는 주장이었을 것이다. 누군가가 성이 이런 속성에 반대된다고 믿는다면, 이것은 그 사람의 선에 대한 개념을 변경해야 하는 것을 수반하는 것이 아니라, 성에 대한 그런 견해가 사람들로 하여금 윤리적 삶이 자신에게 급격한 변화를 동반하는 것이라고 간주하게끔 이끎으로써 문제가 야기되는 것을 수반하게 되는 것이다. 이는 우리가 4장 2절 1)에서 본 대로 「고자상」 1장에서 고사가 성을 기杞 버드나무로 비유한 것에 대한 맹자의 반응이었다.

성이 선하다는 맹자의 견해에 대한 또 다른 해석은 라우(D. C. Lau)의 몇몇 언급에서 제시되었는데, 이런 언급들이 라우의 입장을 완전히 대변하는 것은 아닐 것이다.[61] 이 해석에 따르면, 성이 선하다는 맹자의 견해는 인간이 도덕적 주체라는 주장에 해당한다. 성이 선하다고 주장하는 것은 사람이 옳

61) Lau, "Theories of Human Nature," pp. 548-50.

고 그른 것을 구별할 능력과 옳은 일을 하는 것을 승인하고 그른 일을 하면 수치심을 느끼는 능력을 가졌다는 것이다. 성이 나쁘다고 주장하는 것은 인간은 그른 일을 하는 것을 승인하고 옳은 일을 하면 수치심을 느낀다는 주장인데, 이는 일관성이 없는 입장이다. 따라서 라우에 따르면 성이 선하다는 것의 반대 입장은 성이 나쁘다는 것이 아니라 인간이 옳고 그른 것을 구분할 줄 모른다는 의미에서 성이 도덕과 관계가 없다고 하는 것이다.

이 해석이 성에 대한 맹자와 고자의 논변을 어떻게 납득할 수 있게 하는지 알기 어렵다. 이 해석으로는 「고자상」 3장에서 고자가 성을 생으로 설명하는 것에 대해 맹자가 왜 반대했는지 설명하기 어려우며, 맹자와 고자가 「고자상」 1·2장의 비유들에 대해 의견 불일치를 보이는 것을 어떻게 이해하는 것이 좋을지 설명하는 것도 어렵다.[62] 또 이 해석을 통해서는, 「고자상」 6장에서 보고되고 있는 여러 다른 성에 대한 견해들 사이의 의견 불일치를 납득하기 어려울 뿐 아니라, 이들 견해 중 일부가 역사상 일어난 것으로 주장된 것을 통해 설명되는 방식도 납득하기 어렵게 한다. 이 해석에서 '선'은 다시 형식적인 용어로 취급된다. 성이 선하다고 주장하는 것은 그 구분이 어떤 식으로 이루어졌건 간에 인간이 옳고 그른 것을 구분할 수 있고 이에 따라 행동한다는 주장이 된다. '선'이 초기 중국 사상에서 이런 방식으로 사용되었을 가능성은 낮다. 이와 반대로 '선'은 어떤 행위를 '선'하다고 간주할지에 대한 구체적인 판단을 포함하는 실질적인 함축을 지녔던 것으로 보인다.

62) 우리가 4장 2절 2)에서 본 바와 같이 라우는 맹자가 고자의 성을 생生으로 설명하는 것에 정말로 반대한 것은 아니라는 측면에서 「고자상」 3장을 해석한다.

인간이 옳고 그른 것을 구별하는 능력을 공유하고 있다는 주장은 성이 선하다는 맹자의 견해를 완전히 포착하고 있지는 못할지라도 맹자의 견해 일부분을 포착하고 있으며, 인간에 대해 논의될 수 있는 실질적인 내용을 담고 있는 주장이다. 라우에게 공정하자면, 방금 서술한 해석은 아마도 그의 입장을 완전히 대변한 것은 아닐 것이다. 왜냐하면 그는 때때로 맹자의 성선설이 인간은 이미 선으로 기울어져 있다는 더 나아간 주장을 포함하고 있는 것으로 해석하기 때문이다.[63] 맹자의 견해에 대한 이 추가적인 부분은 「고자상」 1・2장에서 고자의 비유에 대해 맹자가 동의하지 않는 것과 「고자상」 6장에서 기록된 성에 대한 견해들에 맹자가 동의하지 않는 것을 이해할 수 있게 한다.[64]

맹자의 성선설에 대한 이해를 좀 더 심화시키기 위해 성선설에 대한 근래의 논쟁을 잠시 검토해보도록 하자. 성선설은 인간의 성이 선으로 향하고 있다(向善)는 주장이지, 성이 원래 선하다(本善)는 주장이 아니라고 부패영(傅佩榮)은 제안했다.[65] 이에 대한 응답으로 여러 학자들은 맹자의 성선설이 성이 원래 선하다는 주장을 포함하고 있다고 주장했다.[66] 이 문제에 대한 해결은 본래적 선에 대한 주장이 무엇에 해당한다고 판단할지에 달려 있다. 맹자는 인간이 애초에 완전히 선하다는 주장을 하지는 않았을 것 같다. 왜냐하면 맹자는 길러져야 할 필요가 있는 선의 시초만을 인간에게 귀속시키기 때문

63) 라우의 측은지심과 공경지심에 대한 논의와 「진심상」 15장에 대한 논의를 보라.("Theories of Human Nature", pp. 548-49, 558-60)

64) 나는 라우의 입장을 논의하는 데 진영첩으로부터 도움을 받았다.

65) 傅佩榮, pp. 78-81, 101-3, 173-81, 186-94.

66) 예를 들어, Liu Shu-hsien, "Some Reflections"; 楊祖漢, pp. 58-60, 67; 袁保新, pp. 32-37, 93.

이다.[67] 다른 한편으로 이 본래적 선에 대한 주장이 인간의 심은 이미 윤리적 방향을 가지고 있어서 인간의 심 바깥에서 윤리적인 지침을 찾을 필요가 없다는 것이라면, 이 주장은 정말 맹자의 성선설의 일부로 여겨진다.[68] 내가 지난 두 장에서 논변했듯이 맹자는 심이 윤리적 방향성을 지니고 있다고 간주했는데, 이것은 자신에 대한 성찰을 통해 윤리적 지침을 얻을 수 있게 하는 것을 가능하게 한다. 이런 정도 살펴보았으므로 나는 맹자가 성의 본래적 선을 믿었다고 서술해야 할지 말지 판가름 짓고자 하지 않을 것이다. 왜냐하면 남은 문제는 대체로 용어 사용상의 문제이기 때문이다.

2) 「고자상」 6~8장

성이 선하다는 맹자의 주장에 대한 나의 해석은 맹자가 성이 윤리적 방향으로 향한다는 견해를 주장한다고 보는 것이다. 「고자상」 6장 부분은 이러한 해석에 문제를 던지고 있는 것으로 보이는데, 이제 「고자상」 7・8장의 관련된 구절들과 함께 「고자상」 6장을 다루기로 하겠다. 「고자상」 6장에서 공도자는 성에 대한 세 가지 견해를 보고했다.

67) 부패영은 때로는 본래적 선에 대한 주장을 이런 방식으로 이해한다.(pp. 78-81) 우리가 이런 이해를 받아들이면 부패영이 그 주장을 거부하는 것은 정당화된다.

68) 부패영은 때로는 본래적 선에 대한 주장을 이런 방식으로 이해하고 맹자가 이런 주장에 동의했다는 점을 부인하는 것 같다.(pp. 173-81) 이것이 부패영의 입장이라면, 원보신이 이러한 맹자에 대한 해석을 거부하는 것은 옳다.(p. 93) 하지만 부패영의 입장은 애매하다. 왜냐하면 그는 맹자가 외부로부터 윤리적 지침을 구해야 할 필요를 제거하면서 심이 윤리적 방향성을 지니고 있는 것으로 정말로 간주했다고 때로는 인정하는 것처럼 보이기 때문이다.(pp. 101-3, 189, 193-94)

(a) (고자) 성무선무불선性無善無不善(성에는 선도 불선도 없다.)

(b) 성가이위선가이위불선性可以爲善可以爲不善(성은 선해질 수도 있고 불선해질 수도 있다.)

(c) 유성선유성불선有性善有性不善(선한 성을 가진 이도 있고 불선한 성을 가진 이도 있다.)

그러고선 공도자는 맹자의 성선설을 언급하면서 맹자가 다른 견해들은 모두 잘못된 것으로 여기는지 질문했다. 맹자는 다음과 같이 대답했다.

"내약기정즉가이위선의乃若其情則可以爲善矣, 내소위선야乃所謂善也. 약부위불선若夫爲不善, 비재지죄야非才之罪也."(Lau: "사람에게 정말로 있는 것에 관한 한, 사람은 선해질 수 있는 능력이 있다. 이것이 내가 선으로 의미하는 바이다. 사람이 불선하게 되는 것에 대해서는, 이것은 그의 타고난 재질의 탓이 아니다.")

이 구절이 야기하는 문제는 맹자가 그의 견해를 선해질 수 있는 능력(可以)으로 설명하고 있다는 데 있다. 선해질 수 있는 능력이 있다는 것은 어떤 의미에서도 사람이 선으로 향하고 있다는 것을 의미할 필요가 없어 보이며, 이는 맹자의 성선설은 심이 선을 향한 성향을 지니고 있다는 주장을 포함한다고 보는 나의 해석과 갈등을 일으킨다. 사실 이 문제는 내가 제안한 해석에만 해당하는 것이 아니라 텍스트 자체에 내재한다. 인간은 선해질 수 있는 것처럼 명백히 나빠질 수도 있으므로, 선해질 수 있는 능력이 어떤 방식에서 성이 나쁘기보다는 선하다는 것을 가리키는지 알기 어렵다. 즉, 능력에 관한 한 선과 불선 사이에 어떤 비대칭도 없어 보이는 것이다. 하지만 다른 구절에서는 맹자가 선과 불선 사이의 다소간의 비대칭을 믿었다는 것을 볼 수 있다. 예를 들어 「고자상」 2장에서 물의 비유에 대해 맹자가 말하는 방식은 불선과는 관련되지 않는 방식으로 성이 선과 관련된다고 여겼음을 보여준다. 문제를 달리 표현하자면, 성선설이 인간은 선해질 수 있는 능력이 있다는 주장에 해당한다면, 성선설은 성에는 선도 불선도 없지만 인간은 선해질 수도 있다고 하는 고자의 견해와 거의 갈등을 일으키지 않을 것이다. 따라서 맹자가 왜 고자의 입장을 반대해야만 하는지도 불분명해진다.

이 문제를 다루기 위해서는 '내약乃若~약부若夫~'와 '기其', '정情', '가이可以', '재才' 등의 용법을 세밀히 검토할 필요가 있다. 손석, 장식, 배학해裴學海가 따르고 있는 조기(『맹자주』)는 '내약'의 '약若'이 '순順(따르다)'의 의미로 본다. '약'은 이런 의미를 가질 수 있는데, '약'을 이렇게 읽고 '정'을 '성'과 바꿔 쓸 수 있는 것으로 보면 이 문제를 해결할 수 있는 방법이 제시된다.[69] 이렇게 하면 맹자의 성선에 대한 설명이 성을 따르면 선해질 수 있다는 것을 말하는 것으로 해석할 수 있으며, 맹자의 설명은 성이 선으로 이미 향해져 있음을 함축하는 것이 된다.[70] 하지만 '내약'은 '~에 관한 한'이란 의미로 어떤 주제를 소개하는 데 사용되기도 한다.[44] 조순손趙順孫이 따르고 있는 주희(『맹자집주』)는 '내약'을 이런 방식으로 해석했는데, 라우나 양백준을 포함한 몇몇 번역가들도 그런 방식으로 해석했다. 이 해석이 좀 더 가능성이 있는 것은 '내약~약부~'라는 구조가 「이루하」 28장에도 나오는데, 여기서 그 의미는 '~에 관한 한, ~에 대해서는'이기 때문이다.

'기其'는 인간(人) 또는 성을 가리킬 것이다. '가이위선'의 주어가 '기'라면

69) '약若'이 이런 의미를 지닐 수 있음을 설명하는 예들로는 다음을 보라. 岑溢成, 「'情'與'才'」, pt. I, p. 5. 잠일성 자신은 이러한 독해를 승인하지 않는다.

70) 배학해는 이 문제를 다루는 데 이런 전략을 사용한다.

기는 성일 가능성이 더 많은데, (b)입장과 비교하면 '가이위선'의 주어가 '성'일 가능성이 높기 때문이다. 하지만 내가 곧 보여주겠지만, '기' 다음의 '정'이 '성'과 밀접히 연관된 방식으로 쓰이며, 따라서 '가이위선'의 주어는 '기'가 아니라 '기정'일 가능성이 높다. 이럴 경우는 '기'가 인간을 가리키는 것을 선호하게 된다. 이 해석은 '인지정人之情'이 다른 초기 문헌과 「고자상」 8장에 나오는 관용적 표현이라는 점에서 한층 더 지지를 얻는다.[71)]

'정'은 최소한 세 가지 다른 방식으로 해석되어 왔다. 첫째로, 주희(『맹자집주』; 『주자어류』 1380~81; 『맹자혹문』), 장식, 호병문胡炳文은 정이 성의 발현으로써 감정의 형태를 띠며 이로부터 성이 알려질 수 있는 것으로 이해한다. 우찌노는 '정'이 성의 발현을 가리키는 것으로 해석하며, 자일스, 레게, 리올과 웨어는 정을 '느낌'으로 번역했다. 둘째로, 대진(『맹자자의소증』 30)은 '정'을 '사물이 진짜로 그와 같은 것'이란 의미인 '실實'로 해석했다. 이 해석은 진대제와 모종삼에 의해 옹호되었고, '진짜인 것'(「고자상」 6 · 8장)으로 '정'을 해석한 라우의 번역에도 반영되어 있다.[72)] 셋째로, 유월(『맹자평의』)은 '정'을 '성'과 바꿔 쓸 수 있는 것으로 해석한다. 이 해석은 배학해와 호육환胡毓寰에서 발견된다. 잠일성岑溢成은 '정'이 '실'(사물이 진짜로 그와 같은 것)보다는 '성'을 의미하는 것으로 해석하는 것이 더 설득력이 있다고 주장했다.[73)]

「고자상」 6장과 「고자상」 8장을 제외한다면 『맹자』에서 '정'이 나오는

71) 『심체여성체』(3: 416-18)에서 모종삼은 '기其'가 성性을 가리킨다고 보았다. 그러나 『원선론』(pp. 22-24)에서는 기가 인간을 가리킨다고 해석한다.

72) 陳大齊, 『孟子待解錄』, pp. 8-10; 牟宗三, 『心體與性體』 3, pp. 416-17 및 『圓善論』, pp. 22-24.

73) 岑溢成, 「'情'與'才'」, pt. I, pp. 6-7.

경우 중에 그 어떤 것도 감정을 가리키는 것으로 설득력 있게 해석될 수 없다. 주희(『맹자집주』), 조기(『맹자장지』)와 같은 주석가들은 대체로 「이루하」 18장에서 '성聲'(명성)과 대조되는 정은 사람이 진짜 어떠한지(實)에 관한 것이라는 점에는 동의한다. 「등문공상」 4장 구절은 사물이 그것의 정에 있어서 같지 않음을 언급한다. 이런 식의 정이 감정을 가리킬 것으로 보이지는 않는다. 정을 감정의 용법으로 사용하는 어떤 명백한 예도 『맹자』에서 찾기 힘들므로, 「고자상」 6장에서의 '정'도 감정으로 독해하기가 꺼려진다.

'정'의 용법은 「고자상」 6장과 「고자상」 8장에서 '성'과 밀접히 연관되는 것처럼 보이며, 어떤 주석가들과 번역가들은 「등문공상」 4장에서의 '정'을 성으로 해석하기조차 한다. 예를 들어 조기(『맹자주』, 「등문공상」 4장)는 성과 정을 연결시키며, 라우는 「등문공상」 4장에서의 '정'을 '본성'으로 번역하는데, 이것은 그의 '성'에 대한 번역어이기도 하다.[74] 하지만 6장 1절 1)에서 언급했듯이, 초기 문헌에서 '성'은 그것 자체가 그 종의 개별 구성원의 특징이 아닌 사물의 종의 특징(사물들의 불평등과 같이)을 가리키는 데 사용되지 않았다는 점에서 '정'과는 그 의미가 아마도 달랐을 것이다. 만일 이런 지적이 옳다면, '정'은 「등문공상」 4장에서 '성'과 바꿔 쓸 수 없다. 하지만 「고자상」 6장과 「고자상」 8장에서의 '정'은 그 종의 개별 구성원의 특징이기도 한 사물의 종의 특징에 관한 것이라는 점에서 「등문공상」 4장에서의 '정'과 다르므로, 「고자상」 6장과 「고자상」 8장에서의 '정'은 '성'과 바꿔 쓰여 질 수 있는 가능성을 열어놓고 있다. 따라서 방금 서술한 세 번째 해석은 여전히 가능성

74) 잠일성도 「등문공상」 4장에서의 '정'이 '성'과 같은 의미를 가지는 것으로 해석한다.(ibid., p. 6)

을 가진 것으로 남는다.

하지만 두 번째와 세 번째 해석은 그다지 멀리 떨어져 있지 않다. 6장 1절 1)에서 나는 사물들이 진실로 그러한 방식을 의미하는 '실'의 의미로 '정'이 여러 번 사용된 증거를 제시했다. 게다가 '정'은 흔히 어떤 종의 개별 구성원 각각에 통용되고, 그 종의 사물들이 진짜로 어떠한지를 드러내는 특정한 특징적 경향성을 가리킨다. '정'이 이런 방식으로 사용되면, 여기에 포함된 경향성들이 그 사물들의 '성'으로 지칭되기도 하는데, '성'도 한 사물이 지니는 특징적 경향성을 가리킬 수 있기 때문이다. 정과 성은 여전히 다른 강조점을 지닌다. '정'은 특정한 경향성이 어떤 사물의 특징적인 성질임을 강조하며, 그것은 변경되기 어렵고 그 사물들이 정말로 어떤 것인지를 드러낸다는 사실을 강조한다. '성'은 그런 경향성이 그 사물들의 구성요소로 존재한다는 것을 강조하는데, 그 경향성들은 외부적 영향에 노출되어 있고 길러질 수도 해를 입을 수도 있는 경향성이다. 이런 이유로 '정'을 '실'로 설명했지만 '정'과 '성'이 「고자상」 6장의 맥락에서는 바뀌 쓰일 수도 있다고 생각한 모종삼의 견해에 나는 동의할 수 있다.[75] 아마도 맹자는 「고자상」 6장에서 성을 이야기하다 정에 대한 이야기로 바꿈으로써, 비록 성이 공도자가 맹자에게 질문하면서 언급한 여러 다른 영향들을 받겠지만, 모든 인간은 선으로 향하는 어떤 것 그리고 사람이 진짜로 어떠한지를 드러내는 어떤 것을 공유하고 있다는 점을 강조하고자 했을 것이다. 비록 소수의 사람만 그것을 발달시키지만 말이다.[76]

75) 牟宗三, 『心體與性體』 3, pp. 416-18.

76) 이 마지막 부분은 블룸(Irene Bloom)에 빚진 것이다.

'가이可以'의 경우, 문제는 맹자가 성선性善을 가이위선可以爲善으로 설명한다는 것이다.[77] 『논어』나 『맹자』와 같은 초기 문헌에서 '가이'의 용법을 살펴보면 특정한 조건이 갖추어졌을 때만 특정한 것을 '가이' 할 수 있다고 말해지는 것을 볼 수 있다. 예를 들어 『논어』에서는 사람이 역경을 오랫동안 '가이' 견딜 수 있는 것은 인仁(「이인」 2장)에 달려 있고, 어떤 사람에게 '가이' 위대한 것에 대해 말할 수 있는 것은 그 사람이 평균 이상인가에 달려 있으며(「옹야」 21장), '가이' 큰 과오가 없을 수 있는 것은 『역경』을 배울 시간을 가졌는지에 달려 있고(「술이」 17장), '가이' 완전한 사람이 될 수 있는 것은 그 사람이 특정한 성질을 가졌는지에 달려 있다고(「헌문」 12장) 말해지고 있다. 『맹자』에서는 어떤 사람이 '가이' 참된 왕이 될 수 있는 것은 일정한 크기의 영토의 소유 여부에 달려 있고(「양혜왕상」 5장), 특정한 종류의 덕德을 가졌는지에 달려 있다(「양혜왕상」 7장)고 말해진다. 일정한 지위에 있을 때만 '가이' 전쟁을 일으키고 타락한 군주를 죽일 수도 있다(「공손추하」 8장). 바로 전날 이지를 오지 못하게 하고 기다리게 한 후에야 맹자는 중개자를 통해 그와 대화를 '가이' 가질 수 있었다(「등문공상」 5장). 이러한 조건들은 말 그대로 어떤 것이 가능하기 위해서 충족되어야 할 조건(완전한 사람이나 참된 왕이 '가이' 되기 위한 성질이라는 경우에서처럼)이거나, 어떤 일이 적절히 수행되기 위해 충족되어야

77) 추 차이와 윈버그 차이, 자일스 그리고 웨어와 같은 번역가들은, 추정컨대 '위'를 '~라고 생각하다' '~으로 여기다'로 보아서, '가이위선'을 '선으로 여겨질 수 있다'를 의미하는 것으로 해석한다. 이럴 경우 맹자는 정이 선해질 수 있는 능력이 있는 것이 아니라 정은 선으로 여겨질 수 있다고 말하는 것이 되기 때문에 이런 독해는 문제를 피해가게 한다. 하지만 『맹자』의 다른 곳, 예를 들어 「고자상」 6장에서의 (b) 입장의 진술인 "可以爲善可以爲不善"이나 「고자하」 2장에서의 모든 이가 "可以爲堯舜"이라는 진술에서 나오는 '可以爲'가 '~가 될 수 있는 능력이 있는'으로 읽히는 것이 좀 더 설득력이 있기 때문에 이런 독해는 가능성이 낮다.

할 조건(맹자가 중개인을 통해 '가이' 대화를 가질 수 있기 전에는 이지가 오는 것을 막은 것과 같은 경우에서처럼)인 것 같다.[78] 하지만 이런 '가이'의 용법에 대한 관찰만으로는 문제를 해결하지 못하는데, '가이위선'에 필요한 조건이 그것 자체로는 선의 방향을 가리키지 않는 단순한 능력일 수도 있기 때문이다.

내 생각에 이 문제를 다루는 핵심은 가이可以와 능能의 관계에 있다. 『묵자』에 나오는 묵자와 무마자의 대화에서 무마자는 자기의 부모보다 자신을 더 염려하고, 자신에게 먼 사람보다 가까운 사람을 더 염려하기 때문에 겸애를 실천할 능能이 부족하다고 말했다.[45] 이런 언급은 어떤 윤리적 이상을 실천할 능能에 대한 의심이 그 이상을 향한 감정적인 성향의 결여를 근거로 제기되는 것임을 보여준다. 비슷하게, 차별을 주장하는 사람들은 사람들이 친구의 몸이나 부모를 자신의 몸이나 부모처럼 대할 수 있는 능能을 가졌는지 의심하며,[46] 차별을 주장하는 군주는 백성의 몸을 자신의 몸처럼 대할 수 있는 능能을 가졌는지 의심한다.[47] 이런 의심은 가可로 제시되기도 하는데, 반대론자들은 사람이 겸애를 실행 가可한지[48] 또는 겸애를 사용 가可한지[49] 의심을 제기하며, 때로는 가를 말하다가 능을 말하는 것으로 옮겨가기도 한다.[50]

따라서 『묵자』에서 겸애설에 대해 제기되는 한 가지 주요한 반대는 겸애의 실천불가능성인데, 그것은 능과 가로 표현되며 겸애를 실천할 사람의 능은 적절한 방향으로의 감정적 성향을 가졌는지에 달려 있다고 상정된다. 이에 대한 대응으로 묵자는 겸애의 실천가능성을 공들여 강조하는데, 한 경우

78) 때때로 '가이 V(동사)'는 이미 V하는 것을 선호한다는 가정이 깔려 있는 문맥에서 등장하는데, 이런 경우 '가이 V'를 발설하는 것은 (이를 통해 적절한 조건이 충족되었음을 긍정하면서) 그 사람이 V할 것이라는 기대를 낳을 수도 있다.

에는 태산을 옮기고 강을 건너는 비유를 사용하여 진실로 실천가능하지 않는 것이 무엇인지를 설명한다.[51] 겸애의 실천이 자신에 이롭거나 자신과 특별한 관계에 있는 이들을 이롭게 하는 것임을 보여주고자 하는 묵자의 시도는 아마도 부분적으로 이런 반대에 대한 대응이었을 것이다. 이는 비록 인간이 겸애에 해당하는 감정적 성향을 채 가지지 못하고 있더라도, 인간이 이미 가지고 있는 특정한 심리적 동기와 겸애가 연결되어 있음을 보여준다.

맹자도 유사하게 유가의 이상이 실천가능한지에 대해 염려했고, 사람들이 이미 적절한 감정적 성향을 지니고 있다는 근거에서 실천가능하다고 옹호했다. 「양혜왕상」 7장에서 제선왕에게 그의 소에 대한 동정심을 상기시키고 나서, 맹자는 왕이 인정仁政을 실천할 능能을 가지고 있으며 왕이 그렇게 하지 않는 것은 능이 부족해서가 아니라 하지 않는 것이라고 지적했다. 맹자는 그러고 나서 태산을 들고 북해를 건너는 예를 사용해서 진실로 실천가능하지 않은 것이 무엇인지를 설명했다.[79] 「공손추상」 6장에서 맹자는 사단의 존재를 인용하여 모든 사람이 유가의 도를 능히 실천할 수 있음을 보여주었고, 「진심상」 15장에서는 부모에 대한 사랑과 손위 형제에 대한 존경을 배우지 않아도 능한 것의 예로 인용하였다. 이와 같은 능에 대한 관심은 「이루상」 1장과 「이루상」 10장과 같은 곳에서도 보이는데, 맹자는 이 구절들에서 만약 군주나 자기 자신이 유가의 도를 실천할 수 있는 능을 결여하고 있다고 간주한다면 그것은 군주의 지위를 강탈하거나 자기 자신을 포기하는 것이라고 말했다.

79) 유사한 예가 『묵자』와 『맹자』에 모두 사용되었다는 것은 니비슨에 의해 지적되었다. ("Philosophical Voluntarism," p. 21)

그런데 흥미로운 점은 맹자가 윤리적인 맥락에서 때때로 '가이'를 말하다가 '능'을 말하는 것으로 바꾼다는 점이다. 한 예는 제선왕 자신이 참다운 왕이 '가이' 되거나 백성을 '가이' 염려하고 보호할 수 있는지를 묻는 것으로 시작하여, 맹자가 왕이 백성을 염려하지도 보호하지도 않는 것을 '능'이 부족한 것이라기보다는 하지 않음의 경우라고 말하는 것으로 이어지는 「양혜왕상」 7장의 제선왕과의 대화이다. 다른 예는 맹자가 모든 사람이 요堯·순舜이 '가이' 될 수 있다는 견해를 밝히는 것으로 시작하여 사람들이 '능'을 결여한 것이 아니라는 언급으로 이어지는 「고자하」 2장이다. 따라서 맹자는 윤리적 맥락에서 능과 가이를 구분하지 않았던 것 같고, 능이 적절한 감정적 성향을 가지는 것에 의존하는 만큼 가이도 적절한 감정적 성향을 가지는 것에 의존할 것으로 보인다.

앞으로 우리는 순자가 「성악性惡」에서 윤리적 맥락에서 가이와 능의 구분을 강조하고, 가이하는 것과 가이 하지 않는 것 사이의 구분을 능한 것과 능하지 않은 것 사이의 구분과 뒤섞는 것에 반대하는 것을 보게 될 것이다.[52] 「성악」에서 순자가 비판한 표적이 맹자임은 명백하므로, 이는 맹자가 능과 가이 사이에 구분을 하지 않았다는 주장에 추가 증거를 제공한다. 이러한 관찰은 '가이위선'의 측면에서 성이 선하다는 것에 대한 맹자의 설명과 관련된 문제를 다루는 데 도움을 준다. 맹자는 '가이'를 윤리적 맥락에서 '능'과 대체할 수 있는 것으로 사용했고, 또 윤리적 맥락에서의 능은 이미 선으로 향한 감정적 성향이 갖춰져 있을 것을 요구하기 때문에, 자신의 견해에 대한 맹자의 설명은 인간이 선으로 향해진 방향으로 이미 구조화된 감정적 성향을 지니고 있다는 주장이다. 「고자상」 6장에서 맹자가 정말로 '가이'를 '능'과 대체할 수 있는 것으로 사용했으며 '가이'가 적절히 구조화된 감정적 성향을 요구한다는 점은, 「고자상」 6장에서 성선설을 '가이위선'으로 설명한 다음 곧바로 선으로 이미 방향 지워진 감정적 성향이며 「공손추상」 6장에서 모든 사람이 유가의 도를 실천할 능을 가졌다는 것을 보여주는 증거로 인용된 사단에 대한 언급이 뒤따른다는 사실로부터 추가적인 지지를 얻을 수 있다.

마지막으로 '재才'란 글자에 대해 주의를 돌려보자. 주희(『맹자집주』), 장식, 호병문은 '재'를 '능'으로 설명한다.[80] 모종삼과 당군의는 둘 다 '재'가 '능'의 의미를 지니고 있고 구체적으로 사단에서 보이는 심의 감정적 성향에 뿌리를 두고 있는 능을 가리키는 것으로 보았다.[81] '재'가 '능'과 밀접히 관련된다는 것은 『맹자』와 여러 초기 문헌들에서 보이는 두 글자의 용법 사이의 유사성에서 알 수 있다. 예를 들어, 훌륭하고 정치에 재를 가진 사람을 등용하라는 언급(『논어』, 「자로」 2장; 『맹자』, 「고자하」 7장)이 있는 것처럼, 훌륭하고 정치에 능을 가진 사람을 등용하라는 언급(『맹자』, 「공손추상」 5장)이 있다. 또 '재'와 '능'은 둘 다 소진될(盡) 수 있으며(『맹자』, 「고자상」 6장)**53**, 「고자상」 6장에서 불선은 재의 탓이 아닌 것으로 서술되고 있지만, 「양혜왕상」 7장에서는 능의 부족 때문인 것도 아니라고 말해진다. 이런 유사성은 '재'와 '능'이 밀접히 연결되어 있음을 보여주는데, 아마도 한 사람의 재는 그 사람이 가진 능에 의한 것이라는 의미에서 연결되는 것 같다. 즉, 재는 사람으로 하여금 일정한 성취를 얻을 수 있게 하는 타고난 재능인 것이다.

「고자상」 6장의 맥락에서는 재가 사단으로 예시되는 심의 감정적 성향-이로 인해 윤리적 이상을 실현할 능을 가졌다고 할 수 있는-에 관한 것이라는 모종삼과

80) 손석의 독법은 주희와 약간 다르다. 손석은 '재'를 정情의 능으로 설명하는 데 반해, 주희는 인간의 능으로 설명한다.

81) 牟宗三, 『心體與性體』 3, pp. 416-23 및 『圓善論』, pp. 22-24; 唐君毅, 『原性篇』, pp. 29-30.

당군의의 주장을 지지하는 증거도 있다. 불선이 재의 탓이 아니라는 「고자상」 6장에서의 발언 뒤에 곧바로 사단에 대한 언급이 뒤따르고, 「진심상」 1장에서 심을 소진하는 것에 대한 언급과 마찬가지로 이 구절에서는 재를 소진한다는(盡) 언급이 나온다. 「고자상」 7장은 사람들의 성격에 있어서의 차이는 사람들의 재의 차이가 아니라고 말하고, 계속해서 모든 심에 공통된 것에 대해 말한다. 「고자상」 8장은 모든 사람이 인의(仁義)의 심을 가지고 있다고 암암리에 말하고 있으며, 윤리적으로 수양이 되지 못한 사람이 재를 가지고 있지 않다고 생각하는 것은 잘못이라고 말한다. 「고자상」 7장과 「고자상」 8장 모두에서 재는 식물의 씨앗과 비교되는데, 맹자가 심의 감정적 성향에 대해 사용한 비유이기도 하다. 이런 발언들을 종합하면 재가 심의 감정적 성향과 관련이 있음을 보여주고 있다.

주요 용어들을 살펴보았으므로, 성선에 대한 맹자의 설명 전체로 돌아가기로 하자. 앞서 언급한 이유로, 나는 '내약(乃若)'이 '~에 관한 한'을 의미하는 것으로, '기(其)'가 사람(人)을 가리키는 것으로, '정(情)'이 '실(實)' 혹은 사물이 정말로 어떠한지를 가리키는 것으로 해석할 것이다.[82] 맹자에게 있어서 윤리적 맥락에서의 '가이'는 단순히 능력만이 아니라 적절한 방향으로의 감정적 성향(까지)을 수반한다. 윤리적 맥락에서의 '재'는 심의 감정적 성향을 가리킨다. 정과 재는 연결되는데, 사람이 정말로 어떠하다는 것은(情) 사람이 특정한 종류의 재를 가졌다는 것이기 때문이다. 예를 들어 「고자상」 8장에서 맹자

82) 잠일성은 만일 '정'이 '실'을 의미한다면 기(其)는 성을 가리키는 것이어야 하며, 만일 '정'이 '성'을 의미한다면, '기'는 인(人)을 가리키는 것이어야 한다고 주장한다.(「'情'與'才'」, pt. I, p. 7). 내가 보기에는 '정'이 '실'을 의미한다고 하더라도 '기'가 여전히 인을 가리킬 수 있는 것으로 보인다. 사실 '인지정'은 초기 문헌에서 종종 인간이 정말로 어떠한지를 가리키는 데 사용되었다.

는 사람의 정이 그렇기 때문에 사람이 재를 가지지 않은 것은 아니라고 말하고 있다. 그리고 재와 가이는 연결되는데, 사람이 선하게 가이 되는 것은 인간의 재를 구성하는 감정적 성향의 존재 때문이라는 점에서이다.

따라서 맹자가 인간이 '가이' 선해진다고 말하는 것은, 인간은 선의 방향을 이미 가리키고 있고 또 이로 인해 선하게 될 능력이 있다고 할 수 있는 특정한 감정적 성향으로 이루어진 구성체를 가지고 있다고 말하는 것이었다. 이것이 맹자에 따르면 성선이 의미하는 바이다. 사람이 나쁘게 되는 것은 그 사람의 구성체에 잘못이 있는 것이 아니라, 구성체를 적절한 방향으로 충분히 발달시키지 못했거나 해쳤기 때문이다. 이 구성체가 선과 불선에 대해 비대칭적 관계를 가지는 방식은 그레이엄의 비유에 의해 설명될 수 있다. 인간의 생물학적 구성체는 정상적인 환경에서 70세까지 가이可以 살 수 있게 되어 있다. 어떤 이가 20세에 죽으면, 이는 그 사람의 생물학적 구성체의 잘못이 아니라 어떤 방식으로 이 사람의 성장에 해가 끼쳐졌기 때문이다.[83] 또 다른 비유는 맹자 자신의 식물 비유이다. 싹은 정상적인 환경이라면 적절한 배양으로 성숙한 식물로 성장하게끔 하는 그런 구성체를 가지고 있다. 만일 이 싹이 그렇게 자라지 못하면, 이는 그 싹의 구성체 때문이 아니라 그것의 성장에 해가 끼쳐졌기 때문이다.

「고자상」 6장에 대한 논의를 완결시키기 위해 여기서 거론되는 성에 대한 세 가지 다른 견해를 살펴보고, 어떻게 이 구절이 「고자상」 7장과 「고자상」 8장과 연결되는지 살펴보자. (a)입장은 성에는 선도 불선도 없다는 고자의 견해며, (c)입장은 사람은 성과 관련하여 각기 다르다고 주장한다. 이제

83) Graham, "Background," pp. 34-35.

「고자상」 6장은 인간은 선을 향한 감정적 성향을 포함하는 구성체를 가진다고 주장하며, 이는 맹자의 입장을 (a)입장과 구별되게 한다. 맹자는 자신의 입장을 (c)입장과 구별하기 위해서 성이 사람마다 다르다는 것을 거부했다. 우리는 맹자가 이렇게 거부하는 것을 비록 사람들이 환경에 따라 다를지라도 이것은 그들의 천부적 자질(才)의 다름 때문이 아니라고 말하는 「고자상」 7장에서 발견할 수 있다. 그러고 나서 「고자상」 7장의 남은 부분은 모든 심에 공통되는 요소를 논의하고 있다. 사람이 나쁘게 끝이 날지라도 이것은 선으로 향한 구성요소가 결여되어 그런 것이 아니라고 맹자가 강조하고 있는 「고자상」 8장에서도 비슷한 언급이 있다. (c)입장은 어떻게 어떤 이가 좋은 환경에서도 나빠지고 좋지 않은 환경에서도 선할 수 있는 지에 대한 예를 통해 설명되고 있기 때문에, 어떤 주석가들은 (c)가 어떤 사람은 변화되지 않는다는 것을 함축하고 있는 것으로 해석한다.[84] (c)입장이 이런 함의를 가지는 만큼 맹자는 모든 사람이 구하고자 하는 한 선해질 수 있다는 것을 「고자상」 6장에서 강조하는 것으로 대응했다.

사람들의 성격이 환경에 따라 어떻게 다를 수 있는지 그 사례들을 통해 설명되는 (b)입장에 관해서는, 최소한 세 가지 다른 방식의 해석이 있어 왔나. 첫째, 라우(D. C. Lau)는 (b)입장이 성을 사람이 선하게 되거나 나쁘게 될 수도 있는 그런 것이라고 주장한다고 보는데, 이는 고자의 입장 혹은 맹자의 입장과 양립 가능할 수 있다. 이는 사실 어떤 사람은 선하게 되고 어떤 사람은 불선하게 된다는 사실을 부인하지 않는 성에 대한 어떤 견해와도 양립

84) 예를 들어, 唐君毅, 『原性篇』, pp. 16-17. 송상봉과 양백준과 같은 이들은 (c)입장을 최상급의 인간과 최하급의 인간은 변하지 않는다는 『논어』, 「양화」 3장의 견해와 비교했다.

가능하다.[85] 둘째로, 조기(『맹자주』)는 (b)입장을 고자의 입장과 비교하는데, 짐작건대 성은 중립적이며 사람은 선할 수도 불선할 수도 있다고 주장하는 것으로 해석한 것 같다. 두 번째 해석은 첫 번째 해석과 같지 않은데, 성이 중립적이라고 분명히 말하기 때문이다.[86] 셋째로 황종희(2/60a.5-b.3)는 (b)입장이 성이 '가이위선可以爲善'인 요소와 '가이위불선可以爲不善'인 요소를 모두 가지고 있다고 주장한 것으로 해석했다. 더 나아가 '가이'는 단순히 능력만을 말하는 것이 아니라 방향성까지 말하는 것으로 여겨진다. 즉, 선의 방향을 가리키는 요소와 불선의 방향을 가리키는 요소가 같이 있다는 것이다. 따라서 황종희는 이 입장을 성에는 선과 불선이 다 있다는 양웅楊雄의 입장과 같은 것으로 여긴다. 양백준(공광삼을 인용하면서)과 그레이엄도 마찬가지로 이 입장이 왕충王充이 언급한**54** 성에 선과 불선이 모두 있다는 세석世碩의 입장과 같다고 해석한다.[87] 이 모든 해석은 (b)입장을 설명할 때 제시한 예들에 함축되어 있는 사람의 성격이 변화가능하다는 점을 강조한 것과 양립가능하다.

이 해석들 중 두 번째가 가능성이 가장 낮은데, 이 해석은 (b)와 (a)입장을 동일시하여 (b)입장에 대한 언급이 중복되게 하기 때문이다. 첫 번째 해석은 가능하긴 하다. 하지만 공도자에 의해 인용된 예는 (b)와 (c)의 대조를 강조하는 듯이 보이는데, 이 해석은 (c)를 포함한 다른 입장들과 (b)를 양립 가능하게 하기 때문에 가능성이 낮아 보인다. 하지만 이런 고려들은 여전히 결정적

85) Lau, "Method of Analogy," p. 239.

86) 당군의도 비록 이 둘을 실제로 동일시하지는 않았지만 (b)는 고자의 입장과 연관된다고 생각한다.(『原性篇』, pp. 16-17)

87) Graham, "Background", pp. 20-22. p. 33도 참조.

이지는 않으며, 더 이상의 언급이 없는 상황에서 정확하게 (b)의 내용이 무엇인지를 말하기는 어렵다.[88)]

하지만 맹자에 따른다면, 그는 아마도 세 번째 해석에서 서술한 방식으로 (b)입장을 이해했을 것이다. 한 가지 고려 사항은 그가 윤리적 맥락에서의 '가이'를 '능'과 같이 적절한 감정적 성향에 의존하는 것으로 간주했다는 것이다. 만일 '가이'를 이와 같이 이해한다면, (b)입장의 진술은 (b)에 대한 세 번째 해석인 성에는 선으로 향하는 감정적 성향과 불선으로 향하는 감정적 성향이 모두 있다는 것을 함축하게 된다.

또 다른 고려 사항은 만일 첫 번째 해석이 옳다면 맹자는 (b)에 반대하지 않았을 것이며, 두 번째 해석이 옳다면 두 번째 해석은 (b)를 (a)와 같은 것으로 취급하므로 맹자는 (b)의 입장과 거리를 두기 위해 더 이상 무언가를 해야만 할 필요가 없었을 것이라는 점이다. 그런데 세 번째 해석이 옳다면, 맹자는 (b)입장과 거리를 두기 위해서 불선으로 향하는 요소가 성에는 없다는 점을 보일 필요가 있었을 것이다. 「고자상」 6장에서 맹자가 이 점을 보여주고 있다는 사실은 그가 아마도 (b)를 세 번째 해석에서 묘사한 방식으로 이해했을 것임을 암시한다. 「고자상」 6장에서 맹자는 (b)의 앞부분인 '가이위선'에는 동의하지만, 불선은 사람의 재才 때문이 아니라 재를 충분히 다 발휘하지 않았기 때문이라고 주장함으로써 (b)의 뒷부분에는 반대했다. (b)입장과 관련되어 인용된 예들에서 설명되고 있는 것, 곧 사람의 성격은 환경에 따라 변화한다는 점을 부인하지 않으면서, 「고자상」 7장은 계속해서 이 변화를

88) (b) 진술과 모든 사람이 요나 우가 '가이' 될 수 있고 모든 이가 걸이나 주가 '가이' 될 수 있다는 순자의 진술(『순자』, 「榮辱」) 사이의 유사성은 (b) 입장을 옹호하는 이가 성에 대해 순자와 비슷한 견해를 충분히 가질 수 있다는 점을 보여준다.

혼재된 성질의 구성체로 설명하기보다는 선으로 향한 구성체를 발달시키는 데 성공했는지 실패했는지 여부로 설명한다. 이는 「고자상」 6장을 보충하여 맹자의 입장과 세 번째 해석으로 본 (b)의 입장을 거리 두게 하는 데 기여한다.

4. 성性에 대한 맹자와 순자의 견해

1) 성에 대한 순자의 견해

맹자가 성을 선善으로 간주했고 순자가 성을 악惡으로 간주했다는 것은 잘 알려져 있다. 만일 이들의 견해에 다른 점이 있다면 어떻게 다른지 살펴보는 작업은 우리의 맹자에 대한 이해를 좀 더 깊게 할 것이다. 맹자의 견해는 『맹자』의 세 구절에서 언급된다. 고자와 성에 대해 논쟁하는 「고자상」 2장에서 맹자 자신에 의해, 고자와 다른 이들의 성에 대한 견해와 맹자의 견해를 대조하는 「고자상」 6장에서 공도자에 의해, 맹자가 세자 시절의 등문공에게 전하고자 한 가르침을 보고하는 「등문공상」 1장에서 편집자에 의해 언급된다. 순자의 견해는 『순자』의 「성악」 외에는 언급되지 않으며, 이 「성악」에서 맹자는 분명히 주요 비판의 대상이다.[89] 이는 성에 대해 명백히 반대되는 것처럼 보이는 주장들이 종종 자신의 입장과 다른 입장을 대조하

89) 가나야 오사무의 문헌 연구를 인용한 먼로와 같은 몇몇 이들은 「성악」이 정말 순자가 지은 것인지에 대해 의문을 제기했다.(pp. 77-78) 내가 아는 한 이 편이 위작이라는 결정적인 증거는 없으며, 또 이 편의 내용이 다른 편들의 내용과 부합되어 보이기 때문에, 나는 순자의 사유를 재구성하는 데 다른 편들과 함께 이 편도 사용하였다.

기 위한 방식인 슬로건 형태로 표명되었음을 시사한다. 이 성에 대한 주장들은 윤리적 삶 및 윤리적 삶과 인간의 관계에 대한 좀 더 정교한 그림들을 보여주는 편리한 방법에 불과하며, 성에 대해 명백히 반대하는 것처럼 보이는 주장들 사이의 차이를 이해하는 것은 그 근저에 있는 그림의 실질적인 차이에 대한 이해를 필요로 한다.

순자는 성을 타고난 것이며,[55] 천에 기인한 것이고,[56] 노력을 통해 학습되거나 얻어지는 것이 아니며,[57] 이것의 작용은 자연발생적이며 노력을 필요로 하지 않는다고[58] 성격 지운다. 대조적으로, 위僞는 심의 사려를 요구하며,[59] 학습을 통해 획득되고 노력에 의해 완성되며,[60] 그 작용은 자연적으로 일어나지 않고 인간의 노력을 기다린다고[61] 성격 지운다. 순자는 감각적 기능, 심의 기능, 욕망과 감정을 획득된 것이 아니고 천에 기인한 것으로 보았고,[62] 군자와 소인이 태어나면서부터 다양한 욕망과 감각 기능과 같은 기능을 공유한다고 간주했다.[63] 하지만 순자가 성의 내용을 구체적으로 지적할 때는 비록 때때로 감각 기능과 같은 능력들을 성과 관련짓긴 하지만,[64] 좀 더 자주 욕망과 감정을 강조하는 경향이 있는데[65] 여기에는 이익이나 감각의 욕망과 같은 다양한 자기중심적인 욕망이 포함된다.[66] 이는 아마도 '성'이 여전히 역동적인 내용을 함축하고 있었고, 따라서 사람을 특정한 방향으로 기울게 하는 감정과 욕망으로 사용되는 것이 좀 더 적절하기 때문일 것이다. 그리고 순자에 따르면 성은 요·순이나 걸·주가 되었든 군자나 소인이 되었든 상관없이 모든 인간에게 같은 것이다.[67]

맹자와 순자의 차이점을 이해하기 위해 우리는 순자가 태어나면서부터 인간에게 속한 것이 무엇이라고 여겼는지를 알 필요가 있다. 욕망에 관한 한, 텍스트의 일부에서는 순자가 인간이 이기적인 욕망만을 태어나면서부터 공유하며 이타적인 관심은 공유하지 않는 것으로 믿었음을 시사한다. 한 곳에서 순자는 인간은 이익만을 고려하고 예의나 사양을 모르는 소인으로 태어났다고 말한다.[68] 다른 곳에서 그는 이와 유사하게 인간은 이익을 좋아하여 자연 상태에서는 자기의 형제들하고도 싸울 것이라고 말한다.[69] 이에 더하여 순자는 성을 음식과 따뜻함, 휴식 등에 대한 욕망으로 성격 지우면서 아버지나 형들에게 양보하거나 이들의 짐을 대신해서 지는 것은 자신의 성에 어긋나는 것이라고 서술한다.[70]

하지만 「예론」에는 순자가 인간이 완전히 이기적이지만은 않은 감정도 공유한다고 믿었다는 증거가 있다.90) 삼년상의 근거를 설명하면서 순자는 의식이 있는 다른 동물들처럼 인간도 자신의 동족에 대한 사랑을 가지고 있다고 지적한다.[71] 그리고 제사의 근거를 설명하면서 죽은 이에 대한 추도와 그리움을 언급한다.[72] 순자는 이런 감정들이 인간에게 태어나면서부터 속하는지에 대해 명확히 언급하지는 않지만, 특정한 예 관습의 기초에 관한 설명으로 이런 감정들을 끌어들인다는 것은 예에 의해 형성되기 이전에 인간이 이미 이런 감정들을 공유한다고 순자가 여겼음을 보여준다. 그렇다면 순자는 인간이 자연 상태에서 다른 인간, 특히 밀접한 교류의 역사를 가진 이들에 대한 애착과 관련이 되는 특정한 감정들을 공유하고 있다는 점을 인정했던 셈이다.

순자 사유의 이러한 측면은 인간은 자신의 아버지나 형에게조차 양보하지 않으며 자연 상태에서는 형제간에도 싸울 것이라고 앞서 언급한 텍스트

90) 다음을 보라. Wong, "Hsün Tzu on Moral Motivation." 나는 여기와 다음 단락의 논의에서 웡의 논문에 도움을 받았다.

의 부분들과 갈등을 일으키는 것처럼 보인다. 최소한 두 가지 가능성이 있는데, 이 둘 중에 어느 것을 택할 수 있을 만큼의 충분한 문헌적 증거는 없는 것 같다. 하나는 정말로 순자의 사유에 긴장이 있다는 것으로 명백히 모순되는 것처럼 보이는 텍스트의 부분들, 특히 「성악」과 「예론」은 순자 사유의 다른 발전 단계를 대변하며 다른 문제를 다루고 있다는 말로 설명 가능할 것이다. 「성악」이 맹자를 겨냥한 것인데 비해, 「예론」은 묵가의 도전에 대한 예 관습의 옹호를 시도한 것일 것이다.[91] 또 다른 가능성은 강조의 차이가 있을지언정 텍스트의 부분들 사이에 진정한 긴장이 있는 것은 아니라고 하는 것이다. 순자의 견해는 인간이 비록 가족구성원들에 대해 다소의 관심을 공유한다고 하더라도 자연 상태에서는 가족구성원의 이익보다 자신의 이익을 더 우선시한다는 것일 수 있다는 것이다. 즉, 비록 자연 상태에서 타인에 대한 다소의 관심이 이기적인 욕구와 함께 공존한다고 하더라도, 그런 타인에 대한 관심은 알맞은 정도로 존재하고 옳은 방식으로 구조화되어 있는 것이 아니어서, 심心의 규제 없이는 가족 안에서조차 투쟁과 무질서가 여전히 존재할 것이라는 것이다.[92] 이런 제안은 비록 순자가 특정한 예의 실천은 이타적인 감정에 기반한 것으로 서술하고 있을지라도, 순자는 예가 감정이 지나칠 때는 억제시키고 결핍되었을 때는 확장시키면서 감정을 규제하는 역할을 한다는 것도 믿었다는 사실과 부합한다.[73] 비록 다소의 이타적인 관심이 존재한다고 할지라도 이러한 관심은 예의에 의해 형태를 갖추어야 할

91) 이런 문제들과 관련해서 노블록(John Knoblock)과의 논의로부터 도움을 받았다.

92) 쿠아는 순자가 비록 그런 타인에 대한 관심을 자아에 중심을 둔 부분적인 경향성이며 반성을 통해 인도되지 않으면 문제가 있는 것으로 여겼지만, 인간이 타인에 대한 관심을 공유한다는 점을 허용했을 수 있다고 말한다.("Quasi-Empirical Aspect," p. 9)

가공되지 않은 재료일 뿐이다.[93]

욕망과 감정 이외에 순자가 태어나면서부터 인간에 속한다고 여긴 다른 심리적 요소들을 살펴보자. 한번은 순자는 여러 가지 이기적 욕구와 이익을 좋아하는 것에 대해 말하고 나서는, 사람들이 요堯나 우禹도 가이可以 될 수 있고 걸桀·주紂도 가이可以 될 수 있는 것 또한 인간의 타고난 바라고 말했다.[74] 다른 곳에서는 모든 인간이 어떻게 우가 가이 될 수 있는지를 말하고서는 가이와 가이 하지 않는 것의 구별은 능能과 능하지 않는 것 사이의 구별과 같은 것이 아니라고 주장하면서 가이와 능을 구별하고 있다.[75] 모든 사람이 성인聖人이 가이 될 수 있지만 모든 사람이 성인이 능히 될 수 있는 것은 아니다. 비록 그들이 가이지可以知하고 가이능可以能 할지라도 말이다. 이것은 비록 모든 이가 목수가 가이 될 수 있을 지라도, 모든 이가 목수가 능히 되는 것은 아니라는 사실에 비견된다.

'가이'와 '능'을 바꿔서 쓸 수 있는 것으로 사용하는 맹자의 경향성에 대한 6장 3절 2)에서의 논의와 「성악」에서 비판의 표적이 명확히 맹자라는 사실을 함께 비추어보면, 아마도 여기에서 순자는 자신이 보기에 가이와 능을 구분하는 데 실패한 맹자를 비판하고 있는 것 같다. 우리가 보았던 대로 윤리적 맥락에서의 능은 윤리적 이상에 적합하게 구조화된 감정적 성향의 소유를 요구하는데, 아마도 순자는 모든 사람이 능히 성인이 될 수 없다고 말함으로써 모든 사람이 적절한 감정적 성향을 소유하고 있지 못함을 지적하고자 한 것으로 보인다. 다른 한편 모든 사람이 가이 요나 우가 될 수

93) 이런 방식으로 순자를 이해하는 것은 순자의 입장을 인仁은 내재적이라는 고자의 입장에 대한 해석(4장 3절 2)를 보라)과 가깝게 한다.

있고 가이 걸이나 주가 될 수 있다는 주장은 가이가 하나의 능력일 뿐이라고 이해됨을 시사한다. 즉, 모든 사람은 그들로 하여금 능히 성인이 될 수 있게 하는 적절히 구조화된 감정적 성향을 획득할 수 있는 능력을 가지고 있다는 의미에서 모든 사람은 가이 성인이 될 수 있다는 것이다. 이런 독법은 목수의 비유와 부합한다. 사람으로 하여금 능히 목수가 될 수 있게 하는 그런 기술을 배우는 능력(可以)을 모든 사람은 가지고 있는 데 반해, 모든 사람이 사실상 그런 기술을 가지고 있지는 않다.

만일 이 해석이 옳다면, 순자의 견해는 능히 성인이 되는 데 요구되는 적절히 구조화된 감정적 성향은 인간이 이미 가지고 있는 것이 아니라 배워져야 할 필요가 있는 어떤 것이라는 것이 된다. 이것은 비록 순자가 인간은 동족의 구성원에 대한 사랑을 이미 가지고 있다는 견해를 주장했더라도 그런 사랑이 아직 적절히 구조화된 것은 아니라는 앞서의 관찰과 부합한다.94) 적절히 구조화된 감정적 성향을 획득하기 위해서 심은 자신이 가진 두 가지 기능을 발휘해야 한다. 가이지可以知와 가이능可以能이 그것이다. 순자는 때로 지知가 능能에 앞서는 것으로 말하기도 하기 때문에,[76] 그의 견해는 아마도 심이 먼저 무엇이 합당한지를 아는 능력을 발휘하고 나서 윤리적 이상의 획득을 가능하게 하는 적절히 구조화된 감정적 성향을 배양하는 능력을 발휘한다는 것일 것이다.

또 다른 구절에서 무엇이 인간을 동물, 식물, 불, 물 등과 구별하게 하는 지를 논의할 때 순자는 인간만이 의義를 가지고 있다고 언급했다.[77] 이는

94) 비록 타인에 대한 관심을 다소간 가지고 있다 하더라도 그런 관심은 겸애에 도움이 되는 방식으로 구조화되어 있지 않으므로 겸애를 실천할 능能을 결여한다는 무마자의 주장과 비교해보라.

맹자의 입장에 가까운 것으로 보이겠지만, 이 구절의 맥락은 여기서의 '의'가 맹자가 윤리적 속성인 의를 기르는 데 출발점으로 간주하는 그런 종류의 성향을 가리키기보다는 특정한 능력을 지칭하는 것임을 보여준다. 순자는 의를 사회적 구분을 짓고(分) 단체를 형성하는(群) 능력으로 성격 지운다. 다른 곳에서는 인人을 인으로 만드는 특징(人之所以爲人)을 다시 사회적 분화(辨)와 구분(分)으로 서술하고 있다.78 따라서 이 맥락에서의 의는 아마도 사회적 구분을 짓고, 그런 구분을 관장하는 규범을 준수하면서 변화될 수 있는 능력이며, 맹자가 강조했던 선천적인 성향을 포함하지는 않는다.[95] 의와 같은 능력은 인간을 다른 동물과 구분시킨다. 비록 동물이 의식뿐 아니라 겨울나기를 위해 음식을 저장하는 것과 같은 지능적 행위까지를 포함하는 지知를 가졌다 할지라도 동물은 인간이 할 수 있는 것과 같은 방식으로 규범적인 관습을 창조하고 준수하여 자신들을 변화시킬 수는 없다.

인人에게 특징적인 것은 무엇인지, 또는 무엇이 인을 인으로 만드는 것인지와 같은 개념은 순자가 인에게 태어나면서부터 속한 것으로 규정한 인성人性이란 개념과는 다르다. 이는 X를 X로 만드는 것(X之所以爲X)이 태어나면서부터 X에 속하는 것일 필요가 없기 때문만은 아니다. 예를 들어, 우禹를 우로 만드는 것은79 우를 다른 사람과 구별하는 것이지, 태어나면서부터 우에게 속하며 모든 사람들과 공유하는 것과 동일한 것이 아니다.80 여기에 더해 설령 인을 인으로 만드는 것이 태어나면서부터 인에 속하는 어떤 것일지라도, 태어나면서부터 인에게 속하는 모든 것이 인을 인으로 만드는 것은 아니다. 태어나면서부터 인에게 속하는 것은 다른 동물들도 공유하는 것을 포함

95) 다음을 참조하라. Nivison, "Hsün Tzu on 'Human Nature'"; "Critique of David B. Wong".

하고 있기 때문이다. 순자가 사회적인 구분을 하고 이를 준수하며 또 이를 통해 변화되는 능력을 인을 구별하는 것으로 보았다는 것은 인이 생물학적인 방식으로서가 아니라 사회적인 방식으로 정의되는 종으로 여겨졌다는 6장 1절 2)의 관찰에 힘을 실어준다.

2) 성에 대한 맹자와 순자의 입장

순자의 입장을 논의했으므로, 이제 우리는 맹자와 순자를 비교할 수 있게 되었다. 우리는 앞서 성이 선하다는 주장과 성이 악하다는 주장이 종종 슬로건처럼 제시된다고 지적했었는데, 맹자와 순자 사이의 차이점에 대한 이해는 성선설과 성악설 근저에 놓여 있는 맹자와 순자의 관점 사이의 실질적인 차이에 대한 이해를 요구한다. 이런 이유로 어떤 사상가가 성의 범위를 어떻게 잡았는지에 지나친 무게를 두는 방식으로 이런 주장들에 접근하는 것은 오도된 방식일 수 있다. 이런 접근법은 성에 대한 어떤 사상가의 주장은 성의 범위를 잡는 일정한 방식의 문제이며 성에 대한 다른 주장의 차이점도 대개 용어 사용의 차이라고 결론짓게 할 수 있다. 이런 결론은 성에 대한 어떤 사상가의 주장이 윤리적 삶 그리고 그것과 인간의 관계에 대한 실질적인 견해를 반영할 수 있으며, 성에 대한 다른 주장과의 차이점은 그런 견해에 대한 실질적인 차이를 반영할 수도 있다는 사실을 못 보도록 가릴 수 있다.

예를 들어 다음과 같은 서복관의 언급을 고려해보자. 즉, 순자는 성을 태어나면서부터 인간에게 속한 것으로 성격 지었기 때문에 성에는 욕망뿐 아니라 감각과 다른 능력도 포함되어야만 했음에도 불구하고, 순자는 성의 범위를 욕망에 한정하였고 여러 다른 능력은 배제했다는 것이다. 서복관에 따르면 성이 악하다는 순자의 주장은 이처럼 성을 욕망으로 한정시키는 장치에 달려 있으며, 이런 장치는 '성'에 대한 순자의 공식적 정의와 일관되지 않는다.[96] 비슷하게 많은 학자들은 순자도 인간은 선해질 수 있는 능력이 있음을 인정했다는 것에 반대했으며, 만일 순자가 이런 능력을 성의 일부로 인정했다면(그의 '성'에 대한 공식적 정의가 제시하는 바에 따른다면 그러해야만 하는), 순자는 성이 악하다는 주장을 할 입장에 있지 않았을 것이라고 비판했다. 예를 들어, 부사년은 인간이 위僞의 능력을 공유하고 있다는 사실은 성이 악하다는 주장과 모순된다고 생각하며, 노사광은 성인이 예의를 제작할 수 있다는 믿음과 인간이 예의를 통해 자신들을 변화시킬 수 있다는 순자의 믿음은 성이 악하다는 그의 주장과 모순된다고 생각한다.[97]

비록 순자의 성에 대한 정의에서 다른 능력들을 포함시키는 것이 허용된다 하더라도, 성의 범위를 감정과 특히 욕망으로 한정시키는 경향이 순자에게 있었다는 것은 사실로 보인다. 하지만 순자가 이런 다른 능력들을 성에 포함시키도록 허용했다면 성이 악하다고 주장하는 입장을 취하지 않았을 것이라는 점은 불명확하다. 방금 서술한 비판은 성을 구성하는 어떤 것이 있고 그것은 악하다는 주장이 성악설이며 따라서 성악설은 성의 범위를 해석하는 방식에 달려 있는 주장이라고 가정한다. 하지만 이런 접근은 순자의 견해 그 자체에 공평한 것이 아니다. 순자가 비록 성의 범위를 감정과 욕망으로 제한시키는 경향이 있다 하더라도, 성이 악하다고 주장할 때 그런 감정과 욕망을 악하다고 한 것은 아니다. 감정과 욕망은 그것들 자체로 나쁜

96) 徐復觀, 『人性論史』, pp. 229-38, 255.
97) 傅斯年, p. 362; 勞思光, pp. 280-83.

것이 아니다. 수양의 목표는 태어나면서부터 지니고 있는 욕망을 제거하거나 감소시키는 것이 아니라 심으로 하여금 욕망을 제어하고 그 방향을 교정하게 하는 것이다.[81] 더 정확히 말하면 성악설은 심이 욕망 충족과 감정 표현의 추구를 제어하지 않으면 발생하는 갈등과 무질서와 관련된 것이며,[82] 이는 성의 범위를 감정과 욕망에 제한시키는 것에 달려 있지 않다. 비록 순자가 성에 심의 능력들을 포함시키는 것을 허용하였더라도 성은 여전히 정확히 같은 의미, 곧 심이 감정과 욕망에 대한 통제를 행사하지 않는 한 다툼과 무질서가 초래될 것이라는 점에서 악하다.

우리는 순자가 인간이 태어나면서부터 자신과 같은 부류의 구성원을 사랑하는 것과 같은 이타적인 관심을 공유했을 것이라고 믿었을 수도 있음을 이미 보았다. 그렇다 하더라도 그런 관심은 옳은 방식으로 구조화되어 있지 않으며, 심의 규제가 부재한 상황에서 싸움과 무질서는 나타날 것이다. 순자는 성인聖人과 장인匠人을 비교함을 통해 인간 내에 윤리적 방향으로 인도하는 그 어떤 것도 없음을 강조했다.[83]98) 따라서 순자 성악설의 배후에는 이런 인간 심리에 대한 그림이 있는 것이며, 순자의 주장은 성의 범위를 해석하는 어떤 특정한 방식에 의존하는 것이 아니다.

사상가가 성의 범위를 어떻게 해석하는지에 대해 지나치게 강조하는 것이 잘못되었음을 보여주는 또 다른 예로 진대제의 맹자와 순자는 성에 다른 것들을 포함시켰기 때문에 이들 사이에 어떤 실질적인 차이도 없다는 주장을 고려해보자. 진대제는 성에 대한 이런 주장들에 접근하는 방식으로, 먼저 성의 범위를 정하고 나서 그 다음에 이 성의 범위 안에 들어오는 것이 선인지

98) 다음을 참조하라. 唐君毅, 『原性篇』, pp. 53-55; 『導論篇』, pp. 119-20.

악인지를 평가하는 것으로 하자고 제안한다.[99] 그에 따르면 순자는 성에 욕망과 감정을 포함시키지만 선한 것으로 서술될 수 있는 다른 능력이나 경향성은 포함시키지 않았다. 따라서 순자는 성악이라는 주장을 위협할 수 있는 모든 것을 성의 범위에서 배제시킴으로써 성악설이 참일 수 있게 만들었다.[100] 다른 한편으로 맹자는 성에서 윤리적 경향성은 포함되고 감각적 욕망은 포함되지 않게 해석함으로써 성선이란 진술이 참일 수 있게 하였다.[101] 맹자가 선하다고 간주하는 것을 순자도 선하다고 간주하고, 순자가 악하다고 간주하는 것을 맹자도 악하다고 간주했다. 단지 맹자가 성에 포함시킨 것을 순자는 배제시켰으며, 순자가 포함시킨 것을 맹자는 배제시켰다. 따라서 진대제에 따르면, 얼핏 보기에 성에 대해 반대되는 주장에도 불구하고 사실 맹자와 순자 사이에 실질적인 차이는 없는 것이다.[102]

맹자와 순자 사이의 의견불일치를 이런 식으로 보는 경우는 드물지 않다. 예를 들어, 서복관도 성에 관한 한 맹자와 순자 사이에 어떤 실질적인 차이가 없다고 제안했다. 이 둘은 모두 다른 방식으로 성의 범위를 제한했을 뿐이라는 것이다.[103] 정말로 맹자와 순자는 성에 대해 말할 때 다른 강조점을 주장하는 듯이 보인다. 순자가 성과 위僞의 진정한 차이점은 배우지 않은 것과 배운 것 사이의 대조라고 주장할 때,**84** 그는 아마도 맹자의 성에 대한 이해를 반대하고 있었던 것일 것이다. 6장 1절 1)에서 우리가 보았듯이 맹자

99) 陳大齊, 『淺見續集』, pp. 138-40.

100) 陳大齊, 『荀子學說』, pp. 47-53; 『淺見集』, pp. 244-50.

101) 陳大齊, 『淺見集』, pp. 244-50.

102) 陳大齊, 『淺見集』, pp. 251-54.

103) 徐復觀, 『人性論史』, p. 238.

는 '성'을 '정情'과 밀접히 연관되는 방식으로 사용했다. '정'은 초기 문헌에서 '위僞'와 대조되는데, 이 대조는 정말로 어느 사물에 속한 것과 피상적으로 드러난 것 사이의 대조이다. 이와 부합되게 맹자는 '성'을 한 사물이 정말로 어떠한지를 드러내는 그 사물의 특징적인 경향성을 강조하는 데 사용했으며, 인간의 성에 대해 말할 때는 맹자의 초점은 인간에게 특징적인 것에 대한 것이었다. 다른 한편 순자는 성을 태어나면서부터 한 사물에 속한 것이며 배우지 않았고 획득되지 않은 것으로 성격 지우고 있으며, 이는 인간의 노력에 따른 것으로 이해되는 '위'와 대조된다. 강조점은 인간에게 특징적인 것이라기보다는 배우지 않은 것에 있다. 인간에게 특징적인 것을 말하고자 할 때는, 순자는 인간을 인간이게끔 하는 것(人之所以爲人)을 대신 말했을 것이다.[104] 따라서 맹자와 순자의 성에 대한 이해에는 정말로 차이점이 있다고 말할 수 있다.

그렇다손 치더라도, 많은 이들이 지적했듯이 성에 대한 이들의 반대되는 주장이 실질적인 차이를 반영하지 않는다고 추론되는 것은 아니다.[105] 맹자

104) 성에 대해 말할 때 맹자는 무엇이 인간에게 특징적인 것인지를 강조하는 반면 순자는 무엇이 배우지 않은 것인지를 강조한다는 점은, 노사광(pp. 279-83)을 비롯한 여러 학자들에 의해 지적되었다.

105) 예를 들어, 그레이엄은 도덕교육이 선을 향한 자발적인 경향성을 키우는 문제인지 아니면 무질서로 향하는 자발적인 경향성을 제어하는 문제인지에 대해 맹자와 순자가 의견을 달리하고 있다고 생각한다.(*Disputers*, pp. 246, 250) 라우는 이들이 도덕성이 인위적인지 아니면 자연스러운 것인지 그리고 인간은 자연스런 도덕적 경향성을 공유하고 있는지 아닌지에 대해 의견을 달리한다고 생각한다.("Theories of Human Nature," pp. 558-59, "Introduction," *Mencius*, pp. 21-22) 쿠아는 이들이 윤리적 삶의 다른 차원을 강조하였다고 생각한다. 즉, 순자는 물자가 부족한 상황에서 무질서로 이끄는 인간의 기본적인 동기적인 구조를, 맹자는 도덕적 행위자가 된다는 것은 무엇인지라는 문제와 인간이 도덕적 이상을 가지고 있다는 사실을 강조했다고 보는 것이다.("Quasi-Empirical Aspect," pp. 12-15; "Morality and Human Nature," 참조)

에 대한 순자의 주장 중 일부분이 모든 사람은 이미 충분히 윤리적이라는 견해를[85] 겨냥했을 때와 마찬가지로 맹자의 진짜 견해를 겨냥한 것이 아닐 수 있다고 하더라도, 순자는 정말로 맹자의 입장에 반대되는 것들을 언급했다. 예를 들어, 「성악」이 시작하는 곳에서[86] 성을 따르는 것은 다툼과 투쟁, 폭력과 범죄, 방탕과 음란으로 이끈다는 순자의 주장은 인간은 타인에게 양보하고(辭讓), 타인을 측은하게 여기며(惻隱), 자신보다 낮추어져 취급되는 것을 혐오하는(羞惡) 감정의 싹을 공유한다는 맹자의 주장(『맹자』, 「공손추상」 6장)을 아마도 겨냥한 것일 것이다.[106] 어떻게 아들이 아버지에게 양보하지 않고 동생이 형에게 양보하지 않는지에 대한 순자의 뒤이은 설명은[87] 아마도 부모에 대한 사랑과 형에 대한 존경은 인간이 배우지 않아도 공유하는 것들이라는 맹자의 주장(「진심상」 15장)을 겨냥한 것일 것이다.

이에 더해 우리가 이미 본 것처럼 순자의 가이可以와 능能의 구별에 대한 강조는[88] 아마도 '가이'와 '능'을 바꿔 쓰는 맹자의 경향(『맹자』, 「양혜왕상」 7장; 「고자하」 2장)을 겨냥한 것일 것이다. 또 모든 인간이 태어나면서부터 소유한 것은 가이지可以知와 가이능可以能일 뿐이라는 순자의 주장은[89] 아마도 인간은 배우지 않고도 지知하고 능能할 수 있는 것들이 있다는 맹자의 주장(「진심상」 15장)을 겨냥한 것일 것이다. 모두가 우禹는 가이 될 수 있어도 우가 능히 될 수 있는 것은 아니라는 순자의 발언은[90] 아마도 모두가 요·순이 가이 될 수 있다는 발언에서 요·순의 도를 실천하지 않는 것은 능의 결여의 문제가 아니라는 언급으로 옮겨간 맹자의 발언(『맹자』, 「고자하」 2장)을 겨냥한 것일 것이다. 마지막으로 누구나 요나 우가 가이 될 수 있고 누구나 걸이나 주가

106) 당군의가 지적한 점이다.(『導論篇』, p. 119)

가이 될 수 있다는 발언과[91] 유사한, 소인도 군자가 가이 될 수 있고 군자도 소인이 가이 될 수 있다는 순자의 발언[92]은 아마도 사람을 구성하고 있는 것 중 그 어떤 것도 선으로 향하고 있지 않으며 악으로부터 벗어나 있지 않다는 점을 부각시키고자 한 것일 것이다. 이 점은 맹자가 「고자상」 6장에서 사람의 구성을 선해질 수 있는 단순한 능력이 아니라 선으로 향하고 악으로부터 벗어나 있는 감정적인 성향까지 포함한 가이위선可以爲善으로 특징지운 것에 반대되는 것이다.

아마도 맹자와 순자의 주요한 차이점은 어느 정도까지 윤리적 성향이 이미 인간에게 공유되어 있느냐에 대한 것일 것이다.107) 모든 인간이 타인에 대해 어느 정도의 관심을 가진다는 견해를 순자가 주장했다고 하더라도, 그는 그런 관심이 적절한 방식으로 구조화되어 있다고 보지는 않았다. 그 결과 자연 상태에서의 인간은 여전히 가족의 이익보다 자신의 이익을 위에 놓으며 「성악」에서 묘사되고 있는 가족 안에서의 투쟁으로 나아갈 것이다. 따라서 자연 상태에서 인간은 윤리적 이상을 달성하기 위한 능能, 곧 적절히 구조화된 감정적 성향에 의존하는 그런 능을 결여하고 있다. 인간이 자연 상태에서 가지고 있는 것은 오직 가이능可以能, 즉 감정과 욕망을 적절히 재형성해서 유가의 도를 실천할 능을 획득할 수 있는 능력일 뿐이다. 이 과정은 감정과 욕망의 급격한 변화를 수반하며, 이런 급격한 변화를 순자는 구부러진 나무를 펴는 것에 비유했다.[93] 이 견해에서 인간이 이미 공유하고 있는

107) 이 문제에 대해 둘이 동의하지 않았다는 점은 여러 학자들에 의해 지적되었다. 馮友蘭, 『中國哲學史』, pp. 358-59; Lau, "Theories of Human Nature," pp. 559-65; "Introduction," *Mencius*, pp. 20-22; 牟宗三, 『名家與荀子』, pp. 224-26; Schwartz, pp. 291-94. Tu Wei-ming, *Humanity and Self-Cultivation*, pp. 58-59.

것은, 자연 상태에서도 지니고 있을 수 있는 타인에 대한 관심도 포함하여, 배움에 의해 재형성되어야 할 날 것의 재료일 뿐이다.

이와 대조적으로 맹자는 인간이 이미 적절한 방식으로 구조화된 감정적 성향을 공유하고 있는 것으로 보았으며, 그래서 자연 상태에서도 부모와 집안의 연장자에게 양보할 것이라고 간주했다. 이런 감정적 성향의 존재로 말미암아 인간은 윤리적 이상을 실현할 능能을 이미 가지고 있다. 그런 감정적 성향은 적절한 양육을 통해 다듬어질 필요가 있긴 하지만, 배움을 통해 재형성되어야 하는 단지 날 것의 재료는 아니다. 그보다는 윤리적 방향성은 그런 성향에 이미 새겨져 있으며, 수양은 그런 성향을 배양하고 발전시키는 것을 수반하는 좀 더 연속적인 과정이다.

옮긴이 주

1 『상군서』, 「算地」, "民之性, 饑而求食…… 此民之情也."(SCS13/5-6)

2 『여씨춘추』, 「貴生」, "全生爲上…… 非迫生之謂也."(LSCC2/7a.4-8a.6)

3 『여씨춘추』, 「情欲」, "天生人而使有貪有欲…… 口之欲五味, 情也."(LSCC2/8a.8-10)

4 『여씨춘추』, 「適音」, "耳之情欲聲…… 耳目鼻口也."(LSCC5/9b.6-10)

5 『좌전』, 莊公10年傳 · 春, "小大之獄, 雖不能察, 必以情"(TC85/5); 『국어』, 「魯語上」, "余聽獄雖不能察, 必以情斷之."(KY4/1b.3)

6 『묵자』, 「尙同下」, "然計國家百姓之所以治者何也?…… 唯能以尙同一義爲政, 然後可矣."(MT13/2-7)

7 예를 들어 『국어』, 「吳語」, "句踐願諸大夫言之, 皆以情告"(KY19/11b.8); 『좌전』, 昭公13年傳 · 春, "告之情."(TC643/2)

8 예를 들어 『좌전』, 襄公18年傳 · 秋, "敢匿情乎"(TC476/8); 襄公30年傳 · 春正月, "匿其情矣."(TC552/3)

9 예를 들어 『좌전』, 成公16年傳 · 秋9月, "僑如之情, 子必聞之矣."(TC394/1)

10 예를 들어 『관자』, 「形勢解」, "中無情實則名聲惡矣"(KT3/37.4); 「形勢解」, "與人交, 多詐僞無情實"(KT3/40.13); 『여씨춘추』, 「知度」, "情者不飾, 而事實見矣."(LSCC17/20a.1)

11 예를 들어 『좌전』, 哀公8年傳 · 春, "魯有名而無情."(TC815/3)

12 예를 들어 『좌전』, 僖公28年傳 · 春3月, "民之情僞"(TC204/5); 『관자』, 「兵法」, "彼智者知吾情僞"(KT1/78.8-9); 『여씨춘추』, 「論人」, "人之情僞"(LSCC3/16b.1); 『묵자』, 「非命中」, "譬猶立朝夕於員鈞之上也…… 未可得而識也."(MT36/2)

13 『여씨춘추』, 「適音」, "耳之情欲聲…… 心也."(LSCC5/9b.6-10a.1)

14 『여씨춘추』, 「適音」, "人之情, 欲壽而惡夭…… 則心適矣"(LSCC5/10a.7-8); 「論威」, "人情欲生而惡死…… 可使一心矣."(LSCC8/4b.2-5)

15 『신자』, 「民雜」, "民雜處…… 民之情也."(ST, p.250, no.33)

16 『묵자』, 「辭過」, "則曰陰陽, 人情也, 則曰男女, 禽獸也, 則曰牡牝雄雌也. 真天壤之情, 雖有先王不能更也."(MT6/35)

17 『국어』, 「晉語」, "曰, 吾見其貌而欲之…… 是故去之."(KY11/1b.4-2a.3)

18 『여씨춘추』, 「誣徒」, "善教者…… 則得教之情也."(LSCC4/12b.9-13a.1)

19 『여씨춘추』, 「侈樂」, "人莫不以其生生…… 則失寶之情矣."(LSCC5/7b.1-9)

20 『여씨춘추』, 「侈樂」, "亂世之樂…… 其樂不樂."(LSCC5/7b.9-8b.4)

21 『여씨춘추』, 「節喪」, "凡生於天地之間…… 得葬之情矣."(LSCC10/5a.1-6a.1)

22 『묵자』, 「辭過」, "君實欲天下之治而惡其亂…… 衣服節而肌膚和."(MT6/33-40)

23 『장자』, 「德充符」, "有人之形…… 子以堅白鳴."(CT5/54-60)

24 『묵자』, 「耕柱」, "夏后殷周之相受也…… 爲義猶是也."(MT46/27-30)

25 예를 들어 『좌전』, 昭公25年傳 · 夏, "故人之能自曲直以赴禮者, 謂之成人."(TC704/17)

26 예를 들어 『묵자』, 「辭過」, "則曰陰陽…… 雖有先王不能更也"(MT6/35); 「非樂上」, "是故子墨子曰…… 今之禽獸麋鹿 · 蜚鳥 · 貞蟲."(MT32/30)

27 『묵자』, 「尙同中」, "至乎舍餘力不以相勞…… 明乎民之無正長以一同天下之義."(MT12/4-5)

28 『순자』, 「非相」, "人之所以爲人者何已也…… 故人道莫不有辨"(HT5/23-28); 「王制」, "水火有氣而

無生…… 得之分義也."(HT9/69-73 참조)

29 『장자』, 「達生」, "被髮行歌而游於塘下…… 不知吾所以然而然, 命也."(CT19/51-54)

30 『관자』, 「心術上」, "故必知不言無爲之事…… 靜因之道也"(KT2/63.4-9); 「心術上」, "天之道, 虛其無形.…… 不宜, 言應也."(KT2/65.8-66.2)

31 『관자』, 「心術上」, "天之道, 虛其無形.…… 不宜, 言應也."(KT2/65.8-66.2)

32 『장자』, 「刻意」, "不爲福先…… 不豫謀."(CT15/11-12)

33 『장자』, 「秋水」, "蹢躅而屈伸…… 謹守而勿失."(CT17/51-52)

34 『회남자』, 「主術訓」, "是以上多故, 則下多詐"(HNT9/2b.6); 「繆稱訓」, "故上多故, 則民多詐矣."(HNT10/2b.11)

35 『여씨춘추』, 「本生」, "天子之動也…… 立官者以全生也."(LSCC1/6a.10-6b.2)

36 『여씨춘추』, 「情欲」, "孫叔敖日夜不息, 不得以便生爲故."(LSCC2/11b.6)

37 예를 들어 『여씨춘추』, 「本生」, "是故聖人之於聲色滋味也…… 此全性之道也."(LSCC1/8a.3-4)

38 『묵자』, 「兼愛中」, "子墨子言曰, 仁人之所以爲事者, 必興天下之利, 除去天下之害, 以此爲事者也"(MT15/1); 「兼愛下」, "子墨子言曰, 仁人之事者, 必務求興天下之利, 除天下之害. 然當今之時, 天下之害孰爲大."(MT16/1)

39 『묵자』, 「兼愛下」, "以說觀之…… 不足以爲正乎?"(MT16/66-69)

40 『여씨춘추』, 「論人」, "適耳目…… 事心乎自然之塗."(LSCC3/13a.9-10)

41 『한비자』, 「主道」, "去舊去智"(HFT5.1.26)

42 『장자』, 「應帝王」, "塊然獨以其形立…… 無爲知主."(CT7/31)

43 『장자』, 「達生」, "被髮行歌而游於塘下…… 不知吾所以然而然, 命也."(CT19/51-54)

44 예를 들어 『묵자』, 「兼愛中」, "乃若兼則善矣…… 天下之士君子"(MT15/16); "子墨子言曰…… 若苟君說之"(MT15/26); "士不以爲行故也…… 乃若兼則善矣."(MT15/29)

45 『묵자』, 「耕柱」, "巫馬子謂子墨子曰…… 以爲近我也."(MT46/52-53)

46 『묵자』, 「兼愛下」, "是故別士之言曰…… 是故退睹其友."(MT16/24)

47 『묵자』, 「兼愛下」, "使其一君者執別…… 若爲吾身."(MT16/36)

48 『묵자』, 「兼愛下」, "兼即仁矣義矣…… 猶挈泰山以超江河也"(MT16/46); 「兼愛下」, "意以爲難而不可爲邪…… 當靈王之身."(MT16/72)

49 『묵자』, 「兼愛下」, "即善矣. 雖然, 豈可用哉…… 雖我亦將非之."(MT16/22)

50 『묵자』, 「兼愛下」, "即善矣. 雖然…… 是故退睹其友."(MT16/22-24)

51 『묵자』, 「兼愛中」, "此何難之有焉…… 古者聖王行之"(MT15/29-31); 「兼愛下」, "兼即仁矣義矣…… 此自先聖六王者親行之."(MT16/46-48)

52 『순자』, 「性惡」, "曰凡禹之所以爲禹者…… 其不可以相爲明矣."(HT23/61-75)

53 『한비자』, 「功名」, "盡所能"(HFT28.2.27)

54 『논형』, 「本性」, "世碩以爲人性有善有惡…… 善惡在所養焉."(28/11-12)

55 『순자』, 「正名」, "遠方異俗之鄉…… 性之和所生."(HT22/2)

56 『순자』, 「正名」, "失之矣…… 以所欲爲可得而求之"(HT22/63); 「性惡」, "是不及知人之性…… 聖人之所生也."(HT23/11)

57 『순자』, 「性惡」, "是不及知人之性…… 可事而成之在人者."(HT23/11-12)

58 『순자』, 「性惡」, "然則禮義法度者…… 其不同之徵也."(HT23/25-27)

59 『순자』, 「正名」, "性之和所生…… 正義而爲謂之行."(HT22/3-4)

60 『순자』, 「性惡」, "是不及知人之性…… 夫可以見之明不離目."(HT23/11-13)

61 『순자』, 「性惡」, "夫感而不能然…… 其不同之徵也."(HT23/27)

62 『순자』, 「天論」, "皆知其所以成…… 順其類者謂之福."(HT17/10-12)

63 『순자』, 「榮辱」, "是姦人之所以取危辱死刑也…… 爲堯禹則常愉佚."(HT4/32-47)

64 『순자』, 「性惡」, "可事而成之在人者…… 不可學明矣."(HT23/13-14)

65 『순자』, 「正名」, "失之矣…… 以所欲爲可得而求之."(HT22/63)

66 『순자』, 「性惡」, "人之性惡…… 故必將有師法之化"(HT23/1-3); 「性惡」, "然則禮義法度者…… 待事而後生之者也."(HT23/25-26)

67 『순자』, 「性惡」, "辟則陶埏而生之也…… 然則有曷貴堯禹."(HT23/53-54)

68 『순자』, 「榮辱」, "非生而具者也…… 安知廉恥隅積."(HT4/49-51)

69 『순자』, 「性惡」, "故聖人之所以同於衆…… 賤願貴."(HT23/29-32)

70 『순자』, 「性惡」, "心意之於善…… 其善者偽也."(HT23/17-21)

71 『순자』, 「禮論」, "所以爲至痛飾也…… 至親以期斷."(HT19/96-103)

72 『순자』, 「禮論」, "成足以容文…… 不能無時至焉."(HT19/117)

73 『순자』, 「禮論」, "禮者斷長續短…… 是反也"(HT19/63-64); 「禮論」, "三年之喪…… 則舍之矣."(HT19/96-103)

74 『순자』, 「榮辱」, "凡人有所一同…… 是禹桀之所同也."(HT4/42-47)

75 『순자』, 「性惡」, "不如齊魯之孝具敬文者…… 舜對曰."(HT23/60-75)

76 『순자』, 「正名」, "正義而爲謂之行…… 故王者之制名."(HT22/5-6)

77 『순자』, 「王制」, "水火有氣而無生…… 得之分義也."(HT9/69-73)

78 『순자』, 「非相」, "人之所以爲人者何已也…… 禮莫大於聖王."(HT5/23-28)

79 『순자』, 「性惡」, "塗之人可以爲禹…… 然則仁義法正有可知可能之理."(HT23/61)

80 『순자』, 「非相」, "飢而欲食…… 是禹桀之所同也."(HT5/24-25)

81 『순자』, 「正名」, "睨人罔極…… 雖曰我得之."(HT22/55-62)

82 『순자』, 「性惡」, "人之性惡…… 夫可以見之明不離目."(HT23/1-13)

83 『순자』, 「性惡」, "問者曰…… 夫好利而欲得者"(HT23/22-29); 「性惡」, "然後始出於治…… 堯舜之與桀跖."(HT23/50-53)

84 『순자』, 「性惡」, "人之性惡明矣…… 夫可以見之明不離目."(HT23/10-13)

85 예를 들어 『순자』, 「性惡」, "故聖人之所以同於衆…… 人之性善"(HT23/29-36); 「性惡」, "不知禮義則悖…… 禮義積偽者."(HT23/36-50)

86 『순자』, 「性惡」, "人之性惡…… 故必將有師法之化."(HT23/1-3)

87 『순자』, 「性惡」, "心意之於善…… 非故生於人之性也."(HT23/17-22)

88 『순자』, 「性惡」, "然而未嘗能相爲事也…… 舜對曰."(HT23/74-75)

89 『순자』, 「性惡」, "不如齊魯之孝具敬文者…… 積善而不息."(HT23/60-68)

90 『순자』, 「性惡」, "故塗之人可以爲禹…… 未嘗不可以相爲事也."(HT23/72-73)

91 『순자』, 「榮辱」, "可以爲堯禹…… 是禹桀之所同也."(HT4/45-47)

92 『순자』, 「性惡」, "然而皆不可積…… 可以而不可使也."(HT23/70-71)

93 『순자』, 「性惡」, "故枸木必將待檃栝…… 鈍金必將待礱厲然後利"(HT23/5); 「性惡」, "用此觀之…… 禮義之化."(HT23/48-49)

참고문헌

1. 초기 중국 문헌

『管子』(KT). 본문 내 인용 표시는 국학기본총서國學基本叢書 판본의 권, 페이지, 줄 번호를 따른다. 또 참조한 판본은 다음과 같다. Wallace Stephen Johnson, 편, 『管子引得』(영어 제목: *A Concordance to the Kuan Tzu*), 臺北: 成文出版社, 1970.

『國語』(KY). 본문 내 인용 표시는 『천성명도본天聖明道本』 판본의 권, 페이지, 줄 번호를 따른다. 또 참조한 판본은 다음과 같다. 張以仁, 편, 『國語引得』, 臺北: 中央硏究院, 歷史言語硏究所, 1976.

『老子』(LT). 본문 내 인용 표시는 임계유任繼愈가 번역한 『노자신역老子新譯』, 上海: 上海古籍出版書社 1978의 장 번호를 따른다.

『論語』(LY). 본문 내 인용 표시는 양백준楊伯峻 역, 『논어역주論語譯注』(北京: 中華書局, 1980)의 장과 절 번호를 따른다. 또 하버드-옌칭 중국학 색인 시리즈 판본도 참조하였다.

『孟子』(MT). 본문 내 인용 표시는 양백준楊伯峻 역, 『맹자역주孟子譯注』(北京: 中華書局, 1984)의 장과 절 번호를 따른다. 또 하버드-옌칭 중국학 색인 시리즈 판본도 참조하였다.

『墨子』(MT). 본문 내 인용 표시는 하버드-옌칭 중국학 색인 시리즈 판본의 장과 줄 번호를 따른다.

『商君書』(SCS). 본문 내 인용 표시는 제자집성諸子集成 판본의 페이지, 줄 번호를 따른다.

『尙書』(SS). 본문 내 인용 표시는 James Legge, trans., *The Shoo King*. Hong Kong: London Missionary Society, 1865. 판본의 페이지, 줄 번호를 따른다. 또 참조한 판본은 다음과 같다. 고힐강顧頡剛 편, 『상서통검尙書通檢』, 上海: 上海古籍出版書社, 1990.

『荀子』(HT). 본문 내 인용 표시는 하버드-옌칭 중국학 색인 시리즈의 편과 줄 번호를 따른다.

『詩經』(SC). 본문 내 인용 표시는 양임지楊任之 역, 『詩經今譯今注』, 天津: 天津古籍出版社, 1986, 판본의 시 번호와 장 번호를 따른다. 하버드-옌칭 중국학 색인 시리즈 판본도 참조하였다.

『申不害』(SPH). 본문 내 인용 표시는 다음 책의 페이지와 단편 번호를 따른다. Herrlee G. Creel, *Shen Pu-hai: A Chinese Political Philosopher of the Fourth Century B.C.*, Chicago: University of Chicago Press, 1974.

『愼子』(ST). 본문 내 인용 표시는 다음 책의 페이지와 단편 번호를 따른다. P. M. Thompson, ed., *The Shen Tzu Fragments*, Oxford: Oxford University Press, 1979.

『呂氏春秋』(LSCC). 본문 내 인용 표시는 허유휼許維遹 편, 『여씨춘추집석呂氏春秋集釋』(北京: 商務印書館, 1955) 판본의 권, 페이지, 줄 번호를 따른다. 또 참조한 판본은 다음과 같다. Michael Carson, comp., *A Concordance to the Lü-shih ch'un-ch'iu*. San Francisco: Chinese Materials Center, 1985.

『列子』(LT). 본문 내 인용 표시는 사부총간四部叢刊 판본의 권, 페이지, 줄 번호를 따른다.

『禮記』(LC). 본문 내 인용 표시는 사부비요四部備要 판본의 권, 페이지, 줄 번호를 따른다. 또 하버드-옌칭 중국학 색인 시리즈 판본을 참조하였다.

『莊子』(CT). 본문 내 인용 표시는 하버드-옌칭 중국학 색인 시리즈의 편과 줄 번호를 따른다.

『左傳』(TS). 본문 내 인용 표시는 제임스 레게(James Legge), trans., *The Ch'un Ts'ew with The Tso Chuen*. Rev. ed., Taipei: Wen-shih-che ch'u-pan-she, 1972. 판본의 권, 페이지, 줄 번호를 따른다. 또 하버드-옌칭 중국학 색인 시리즈 판본을 참조하였다.

『韓非子』(HFT). 본문 내 인용 표시는 주종령周鐘靈, 시효적施孝適, 허유현許惟賢이 편집한 『한비자색인韓非子索引』(北京: 中華書局, 1982)에서의 편, 문단, 그리고 절 번호를 따른다.

『淮南子』(HNT). 본문 내 인용 표시는 사부비요四部備要 판본의 권, 페이지, 줄 번호를 따른다. 또 참조한 판본은 다음과 같다. 中法漢學研究所 편, 『淮南子通檢』, 上海: 上海古籍出版書社 1986.

2. 『맹자』에 대한 주석과 근대 이전 중국 문헌

달리 표기되어 있지 않으면, 모든 인용표시는 양백준楊伯峻이 번역한 『孟子譯注』에서의 장과 절 번호이다.

대진戴震, 『孟子字義疏證』. 모든 인용표시는 (책이 43 항목으로 나누어진) 『孟子字義疏證』 2版(北京: 中華書局, 1982) 판본의 항목 번호이다.

배학해裴學海, 『孟子正義補正』(臺北: 學海出版社, 1978).

소철蘇轍, 『孟子解』.

손석孫奭, 『孟子注疏』.

송상봉宋翔鳳, 『孟子趙注補正』.

여윤문, 『尊孟辨』. 모든 인용표시는 사고전서四庫全書 판본의 권, 페이지, 줄 번호이다.

여윤문余允文, 『尊孟續辨』. 모든 인용표시는 사고전서四庫全書 판본의 권, 페이지, 줄 번호이다.

완원阮元, 『性命古訓』.

왕방웅王邦雄・증소욱曾昭旭・양조한楊祖漢, 『孟子義理疏解』, 永和(臺灣: 鵝湖月刊雜誌社, 1983).

왕부지王夫之, 『讀四書大全說』. 모든 인용표시는 『讀四書大全說』, vol. 2.(北京:

中華書局, 1975), 판본의 페이지 번호이다.

왕양명王陽明, 『傳習錄』. 모든 인용표시는 Wing-tsit Chan, trans., *Instructions for Practical Living and Other Neo-Confucian Writings by Wang Yang-ming*, New York: Columbia University Press, 1963, 에서의 장 번호이다.

왕은양王恩洋, 『孟子疏義』(臺北: 新文豊出版公司, 1975).

왕충王充, 『論衡』. 모든 인용표시는 제자집성諸子集成 판본의 페이지, 줄 번호이다.

유월俞樾, 『孟子纘義內外篇』.

유월俞樾, 『孟子平議』.

유월俞樾, 『孟子古注擇從』.

장식張栻, 『孟子說』.

조기趙岐, 『孟子章指』.

조기趙岐, 『孟子注』.

조순손趙順孫, 『孟子纂疏』.

주희朱熹, 『孟子集註』.

주희朱熹, 『孟子或問』. 인용 구절이 긴 곳에서는 『朱子遺書』의 권, 페이지, 줄 번호 순으로 표시하였다.

주희朱熹, 『朱子語類』. 모든 인용표시는 『朱子語類』(北京: 中華書局, 1986) 판본의 페이지 번호이다.

채모蔡模, 『孟子集疏』.

초순焦循, 『孟子正義』. 인용 구절이 긴 곳에서는 사부비요四部備要 판본의 권, 페이지, 줄 번호 순으로 표시하였다.

허겸許謙, 『讀孟子叢說』.

호병문胡炳文, 『孟有通』.

호육환胡毓寰, 『孟子本義』(臺北: 中華書局, 1958).

황종희黃宗羲, 『孟子師說』. 모든 인용표시는 사고전서四庫全書 판본의 권, 페이지, 줄 번호이다.

『說文解字』.

3. 『맹자』 번역

달리 표기되어 있지 않으면, 모든 인용표시는 양백준楊伯峻이 번역한 『孟子譯注』에서의 장과 절 번호이다.

1) 영어 번역

Ch'u Chai and Winberg Chai, eds. and trans. *The Sacred Books of Confucius and Other Confucian Classics*, New York: Bantam Books, 1965.

D. C. Lau, trans. *Mencius*, London: Penguin, 1970.

James Legge, trans. *The Works of Mencius* 2d ed. Oxford: Clarendon Press, 1895.

James R. Ware, trans. *The Sayings of Mencius*, New York: New American Library of W orId Literature, 1960.

Leonard A. Lyall, trans. *Mencius*, London: Longmans, Green, 1932.

Lionel Giles, trans. *The Book of Mencius* (Abridged), New York: Dutton, 1942.

W. A. C. H. Dobson, trans. *Mencius: A New Translation Arranged and Annotated for the General Reader*, Toronto: University of Toronto Press, 1963.

Wing-tsit Chan, comp. and trans. *A Sourcebook in Chinese Philosophy*. Princeton: Princeton University Press, 1963, chap. 3.

2) 현대 중국어 번역

楊伯峻 譯,『孟子譯注』, 北京: 中華書局, 1984.

3) 일본어 번역

Hattori Unokichi(服部宇之吉) 譯,『國譯孟子』,『國譯漢文大成』vol. 1, 東京: 國民文庫 刊行會, 1922.

Kanaya Osamu(金谷治) 譯,『孟子』2 vols, 東京: Asahi新聞社, 1955, 1956.

Uchino Kumaichiro(內野熊一郎) 譯,『孟子』,『新釋漢文大系』vol. 4, 東京: 明治書院, 1962.

4. 2차 문헌

A. C. Graham, "Relating Categories to Question Forms in Pre-Han Chinese Thought", In idem, *Studies in Chinese Philosophy and Philosophical Literature*, pp. 360-411. Albany: State University of New York Press, 1990.

A. C. Graham, "The Background of the Mencian Theory of Human Nature." *Ch'ing-hua hsüeh-pao (Tsing Hua Journal of Chinese Studies)* 6 (1967): 215-71. *Reprinted in idem, Studies in Chinese Philosophy and Philosophical Literature*, pp. 7-66. Albany: State University of New York Press, 1990.

A. C. Graham, "The Dialogue Between Yang Ju and Chyntzyy", *Bulletin of the School of Oriental and African Studies* 22 (1959): 291-99.

A. C. Graham, "The Right to Selfishness: Yangism, Later Mohism, Chuang Tzu", In Donald Munro, ed., *Individualism and Holism: Studies in Confucian and Taoist Values*, pp. 73-84. Ann Arbor: University of Michigan, Center for Chinese Studies, 1985.

A. C. Graham, *Chuang Tzu: The Inner Chapters*, London: George Allen & Unwin, 1981.

A. C. Graham, *Disputers of the Tao: Philosophical Argument in Ancient China*, La Salle, Ill.: Open Court, 1989.

A. C. Graham, *Later Mohist Logic, Ethics and Science*, Hong Kong: Chinese University Press, 1978.

Antonio S. Cua, "Confucian Vision and Human Community", *Journal of Chinese Philosophy* 11 (1984): 227-38.

Antonio S. Cua, "Morality and Human Nature", *Philosophy East and West* 32 (1982): 279-94.

Antonio S. Cua, "The Conceptual Aspect of Hsün Tzu's Philosophy of Human Nature", *Philosophy East and West* 27 (1977); 373-89.

Antonio S. Cua, "The Quasi-Empirical Aspect of Hsün Tzu's Philosophy of Human Nature", *Philosophy East and West* 28 (1978): 3-19.

Antonio S. Cua, *Ethical Argumentation: A Study in Hsiln Tzu's Moral Epistemology*, Honolulu: University of Hawaii Press, 1985.

Arnold Isenberg, "Some Problems of Interpretation", In Arthur F. Wright, ed., *Studies in Chinese Thought*, pp. 232-46. Chicago: University of Chicago Press, 1953.

Arthur Waley, "Notes on *Mencius*", *Asia Major* 1 (1949-50): 99-108.

Arthur Waley, trans. *The Analects of Confucius*, London: George Allen & Unwin. 1938.

Benjamin I. Schwartz, *The World of Thought in Ancient China*. Cambridge, Mass.: Harvard University Press, 1985.

Bryan W. Van Norden, "Mencian Philosophic Psychology", Ph.D. diss.,

Stanford University, 1991.

Bryan W. Van Norden, "Mengzi and Xunzi: Two Views of Human Agency", *International Philosophical Quarterly* 32 (1992): 161-84.

Chad Hansen, *Language and Logic in Ancient China*, Ann Arbor: University of Michigan Press, 1983.

Chan, Wing-tsit, "The Evolution of the Confucian Concept jen", In Charles K. H. Chen, comp., *Neo-Confucianism, Etc.: Essays by Wing-tsit Chan*, pp. 1-44, Hong Kong: Oriental Society, 1969.

Chan, Wing-tsit, trans. & comp. *A Source Book in Chinese Philosophy*, Princeton: Princeton University Press, 1963.

Cheng Chung-ying, *New Dimensions of Confucian and Neo-Confucian Philosophy*, Albany: State University of New York Press, 1991.

D. C. Lau, "On Mencius' Use of the Method of Analogy in Argument", *Asia Major* 10 (1963). Reprinted in D. C. Lau, trans., *Mencius*, pp. 235-63, London: Penguin, 1970.

D. C. Lau, "Some Notes on the *Mencius*", *Asia Major* 15(1969): 62-81.

D. C. Lau, "Theories of Human Nature in Mencius and Shyuntzyy", *Bulletin of the School of Oriental and African Studies* 15 (1953): 541-65.

D. C. Lau, trans. *Confucius: The Analects*, London: Penguin, 1979.

D. C. Lau, trans. *Mencius*, London: Penguin, 1970.

David L. Hall and Roger T. Ames, *Thinking Through Confucius*, Albany: State University of New York Press, 1987.

David S. Nivison, "Critique of David B. Wong. 'Hsün Tzu on Moral Motivation'", In P. J. Ivanhoe, ed., *Chinese Language, Thought and Culture: Essays Dedicated to David S. Nivison*, La Salle, Ill.: Open Court

Press, 1996.

David S. Nivison, "Hsün Tzu on 'Human Nature'", Unpublished paper, 1975.

David S. Nivison, "Investigations in Chinese Philosophy", Unpublished paper, 1980.

David S. Nivison, "Mencius and Motivation", *Journal of the American Academy of Religion*, Thematic Issues 47 (1980): 417-32.

David S. Nivison, "Motivation and Moral Action in Mencius", Unpublished paper, 1975.

David S. Nivison, "On Translating *Mencius*", *Philosophy East and West* 30 (1980): 93-121.

David S. Nivison, "Philosophical Voluntarism in Fourth-Century China", Unpublished paper, 1973.

David S. Nivison, "Problems in Mencius, Part I", Unpublished paper, 1975.

David S. Nivison, "Probletns in Mencius, Part II", Unpublished paper, 1975.

David S. Nivison, "Two Roots or One?" *Proceedings and Addresses of the American Philosophical Association* 53 (1980): 739-61.

David S. Nivison, "Weakness of Will in Ancient Chinese Philosophy", Unpublished paper, 1973.

David Wong, "Hsün Tzu on Moral Motivation", In P. J. Ivanhoe, ed., *Chinese Language, Thought and Culture: Essays Dedicated to David S. Nivison*, La Salle, Ill.: Open Court Press, 1996.

David Wong, "Is There a Distinction Between Reason and Emotion in Mencius?" *Philosophy East and West* 41 (1991): 31-44.

David Wong, "Universalism Versus Love With Distinctions: An Ancient Debate Revived", *Journal of Chinese Philosophy* 16 (1989): 251-72.

Donald J. Munro, *The Concept of Man in Early China*. Stanford: Stanford University Press, 1969.

Fu, Charles Wei-hsun. "Fingarette and Munro on Early Confucianism: A Methodological Examination", *Philosophy East and West* 28 (1978): 181-98.

Heiner Roetz, *Confucian Ethics of the Axial Age: A Reconstruction Under the Aspect of the Breakthrough Toward Postconventional Thinking*, Albany: State University of New York Press, 1993.

Henry, Jr. Rosemont, "Review of Herbert Fingarette, *Confucius: The Secular as Sacred*", *Philosophy East and West* 26 (1976): 463-77.

Herbert Fingarette, "Response to Roger T. Ames", In Mary I. Bockover, ed., *Rules, Rituals and Responsibilities: Essays Dedicated to Herbert Fingarette*, pp. 194-200. La Salle, Ill.: Open Court, 1991.

Herbert Fingarette, "The Problem of the Self in the *Analects*", *Philosophy East and West* 29(1979): 129-40.

Herbert Fingarette, *Confucius: The Secular as Sacred*, New York: Harper & Row, 1972.

Herrlee G. Creel, *"What Is Taoism?" and Other Studies in Chinese Cultural History*, Chicago: University of Chicago Press, 1970.

Herrlee G. Creel, *Chinese Thought from Confucius to Mao Tse-tung*, Chicago: University of Chicago Press, 1953.

I. A. Richards, *Mencius on the Mind: Experiments in Multiple Definition*, London: Routledge & Kegan Paul, 1932.

Irene Bloom, "Mencian Arguments on Human Nature (*jen-hsing*)", *Philosophy East and West* 44 (1994): 19-53.

J. J. Kupperman, "Confucius, Mencius, Hume and Kant on Reason and

Choice", In Shlomo Biderman and Ben-Ami Scharfstein, eds., *Rationality in Question: Eastern and Western Views of Rationality*, pp. 119-39. Leiden: Brill,1989.

Jeffrey Riegel, "Reflections on an Unmoved Mind", *Journal of the American Academy of Religion*, Thematic Issues 47 (1980): 433-57.

John Knoblock, "Review of A. C. Graham *Disputers of the Tao: Philosophical Argument in Ancient China*", *Journal of Asian Studies* 50 (1991): 385-87.

John Knoblock, trans., *Xunzi: A Translation and Study of the Complete Works*, vol. I, Books 1-6, Stanford: Stanford University Press, 1988.

Lai, Whalen, "Kao Tzu and Mencius on Mind: Analyzing a Paradigm Shift in Classical China", *Philosophy East and West* 34 (1984): 147-60.

Lai, Whalen, "The Public Good That Does the Public Good: A New Reading of Mohism", *Asian Philosophy* 3 (1993): 125-41.

Lai, Whalen, "*Yung* and the Tradition of the *shih* : The Confucian Restructuring of Heroic Courage", *Religious Studies* 21 (1985): 181-203.

Lee H. Yearley, *Mencius and Aquinas: Theories of Virtue and Conceptions of Courage*, Albany: State University of New York Press, 1990.

Lin Yü-sheng, "The Evolution of the Pre-Confucian Meaning of *jen* and the Confucian Concept of Moral Autonomy", *Monumenta Serica* (*Journal of Oriental Studies*) 31 (1974-75): 172-204.

Liu Shu-hsien, "Some Reflections on Mencius's Views of Mind-Heart and Human Nature", *Philosophy East and West* 46 (1996): 143-64.

Liu Shu-hsien, "The Confucian Approach to the Problem of Transcendence and Immanence", *Philosophy East and West* 22 (1972): 45-52.

P. J. Ivanhoe, "Human Nature and Moral Understanding in Xunzi", *International*

Philosophical Quarterly 34 (1994): 167-75.

P. J. Ivanhoe, *Ethics in the Confucian Tradition: The Thought of Mencius and Wang Yang-ming*, Atlanta: Scholars Press, 1990.

Paul Harwood, "Concerning the Evolution and Use of the Concept of t'ien in Pre-Imperial China", *Tung-hai hsüeh-pao* (*Tunghai Journal*) 31 (1990): 135-88.

Peter A Boodberg, "The Semasiology of Some Primary Confucian Concepts", *Philosophy East and West* 2 (1952): 317-32.

Robert Eno, *The Confucian Creation of Heaven: Philosophy and the Defense of Ritual Mastery*, Albany: State University of New York Press, 1990.

Roger T. Ames, "The Mencian Conception of *ren xing*: Does it Mean 'Human Nature'?" In Henry Rosemont, Jr., ed., *Chinese Texts and Philosophical Contexts: Essays Dedicated to Angus C. Graham*, pp. 143-75, La Salle, Ill.: Open Court, 1991.

Shun, Kwong-loi. "*Jen* and *li* in the *Analects*", *Philosophy East and West* 43 (1993): 457-79.

Shun, Kwong-loi. "Review of Robert Eno, *The Confucian Creation of Heaven: Philosophy and the Defense of Ritual Mastery*", *Harvard Journal of Asiatic Studies* 52 (1992): 739-56.

Thomas A. Metzger, "Some Ancient Roots of Modern Chinese Thought: This-Worldliness, Epistemological Optimism, Doctrinality, and the Emergence of Reflexivity in the Eastern Chou", *Early China* 11-12 (1985-87): 61-117.

Thomas A. Metzger, "The Definition of the Self, the Group, the Cosmos, and Knowledge in Chou Thought: Some Comments on Professor Schwartz's Study", *American Asian Review* 4 (1986): 68-116.

Tu Wei-ming, *Confucian Thought: Selfhood as Creative Transformation*, Albany: State University of New York Press, 1985.

Tu Wei-ming, *Humanity and Self-Cultivation: Essays in Confucian Thought*, Berkeley, Calif.: Asian Humanities Press, 1979.

Tu Wei-ming, *Way, Learning, and Politics: Essays on the Confucian Intellectual*, Albany: State University of New York Press, 1993.

W. Allyn Rickett, trans. *Guanzi: A Study and Translation*, vol. 1, Princeton: Princeton University Press, 1985.

W. Allyn Rickett, trans. *Kuan-tzu*, vol. 1, Hong Kong: Hong Kong University Press, 1965.

唐君毅, 「中國哲學研究之一新方向」, 韋政通 編, 『中國思想史方法論文選集』, pp. 123-39. 臺北: 大林出版社, 1981.

唐君毅, 『中國哲學原論 : 導論篇』 3版, Hong Kong: 新亞書院研究所, 1978.

唐君毅, 『中國哲學原論 : 原道篇』 vol. 1. Rev. ed., Hong Kong: 新亞書院研究所, 1976.

唐君毅, 『中國哲學原論 : 原性篇』 Rev. ed., Hong Kong: 新亞書院研究所, 1974.

唐君毅, 『中西哲學思想之比較論文集』 Rev. ed., 臺北: 臺灣學生書局, 1988.

唐君毅, 『哲學論集』 Rev. ed., 臺北: 臺灣學生書局, 1990.

杜維明, 『儒家傳統的現代轉化』, 北京: 中國廣播電視出版社, 1992.

勞思光, 『中國哲學史』 vol. 1. 2版, Hong Kong : Chinese University of Hong Kong, Chung Chi College, 1974.

劉述先, 「研究中國史學與哲學的方法與態度」, 韋政通 編, 『中國思想史方法論文選集』, pp. 217-28, 臺北: 大林出版社, 1981.

劉述先, 『儒家思想與現代化』, 北京: 中國廣播電視出版社, 1992.

李杜,『中西哲學思想中的天道與上帝』, 臺北: 聯經出版, 1978.

李明輝,「孟子「知言養氣」章的義理結構」, 李明輝 編,『孟子思想的哲學探討』, pp. 115-58. 臺北: 中央硏究院 中國文哲硏究所, 1995.

李明輝,『康德倫理學與孟子道德思考之重建』, 臺北: 中央硏究院 中國文哲硏究所, 1994.

李明輝,『當代儒學之自我轉化』, 臺北: 中央硏究院 中國文哲硏究所, 1994.

李明輝,『儒家與康德』, 臺北: 聯經出版, 1990.

里西,「釋'仁、體愛也'」,『中國哲學史』, 1989.4, 49-51.

林義正,『孔子學說探微』, 臺北: 東大圖書, 1987.

牟宗三,『名家與荀子』, 臺北: 臺灣學生書局, 1979.

牟宗三,『心體與性體』3 vols. 改訂版, 臺北: 正中書局, 1970.

牟宗三,『圓善論』, 臺北: 臺灣學生書局, 1985.

牟宗三,『中國哲學十九講』, 臺北: 臺灣學生書局, 1983.

牟宗三,『中國哲學的特質』5版, 臺北: 臺灣學生書局, 1978.

牟宗三,『中西哲學之會通十四講』, 臺北: 臺灣學生書局, 1990.

龐樸,『帛書五行篇硏究』2版, 濟南: 齊魯書社, 1988.

傅斯年,『性命古訓辨證』, 臺北: 聯經出版, 1980 [1938].

傅佩榮,『儒家哲學新論』, 臺北: 業强出版社, 1993.

徐復觀,『中國思想史論集續篇』, 臺北: 時報文化出版, 1982.

徐復觀,『中國思想史論集』4版, 臺北: 臺灣學生書局, 1975.

徐復觀,『中國人性論史 : 先秦篇』2版, 臺北: 臺灣商務印書館, 1975.

楊儒賓,「論孟子的踐形觀 : 以持志養氣爲中心展開的工夫論面相」,『淸華學報』20, no. 1 (1990.7): 83-123.

楊儒賓,「支離與踐形 : 論先秦思想裏的兩種身體觀」, In idem, ed.,『中國古代思想中的氣論及身體觀』, pp. 415-49, 臺北: 巨流圖書, 1993.

楊儒賓, 「知言・踐形與聖人」, 『清華學報』 23, no. 4 (1993.12): 401-28.
楊祖漢, 『儒家的心學傳統』, 臺北: 文津出版社, 1992.
余英時, 『內在超越之路』, 北京: 中國廣播電視出版社, 1992.
鄔昆如, 「先秦儒家哲學的方法演變」, 『臺大哲學論評』 14(1991.1): 55-71.
王禮卿, 「仁內義外說斠銓」, 『孔孟學報』 5 (1963): 79-91, Reprinted in 『論孟研究論集』, pp. 353-69, 臺北: 黎明文化事業, 1981.
袁保新, 『孟子三辨之學的歷史省察與現代詮釋』, 臺北: 文津出版社, 1992.
韋政通, 「我對中國思想史的幾點認識」, 韋政通 編, 『中國思想史方法論文選集』, pp. 199-216. 臺北: 大林出版社, 1981.
韋政通, 「中國思想史方法論的檢討」, 韋政通 編, 『中國思想史方法論文選集』, pp. 1-32, 臺北: 大林出版社, 1981.
韋政通, 『荀子與古代哲學』 4版, 臺北: 臺灣商務印書館, 1969.
任繼愈, 『中國哲學發展史:先秦』, 北京: 人民出版社, 1983.
岑溢成, 「'生之謂性'釋論」, 『鵝湖學誌』 1 (1988): 55-79.
岑溢成, 「孟子'知言'初探」, 『鵝湖月刊』 4, no. 4 (1978.10): 39-41.
岑溢成, 「孟子告子篇之'情'與'才'論釋」 2 pts., 『鵝湖月刊』 5, no. 10(1980.4): 2-8; 5, no. 11(1980.5): 7-13.
鄭力爲, 『儒學方向與人的尊嚴』, 臺北: 文津出版社, 1987.
趙紀彬, 『論語新探』 3 vols, 北京: 人民出版社, 1976.
朱貽庭, 「評楊朱和楊朱學派的人生哲學」, 『中國哲學史』, 1988.12, 40-44.
陳大齊, 『孔子學說』 4版, 臺北: 正中書局, 1969.
陳大齊, 『荀子學說』 改訂版, 臺北: 華岡出版部, 1971.
陳大齊, 『孟子待解錄』 2版, 臺北: 臺灣商務印書館, 1981.
陳大齊, 『孟子的名理思想及其辯說實況』 4版, 臺北: 臺灣商務印書館, 1974.
陳大齊, 『淺見續集』, 臺北: 臺灣中華書局, 1973.

陳大齊,『淺見集』, 臺北: 臺灣中華書局, 1968.

陳特, 「由孟子與陽明看中國道德主體哲學的方法特性與發展」,『新亞學術集刊』 3 (1982): 37-51.

蔡尙思,『孔子思想體系』, 上海: 人民出版社, 1982.

蔡世驥,「論孔子的無爲思想」, 羅祖墓 編,『孔子思想硏究論集』, pp. 289-94. 濟南: 齊魯書社, 1987.

蔡信安,「從當代西方倫理學觀點論孟子倫理學」,『東西哲學比較論文集』, 2d series, pp. 403-14. 臺北: 中國文化大學 哲學硏究所, 1993.

蔡信安,『道德抉擇理論』, 臺北: 時英出版社, 1993.

湯一介,『儒道釋與內在超越問題』, 南昌: 江西人民出版社, 1991.

馮耀明,「當代新儒家的'超越內在'說」,『當代月刊』 86호 (Apr. 1993): 92-105.

馮耀明,「當代新儒學的'哲學'概念」,『當代新儒學論文集 : 總論篇』, pp. 349-96, 臺北: 文津出版社, 1991.

馮友蘭,『新原道』, 香港: 中國哲學硏究會, 1977 [1944].

馮友蘭,『中國哲學史 : 補篇』 改訂版, 香港 太平洋圖書, 1970.

馮友蘭,『中國哲學史』 改訂版, 香港: 太平洋圖書, 1970.

胡適,『說儒』, 臺北: 源流出版, 1986 [1935].

黃俊傑, "'Rightness' (*i*) versus 'Profit' (*li*) in Ancient China: The Polemics Between Mencius and Yang Chu, Mo Tzu, and Hsun Tzu", *Proceedings of the National Science Council, ROC, Part C, Humanities and Social Sciences* 3 (1993): 59-72.

黃俊傑,『孟子』, 臺北: 東大圖書, 1993.

黃俊傑,『孟學思想史論』 vol. 1, 臺北: 東大圖書, 1991.

黃彰健,「釋孟子「天下之言性也則故而已矣」章」, 中華叢書編審委員會 編,『孟子硏究集』, pp. 111-24, 臺北: 中華叢書編審委員會 , 1963. 양화지楊化

之가 원래 편집했던 것의 개정판.
侯外廬·趙紀彬·杜國庠,『中國思想通史』vol. 1, 北京: 人民出版社, 1957.

| 색인 |